寒旱区膨胀土输水明渠工程

——灾变现象、物理机制、防治措施及其施工技术研究

张凌凯　编著

武汉理工大学出版社
·武　汉·

内 容 提 要

本书以北疆供水一期工程中的膨胀土输水明渠工程为研究对象，采用现场调查、室内试验、理论分析与数值模拟相结合的方法开展研究。首先，调查膨胀土渠坡滑动破坏的特征及其影响因素，通过室内材料试验分析不同试验条件下膨胀土力学特性的衰减规律，从宏观—细观—微观三个维度揭示膨胀土力学特性劣化的物理机制。其次，基于膨胀土在干湿-冻融循环条件下的变形特性规律，运用 FLAC 3D 有限元数值仿真计算软件，建立综合渗流-变形-稳定于一体的数值分析方法，分析碱激发工业废渣改良膨胀土和排水抗滑管桩等工程性措施对提高渠坡稳定性的效果。最后，基于明渠工程的结构特点，提出竖向排水抗滑管桩加横纵排水系统的综合防控结构体系，优化膨胀土输水明渠工程的处理技术，为寒旱区膨胀土输水明渠工程的设计、施工和运行管理提供技术支持。

本书可供从事寒旱区跨流域调水工程的技术人员、相关专业学生及科研人员参考使用。

图书在版编目（CIP）数据

寒旱区膨胀土输水明渠工程：灾变现象、物理机制、防治措施及其施工技术研究/
张凌凯编著.—武汉：武汉理工大学出版社，2024.3
　　ISBN 978-7-5629-6907-5

　　Ⅰ.①寒…　Ⅱ.①张…　Ⅲ.①寒冷地区—干旱区—膨胀土—明渠—工程施工
Ⅳ.①U449.81

　　中国国家版本馆 CIP 数据核字（2023）第 254647 号

Hanhanqu Pengzhangtu Shushui Mingqu Gongcheng
寒 旱 区 膨 胀 土 输 水 明 渠 工 程
Zaibian Xianxiang Wuli Jizhi Fangzhi Cuoshi ji qi Shigong Jishu Yanjiu
　　——灾 变 现 象、物 理 机 制、防 治 措 施 及 其 施 工 技 术 研 究

项目负责人：王　思		责任编辑：王　思	
责任校对：张莉娟		版面设计：正风图文	
出版发行：武汉理工大学出版社		地　　址：武汉市洪山区珞狮路 122 号	
邮　　编：430070		网　　址：http://www.wutp.com.cn	
经销者：各地新华书店			
印刷者：湖北金港彩印有限公司			
开　　本：787 mm×1092 mm　1/16			
印　　张：21.75			
字　　数：523 千字			
版　　次：2024 年 3 月第 1 版			
印　　次：2024 年 3 月第 1 次印刷			
定　　价：168.00 元			

《寒旱区膨胀土输水明渠工程

——灾变现象、物理机制、防治措施及其施工技术研究》

编　委　会

主　编：张凌凯

编　委（排名不分先后）：

前　　言

　　新疆属于典型的干旱、半干旱地区,气候干燥、降雨稀少、蒸发强烈、水资源总量不足且时空分布不均是其主要特点。跨流域调水工程作为水资源调控的主要工程性措施,对缓解区域性水资源的供需矛盾,实现水资源的优化配置具有重大意义。北疆供水一期工程是我国目前在寒旱区建成的最大跨流域调水工程,是新疆天山北坡经济带重要的战略性水源保障工程,自建成通水运行以来,有效地促进了沿线工农业经济的快速发展,产生了显著的经济效益以及巨大的社会效益和生态效益。但随着北疆供水一期工程运行年限的增加,加之极端寒冷、干旱少雨等恶劣的自然环境条件以及季节性的输水运行模式,输水明渠工程的安全高效运行面临重大技术挑战。

　　本书共包括五篇内容:第一篇系统总结了国内外膨胀土区域相关工程的灾变现象、膨胀土力学特性、改良技术和抗滑措施等方面的研究进展,并对北疆供水一期工程中的膨胀土输水明渠工程的安全性进行评价,阐述了其面临的技术挑战;第二篇分析了常温条件下和不同循环模式条件下膨胀土力学特性的劣化规律,并基于试验分析对非线性弹性本构模型和修正剑桥弹塑性模型进行了改进;第三篇通过分析不同改良方式对膨胀土的改良效果,选用基于碱激发工业废渣改良膨胀土进行干湿-冻融循环条件下的力学特性试验,并通过对比分析三种工况的数值模拟结果提出相应的施工关键技术;第四篇构建了考虑含水率与干湿-冻融循环影响的膨胀土蠕变损伤模型,进行了膨胀土渠坡的时效稳定性分析及抗滑管桩与排水抗滑管桩体系的长周期稳定性安全评价,提出竖向排水抗滑管桩加横纵排水系统的综合防控结构体系以及相应的施工技术;第五篇针对寒旱区膨胀土的力学特性及渠坡稳定性的研究进展进行了系统总结,并提出寒旱区装配式明渠工程施工技术、寒旱区装配式箱涵输水关键技术和有压输水管道关键技术,这是解决寒旱区膨胀土输水明渠工程面临的技术难题的研究热点。

　　本书的出版得到了 2023 年度新疆维吾尔自治区"天山英才"培养计划青年拔尖人才项目(项目编号:2023TSYCJU0007)、2022 年新疆维吾尔自治区杰出青年科学基金项目(项目编号:2022D01E45)和新疆维吾尔自治区寒旱区水资源与生态水利工程研究中心项目(项目编号:2022.C-001)的支持,其主要内容源于笔者所指导的硕士研究生的研究成果。本书的出版也得到了新疆水利发展投资(集团)有限公司苏珊、章再兴、徐虎城、王世玉、侯建秀、葛文辉、赵多明、哈仙、魏莉和魏涛等多位同志的大力支持,他们为本书提供了相关资料与研究建议。

　　在笔者的学术研究生涯中,中国工程院邓铭江院士、新疆农业大学唐新军教授在不同阶段都给予了笔者大力支持。"上帝照临忠义胆,老师付授文章脉",承蒙两位先生的师恩,在本书的编写过程中,两位先生的治学思想使笔者受益匪浅。"忽遇文殊开慧眼,他年应记老师心",回首近年来的学术研究历程,笔者常怀感恩之心,勿忘先生之教诲。限于笔者水平有限,书中难免有许多不足之处,敬请各位读者不吝指正。

张凌凯

2023 年 5 月于乌鲁木齐

目　　录

第 1 篇　国内外研究进展及面临的技术挑战

第 1 章　膨胀土的国内外研究进展 ⋯⋯⋯⋯⋯⋯⋯⋯⋯⋯⋯⋯⋯⋯⋯⋯⋯ 3

1.1　国内外膨胀土输水明渠工程的灾变现象 ⋯⋯⋯⋯⋯⋯⋯⋯⋯⋯⋯ 3

1.2　膨胀土输水明渠渠坡的滑动破坏形式 ⋯⋯⋯⋯⋯⋯⋯⋯⋯⋯⋯⋯ 4

1.3　膨胀土的基本力学特性试验研究 ⋯⋯⋯⋯⋯⋯⋯⋯⋯⋯⋯⋯⋯⋯ 5

　　1.3.1　常温条件下膨胀土的力学特性研究 ⋯⋯⋯⋯⋯⋯⋯⋯⋯⋯ 5

　　1.3.2　不同循环条件下膨胀土的力学特性研究 ⋯⋯⋯⋯⋯⋯⋯⋯ 6

　　1.3.3　膨胀土的胀缩特性规律试验研究 ⋯⋯⋯⋯⋯⋯⋯⋯⋯⋯⋯ 8

　　1.3.4　膨胀土的裂隙特性及微观结构研究 ⋯⋯⋯⋯⋯⋯⋯⋯⋯⋯ 9

1.4　膨胀土的非线性和弹塑性本构模型研究 ⋯⋯⋯⋯⋯⋯⋯⋯⋯⋯⋯ 10

1.5　膨胀土的改良技术研究 ⋯⋯⋯⋯⋯⋯⋯⋯⋯⋯⋯⋯⋯⋯⋯⋯⋯⋯ 12

1.6　膨胀土渠坡滑动破坏综合防治措施研究 ⋯⋯⋯⋯⋯⋯⋯⋯⋯⋯⋯ 16

　　1.6.1　抗滑管桩的抗滑应用研究 ⋯⋯⋯⋯⋯⋯⋯⋯⋯⋯⋯⋯⋯⋯ 16

　　1.6.2　排水抗滑管桩的应用研究 ⋯⋯⋯⋯⋯⋯⋯⋯⋯⋯⋯⋯⋯⋯ 17

1.7　本章小结 ⋯⋯⋯⋯⋯⋯⋯⋯⋯⋯⋯⋯⋯⋯⋯⋯⋯⋯⋯⋯⋯⋯⋯⋯ 18

第 2 章　寒旱区膨胀土输水明渠工程面临的技术挑战 ⋯⋯⋯⋯⋯⋯⋯⋯ 19

2.1　北疆供水一期工程概况 ⋯⋯⋯⋯⋯⋯⋯⋯⋯⋯⋯⋯⋯⋯⋯⋯⋯⋯ 19

　　2.1.1　膨胀土输水明渠工程的灾变现象 ⋯⋯⋯⋯⋯⋯⋯⋯⋯⋯⋯ 19

　　2.1.2　膨胀土输水明渠的灾变物理机制 ⋯⋯⋯⋯⋯⋯⋯⋯⋯⋯⋯ 21

　　2.1.3　膨胀土输水明渠的运行概况 ⋯⋯⋯⋯⋯⋯⋯⋯⋯⋯⋯⋯⋯ 23

　　2.1.4　膨胀土输水明渠渠坡的改造工况 ⋯⋯⋯⋯⋯⋯⋯⋯⋯⋯⋯ 24

2.2　膨胀土输水明渠渗漏变形机制分析 ⋯⋯⋯⋯⋯⋯⋯⋯⋯⋯⋯⋯⋯ 28

　　2.2.1　膨胀土渠坡简化模型构建 ⋯⋯⋯⋯⋯⋯⋯⋯⋯⋯⋯⋯⋯⋯ 28

　　2.2.2　膨胀土渠坡渗漏机制分析 ⋯⋯⋯⋯⋯⋯⋯⋯⋯⋯⋯⋯⋯⋯ 28

　　2.2.3　水-热-力耦合模型及边界条件 ⋯⋯⋯⋯⋯⋯⋯⋯⋯⋯⋯⋯ 30

　　2.2.4　膨胀土冻胀不协调变形分析 ⋯⋯⋯⋯⋯⋯⋯⋯⋯⋯⋯⋯⋯ 32

2.3 不同工况下渠坡的稳定性分析 ·· 36

2.3.1 通水期渠坡的稳定性分析 ·· 36

2.3.2 停水期渠坡的稳定性分析 ·· 39

2.3.3 改造前后明渠稳定性分析 ·· 41

2.4 渠坡稳定性影响因素分析与预测 ·· 43

2.4.1 通水期与停水期渠坡稳定性影响因素分析 ···················· 43

2.4.2 水位波动期渠坡稳定性影响因素分析 ························· 46

2.4.3 降水阶段渠坡稳定性预测 ·· 49

2.5 相关问题的讨论 ··· 50

2.5.1 面临的关键技术挑战 ·· 50

2.5.2 明渠工程的研究思路 ·· 50

2.6 本章小结 ··· 50

第2篇 渠基土的力学特性及其本构模型研究

第3章 常温条件下膨胀土的力学特性研究 ································· 55

3.1 膨胀土的基本物理性质试验 ·· 55

3.1.1 风干含水率试验 ·· 55

3.1.2 液塑限试验 ·· 56

3.1.3 击实试验 ·· 56

3.1.4 颗粒分析试验 ·· 56

3.1.5 自由膨胀率试验 ·· 57

3.1.6 XRD矿物衍射试验 ·· 57

3.1.7 基本物理性质试验结果 ·· 58

3.2 膨胀土力学特性的试验方案 ·· 58

3.2.1 直剪试验 ·· 58

3.2.2 压缩试验 ·· 59

3.2.3 渗透试验 ·· 59

3.2.4 SEM试验 ·· 60

3.3 试验结果分析 ··· 61

3.3.1 膨胀土的剪切特性试验研究 ···················· 61

3.3.2 膨胀土的压缩特性试验研究 ···················· 63

3.3.3 膨胀土的渗透特性试验研究 ···················· 68

3.4 本章小结 ··· 71

第4章　不同循环模式条件下膨胀土的力学特性研究 ·········· 72

　4.1　工程的循环模式 ······································· 72

　4.2　膨胀土的循环试验方案 ································· 73

　　4.2.1　试样的制备过程 ································· 73

　　4.2.2　干湿循环试验方案 ······························· 73

　　4.2.3　冻融循环试验方案 ······························· 73

　　4.2.4　干湿-冻融循环试验方案 ······················· 73

　4.3　膨胀土的力学特性试验方案 ····························· 74

　　4.3.1　无荷膨胀率试验 ································· 74

　　4.3.2　有荷膨胀率试验 ································· 74

　　4.3.3　收缩试验 ····································· 74

　　4.3.4　细观裂隙试验 ································· 74

　　4.3.5　直剪试验 ····································· 75

　　4.3.6　压缩试验 ····································· 76

　　4.3.7　渗透试验 ····································· 76

　　4.3.8　SEM 试验 ····································· 76

　4.4　试验结果分析 ······································· 77

　　4.4.1　无荷膨胀率试验 ································· 77

　　4.4.2　有荷膨胀率试验 ································· 78

　　4.4.3　收缩试验 ····································· 80

　　4.4.4　SEM 试验 ····································· 81

　　4.4.5　裂隙性试验 ··································· 84

　　4.4.6　直剪试验 ····································· 87

　　4.4.7　压缩试验 ····································· 89

　　4.4.8　渗透试验 ····································· 93

　　4.4.9　不同循环模式条件的对比分析 ··················· 97

　4.5　本章小结 ··· 116

第5章　膨胀土的三轴试验及其本构模型研究 ·············· 118

　5.1　膨胀土的试验方案 ··································· 118

　　5.1.1　循环试验方案 ································· 118

　　5.1.2　三轴试验方案 ································· 119

　5.2　膨胀土的三轴试验结果分析 ····························· 119

　　5.2.1　常温条件下膨胀土的三轴试验 ··················· 119

　　5.2.2　干湿-冻融循环条件下膨胀土的三轴试验 ··········· 121

    5.2.3 干湿-冻融循环条件下膨胀土的细观、微观损伤规律 ·········· 124
    5.2.4 干湿-冻融循环条件下膨胀土的力学特性劣化机理分析 ········· 128
  5.3 邓肯-张 E-B 模型的应用 ·· 129
    5.3.1 邓肯-张 E-B 模型简介 ·· 129
    5.3.2 邓肯-张 E-B 模型参数确定 ·· 130
    5.3.3 干湿-冻融循环作用对邓肯-张 E-B 模型参数的影响 ········· 133
    5.3.4 参数修正后的邓肯-张 E-B 模型曲线 ························· 136
  5.4 修正剑桥模型的应用 ·· 139
    5.4.1 修正剑桥模型的介绍 ·· 139
    5.4.2 修正剑桥模型参数的确定 ·· 141
    5.4.3 干湿-冻融循环作用对模型参数的影响 ························ 142
    5.4.4 修正剑桥模型的计算结果 ·· 143
  5.5 本章小结 ··· 147

第6章　粉土质砂的力学特性规律及其本构模型研究 ················ 148
  6.1 粉土质砂的基本物理性质试验 ·· 148
  6.2 常温条件下粉土质砂的力学特性研究 ······························· 148
    6.2.1 常温条件下粉土质砂的试验方案 ································· 148
    6.2.2 试验结果分析 ··· 150
  6.3 不同制样条件下粉土质砂的力学特性研究 ························· 159
    6.3.1 试样制备 ·· 159
    6.3.2 宏观、微观试验方案 ·· 160
    6.3.3 试验结果分析 ··· 160
    6.3.4 不同制样方法制得的粉土质砂的微观结构与机理分析 ········ 163
    6.3.5 宏观、微观之间的联系 ··· 166
    6.3.6 对比分析 ·· 166
    6.3.7 强度指标之间的函数关系预测及验证 ························· 167
  6.4 干湿-冻融循环条件下粉土质砂的力学特性变化规律 ·············· 170
    6.4.1 干湿-冻融循环方案 ··· 170
    6.4.2 宏观、微观试验方案 ·· 171
    6.4.3 宏观试验结果分析 ··· 171
    6.4.4 微观试验结果分析 ··· 173
  6.5 粉土质砂的三轴试验及本构模型研究 ······························· 175
    6.5.1 三轴试验方案 ··· 176
    6.5.2 三轴试验结果分析 ··· 176
    6.5.3 砂土状态相关本构模型 ··· 177

6.5.4　模型验证 ……………………………………………………………… 178

6.6　本章小结 ……………………………………………………………………… 180

第3篇　膨胀土的改良方法及其施工技术方法

第7章　不同材料改良膨胀土的力学特性研究 ……………………………………… 185

7.1　试验材料与方法 ……………………………………………………………… 185

7.1.1　试验固化材料 …………………………………………………………… 185

7.1.2　改良试验的掺量设计 …………………………………………………… 185

7.1.3　固化膨胀土试样制备及试验方法 ……………………………………… 186

7.2　石灰、水泥和砂石料改良膨胀土力学特性试验研究 ……………………… 187

7.2.1　石灰、水泥和砂石料改良膨胀土力学特性试验 ……………………… 187

7.2.2　SEM 试验结果及分析 …………………………………………………… 192

7.2.3　石灰、水泥和砂石料改良膨胀土机理分析 …………………………… 194

7.3　碱激发粉煤灰-钢渣粉改良膨胀土力学特性试验研究 …………………… 195

7.3.1　碱激发粉煤灰-钢渣粉改良膨胀土力学特性试验 …………………… 195

7.3.2　碱激发粉煤灰-钢渣粉改良膨胀土微观机理分析 …………………… 199

7.3.3　碱激发粉煤灰-钢渣粉协同固化膨胀土物理机制分析 ……………… 202

7.4　本章小结 ……………………………………………………………………… 203

第8章　干湿-冻融循环条件下改良膨胀土的力学特性研究 …………………… 205

8.1　碱激发粉煤灰-矿粉/钢渣粉改良膨胀土抗剪强度试验对比分析 ……… 205

8.2　试样制备及循环试验方法 …………………………………………………… 206

8.3　宏观与微观试验方法 ………………………………………………………… 207

8.3.1　宏观力学特性试验 ……………………………………………………… 207

8.3.2　微观电镜扫描试验 ……………………………………………………… 208

8.4　试验结果分析 ………………………………………………………………… 208

8.4.1　碱激发粉煤灰-矿粉协同固化膨胀土的宏观力学特性分析 ………… 208

8.4.2　碱激发粉煤灰-矿粉改良膨胀土的微观结构分析 …………………… 212

8.4.3　宏观与微观机理分析 …………………………………………………… 215

8.5　本章小结 ……………………………………………………………………… 218

第9章　碱激发粉煤灰-矿粉改良膨胀土的工程应用分析 ……………………… 219

9.1　膨胀土输水明渠的改造方案 ………………………………………………… 219

9.1.1 膨胀土的治理措施 ·· 219

9.1.2 加固措施的计算方案 ·· 220

9.2 渠坡稳定性分析 ·· 221

9.2.1 膨胀土渠坡表层全部换填稳定性计算 ···························· 221

9.2.2 膨胀土渠坡局部梯形换填稳定性计算 ···························· 224

9.2.3 膨胀土渠坡灰土挤密桩加固稳定性计算 ······················ 227

9.3 本章小结 ·· 230

第10章 碱激发粉煤灰-矿粉改良膨胀土的施工关键技术方法 ········· 231

10.1 施工关键技术相关规定 ··· 231

10.1.1 施工的基本要求 ·· 231

10.1.2 改良膨胀土的生产 ·· 231

10.1.3 膨胀土渠坡换填施工 ·· 231

10.2 碱激发粉煤灰-矿粉改良膨胀土的材料 ······································· 232

10.2.1 土料 ·· 232

10.2.2 碱激发粉煤灰-矿粉改良膨胀土的制备 ·························· 232

10.3 碱激发粉煤灰-矿粉改良膨胀土渠坡的填筑施工 ····················· 233

10.3.1 改良土渠坡表层全部换填施工 ·· 233

10.3.2 改良土渠坡纵向梯形换填施工 ·· 234

10.3.3 改良土灰土挤密桩加固渠坡施工 ······································ 234

10.4 碱激发粉煤灰-矿粉改良膨胀土渠坡加固衬砌结构施工 ········· 235

10.4.1 衬砌结构的施工准备 ·· 235

10.4.2 原材料及水泥砂浆的配合比 ·· 235

10.4.3 换填加固渠坡衬砌结构施工 ·· 235

10.5 本章小结 ·· 236

第4篇 排水抗滑管桩综合防控技术体系及其施工方法

第11章 考虑循环次数和含水率的蠕变本构模型 ······························· 239

11.1 影响膨胀土蠕变特性的因素 ··· 239

11.2 膨胀土的蠕变特性及模型建立 ··· 240

11.3 蠕变模型的参数辨识及验证 ··· 242

11.4 蠕变模型在FLAC 3D中的二次开发 ·· 244

11.5 膨胀土输水明渠渠坡的蠕变分析的验证 ······································ 248

11.5.1　膨胀土输水明渠变形监测资料 ………………………………… 248

11.5.2　数值计算模型及参数 ……………………………………………… 249

11.5.3　算例计算 …………………………………………………………… 249

11.6　本章小结 ………………………………………………………………… 251

第12章　膨胀土输水明渠抗滑管桩桩-土时效变形规律分析 ………… 252

12.1　渠水作用下膨胀土渠坡变形时效规律 ……………………………… 252

12.1.1　水位波动特征和概化模型 ………………………………………… 252

12.1.2　水位波动期渠坡渗流场计算模型 ………………………………… 253

12.1.3　水位波动期渠坡渗流场演化规律 ………………………………… 254

12.1.4　水位波动期渠坡变形时效规律 …………………………………… 255

12.2　渠水作用下抗滑管桩桩-土防控体系变形时效规律 ………………… 257

12.2.1　渠坡抗滑管桩优化设计 …………………………………………… 257

12.2.2　桩侧土附加应力分布时效性变化 ………………………………… 274

12.2.3　周期性抗滑管桩桩-土时效变形作用机理 ……………………… 277

12.2.4　周期性抗滑管桩桩-土防控体系土拱效应演化规律 …………… 278

12.2.5　抗滑管桩桩-土防控体系失效机理 ……………………………… 280

12.3　本章小结 ………………………………………………………………… 281

第13章　膨胀土输水明渠排水抗滑管桩防治效果分析 ……………… 282

13.1　排水抗滑管桩设计参数优化研究 …………………………………… 282

13.1.1　排水抗滑管桩开孔率影响分析 …………………………………… 282

13.1.2　排水抗滑管桩开孔方式影响分析 ………………………………… 283

13.1.3　排水抗滑管桩透水域分布影响分析 ……………………………… 285

13.1.4　排水抗滑管桩参数设置 …………………………………………… 286

13.2　沉桩过程中排水抗滑管桩的性能研究 ……………………………… 287

13.2.1　排水抗滑管桩沉桩过程建模 ……………………………………… 287

13.2.2　排水抗滑管桩沉桩过程的排水消散规律 ………………………… 289

13.2.3　排水抗滑管桩沉桩过程的挤土效应分析 ………………………… 291

13.3　排水抗滑管桩加固渠坡长期稳定性研究 …………………………… 294

13.3.1　排水抗滑管桩长期透水性能研究 ………………………………… 294

13.3.2　排水抗滑管桩长期稳定性评价 …………………………………… 295

13.3.3　排水抗滑管桩设计优化分析 ……………………………………… 297

13.3.4　排水抗滑管桩布置位置与桩间距再优化分析 …………………… 299

13.4　本章小结 ………………………………………………………………… 301

第 14 章　排水抗滑管桩综合防控体系的施工技术方法 ························· 302

　14.1　排水抗滑管桩桩体结构 ···································· 302

　14.2　排水抗滑管桩排水机理与特征 ································ 303

　14.3　排水抗滑管桩锤击沉桩-长期排水技术施工方法 ··················· 305

　　14.3.1　施工流程 ··· 305

　　14.3.2　技术优势与适用工况 ··································· 306

　14.4　本章小结 ·· 307

第 5 篇　寒旱区膨胀土输水明渠工程的发展趋势

第 15 章　寒旱区膨胀土输水明渠工程的阶段性进展 ····················· 311

　15.1　北疆供水一期工程安全评价及稳定性预测 ····················· 311

　15.2　膨胀土的力学特性及其本构模型研究 ······················· 312

　15.3　膨胀土的改良方法及其施工关键技术 ······················· 314

　15.4　排水抗滑管桩综合防控技术体系及施工技术方法 ·················· 316

第 16 章　寒旱区膨胀土输水明渠工程的未来发展趋势 ·················· 317

　16.1　寒旱区装配式明渠工程施工技术 ·························· 317

　16.2　寒旱区装配式箱涵输水关键技术 ·························· 317

　16.3　寒旱区有压/无压输水管道控制技术 ······················· 318

参考文献 ·· 319

第 1 篇
国内外研究进展及面临的技术挑战

第1章 膨胀土的国内外研究进展

新疆属于典型的干旱、半干旱地区,气候干燥、降雨稀少、蒸发强烈、水资源总量不足且时空分布不均是其主要特点。邓铭江[1]以新疆内陆河流域为研究对象,结合区域的地形地貌特点和水资源的禀赋条件,建立了北疆"网式"、南疆"环式"和东疆"串式"结构的水循环调控框架,增强了区域水资源合理配置的调控能力,构建了三层级多目标水循环调控理论与工程技术体系。北疆供水一期工程是我国目前在西北严寒荒漠、戈壁、沙漠地区成功建成的跨流域、长距离、大流量、大规模的供水工程,也是我国目前在严寒荒漠地区建成的最大供水工程。由于渠基穿越有大量膨胀土的区域,膨胀土输水明渠在每年停水后均存在不同程度的渠坡滑动、渠底鼓胀和变形破坏等问题,严重影响来年的正常调水效率。

1.1 国内外膨胀土输水明渠工程的灾变现象

膨胀土问题造成的地质灾害在许多国家和地区都有发生。我国膨胀土的研究始于20世纪50年代,因成渝铁路沿线膨胀土路段经常发生滑坡而引起重视。国内外水利工程由于膨胀土问题引发的地质灾害主要有:①美国加利福尼亚州Friant-Kern北水南调工程,明渠全长245 km,其中有87 km长的明渠位于膨胀土区域,1954年发现部分明渠遭到破坏,采用3%的石灰对膨胀土的坡面和渠底进行改性处理,处理厚度0.60~0.77 m,改性施工处理完成后,未再出现任何变形破坏现象。②印度Purna调水工程:明渠全长42 km,平均挖深为5 m,部分明渠经过强膨胀土地区,建成运行后每年膨胀土渠段都会发生滑坡现象,采用含砾石红土对坡面进行处理,并在坡脚用块石修筑护脚后,未再出现滑坡现象。③南非Zukerbosch工程:明渠全长约20 km,平均挖深为4 m,膨胀土区域采用1.5 m厚非膨胀土换填,两侧坡顶设置排水沟,在大量充填强膨胀性黏土的区域,坡面和坡顶采用0.6 m厚非膨胀土覆盖保护,对于挖深较大的渠段,明渠预开挖后在坡顶地面下0.25 m处铺设土工防渗材料和种植草皮等,建成竣工后一直运行良好。④我国南水北调中线工程:南水北调中线工程总干渠有约387 km长的明渠穿越膨胀土区域,由于明渠线路长、边坡高度大、工程地质条件复杂,南阳段累计已发生膨胀土滑坡19处,采取换填非膨胀土、设置马道和放缓坡比等措施后,仅2021年入汛以来,南水北调中线工程就经受住了寒潮和9次极端强降雨冲击。⑤我国北疆供水一期工程:总干渠约31.6%的明渠穿越膨胀岩地区,明渠挖深为8~12 m,采用换填"白砂岩"、设置防渗复合土工膜及混凝土板衬砌的处理措施,目前已安全运行20余年。由于建设期施工、运行期维修以及防渗复合土工膜日久老化等原因,加之明渠长期处于高水位下运行,在严寒、干旱等恶劣自然环境下,盐冻胀破坏和膨胀性泥岩段滑动破坏现象频发,严重制约了明渠输水效率。2017年,随着北疆供水一期工程二期扩建工程的实施,工程输水能力得到较大提升,相应的工程性问题也随之出现。北疆供水一期工程作为新疆天山北坡经济带的重大战略性水源工程,如何保障工程的安全高效运行是其面临的重大科学问题。

综合分析国内外膨胀土输水明渠工程的防治处理措施可知,一般当明渠挖深较小时,采用换填或改性土加防渗处理能够满足工程需求。但随着输水量的增加,明渠挖深增大、坡度增加,渠坡的滑动破坏机制也会发生相应改变,这也是当前膨胀土输水明渠工程面临的技术难题。

1.2　膨胀土输水明渠渠坡的滑动破坏形式

针对膨胀土输水明渠渠坡的滑动破坏现象和破坏特征,基于已有的研究成果可以归纳为:膨胀作用下渠坡的浅层蠕变滑动破坏和裂隙强度控制下渠坡的深层结构滑动破坏。前者以膨胀变形为驱动力,多表现为浅层膨胀变形后的蠕变牵引式滑动;后者以沿裂隙面或结构面的滑动为主,多表现为重力式深层结构滑动。

（1）浅层蠕变滑动破坏

浅层蠕变滑动破坏形式多出现于明渠挖方段,渠基膨胀土(岩)在开挖后暴露于大气环境中,同时受明渠周期运行的扰动,土体产生失水干裂、吸水膨胀的周期性变化。一方面,造成土体的强度衰减和整体结构性破坏;另一方面,土体从非饱和状态到饱和状态产生的膨胀变形将引起坡内土体的应力和应变重分布,进而改变整个土体的稳定状态。当明渠经历多次周期性运行后,膨胀性渠基土就会在膨胀力、重力的共同作用下产生顺坡蠕变变形,外表呈现出浅层滑动的特征。

浅层蠕变滑动破坏的形成原因:受膨胀变形引起的应力变化影响,浅层渠坡各应力分量变化呈现差异性发展,垂直坡面的法向正应力变化相对较小,仅在坡脚部位变化得相对剧烈,而顺坡方向的正应力变化显著,且在增湿区顺坡方向的正应力明显增大。又由于土体在增湿区与非增湿区存在约束与被约束的关系,在两区之间将产生较大的顺坡向剪应力,并随着膨胀变形的增大,首先在坡脚出现塑性区,并逐级向上扩展形成多个塑性区。

（2）深层结构滑动破坏

多裂隙性是膨胀土的一大特点,裂隙对膨胀土的工程性质影响极大,一方面,裂隙的存在破坏了土体的整体性,使其强度大为削弱;另一方面,裂隙加剧了大气对土体的影响,使水分的渗入与土体的风化更为剧烈,常使膨胀土输水明渠滑动破坏呈现出深层结构破坏特征。

深层结构滑动破坏的形成原因:由于裂隙面强度远低于土块强度,低强度的裂隙面与顺坡向应力方向一致时,会在应力作用下逐渐连成一个空间曲面,进而形成潜在滑动面。因此,受裂隙的影响,膨胀土渠坡的稳定性具有各向异性,且稳定性低于均质土边坡。深层结构性滑坡剖面形态呈现折线形,且滑坡也是一个逐渐发展的过程,即存在滞后期。明渠开挖后会在渠坡结构面形成明显的应力集中现象和剪切位移,从而导致坡顶产生张拉破坏现象,在滞后期渠坡的裂隙面逐渐贯通,结构面强度也逐渐衰减,从而造成渠坡的深层结构滑动破坏现象。

1.3　膨胀土的基本力学特性试验研究

由于膨胀土具有超固结性、裂隙性和胀缩性等特殊性质,在特殊的自然环境条件下膨胀土会产生裂隙现象,进而导致其宏观力学特性的劣化。目前,国内外学者对于膨胀土力学特性的研究主要包括四个方面:常温条件下膨胀土的力学特性研究、不同循环条件下膨胀土的力学特性研究、膨胀土的胀缩特性规律试验研究、膨胀土的裂隙特性及微观结构研究。

1.3.1　常温条件下膨胀土的力学特性研究

常温条件下膨胀土的力学特性研究,根据不同的试验类型,可分为直剪试验、压缩试验、三轴试验和渗透试验等。

（1）直剪试验

膨胀土边坡的失稳主要与土体的强度有关,通过直剪试验探究膨胀土的强度影响因素及变化规律,可以有效反映膨胀土的力学特性规律。直剪试验相对简单,易于操作。Skempton[2]通过直剪试验研究了剪切速率对土体抗剪强度的影响,发现剪切速率不大时,其对残余强度的影响较小。Dong 等[3]、李新明等[4]和 Tabari 等[5]通过直剪试验分析了土体干密度、含水率、上覆压力与地域差异等外在因素对抗剪强度的影响及其变化规律。柯尊敬等[6]对膨胀土抗剪强度的试验方法提出了改进意见,建议根据膨胀土土体不同部位受到不同压力的实际情况,采取不同的试验方法来测定其抗剪强度。周葆春等[7]通过不同密度和湿度组合的非饱和直剪试验,发现非饱和土体抗剪强度、总黏聚力、总内摩擦角均随着密度的减小而显著降低。

目前,国外学者关于膨胀土的直剪试验研究多集中于非饱和土体在不同湿度下抗剪强度的变化规律试验研究,国内学者则倾向于探究膨胀土裂隙特性对抗剪强度的影响。

（2）压缩试验

压缩系数与压缩模量是对构筑物进行沉降变形控制的关键性技术指标,输水明渠工程的渠基土在荷载作用下的压缩变形会引起不均匀性沉降,进而产生裂缝或局部发生破坏,影响其安全使用寿命。Keller 等[8]研究发现土体颗粒粒径和分布对压缩特性仅造成微弱的影响,土体压缩特性在很大程度上由初始孔隙比 e_0 控制,随着初始孔隙比 e_0 的减小,压缩指数 C_c 和回弹指数 C_s 减小,先期固结压力 p_c 则呈增大趋势。Bag 等[9]研究了温度对膨胀土压缩特性的影响,他们在室内设计和开发了一种新的固结仪用于不同温度条件下的固结试验,其研究表明:随着温度的升高,膨胀土的压缩指数增大。Burland[10]和 Buchan 等[11]研究发现天然沉积的软黏土不同于一般黏土,有较强的结构性,其压缩曲线呈双直线形式,双直线交叉点对应其固结屈服应力。Butterfield[12]最早提出采用 $\ln(1+e)$-$\lg p$ 双对数法来确定结构性土的固结屈服应力。

目前,国内外学者关于膨胀土的压缩试验侧重于分析压缩特性的变化规律与微观孔隙之间的关系。

（3）三轴试验

因为三轴试验具有可控制排水条件等优点,相较于直剪试验,其受力条件更接近土体的真实状况,是目前应用较为广泛且实用性较高的试验方法。Drumright 等[13]和 Rohm 等[14]通过三轴剪切试验,发现膨胀土的有效应力强度指标与吸力无关。Vanapalli 等[15]提出用水土特征曲线来推测非饱和土的抗剪强度。Khoury 等[16]分析了不同吸力对非膨胀性非饱和土试样强度和变形特性的影响。Rinaldi 等[17]通过对饱和黄土进行三轴压缩试验,发现在屈服应力(崩塌)以下,土体表现为线弹性,其刚度由胶结程度决定,胶结作用会导致刚度、屈服应力和剪切强度增加。Lyu 等[18]通过三轴试验探讨了不同深度对红黏土力学性能的影响,随其深度的变化,轴向应变强度也随之提高。苗鹏等[19]和张金存等[20]分析了膨胀土的强度与起始含水率、压实度、饱和度和孔隙率之间的定量关系,研究发现非饱和重塑膨胀土的吸力强度与吸力之间具有双曲线特性关系,提出了一种单对数-双曲线型关系式以预测非饱和重塑膨胀土的黏聚力 c 值。

目前,国内外学者关于膨胀土的三轴试验主要是分析基质吸力、含水率及压实度等因素对膨胀土强度的影响,通过电子显微镜试验分析循环作用下膨胀土的微观机理变化规律的研究相对较少。

（4）渗透试验

膨胀土边坡的失稳多发生于雨季或强降雨之后,降雨或渗水作用将不可避免地对膨胀土产生水化作用,降低膨胀土的强度特性,通过渗透试验能够探究膨胀土的渗透性演化规律。Hu 等[21]比较了 Gardner 模型的渗透率结果与其他两种常用方法(恒定水头法和 Van Genuchten 模型)。Wu 等[22]采用落差渗透试验对不同试样的渗透性进行了比较,分析了不同矿石粒度和压实程度下浸出土样渗透性的演化规律,揭示了堵塞对其渗透性的影响机理。Bhandari 等[23]开发了一种新的渗透率测试方案和分析方法,以解释微裂缝的演化规律,并基于初始脉冲衰减法渗透率测试仪来测量基质渗透率。叶为民等[24]以高庙子膨胀土为对象,通过瞬时截面法获取了侧限状态下非饱和膨胀土的渗透系数,发现非饱和膨胀土的渗透系数受吸力变化的影响显著。王亮等[25]和李凯等[26]采用变水头渗透试验分析了不同改性土的渗透特性,发现膨胀土的渗透系数很小(量级为 $10^{-9} \sim 10^{-8}$ cm/s),且随着干密度的增大而降低,石灰改性土的渗透系数大于相应压实度下的膨胀土。戴张俊等[27]研究了南水北调中线工程强、中膨胀土的渗透系数,发现饱和膨胀土的渗透系数量级为 $10^{-9} \sim 10^{-7}$ m/s,且干密度越大,膨胀潜势越强,饱和渗透系数越小。

相关研究表明,目前关于渗透性的研究多以改进渗透率的测量方法为主,对于膨胀土在不同循环条件下渗透性的变化规律研究得相对较少。因此,有必要开展膨胀土在多次循环条件下的变水头渗透试验,研究渗透特性随循环次数的变化规律并揭示其物理机制。

1.3.2 不同循环条件下膨胀土的力学特性研究

关于膨胀土在不同循环条件下的试验研究,主要分为干湿循环试验、冻融循环试验及干湿-冻融循环试验三种。

（1）干湿循环试验

膨胀土渠坡水位变化段的水分在通水期会向渠坡内部渗流(经历湿润过程),停水期水分减少并蒸发(经历干燥过程),形成了膨胀土的干湿循环现象。黄增奎[28]研究了施钾后的砂粉土处在恒温与干湿交替条件下的变化规律。冷挺等[29]、张家俊等[30]将膨胀土进行室内干湿循环处理后,利用矢量图技术对裂隙照片进行矢量化处理,分析了干湿循环过程中压实膨胀土的裂隙发育规律。李焱等[31]、曾铃等[32]、叶万军等[33]开展了干湿循环条件下土体裂隙演化规律试验及强度试验,建立了裂隙与强度的关系曲线。杨和平等[34]对原状膨胀土进行干湿循环条件下有荷膨胀率及力学特性试验,得到膨胀土胀缩变形和力学特性变化规律。王飞等[35]、魏星等[36]对膨胀土进行干湿循环作用下的压缩性试验研究,认为干湿循环作用下土体的胀缩变形与含水率和压实度密切相关,并基于土体本构模型进行了曲线拟合。Boyntjon等[37]、Yoshida[38]对土体进行了干湿循环条件下的裂隙性试验及直剪试验,研究了土体的裂隙发育情况及强度变化规律,证明土体的强度随着裂隙的发育及干湿循环次数的增加而降低,渗透性会缓慢增加。Dexter等[39]、Albrecht等[40]研究天然黏土经过湿润和干燥循环处理后,在干燥过程中记录黏土体积的收缩应变,研究表明,在干湿循环过程中会加速土体软化,降低土体的力学特性。Rayhania等[41]认为干湿循环作用导致土体的强度衰减是裂隙开展所致,并基于此进行了各种天然黏性土的大规模试验研究,开展了循环干燥和湿润条件下水力的传导性测试,从而更好地了解细粒土的开裂行为和自我修复。

目前,国内外学者关于膨胀土干湿循环的研究,主要集中在不同循环次数对不同干密度及含水率条件下膨胀土力学特性的影响规律,但关于多次干湿循环条件下膨胀土的力学特性变化规律研究得较少。

（2）冻融循环试验

膨胀土的渠坡表层经历冬季低温冻结过程、夏季高温融化过程,这种反复的冻结-融化作用使得膨胀土的强度、结构以及渠坡的稳定性都呈现不同程度的降低。郏慧等[42]、Edwin等[43]发现土体经过冻融循环后,内部结构发生剧烈变化,应力-应变关系及破坏方式不同于未经过冻融循环的土体。Wang等[44]、Anca等[45]、Tang等[46]通过对冻融循环作用下的膨胀土进行直剪试验,发现冻融循环后土样的弹性模量和黏聚力降低,内摩擦角增大。董晓宏等[47]、许雷等[48]对不同含水率、不同干密度的土体在不同次数冻融循环作用下进行力学特性的试验研究,探讨了土体在反复冻融循环作用下的胀缩变形变化、抗剪强度劣化特性及面孔隙度和孔隙定向度的变化规律。裴向军等[49]、张逸见[50]对明渠膨胀土进行不同循环次数的冻融循环处理,研究了其力学特性的衰减规律,对土体强度指标的冻融劣化效应进行了定量评价,并得到应变与不同恒温条件下的拟合关系表达式。Tsytovich等[51]、Hotineanu等[52]对不同土体进行了不同初始干密度、冻融循环次数条件下的单轴压缩试验,发现土体强度随干密度的增加而增大,随冻融循环次数的增加而减小。张琦等[53]对不同初始条件下膨胀土进行了不固结不排水三轴剪切试验,发现膨胀土的抗剪强度随初始含水率的增加呈线性下降趋势。Lu等[54]通过控制不同温度条件,发现在−10℃温度下土体中的冰晶充分发展,引起土体力学特性的显著变化。Eigenbord[55]、Viklander[56]发现冻融循环作用会使土体体积发生剧烈变化。

目前,冻融循环作用对膨胀土强度影响的研究主要集中在少数几次冻融循环作用下,结果表明土体强度有的降低,有的基本不变,没有很大的现实意义。有关膨胀土在多次冻融循环条件下力学特性的变化规律及从微观角度揭示其劣化机理的研究相对较少。

（3）干湿-冻融循环试验

膨胀土渠坡水位变化段的水分在通水期会向渠坡内部渗流(经历湿润过程),停水期水分减少并蒸发(经历干燥过程);同时渠坡表层一定深度范围内土体在冬季低温经历冻结过程,在夏季高温经历融化过程,膨胀土渠坡的重合区域同时经历了干湿和冻融的耦合作用过程。朱洵等[57-58]开展干湿及干湿-冻融循环条件下膨胀土的三轴试验,探讨不同循环条件下膨胀土应力-应变关系及抗剪强度等力学特性的变化规律,结合损伤力学基础理论探讨力学特性损伤过程。蔡正银等[59]、张晨等[60]针对北疆供水一期工程膨胀土渠坡,模拟明渠运行反复干燥、湿润、冻结、融化的过程,开展了不同影响因素条件下室内冻融循环及干湿-冻融耦合循环作用下的直剪试验,研究表明膨胀土内部产生的裂隙是抗剪强度损失的主要原因。高小云等[61]分别研究了干湿循环、冻融循环和干湿-冻融循环三种循环模式对膨胀土的应力-应变关系和抗剪强度的影响,未经历和经历了三种循环作用的试样,其应力-应变曲线总体上表现为弱应变软化型和应变稳定型,干湿-冻融循环试样破坏强度的降低幅度最大。Lu 等[54]探讨了冻融循环对膨胀土力学特性的影响,发现第一次冻融循环过程对膨胀土的力学性能有显著影响,随着含水率的增加,土体变形特征增加。肖泽岸等[62]分析了在干湿-冻融循环条件下,盐分在土体循环过程中对水分重分布与变形的影响,并结合模型分析各因素对水盐迁移规律的影响。Aldaood 等[63]通过对膨胀土进行周期性循环试验,从微观角度解释力学特性的变化规律。李燕等[64]开展了不同循环条件下膨胀土的力学特性试验研究,探讨了不同因素条件下膨胀土的体变特征及力学特性的变化规律。

目前,干湿循环、冻融循环以及干湿-冻融循环的研究主要集中在单一干湿循环、单一冻融循环等单因素对膨胀土力学特性的影响上,不能全面反映全年气温、降水及渠坡不同位置等因素对北疆供水一期工程膨胀土渠坡物理机制的影响,有关不同循环条件下膨胀土力学特性的变化规律研究得较少。

1.3.3 膨胀土的胀缩特性规律试验研究

关于膨胀土的胀缩特性规律试验研究主要分为无荷膨胀率试验、有荷膨胀率试验、收缩试验等。

（1）无荷膨胀率试验

强胀缩性、多裂隙性、超固结性是膨胀土的三个基本特性,导致膨胀土的工程性质十分复杂,常常对各类工程建设造成重大危害。特别是强膨胀土具有强烈的膨胀潜势,极易造成边坡失稳,引发渠坡发生滑动破坏。杨庆等[65]对重塑膨胀土试样进行膨胀力试验,发现非饱和膨胀土的膨胀力和含水率之间存在良好的指数关系。刘静德等[66]、Chertkov[67]对膨胀岩进行吸湿条件下的膨胀率试验,并推出膨胀力经验公式,定量分析膨胀和收缩的变化规律,发现膨胀率与干密度呈线性正相关。尹鑫等[68]为准确评价膨胀土的胀缩等级,建立了直觉模糊集评价模型,选取多个指标组成评价属性集,对不同指标胀缩性评价结果的敏感性进行排序。查甫生等[69]引入自由膨胀比指标评价膨胀土的膨胀性,发现自由膨胀比与基本物理力学性质指标及胀缩性指标呈线性相关关系。Prakash 和 Sridharan[70-71]发现自由膨胀比指标与土的黏土矿物成分等因素密切相关,并从微观角度解释土体膨胀的内部原因。Basma 等[72]发现土体在干湿循环作用后,土体的胀缩变形特征受初始条件的制约。

目前,国内外学者关于膨胀土胀缩性研究主要集中在干湿循环作用下膨胀土胀缩特性的研究上,关于不同循环条件下无荷膨胀率的变化规律及对比分析研究得较少。

（2）有荷膨胀率试验

膨胀土的有荷膨胀率试验主要是模拟建筑物膨胀土地基在受到上覆荷载或某一荷载

作用下,膨胀土吸水膨胀从而产生有荷膨胀性的试验。杨和平等[34]、Holtz 等[73]开展干湿循环条件下膨胀土在有荷条件下的胀缩试验研究,得到了膨胀土的胀缩变形与强度的变化规律。张爱军等[74]提出了考虑初始含水率、初始干密度以及上覆荷载因素对膨胀土的膨胀变形量的耦合作用。Basma 等[75]、Al-Rawas 等[76]采用膨胀加压法、分级加荷膨胀法等方法对影响膨胀特性的因素进行了试验研究,结果表明膨胀特性随蒙脱石含量及初始干密度的增大而增大,随初始含水率的增大而减小。Komine 等[77]采用恒体积法对膨胀土进行了膨胀研究,发现膨胀变形及膨胀力与初始含水率几乎无关,随干密度的增大而增大。胡瑾等[78]通过膨胀率试验,研究了膨胀率以及膨胀后的含水率、干密度和孔隙比随荷载的变化规律。李振等[79]对不同干密度的膨胀土进行分级浸水增湿和一次性浸水饱和膨胀变形试验,分析了压力抑制膨胀和遇水膨胀的变化规律。

目前,国内外学者关于膨胀土的有荷膨胀率试验主要集中在有荷膨胀率与干湿循环次数之间的关系上,但有关有荷膨胀率随循环模式、循环次数、上覆压力等因素的变化规律研究得较少。

（3）收缩试验

膨胀土的收缩特性是指膨胀土土体在经历水分蒸发后,其土体体积缩小的性质。柴肇云等[80]采用自主开发研制的膨胀试验装置,分析泥质岩的循环胀缩特性。谈云志等[81]通过研制相关仪器来模拟太阳光照加热膨胀土试样,以实现对试样失水过程的模拟。唐朝生等[82]通过全干燥及部分干燥两种干缩途径,发现膨胀土胀缩特征受干缩路径的影响明显。章李坚等[83]通过室内收缩试验,发现试样线缩率随着初始含水率的增加呈非线性递增,在初始含水率处于缩限值时,其线缩率将趋于零。丁玲等[84]通过研究不同初始状态膨胀土试样在收缩过程中的变形性能,发现其收缩率随含水率的减小呈快速收缩、缓慢收缩和平稳三个阶段的变化。Kovler 等[85]发现土体收缩可能与水胶联结力有关。Hensen 等[86]认为,晶层表面电荷密度、电荷位置以及阳离子的水合性能对土的膨胀性都有影响。

综上所述,国内外学者更多的是探究土体含水率与膨胀土收缩特性的影响,建立收缩率与不同循环条件及循环次数的变化曲线。但关于在不同循环条件下循环次数及不同上覆荷载对膨胀率的影响及微观机理解释的研究较少。

1.3.4　膨胀土的裂隙特性及微观结构研究

干湿-冻融循环作用引发膨胀土宏观力学特性劣化的原因可以分为外因和内因两个方面。其中,外因是干湿-冻融循环作用极易导致膨胀土裂隙发育滋生,裂隙会破坏土体的完整性,使得膨胀土的渗透性急剧增大,水容易沿裂隙进入土体内部,进而引发膨胀土宏观力学特性的劣化;内因是循环作用下膨胀土内部一系列微观结构的改变。因此,研究膨胀土的裂隙特性及其微观结构对于揭示膨胀土的强度变化规律和破坏机理十分重要。

Gens 与 Alonso[87]将土体的变形划分为宏观及微观两个层次,提出了考虑胀缩性的 G-A 模型。Starkloff 等[88]研究了冻融循环作用对粉土和砂土大孔隙结构的影响,利用工业 X 射线扫描仪,结合先进的图像处理和分析技术,对土体的大孔隙网络特征变化进行量化,结果表明,冻融循环作用对于松散砂土的影响大于黏性结构的粉土。Takahashi 等[89]利用纳米焦点 X 射线、CT、X 射线衍射（XRD）结合三维显微结构分析,研究了不同溶胀性能的致密蒙脱石在干密度分别为 0.8 mg/m^3 和 1.25 mg/m^3 时的显微结构。时伟等[90]、柯睿等[91]、杨忠平等[92]和 Gao 等[93]研究了膨胀土的压缩模量及无侧限抗压强度等指标随冻融循环次数的增加而衰减的情况,他们认为其原因是冻融循环作用破坏了土体的内部结构,降低了颗粒间的胶结作用,使其产生了损伤破坏。张家俊等[30]、吴珺华等[94]、黎伟等[95-96]、李雄威等[97]和孙德安等[98]通过干湿循环条件下膨胀土的力学特性及裂隙率试验,总结了干湿循环条件下膨胀土的裂隙扩展规律,研究发现膨胀土的表面裂隙率随着干湿循环次数增加而增大,多次循环后裂隙开展方向基本沿着第一次循环的裂隙方向。Chu 等[99]、Soltani 等[100]、唐朝生等[101]、Chang 等[102]和 Zhu 等[103]基于室内试验结果,分析了土体干缩裂隙形成的发育过程及机理,认为在干燥过程中引起的基质吸力和土体干缩引起的张拉应力是裂隙形成和发育的主要因素。Zeng 等[104]、蔡正银等[105]、Zhu 等[106]、顾欣等[107]和黄文彪等[108]通过 CT 扫描技术研究了不同干湿-冻融耦合循环次数对膨胀土三维裂隙演化规律的影响,描述了内部裂隙由循环初期浅层分散分布向后期深层汇聚偏转的发育模式。骆赵刚等[109]、张先伟等[110]、胡东旭等[111]、高可可等[112]和刘观仕等[113]提出圆度、颗粒定向频率、孔隙长径比、微观孔隙率等微观定量评价指标,以表征分析微观结构所反映的宏观力学特性。冷挺等[29]、杜泽丽等[114]、袁俊平等[115]、李彦龙等[116]和田晖等[117]对膨胀土进行干湿循环处理,提出了一系列裂隙量化指标,分析了不同含水率和不同循环次数对裂隙发育的影响。唐朝生等[118]通过对不同土体进行干燥试验,利用图像处理技术对裂隙图像进行预处理,提出了一整套裂隙网络度量指标体系,从统计学角度探讨了裂隙的分布特征。Tang 等[119]为研究温度、干湿循环等对土体裂隙的影响,开发了裂隙图形分析系统(CIAS),试验结果表明温度、土体厚度及干湿循环等因素对土体裂隙的几何结构产生重大影响。Velde[120]通过分析裂隙网络的分形维数对裂隙夹角进行计算,并综合拓扑学方法,选取欧拉数对裂隙网络的连通性进行衡量。Tollernaar 等[121]研究了不同的初始条件和边界条件对黏土干缩开裂的影响。

多裂隙性是膨胀土的主要宏观结构特征,国内外学者关于裂隙性的定量化描述与演化规律的研究已取得一定进展,随着 CT 技术、X 射线衍射(XRD)、扫描电子显微镜(SEM)、透射电镜(TEM)、压汞仪(MIP)等测试技术及相应数字化图像处理技术的逐渐成熟,膨胀土的裂隙特性研究从宏观到细观和微观均已发展到定量化的阶段。通过扫描电子显微镜(SEM)进行裂隙性试验,定量化描述裂隙规律,研究膨胀土的微观特性,从宏观到微观定量化分析膨胀土宏观力学特性的变化规律,探讨干湿-冻融循环次数对其裂隙性的影响,并揭示裂隙性导致膨胀土强度衰减的机制,是需要进一步开展的研究。

1.4　膨胀土的非线性和弹塑性本构模型研究

(1) 邓肯-张 E-B 模型

邓肯-张 E-B 模型可通过常规三轴试验获得参数,模型形式简单、易于推广,反映了应力与应变之间的关系,可用于对干湿-冻融循环作用下膨胀土力学特性的劣化进行预测。Kondner[122]根据大量土的三轴试验应力-应变关系曲线,提出用双曲线拟合一般土的三轴试验结果。Duncan 等[123]根据 Kondner 提出的双曲线应力-应变关系建立了一种目前被广泛使用的增量弹性模型,一般被称为邓肯-张(Duncan-Chang)模型。Jia 等[124]在原有邓肯-张模型的基础上,利用所提出的扰动函数,建立了考虑围压和土壤相对密度影响的本构模型,该模型在 ABAQUS 软件中已实现建模,并与试验数据进行了对比验证。张云等[125]通过对上海第四纪不同土层土样进行三轴剪切试验,探讨了不同土层邓肯-张模型参数的变化规律及分布特征。张新婷等[126]依据不同含水率下原状土及重塑土的固结排水三轴试验数据,对邓肯-张模型中 μ 的表达式进行修订,修订后的模型能很好地描述其应变硬化的破坏类型,但对应变软化描述还存在局限性。

虽然邓肯-张 E-B 模型参数具有易于获得、形式简单、易于推广等优点,但依然存在难以描述土体的超固结性等缺点,还需研究邓肯-张 E-B 模型参数在干湿-冻融循环作用下的变化趋势,建立各参数与循环次数间的函数关系。

（2）弹塑性本构模型

修正剑桥模型可通过常规三轴试验获得参数,建立模型参数与干湿-冻融循环次数之间的函数关系,对修正剑桥模型进行改进,可用于对干湿-冻融循环作用下膨胀土应力-应变曲线的劣化进行预测。Roscoe 等[127]对黏土进行三轴压缩试验,采用平均主应力 p、偏应力 q 及孔隙比 e 三个状态量,创立了经典的剑桥模型。1968 年 Roscoe 和 Burland[128-129]通过采用新的能量方程,提出了基于椭圆形屈服面的修正剑桥模型（MCC）。Horpibulsuk 等[130]考虑土体在加载过程中强度指标的变化,结合修正剑桥模型建立了 SCC 模型。沈珠江[131]从损伤力学的观点出发,建立了一个可以考虑黏土结构破损过程的损伤力学模型。申林方等[132]根据土体的无侧限抗压强度试验和单轴循环加卸载试验,讨论了泥炭土在不同因素下的固化效果,建立了单轴压缩状态下固化泥炭土的弹塑性损伤模型。金旭等[133]以复合体损伤理论为基础建立了适用于非饱和原状土的弹塑性损伤本构模型,并总结了损伤变量的演化规律。夏旺民等[134]对土体在加载和增湿作用下的破损规律进行了分析,提出了增湿损伤变量的定义,黄土加载损伤的能量指标及加载损伤的演化方程。Lai 等[135]将损伤变量引入冻土的弹塑性本构模型中,并分析了损伤变量的变化规律。Lade 等[136-137]从物理意义上对双屈服面进行了探讨,指出体积屈服面为破坏屈服面,而剪切屈服面为塑性膨胀屈服面,其提出的双硬化模型能够用于描述三维应力状态,而其参数却可以通过普通三轴试验标定。Desai 和 Gallagher[138]于 1984 年提出了封闭型的单一屈服面模型,该模型具有双屈服面的一些特点,前半段采用剪切屈服面、后半段采用体积屈服面进行描述,比采用单一的剪切屈服面或体积屈服面描述更为准确;后来 Desai 和 Faruque[139]又将其发展为能够考虑非等向硬化规律、非关联流动法则,甚至可以考虑损伤软化等特性的一系列弹塑性本构模型。清华弹塑性模型[140]最主要的特点是不需要假设屈服面函数和塑性势函数,而是根据试验结果确定不同应力状态下的塑性应变增量方向,然后根据相适应的流动规则确定其屈服面,再通过试验结果确定硬化参数。李广信[141]将其扩展到三维应力状态空间,建立了三维弹塑性本构模型。沈珠江[142]在邓肯-张模型和剑桥模型的基础上提出了南水双屈服面模型,建议采用椭圆函数和幂函数作为两个双屈服面函数。殷宗泽[143]基于土体的变形特性规律,提出了以椭圆形和抛物线为两个屈服面函数的双屈服面本构模型,该模型认为土体的塑性变形主要由两部分组成,一部分与土体的压缩特性有关,另一部分与土体的剪胀特性有关;后续殷宗泽等[144]就其弹塑性矩阵进行了推导。

目前国内外学者关于修正剑桥模型多侧重于单因素循环条件下损伤变量的黏性土弹塑性本构模型的构建,关于不同循环模式作用下多因素损伤变量的膨胀土弹塑性本构模型的研究相对较少。因此,还需构建多因素损伤变量的弹塑性本构模型,以描述膨胀土经过不同循环模式作用的力学特性衰减规律。

1.5 膨胀土的改良技术研究

根据膨胀土的物质组成、结构特征以及胀缩机理等，国内外学者提出了许多改良方法。目前，主要有物理改良方法、化学改良方法、微生物改良方法以及固体废弃物改良方法等，下面简要介绍这几种方法的研究进展。

（1）物理改良方法

关于物理改良方法，国内外学者主要采用掺纤维改良、风化砂改良、掺碎石改良、土工格栅加筋等方法进行研究。李天龙[145]通过室内试验研究了纤维含量对膨胀土压缩和强度特性的影响，当纤维掺量为0.3%时，能够显著提高土体无侧限抗压强度和凝聚力，也能显著降低改良土体的线缩率和膨胀率。杨俊等[146-149]针对改建公路工程中存在的膨胀土及当地可充分利用的风化砂开展试验研究，通过在膨胀土中掺入不同含量的风化砂进行研究，发现当掺砂量为20%时改良效果最佳，改变了土体的含水率和密实特性，并抑制其膨胀，有效提高了膨胀土的抗剪强度，使填筑路基安全系数达到最大值。董柏林等[150]、黄飞龙等[151]、许英姿等[152]通过采用自制固结仪以及模型箱对碎石改良膨胀土进行试验研究，对不同初始含水率与不同碎石掺量条件下膨胀土无荷膨胀率和膨胀力变化进行了研究，发现初始含水率与碎石掺量对改良膨胀土的性能有明显影响，以碎石掺量为25%的膨胀土作为填料时可有效地降低土体侧向膨胀力，达到较优的改良效果。徐晗等[153]、王协群等[154]、蔡剑韬[155]对土工格栅加筋膨胀土渠坡的加固措施进行研究，通过拉拔试验、三轴试验以及有限元差分软件验证，土工格栅对膨胀土渠坡的水平位移有明显约束作用，是稳定渠坡的一种有效处理措施，在实际工程中可灵活采用。

物理改良膨胀土主要是通过物质间的镶嵌咬合来抵消膨胀力的，虽然改良机理简单，能就地取材，但并没有改变膨胀土本身的性质，而是借助外力或其他材料来限制其胀缩性。采用此类方法处理时，除需掺和较多的外加材料还需大量人工，因此成本较高且费力费时，而且主要是针对弱膨胀土进行改良，在实际选用时还需进行对比分析，其改良效果也有待进一步验证。

（2）化学改良方法

关于膨胀土的化学改良技术的研究，国内外学者分别提出了石灰改良、水泥改良、化学试剂改良以及固化剂改良等方法。

① 传统石灰、水泥改良方法：罗雄章[156]、俞缙等[157]、Rao等[158]、Osula[159]根据膨胀土掺入石灰的水蒸气吸附等室内试验，研究了不同石灰掺量对改良膨胀土膨胀特性、强度性质、吸水性及其他工程性质的影响，当石灰掺量为5%～7%时膨胀土改良效果最佳，且随着龄期的增长，强度提高，胀缩性降低。张小平等[160-161]、Locat等[162]、Elkady等[163]对石灰改良土进行了微观结构扫描电子显微镜分析，发现在石灰作用下，微集聚体胶结形成团聚体，团聚体叠聚组成骨架结构，并通过微孔定量分析量化石灰胶结量的大小。吴新明[164]、Wang等[165]、李永彪等[166]、韩晶等[167]、张齐齐等[168]、王佩等[169]通过室内试验从宏观力学特性、物相构成演变以及微观结构特性三个方面，对不同掺量水泥的改良膨胀土进行系统

研究,获得了土体自由膨胀率、塑性指数和无侧限抗压强度等指标,发现当水泥掺量为 8%时效果最佳,具有凝结硬化快的优势以及良好的抗渗性和水稳定性。王绍波等[170]、Akbulut 等[171]、贾红卫[172]通过室内试验对水泥、石灰和粉煤灰改良膨胀土的固化机理进行研究,发现石灰和粉煤灰的改良机理较为相近,两者都是通过削弱土体间离子交换能力来实现加固;而水泥是通过增加其离子交换能力来实现强度增加,但强度增幅并不显著;当石灰剂量在 8%~12%、粉煤灰含量在 24%左右时,土体 7 d 无侧限抗压强度均能满足路用要求,且避免了石灰改良土胶凝反应早期强度不高的问题,加入粉煤灰后土体早期强度提高,后期强度稳定,膨胀性也明显减小[173-174]。

② 固化剂改良方法:刘清秉等[175]、李志清等[176]、尚云东等[177]利用离子型土壤固化剂对膨胀土进行化学改性试验研究,得出 ISS 溶液改良膨胀土的最优配合比为 1∶350,采用溴烷铵(HTAB)和阳离子改性剂均可以彻底改变膨胀土的亲水性和胀缩性,降低膨胀率,显著改善膨胀土颗粒级配和强度特性,改良后土体黏粒含量减少、粉粒增多,土体由亲水性变成憎水性,且能达到较好的水稳定性,膨胀土经化学改性为非膨胀土,且无毒无腐蚀无污染。代学灵等[178]、贺立军等[179]采用由石灰、水泥等合成添加剂改性而成的新型复合黏性土固化材料 NCS 进行改良膨胀土试验以及 HEC 改良膨胀土试验,发现固化材料 NCS 除具有石灰、水泥对土的改性作用外,还进一步使土粒和 NCS 发生物理化学反应,NCS 和 HEC 改良膨胀土均能使土体可压实性增强,强度和稳定性得到提升。FH 系列固化剂[180]能与水分子形成化学键,对水有极强的吸附作用,利于土壤的稳定固化,与原状土、石灰土、水泥土相比,FH 系列改性土整体性更好、强度更高,塑性变形允许值更大。

③ 化学试剂改良方法:彭金忠等[181]、虞海珍等[182]、王保田等[183]、王艳萍等[184]通过理论、实例分别分析了生态改性剂对膨胀土的改良结果,发现生态改性剂无论在工程、经济、环保方面都有明显的优点,在减弱膨胀土膨胀潜势和改变胶结特性的同时,提高了土体的抗剪强度和水稳定性,尤其是改性土能达到长期浸泡无崩解的效果,在永久改变土体属性的同时不会影响原土壤植被育培能力。韦晨等[185]、Putra 等[186]通过常规室内试验,对 NaCl 溶液改良条件下膨胀土的基本物理性质、抗剪强度指标、微观结构变化特征进行分析探究,研究表明:在 NaCl 溶液的作用下膨胀土的类型从中膨胀土变为弱膨胀土,同时对木炭粉和盐的稳定性进行了比较,发现盐改善膨胀土的性能优于木炭粉,盐与土壤质量之比为 15%时,密度可增加约 20%,使膨胀土由原高塑性土向低塑性粉土转变。

化学改良膨胀土的方法主要是通过一系列物化反应改变黏土矿物含量和微观结构来增强土体强度,工程应用虽较为成熟,但耐久性有待验证。固化剂和化学试剂改良膨胀土经济环保、施工简易、效果明显,但抗水性较差,受环境影响较大,处理碱性较强的膨胀土效果较差。传统改良方法虽然效果显著、应用较广,但周期长、造价高、能耗高、收缩较大、开裂风险较高,且对生态环境造成的损伤难以恢复。

(3)微生物改良方法

关于膨胀土微生物的改良方法研究,国内外学者利用微生物新陈代谢活动来改善地质环境,使土体中矿物成分沉淀,以此来胶结或填充粒间孔隙,起到改良膨胀土的作用。周东等[187]通过调查发现,可以利用某些微生物的助滤、疏水作用改变黏土矿物表面电荷电性的特性,削减结合水膜的厚度,提高膨胀土的抗剪强度,并提出将生物技术引入膨胀土的改良问题中,可根据不同类型的膨胀土筛选出生命力强、能消除或显著减弱土体胀缩性的菌种,能促进自然生态环境良性发展。杨和平等[34]从微生物化学、微生物物理学及工程地质学角度,系统地分析了微生物对岩土工程性能的影响及其作用机理,提出采用微生物技术对膨胀土进行土质改良,并初步分析了实施该技术的可行性。许金丽[188]采用选择性固体培养基稀释平板法从农田土壤和膨胀土中分离出 81 株对膨胀土自由膨胀率有抑制作用的菌株,并进行改良膨胀土菌种分离筛选及其特性研究,研究表明土体自由膨胀率最高可下降33.57％左右。杜静等[189]对南宁膨胀土进行微生物改性试验研究,通过添加不同菌株的膨胀率试验,筛选出对膨胀土胀缩特性影响较大的菌株,将筛选出来的菌株加至膨胀土中,对土体进行直剪和胀缩等试验,改性土的抗剪强度增大、膨胀性指标降低、线缩率减小,膨胀土改良为弱膨胀土。陈永青等[190]以描述生物酶改良膨胀土的应力-应变关系为研究目的,提出基于生物酶掺量的修正殷宗泽模型,并开展了一系列三轴排水剪切试验,对不同生物酶掺量下改良膨胀土的弹塑性变形演化规律进行了分析,研究结果表明生物酶能有效提高改良膨胀土的力学性能,修正殷宗泽模型能够很好地描述生物酶改良膨胀土的土体本构关系。黄涛等[191]利用活性氧化镁和微生物协同作用,通过固化黄土试验研究发现固化土试样含水率随氧化镁掺量的增加和养护龄期的增长而降低,水化反应生成的水合碳酸镁具有膨胀性和胶结性,可对土颗粒间缝隙进行填充,并将土颗粒胶结在一起。欧孝夺等[192]采用生石灰与微生物协同固化技术对过湿性铝尾黏土进行研究,结果表明生石灰与土中水发生水化反应,形成大量大直径孔隙,为微生物的生存提供有利空间,同时该菌种具有较好的耐碱性,能够利用生石灰水解产生的 Ca^{2+} 进行矿化作用,可有效提升固化土体的抗剪强度和降低压缩性。

微生物改良膨胀土的方法主要是通过微生物分泌带有黏性的有机物黏液,促使黏质粉土颗粒簇的生成,填充胶结土颗粒以增强土体密实性,具有造价低、反应可控、无害、无腐蚀性且对环境影响较小等特点,但应用范围相对较小、施工较复杂,需要考虑的影响因素也比较多,见效时间较长,不如传统方法见效快。其作为一种新兴的改良技术,目前尚处于理论分析和试验研究阶段。

(4)固体废弃物改良方法

近年来,国内外学者逐渐开始以工业副产品/废料作为主要原料开发低碳、低能耗固化剂[193-195]对膨胀土进行改良,提出了掺绿砂改良、电石渣改良、碱渣改良、废弃秸秆改良、废弃轮胎改良、铁尾矿砂改良、高炉水渣改良、掺粉煤灰改良和钢渣粉改良等。张鑫等[196]、Abichou 等[197-198]围绕绿砂及膨胀土-绿砂进行一系列室内土工试验以及模拟试验研究,探讨绿砂作为膨胀土路基改良材料的可行性,研究结果表明,掺绿砂可改善膨胀土的胀缩性并提高塑性指数,经过冻融、干湿循环作用后绿砂改良土性能变化小,对周围环境没有明显影响,绿砂掺合比在 20％左右改良效果最佳。查甫生等[199]、檀奥龙[200]、孙树林等[201]、Sun等[202]通过系统的室内试验分别探讨了利用电石渣、碱渣以及高炉水渣作为添加剂对膨胀土进行改良的可行性,发现添加剂可以大幅改善膨胀土的自由膨胀率、塑性指数、土体的颗粒级配以及强度特性,其膨胀特性和线缩率均随养护龄期的增长呈减小趋势,当电石渣掺量为 10％时改良效果最显著;而掺碱渣率达到 30％时改良效果最明显。张雁等[203]、李妥德等[204]探究了一种改良膨胀土工程性质的新材料矿碴复合料,通过边坡工程防护现场的试验运用,发现该材料能使膨胀土丧失膨胀性,且强度高、施工简单快捷,作为护坡材料更为经济。赵辉等[205]通过室内试验对铁尾矿砂改良土的力学性质和微观结构进行研究,发现随着掺砂率的增大,试验界限含水率、塑性指数及膨胀特性指标都减小,土体强度随着掺砂率的增加先增大后减小,当掺砂率为 30% 左右时,改良土的结构处于最稳定状态。张德恒等[206-207]利用秸秆灰渣作为添加剂,进行室内改良膨胀土试验,根据三维自由体应变及膨胀压力的特征,拟合出秸秆灰渣最佳含量的线性方程,得出灰渣的最佳含量为 17%,膨胀土的体应变、塑性指标和膨胀压力随着秸秆灰渣含量的增加而逐渐降低,抗压强度随着秸秆灰渣的增加而逐渐增大,有效地改善了膨胀土的工程特性。魏永耀等[208]、赵敏[209]、Yadav 等[210]主要通过室内无侧限抗压强度试验,研究膨胀土及膨胀土-胶粉强度特性,结果表明,随着纤维含量的增加,土的膨胀压力逐渐减小,抗压强度逐渐增大,胶粉改良膨胀土无侧限抗压强度的掺量为 10%～20% 时能达到最佳改良效果,改善了膨胀土的力学特性,也提高了抗剪强度。刘松玉等[211]、蔡光华等[212]通过活性氧化镁碳化固化粉质黏土的试验研究发现,随着碳化时间增加和初始含水率的减小,碳化固化土的碳化产物含量增加,累积孔隙体积减小,碳化加固土的强度提高,活性氧化镁固化粉质黏土碳化时间为 6.0 h 时获得的强度最大。王东星等[213-214]利用矿渣并辅以活性 MgO 和 CaO 形成的矿渣-CaO-MgO 固化体系,探究固化剂掺量、配合比和初始含水率等因素对加固土效果的影响,发现固化体系对土体加固有明显改良效果,促使碳酸盐晶体大量生成,最佳碳化时间为 6.0 h 左右,最佳含水率为 16% 左右,晶体发育程度与固化剂掺量及改性土潜在活性等因素有关。黎连文等[215]、冯美果等[216]、杨晶磊[217]、秦彩虹等[218]采用粉煤灰作为外掺剂对某公路沿线的膨胀土进行改良,发现粉煤灰是一种可有效改良膨胀土的胀缩效应并提高膨胀土强度以及水稳定性的添加剂,当掺灰量在 14%～16% 时,土体内摩擦角、抗剪强度和无侧限抗压强度达到最大值,改良效果达到最佳。袁明月等[219]、孙朋等[220]、吴燕开等[221-223]、Sajedi 等[224]利用钢渣粉对膨胀土进行改良后,通过测定其膨胀率及无侧限抗压强度,发现膨胀土的膨胀率随钢渣粉掺量的增加显著降低,当钢渣粉掺量达到 10% 时改良效果最优,研究发现烧碱(氢氧化钠)能够激发钢渣粉的活性,加速其水化,改善钢渣粉胶凝性差、水化反应慢等缺点,使钢渣粉能很好地发挥其优良性能[225]。王亚超[226]、王东星等[227]、Nidzam 等[228]、董景铨[229]、蒋勇等[230]、曹娃等[231],利用不同激发剂研究不同离子在碱激发粉煤灰地质聚合反应中的作用机理和对粉煤灰基地质聚合物力学性能的影响,发现化学激发反应能改变粉煤灰玻璃体结构,激发其活性,产生大量凝胶类物质并破坏膨胀土的特殊结构,NaOH 和钠水玻璃作为激发剂、粉煤灰和钢渣作为原料时,能发挥粉煤灰和钢渣的协同效应,制备出一种具有早期强度高、后期效果稳定的复合胶凝材料,可有效提高固化土体的无侧限抗压强度。

固体废弃物改良膨胀土主要是通过废渣中存在的潜在活性物质发生物化反应产生胶凝类物质填充孔隙及胶结颗粒,未反应的物质起到镶嵌堆积的作用以提高土体强度。工业废渣作为改性材料,使废弃物得到了妥善处理,提高了资源的循环利用,在加强生态保护、减少环境污染的同时,降低了工程造价,具有广阔的工程应用前景,但改良后的效果不如传统方法的好,同时掺量也较大。

1.6 膨胀土渠坡滑动破坏综合防治措施研究

为提升膨胀土输水明渠工程渠坡的稳定性,可采取表水防护、坡面防护和支挡防护三种方法相结合的方式,工程措施主要包括:抗滑管桩加固、锚杆加固、挡土墙加固和排水管桩支护等。在这些工程措施中,提升桩体抗滑性能的抗滑管桩加固是性价比相对较高的加固措施,在渠坡的支挡加固中得到广泛应用,但传统抗滑管桩无法降低坡内渗流通道的不利影响,排水抗滑管桩通过"渗-集-排"的联通结构,对滑体内尤其是滑面处赋存水量的排导具有明显作用,具备完好的竖向排水构造,易与排水孔、辐射集水孔、排水管道、截水墙(帷幕)等地下排水结构组成综合集(排)水体系。因此,对于输水明渠渠坡,工程防治措施主要是采用抗滑管桩、排水抗滑管桩进行针对性防治。

1.6.1 抗滑管桩的抗滑应用研究

抗滑管桩作为主要的抗滑支挡手段,目前已广泛应用于大型滑坡治理工程中。自20世纪50年代以来,随着抗滑管桩设计理论的不断完善,多种抗滑管桩结构类型相继被提出并得到大规模应用,同时国内外研究学者对于抗滑管桩在膨胀土渠坡中的应用也做了大量的细致研究。

(1)抗滑管桩结构与布置方式研究

随着国内外众多学者对抗滑管桩的深入研究和分析,以及其在工程实践中的广泛应用,抗滑管桩的设计方法和施工技术越来越成熟。为了解决不同类型边坡的工程问题,抗滑管桩结构还产生了许多衍生产品,如H桩、框架桩、板梁桩、预应力防滑锚桩、多排桩、梅花桩[232-237],抗滑管桩也能和其他各种柔性支护措施配合使用以保证边坡的稳定性。雷佩云[238]针对双排抗滑管桩-锚杆加固措施,分析了加固后边坡的稳定性以及支撑结构的应力和变形分布,在双排抗滑管桩的设计过程中,有限元分析法可用于定性分析两排桩之间的相互作用关系和跨度,以确定桩的设计方法和间距、尺寸等参数。向远华[239]在边坡的多支护组合结构研究中,对抗滑锚杆、框架梁和管状桩的混合结构进行了现场监测,并通过对测量结果和数值模拟结果的综合分析,探索了锚杆框架梁-双排抗滑管桩结构的膨胀土边坡的支护特性。祝建国等[240]对使用抗滑管桩治理膨胀土边坡的影响进行了数值模拟分析,通过比较正常状态下渠坡稳定性与浸水状态下的变化特性,推断抗滑管桩可以满足多种运行状态下边坡稳定性的需求。邹文龙[241]利用有限元法分析了在膨胀土边坡上使用注浆微型管桩的应用效果,发现微型管桩作为柔性支撑系统在加强膨胀土边坡稳定性方面具有更好的适应性。

(2)抗滑管桩不同的布置方式

抗滑管桩可以充分利用桩土间的土拱效应,使抗滑管桩达到科学设计要求,提高工程的经济效益。徐骏等[242]以直线型滑坡为基础进行了膨胀土边坡的离心模型试验,研究了不同桩排数、桩间距对滑坡推力分布的影响规律,研究发现每排桩承受较小的滑动推力时,可以减少桩排数从而利用每排桩的抗滑能力;当某一排桩承受的推力较大时,为了使每排桩均匀受力,必须调整前后排的桩间距。杨波等[243]考虑了折线型、顺层型和八渡型滑坡三种形式,利用有限元软件,采用强度折减法分别对三种类型的排桩边坡进行数值模拟计算,得出随着系数变化、间距变化,桩的推力和抗力发生变化的规律,并指出桩的最佳施工位置、提出桩的设计参数。

（3）抗滑管桩桩间距的合理设置

合理的桩间距不仅可以使抗滑管桩确保边坡的安全性和稳定性,还可以使抗滑管桩最大限度地发挥其防滑效果,确保防滑措施的经济性。目前,合理桩间距的设计还不是非常统一、成熟和简便,基本上,就经验值而言,桩间距的校准仅使用桩间土体和桩侧产生的摩擦阻力进行,该摩擦阻力不小于桩间滑坡推力,以使土体达到稳定状态作为控制条件。潘家铮[244]对桩间距进行了深入研究,其研究原理是从滑动穿过桩的桩间土体到随后在桩前传递到地面的滑坡推力不大于桩前土体的残余滑坡阻力,从而为抗滑桩间距提供了上限解公式。王士川等[245]在上限解的基础上,考虑到土拱效应、桩对土体的摩擦阻力和附着力,对桩间土体稳定性的极限平衡进行了分析,得出了抗滑管桩间距的下限解公式。王乾坤[246]考虑桩间土拱结构、拱脚内力和土拱强度,构建了一种计算抗滑管桩临界间距的方法,该方法综合反映了滑坡推力、滑体和桩横截面的形状和尺寸。Tan 等[247]基于半无限板的应力分析,研究了抗滑管桩后的土体应力,土拱效应的确定考虑了时间、桩距和桩数等影响因素,并基于 Mohr-Coulomb 屈服准则和极限平衡法,提出了一种确定最大桩间距的新方法。Zhang 等[248]利用自然平衡拱理论,考虑侧向土压力的影响,通过拱的控制条件、拱顶条件和合理拱轴线方程求解出合理的桩间距。吴坤明等[249]构建了考虑滑坡推力分布影响的抗滑管桩间距计算公式,并根据抗滑管桩间的土拱效应,得出了桩间土体在极限状态下的静力学平衡条件、拱顶截面及拱脚处三角受压区的 Mohr-Coulomb 屈服准则。

目前,国内外关于抗滑管桩的设计计算方面尽管取得了一定研究进展,通过设计不同的结构形式,利用土拱效应合理布局桩间距,提高了抗滑管桩的承载力,降低了工程造价,已广泛应用于各项工程中。但对于膨胀土渠坡抗滑管桩的设计计算,未充分合理地考虑膨胀土有别于一般黏性土的情况,未考虑膜后水位与膨胀土蠕变对抗滑管桩的作用以及桩间土拱效应的弱化机理对膨胀土渠坡稳定性的影响。

1.6.2　排水抗滑管桩的应用研究

排水抗滑管桩的基本原理是在混凝土管桩的桩身开设小孔,开放土体排水通道,并在桩周土受荷载作用时将超孔隙水压力及时排出,加速土体固结。国内学者们经长期研究陆续提出了适用于不同工况的排水抗滑管桩。雷金波等[250]提出了一种加速深层软土地基固结的带孔管桩。梅国雄等[251]提出了一种可降低沉桩时挤土引起的超孔压、减弱挤土效应的自适应减压排水管桩。唐晓武等[252]为防止杂物堵塞排水孔,在桩周套设土工织物,桩周土孔隙水经土工织物和小孔渗入管桩内腔,设计出一种能排水并增大摩阻力的预制管桩,可增大桩土界面摩擦,提高桩基承载力。国内外关于排水管桩的研究成果主要分为试验研究和数值模拟两个方面。

（1）试验研究

陈科林等[253]针对排水抗滑管桩容易在开孔处出现应力集中的现象,开展了极限承载力模型试验,分析了桩身开孔所引起的应力集中系数和开孔对桩极限承载力的折减情况。乐腾胜等[254]为探究桩身开孔对管桩承载性状的影响,通过室内模型试验发现双向对穿星状排水管桩的桩身轴力削弱情况最小且桩侧摩阻力最大。黄勇等[255]通过室内模型试验对比分析了开孔桩和普通管桩在沉桩过程中孔隙水压力的变化规律,试验结果表明开孔桩更利于桩周土的孔压消散,可明显降低沉桩过程中的超静孔隙水压力的峰值。Ni等[256]通过开展开孔桩和普通桩的单轴压缩和弯曲试验,监测试验过程中裂缝分布、挠度形状和混凝土应变变化特征,发现桩身开孔降低极限抗压强度,但强度实测值仍远大于设计值,定性分析了桩身开孔对桩体结构强度的破坏程度。

（2）数值模拟

周小鹏等[257]基于 ABAQUS 对比分析了普通桩和透水桩桩周土的固结规律,将开孔尺寸控制在 10% 的桩径范围内,能提高土体固结度至 90% 的同时提升固结效率,相比普通桩能缩短 1.5 d。Dai 等[258]采用数值模拟研究了预制开孔混凝土管桩的桩体强度,发现开孔桩的承载力随开孔尺寸（开孔直径和面积）增大而降低,当将开孔率控制在 10% 以内时,极限承载力衰减幅度在 30% 以内,仍可满足工程项目对桩身承载力的要求。Ni 等[259]建立了排水管桩沉桩引起桩周土位移和超孔压的有限元模型,通过研究桩周土固结性状、超孔压产生和消散规律,发现排水管桩对加速超孔压消散具有明显优势,可加速土体固结,提高桩基承载力。牛顺等[260]基于 COMSOL Multiphysics 软件分析了饱和软黏土环境扰动效应下排水管桩地基的固结特征,得出了桩周土孔压随时间、空间的变化规律,表明扰动效应对超孔压的消散速率具有显著影响。

上述研究表明,排水抗滑管桩是一种通过及时排出超静孔隙水压力,加快桩周土固结、减弱沉桩时挤土效应的有效方法,但依然存在以下不足:①桩周土孔隙水通过排水管桩的开孔处排出,但小孔极易被土体中的杂物淤堵,严重影响孔隙水排出速率;②由于膨胀土渗透系数较低,桩周土孔隙水在重力作用下经桩身小孔排出的速率有限;③未针对膨胀土输水渠坡长期排水抗滑应用与施工技术开展研究。因此,亟须开展排水抗滑管桩防治措施中长期抗滑排水的应用研究,以及提出保证土水分离的排水抗滑管桩中的排水防淤施工技术。

1.7　本章小结

本章通过总结国内外膨胀土输水明渠工程的灾变现象,分析了常温和不同循环条件下膨胀土力学特性、胀缩特性的研究进展以及基于膨胀土特性的非线性和弹塑性本构模型,总结了物理改良、化学改良、微生物改良以及固体废弃物改良方法对膨胀土力学性能的改善效果,进一步分析了抗滑管桩和排水抗滑管桩在渠坡抗滑中的可行性。目前,在寒旱区膨胀土输水明渠灾害分析与防治的研究中,有关不同循环条件下膨胀土力学特性的变化规律,以及宏（细）观结构演化的研究相对较少,膨胀土的改良技术和渠坡的防治措施在输水明渠综合防治中缺乏针对性研究。因此,完善寒旱区膨胀土输水明渠工程渠坡的多物理场耦合性能演化与灾变物理机制研究,提出符合明渠工程长期性运行特征的综合防控技术体系,是提高明渠安全运行和指导区域性工程建设的关键举措。

第 2 章　寒旱区膨胀土输水明渠工程面临的技术挑战

北疆供水一期工程是我国目前在寒旱区建成的最大跨流域调水工程,是新疆天山北坡经济带重要的战略性水资源保障工程,自建成通水运行以来,有效地促进了沿线工业、农业经济的快速发展,产生了显著的经济效益以及巨大的社会效益和生态效益。但随着北疆供水一期工程运行年限的增加,加之寒冷、干旱等恶劣的自然条件以及季节性的输水模式,输水明渠工程的安全高效运行面临重大技术挑战。

2.1　北疆供水一期工程概况

北疆供水一期工程是我国在西北严寒荒漠、戈壁、沙漠地区成功实施的跨流域、长距离、大流量、大规模的供水工程,也是目前我国在严寒荒漠地区建成的最大供水工程,输水线路全长约 376 km。该工程所在区域干旱少雨,多年平均气温 3.4～5.7 ℃、极端最高气温达 43.5 ℃、极端最低气温达 −43.5 ℃,降水量 79.5～188.9 mm,蒸发量 1716～3534 mm,最大积雪深度 23～33 mm,最大冻土深度大于 150 cm,月平均气温在 0 ℃ 以下的时间可达 5 个月[261]。

该工程主要跨越三种不同地层,分别是:①剥蚀起伏平原区,该渠段长 152 km,通过地层多为泥岩、砂质泥岩夹薄层砂岩和砾岩,含砾砂岩、泥质砂岩、砂质泥岩等,其中部分泥岩、砂质泥岩具有弱-中膨胀性,部分具有中强膨胀性,还有连续 20 km 明渠通过的地层为强膨胀泥岩;②风成沙漠区,该渠段长约 167 km,由高低不等的沙垄沙丘组成,为固定、半固定状态,岩性为灰色细砂、中细-中粗砂;③细土平原区,该渠段长 57 km,该段通过冲洪积扇中下部细土平原,多为荒漠区,局部为农田耕植区,部分地段地下水位较浅,岩性为第四系全新统冲洪积粉质壤土、砂壤土、粉质黏土夹粉细砂透镜体。该工程主要由上游"635"水库、软岩隧洞、戈壁明渠、小洼槽倒虹吸、大洼槽倒虹吸、沙漠明渠、平原明渠和"500"水库等组成[262]。

2.1.1　膨胀土输水明渠工程的灾变现象

在长约 1000 km 的大型输水明渠工程中,穿越膨胀土区域的明渠长度约占明渠总长的 31.6%。因建设期施工、运行期维修以及防渗土工膜日益老化等,且明渠长期处在高水位下运行,导致土工膜渗水现象严重,膜后水位较高。在严寒、干旱的恶劣自然环境下,明渠发生盐冻胀破坏,总干渠膨胀性泥岩段滑动破坏现象频发,严重制约了明渠的输水效率。

（1）盐冻胀破坏现象

图 2-1 所示为膨胀土渠坡发生的盐冻胀破坏现象。明渠的盐冻胀破坏现象一般出现于明渠衬砌体位置,它的表现形式就是渠基土发生盐冻胀变形,并引发衬砌板错位、隆起和

滑移等现象,造成明渠伸缩缝、衬砌体破坏开裂,最终使明渠丧失防渗功能或渠坡发生滑动破坏。

图 2-1　膨胀土输水明渠渠坡发生的盐冻胀破坏现象
(a) 底板挤压破坏;(b) 渠底冻胀破坏;(c) 渠坡护板破坏;(d) 护板滑动破坏

(2) 渠坡滑动破坏现象

图 2-2 所示为膨胀土输水明渠工程渠坡发生的滑动破坏现象,主要包括:

① 表层渠坡滑动破坏:主要是指渠坡表层发生的滑动破坏现象,由于前期采用白砂岩进行换填,可能是在高水位作用下白砂岩发生滑动破坏。

② 浅层渠坡滑动破坏:主要与其裂隙的开展深度和大气环境影响范围有关,一般深度在 2～3 m 以内。刘特洪[263]应用渐进破坏理论将浅层滑动破坏分为两种形式:一是自坡脚开始形成的多级牵引滑动;二是上层土体对下层土体牵引形成的多级滑坡。李青云等[264]针对南水北调中线工程膨胀土发生的浅层破坏将其分为两类:一是在开挖过程中发生的即时滑坡,是膨胀土的裂隙面导致滑坡发生,在重力作用下失稳;二是滞后性滑坡,即开挖稳定后的渠坡经过降水作用,从坡脚向坡顶发生的逐级牵引式滑动破坏。

③ 结构面滑动破坏:主要是膨胀土体裂隙延伸、发展和贯通,以及水分的入渗作用导致的,这种滑坡现象主要受制于结构面的控制,具有明显的滑动面。蔡耀军等[265]从地层结构、滑带形态、滑带特征和形成过程等方面,指出陶岔渠道膨胀土滑坡具有典型的推移式滑动形式,层间软弱结构面、渠坡张拉裂缝和持续降雨是导致滑坡发生的主要因素。

④ 深层滑动破坏:主要是指膨胀土渠坡岩体沿着近似弧形滑面的位移,多发生于土坡或类似均质的多组节理岩体边坡中,具有最小安全系数的滑动面称为最危险滑动面,该面是最可能发生滑动的滑动面。

（a）　　　　　　　　　　　　（b）

（c）　　　　　　　　　　　　（d）

图 2-2　膨胀土输水明渠渠坡发生的滑动破坏现象

（a）表层渠坡滑动破坏；（b）浅层渠坡滑动破坏；（c）结构面滑动破坏；（d）深层滑动破坏

2.1.2　膨胀土输水明渠的灾变物理机制

（1）渠坡滑动破坏问题

随着使用年限增加，在多次干湿-冻融循环作用下，渠坡滑动破坏现象严重，破坏特点表现为渐进性、浅层性、长期性和反复性。

（2）明渠渠坡外侧问题

图 2-3 所示为明渠在维修期间的现场情况。由图 2-3 可看出，明渠运行期间外侧在高水位下运行，渠底过高水位的水难以及时排出，渠基土体开挖后发生流土破坏，明渠抢修后再次发生滑坡现象。

（3）明渠发生渗漏原因

分析明渠发生渗流的原因主要是表层六棱形盖板防渗效果不佳；结构面裂隙较多，风化现象严重；土工膜日渐老化，焊接部位凸出；防渗结构不合理，存在安全隐患；明渠停水期间，膜后水无法及时排出，产生孔隙水压力以及经干湿-冻融循环作用后渠基土强度特性劣化严重。

（4）渠坡滑动破坏原因

主要是渠基表层白砂岩遇水后强度降低，干湿-冻融循环作用导致其力学参数劣化，停水期渠坡膜后渗水难以排出，饱和渠坡抗滑安全稳定系数降低等因素共同作用导致渠坡发生滑动破坏。

图 2-3   膨胀土输水明渠维修期间的现场情况

(a) 渠外水位较高；(b) 渠基水位过高；(c) 渠底发生流土；(d) 渠坡再次滑动

（5）明渠渠外水位来源问题

图 2-4 所示为膨胀土渠坡的渠外水位监测情况。由图 2-4 可看出，运行一段时间后明渠内外水位趋于一致，由于明渠所处区域降水偏少，地下水位较深，通水期间明渠渗漏是膜后水的主要来源。

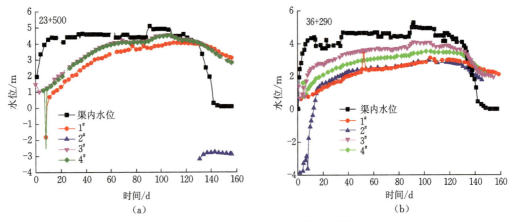

图 2-4   膨胀土明渠水位监测情况[266]

综上所述，膨胀土输水明渠工程的灾变机制是由于建设期施工、运行期维修以及防渗土工膜日益老化等原因，且明渠长期处在高水位下运行，产生孔隙水压力，有效应力减小，使渠坡发生滑动破坏的风险增加；同时，在寒冷、干旱的自然环境下，渠基土的力学特性发生劣化，两者共同作用导致明渠发生破坏现象。

2.1.3 膨胀土输水明渠的运行概况

明渠运行一年为一个周期,通过明渠管理部门对一年中膜后水位变化的监测情况,结合北疆阿勒泰地区年均地温数据,定性表述了明渠一个运行周期中的干湿-冻融循环过程,如图 2-5 所示。图 2-5 中湿润的过程为明渠通水期情况,干燥、冻结、融化的过程为明渠停水期情况。在渠后已赋存膜后水的情况下,渠坡经过干燥过程后一定程度上降低了膜后水位高度,但后续明渠进入通水期后不可避免的渗漏情况又进一步抬升膜后水位高度,渠水入渗范围也将在原有基础上扩大,对应的土体由自然重度逐渐达到饱和状态。随着气温的降低,明渠进入冻结期,入渗范围饱和土体内水分受毛细作用和温度梯度作用开始迁移并最终凝结成冰,极易使土体产生冻胀现象。随着来年气温的缓慢上升,膨胀土内冻结冰逐渐融化产生融沉现象,导致土体强度降低的同时年复一年对膨胀土形成了明显的干湿-冻融循环作用。与此同时,在明渠不同的运行时期,渠水静水压力与渗漏产生的孔隙水压力的变化,使得渠坡在受干湿-冻融循环影响后亦存在不一致的稳定性变化发展,故在计算中还需从通水期、停水期两个时期分析不同膜后水位与干湿-冻融循环次数对渠坡稳定性的影响。

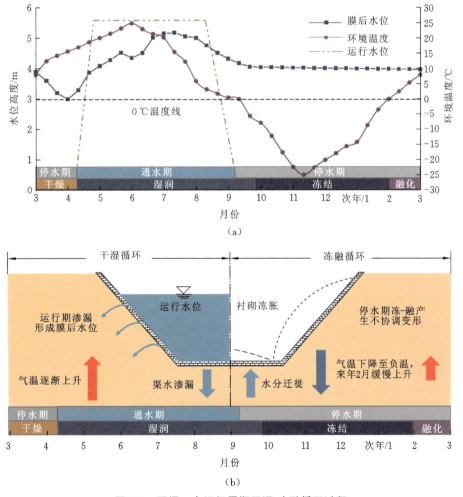

图 2-5　明渠一个运行周期干湿-冻融循环过程

（a）运行周期监测情况;（b）干湿-冻融循环演化过程[267]

2.1.4 膨胀土输水明渠渠坡的改造工况

明渠改造前,渠坡高度为 7.5 m,渠顶为 2 m 厚白砂岩,下部为中、强膨胀土,典型明渠断面见图 2-6(a)。由于膨胀土受干湿-冻融循环作用,膨胀土强度衰减严重,明渠渠坡滑坡时有发生。为此,对明渠破坏段进行前期改造施工,对渠坡表层 2 m 厚的膨胀土进行置换,上层置换为 0.5 m 厚碎石层、下层置换为 1.5 m 厚白砂岩,在渠底和沿线设置排水设施,先将明渠渗水集中至渠底,再利用横向排水设施收集至排水井进行抽排,排水井材料为钢筋混凝土,外径 3 m,排水井外侧距离明渠边沿 14.5 m,沿明渠纵向 500 m 间隔设置,前期改造后弧形底典型明渠断面见图 2-6(b)。改造后发现白砂岩被渠水渗透后具有较强的黏性,极易发生滑动破坏,同时随着明渠沿线用水需求的增加,需在前期改造的基础上再次改造。改造措施是使用戈壁料置换白砂岩,并将渠坡高度增加 2 m,后期改造后弧形底典型明渠断面见图 2-6(c)。

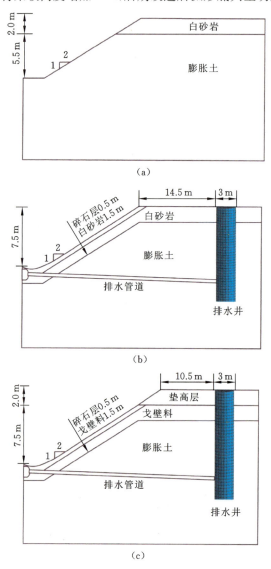

图 2-6 膨胀土输水明渠典型改造断面示意图

(a) 改造前梯形断面;(b) 前期改造弧形断面;(c) 后期改造弧形断面

为分析改造前后明渠的运行情况,应用 FLAC 3D 有限元软件建立明渠渠坡简化模型,三种不同形式的明渠模型如图 2-7 所示,Z 轴方向为明渠高度方向,渠底以下土层深度为 14.5 m;Y 轴方向为明渠纵向,计算范围为 100 m;X 轴方向为明渠横向,计算范围为 38 m,建立的明渠简化模型网格尺寸为 1 m。在有限元计算中,明渠模型采取 Mohr-Coulomb 弹塑性模型,稳定性计算采用强度折减法[268]。

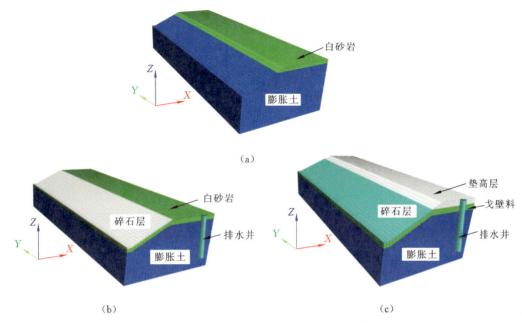

图 2-7　三种不同形式的明渠有限元数值模型
(a) 改造前梯形模型;(b) 前期改造弧形模型;(c)后期改造弧形模型

《建筑边坡工程技术规范》(GB 50330—2013)[269]规定,渠坡稳定性状态分为稳定、基本稳定、欠稳定和不稳定四种状态。北疆供水一期工程明渠渠坡设计安全等级为一级($F_{st}=1.35$),渠坡稳定性的状态划分如表 2-1 所示。

表 2-1　渠坡稳定性的状态划分

稳定性系数 F_s	$F_s<1.0$	$1.0{\leqslant}F_s<1.05$	$1.05{\leqslant}F_s<F_{st}$	$F_s{\geqslant}F_{st}$
稳定性状态	不稳定	欠稳定	基本稳定	稳定

(1) 膨胀土的强度特性

为了预测耦合含水率 w 和干湿-冻融循环次数 N 对膨胀土抗剪强度指标(黏聚力 c、内摩擦角 φ)的影响,根据试验所得的膨胀土强度指标随含水率 w 与干湿-冻融循环次数 N 变化的数据样本,通过 Design-Expert 软件得到黏聚力 c 与内摩擦角 φ 二次多项式衰减预测回归模型:

$$c=98.56-4.36w-4.096N+0.14wN+0.04395w^2+0.00369N^2 \tag{2-1}$$

$$\varphi=-1.976+0.6768w-0.1643N-0.000321wN-0.0167w^2+0.004235N^2 \tag{2-2}$$

由回归模型的方差分析结果可知,变异系数为 0.88% 和 3.14%,说明模型分散性良好;

模型的相关系数(R^2)为 0.9998 和 0.9851,表明变量之间具有良好的线性关系。此外,调整后的相关系数(adj.R^2)为 0.9995 和 0.9642,接近 R^2 值,证明回归模型的拟合结果是可靠的。

通过 FLAC 3D 软件强度折减法对明渠在不同工况下的稳定性进行计算时,根据所处的环境,按照式(2-1)与式(2-2)对膨胀土的抗剪强度指标(黏聚力 c、内摩擦角 φ)进行折减,其中设膨胀土自然密度 $\rho = 1.84$ g/cm^3,饱和密度 $\rho_{sat} = 2.18$ g/cm^3。

(2) 白砂岩的强度特性

试验材料选用输水明渠的典型白砂岩,天然状态下土料并非砂颗粒,而是自然集结成块体。邓铭江等[270]通过重型击实试验得到白砂岩的最大干密度为 1.97 g/cm^3,最优含水率为 10.0%。

通过在 ZJ 型应变控制式直剪仪上对白砂岩开展固结快剪试验,得到的抗剪强度指标如表 2-2 所示。制样压实度由 85.5% 增大到 95.0% 时,黏聚力 c 由 15.6 kPa 增加到 42.3 kPa,内摩擦角 φ 则基本不变,保持在 33° 左右。

表 2-2　白砂岩的抗剪强度指标

试样状态	制样压实度/%	黏聚力 c/kPa	内摩擦角 φ/°
普通状态	85.5	15.6	32.8
普通状态	89.8	20.8	33.1
普通状态	93.2	33.5	32.6
普通状态	95.0	42.3	33.0

为探究白砂岩在干湿交替、冻融循环作用下的强度变化,邓铭江等[270]为此开展了固结排水三轴剪切试验,试验结果表明干湿/干湿-冻融循环作用不是白砂岩强度变化的主要因素。但从工程实际现象来看,白砂岩遇水急剧软化,强度衰减严重。为此,对不同含水率状态下白砂岩试样进行固结快剪试验,试验所得抗剪强度指标如表 2-3 所示。

表 2-3　不同含水率下白砂岩的抗剪强度指标

试样状态	含水率/%	黏聚力 c/kPa	内摩擦角 φ/°
干燥状态	0.0	23.7	33.9
自然状态	7.8	17.5	33.4
吸水状态	15.6	8.6	32.6
饱和状态	23.6	3.7	32.2

由表 2-3 可知,含水率的升高导致白砂岩 c 值明显降低,φ 值降低幅度很小,表明白砂岩吸水软化效应显著。饱和状态下,白砂岩的内摩擦角和黏聚力都减少,黏聚力下降的幅度相比内摩擦角的较大。由此可见,饱水作用对白砂岩黏聚力劣化效应显著,而对内摩擦角劣化效应较小。

综上所述,干湿交替、冻融循环条件对白砂岩抗剪强度指标的 c、φ 值劣化效应未展现出相关规律性,而饱和状态下白砂岩强度衰减严重,故认为白砂岩强度在明渠运行中只会因明渠渗水处于饱和状态而衰减。在明渠渠坡稳定性计算时,对处于膜后水位上的白砂岩 c 值取平均值 21 kPa,膜后水位以下 c 值取饱和值 3.7 kPa;白砂岩内摩擦角变化不显著,φ 值取 32.5°;自然密度 $\rho=1.89$ g/cm³,饱和密度 $\rho_{sat}=2.26$ g/cm³。

(3)戈壁料的强度特性

北疆供水明渠总干渠穿越戈壁地区,其间广泛分布着戈壁料,戈壁料土体颗粒粒径较大,属于压缩性较小、透水性较大、承载力较高的粗粒土[271]。为了解和掌握戈壁区粗粒土填料的物理力学特性和抗剪强度指标,对戈壁料开展基本物理力学试验和室内大型直剪试验。通过颗粒筛分试验,测定戈壁料的粒组含量如表 2-4 所示。由表 2-4 可以看出,戈壁料粗粒(粒径大于 0.075 mm)粒组含量为 96.1%,而细粒(粒径不大于 0.075 mm)粒组含量仅有 3.9%。在粗粒粒组中,戈壁料砂粒含量占总质量的 30.2%,而砾石占 65.9%,其中细砾又占总质量的 42.5%,故戈壁料为细圆砾土。

表 2-4　戈壁料的粒组含量

粒组划分	粒径 d/mm	百分比/%	合计百分比/%
细粒	$d\leqslant0.075$	3.9	3.9
细砂	$0.075<d\leqslant0.25$	3.4	30.2
中砂	$0.25<d\leqslant0.5$	2.5	
粗砂	$0.5<d\leqslant5$	24.3	
细砾	$5<d\leqslant20$	42.5	65.9
中砾	$20<d\leqslant40$	17.8	
粗砾	$40<d\leqslant60$	5.6	

通过对戈壁料在不同相对密实度 D_r 条件下进行室内大型直剪试验,获得戈壁料的抗剪强度指标如表 2-5 所示。由表 2-5 可知,戈壁料的黏聚力 c 值和内摩擦角 φ 值均随相对密实度 D_r 的增大而增大,当相对密实度 D_r 达到 0.95 时黏聚力 c 值和内摩擦角 φ 值达到最大值。

表 2-5　戈壁料的抗剪强度指标

试样状态	相对密实度 D_r	黏聚力 c/kPa	内摩擦角 φ/°
普通状态	0.87	7.9	16.8
普通状态	0.92	16.7	34.5
普通状态	0.95	23.8	38.6

从戈壁料的粒组含量可以看出,粗粒径颗粒含量为 66.3%,细粒径颗粒含量为 33.7%,故戈壁料属于粗粒径土,具有良好的渗透性。当明渠渗水后,戈壁料的大粒径能有效地将渗水排入渠底的渗排体系中,故认为戈壁料的强度在明渠运行状态下不会因明渠渗水而产生干湿-冻融循环影响。在明渠渠坡稳定性计算中,选取戈壁料相对密实度为 0.95 时的强度指标,$c=23.8$ kPa,$\varphi=38.6°$;自然密度 $\rho=2.16$ g/cm³。

2.2 膨胀土输水明渠渗漏变形机制分析

输水明渠采取的混凝土衬砌板和下层土工膜的防渗体系,在理论设计中能很好地发挥防渗作用,但从实际工程运行情况看,明渠膜后水位常年处于高水位,这与设计初衷相悖。通过现场调查可知,混凝土衬砌板接缝处、土工防渗膜搭接处的不均匀沉降以及施工技术的局限性是渠坡出现渗漏情况的主要原因,因此亟须对膨胀土输水明渠的渗漏变形机制进行研究。

2.2.1 膨胀土渠坡简化模型构建

为探究输水明渠影响膜后水位变化的渗漏机制,利用 Geo-Studio 软件 SEEP/W 板块对渠坡进行稳定渗流模拟,计算模型高 12.5 m、长 27 m,明渠典型横断面如图 2-8 所示。模型顶部、底部和左侧边界均设置为不透水边界,渠底和坡面边界设置为渗流透水边界,膨胀土渗流的力学参数如表 2-6 所示。

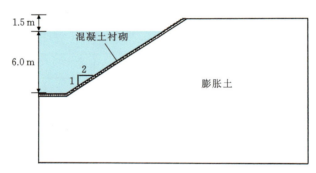

图 2-8 明渠典型横断面示意图

表 2-6 膨胀土渗流的力学参数

弹性模量 E/MPa	泊松比 ν	黏聚力 c/kPa	内摩擦角 $\varphi/°$	密度 $\rho/(\text{g/cm}^3)$	饱和密度 $\rho_{sat}/(\text{g/cm}^3)$	孔隙率 n	渗流系数 $k/(\text{m}^2/\text{s})$
2.45	0.35	43.85	5.37	1.84	2.18	0.18	2.45×10^{-7}

2.2.2 膨胀土渠坡渗漏机制分析

在明渠最高运行水位下(6 m),设计渗漏点高度分别为 1 m、2 m、3 m、4 m、5 m、6 m 的 6 种计算方案进行稳态渗流模拟,并将渗漏点高度为 1 m 和 2 m、3 m 和 4 m 以及 5 m 和 6 m 的计算方案分别定义为明渠下部渗漏、明渠中部渗漏以及明渠最高水位处渗漏,其中不同渗漏点高度孔隙水压力云图如图 2-9 所示。由图 2-9 可知,不同渗漏点高度下渠坡渗流路径基本一致,浸润线下孔隙水压力分布均匀,为 0~90 kPa,反映出膜后水位高度在渠顶处,均为 5 m 左右;在明渠下部、中部以及上部渗漏中,浸润线起始由下部渗漏的平缓逐渐发展至上部渗漏的微曲,而后在渠顶处趋于一致的缓度。因此,可以看出渗漏点高度对膜后水位高度影响不显著。

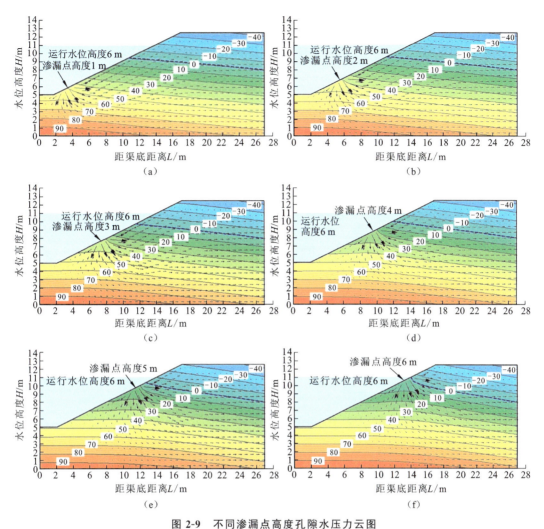

图 2-9 不同渗漏点高度孔隙水压力云图

（a）渗漏点高度 1 m 孔隙水压力云图；（b）渗漏点高度 2 m 孔隙水压力云图；（c）渗漏点高度 3 m 孔隙水压力云图；
（d）渗漏点高度 4 m 孔隙水压力云图；（e）渗漏点高度 5 m 孔隙水压力云图；（f）渗漏点高度 6 m 孔隙水压力云图

　　渗漏点高度不变时，控制明渠运行时的水位，能反映出运行水位对明渠膜后水位渗流的影响，选取明渠下部渗漏情况（渗漏点高度为 1 m）进行稳态渗流模拟，分析运行水位高度为 1 m、2 m、3 m、4 m、5 m、6 m 时的明渠膜后水位情况，见图 2-10。由图 2-10 可知，明渠膜后水位高度随运行水位的提高而增高，在膜后负孔隙水压力作用下渠水渗流作用向渠坡上部发展，浸润线随之抬高，表明明渠运行水位与膜后水位高度关联性极高，明渠运行水位是影响渠坡渗漏的主要因素。

　　分析不同渗漏点高度和运行水位高度的渗流影响可知，渗漏点高度对渠坡膜后水位影响不显著，而明渠运行水位高度影响显著。由达西定律即式（2-3）可知，渗透系数 K 一定时，渗流量 Q 与上下水头差（h_1-h_2）和水流方向的截面面积 A 成正比，与渗流长度 L 成反比，当上下游水头差一定时，不同高度渗漏点的渠坡渗流量也将保持一定，导致膜后水位

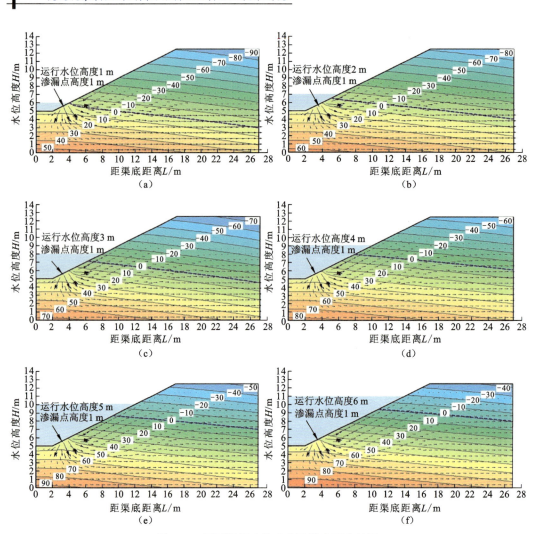

图 2-10　不同运行水位高度孔隙水压力云图

(a) 运行水位高度 1 m 孔隙水压力云图；(b) 运行水位高度 2 m 孔隙水压力云图；(c) 运行水位高度 3 m 孔隙水压力云图；
(d) 运行水位高度 4 m 孔隙水压力云图；(e) 运行水位高度 5 m 孔隙水压力云图；(f) 运行水位高度 6 m 孔隙水压力云图

高度不随渗漏点高度而改变。因此，后续的有限元模拟中将只考虑渠坡运行水位高度对膨胀土渠坡稳定性的影响。

$$Q = K \cdot \frac{A(h_2 - h_1)}{L} \qquad (2\text{-}3)$$

2.2.3　水-热-力耦合模型及边界条件

根据李甲林等[272]提出的"冷胀热缩"热力耦合模型，假设明渠的热传递方式为稳态热传导，相变温度场只采用相变热传导方程进行描述，同时仅考虑土骨架、介质水的热传导和冰-水相变等因素，不考虑土体中水分迁移这一复杂过程，热传导方程表达为：

$$C \frac{\partial T}{\partial t} = \mathrm{div}(\lambda \, \mathrm{grad} T) + L\rho_i \frac{\partial \theta_i}{\partial t} \qquad (2\text{-}4)$$

温度边界条件：

$$T_s = T_b \tag{2-5}$$

温度初始条件：

$$T\big|_{t=0} = T_0 \tag{2-6}$$

式中　T——绝对温度，K；

　　　θ_i——冰的体积含量，%；

　　　C——介质热容量，kJ/(m³·K)；

　　　λ——介质导热系数，kJ/(s·m·K)；

　　　L——水的相变潜热，kJ/kg；

　　　s——边界，即 $\partial\Omega$；

　　　T_b——边界温度或梯度温度，℃；

　　　T_0——初始温度，℃。

与此同时，饱和膨胀土的冻胀，可以看成由原位孔隙水相变膨胀所产生的原位冻胀与由水分迁移所产生的分凝冻胀的叠加[273]。通过考虑土体饱和基质的热膨胀引起的孔隙压力变化，构建饱和流体流动过程的水-热模型：

$$\frac{\partial p}{\partial t} = M\left(\frac{\partial \zeta}{\partial t} - \alpha\frac{\partial \varepsilon}{\partial t} + \beta\frac{\partial T}{\partial t}\right) \tag{2-7}$$

式中　p——孔隙压力；

　　　ζ——流体含量变化；

　　　M——Biot 模量；

　　　α——Biot 系数；

　　　ε——体积应变；

　　　β——未排水的体积热膨胀系数。

对于理想的多孔材料，系数 β 可通过土颗粒和流体的体积热膨胀系数 α_t 和 α_f 以及土体孔隙率 n 确定：

$$\beta = 3[\alpha_t(\alpha - n) + \alpha_f n] \tag{2-8}$$

热-力模型需要重新表述土体应力-应变关系，土体总应力 σ_{ij} 的相应变化通过温度变化 ΔT 下孔隙水压力增量 Δp_{ther} 和克罗内克函数 δ_{ij} 确定；土体总应变 ε_{ij} 的相应变化则通过土颗粒体积热膨胀系数 α_t、温度变化 ΔT 和克罗内克函数 δ_{ij} 确定：

$$\sigma_{ij} = -\Delta p_{ther}\delta_{ij} \tag{2-9}$$

$$\varepsilon_{ij} = \alpha_t\Delta T\delta_{ij} \tag{2-10}$$

其中：

$$\Delta p_{ther} = M\beta\Delta T \tag{2-11}$$

通过耦合水-热模型与热-力模型，构建水-热-力耦合模型：

$$\frac{\partial \sigma_{ij}}{\partial t} + \alpha\frac{\partial p}{\partial t}\delta_{ij} = 2G\left(\frac{\partial \varepsilon_{ij}}{\partial t} - \alpha_t\frac{\partial T}{\partial t}\delta_{ij}\right) + \left(K - \frac{2}{3}G\right) \cdot \left(\frac{\partial \varepsilon_{ij}}{\partial t} - 3\alpha_t\frac{\partial T}{\partial t}\right)\delta_{ij} \tag{2-12}$$

式中　K——体积模量，Pa；

　　　G——剪切模量，Pa。

K、G 均通过土体弹性模量 E 和泊松比 ν 确定：

$$K = \frac{E}{3(1-2\nu)} \quad (2\text{-}13)$$

$$G = \frac{E}{2(1+\nu)} \quad (2\text{-}14)$$

水-热-力耦合模型中，顶部、底部和左侧边界均设置为不透水边界和隔热边界，渠底和坡面边界设置为渗流透水边界和热传递边界。模型上部热传递边界条件选取为温度梯度，参照图 2-5(a) 所示明渠运行周期监测情况，可认为温度是呈周期性变化的，将模型上部热传递边界改写为 t 的正弦函数：

$$T(t) = 2.7 + 21.6 \cdot \sin\left[\frac{\pi(t+8.3)}{175.6}\right] \quad (2\text{-}15)$$

2.2.4　膨胀土冻胀不协调变形分析

根据现场实际观测发现，渠坡在停水期极易受膜后水位和干湿-冻融循环影响而发生失稳滑动破坏，揭示其在寒期的渗漏和冻胀破坏作用是细化膨胀土滑动破坏物理机制中不可忽视的环节，采取定量方法分析渠水渗漏与基土冻胀的渗-冻作用下渠坡不协调的位移发展影响又是揭示其机理的重要手段。明渠简化计算模型如图 2-11 所示，渠底以下土层深度为 5 m；Y 轴方向为明渠纵向，计算范围为 50 m；X 轴方向为明渠横向，计算范围为 27 m；网格密度为 1 m。

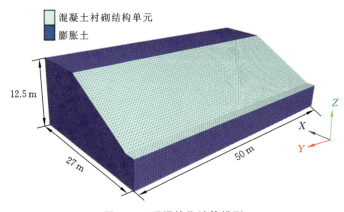

图 2-11　明渠简化计算模型

在计算中，将 Geo-Studio 软件模拟的最高膜后水位孔隙水压力情况导入 FLAC 3D 软件后，利用 FLAC 3D 流体热力模块进行饱和流体热传导模拟，后续利用力学模块对渠坡稳定性进行分析。为反映渠坡运行最不利情况，膜后水位设置为冻结、融化阶段膜后水位分布情况，依据图 2-5(a) 所示膜后水位监测数据设置最高膜后水位为 4 m，明渠膜后水位孔隙水压力云图如图 2-12 所示。同时为了更好地描述渠坡不协调的变形发展，使用渠坡衬砌结构相较坡面土体的不均匀滑动位移量来进行表征；又由图 2-5(b) 所示的干湿-冻融循环演化过程可知，渠坡不协调变形发展将会主要集中在明渠冻结-融化阶段的底部与渠坡坡面，其中衬砌最大位移量即为定义的最大不协调变形 $\Delta V_{\max}$。

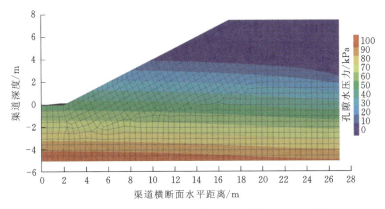

图 2-12　冻结、融化期明渠膜后水位孔隙水压力云图

以渠坡历经 10 次干湿-冻融循环为例,设置温度场冻结期最低环境气温—25 ℃和融化期最高环境气温 10 ℃进行渠坡稳定性分析,明渠温度分布云图如图 2-13 所示,不协调变形和整体位移如图 2-14 所示。此时明渠内运行水位已降至 0 m,静水压力作用消失,渠坡发生失荷现象,受静水压力消失的影响,坡面水平范围发生突变性位移变形 ΔV,明渠坡面将产生自由发展的位移滑动。

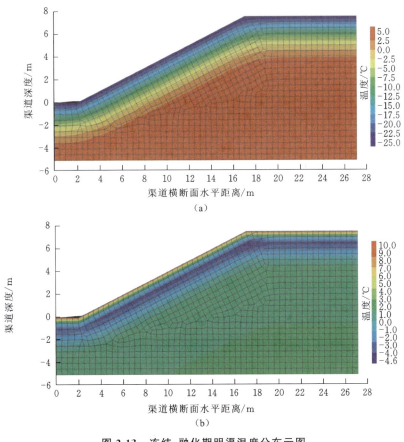

图 2-13　冻结、融化期明渠温度分布云图

(a) 冻结期;(b) 融化期

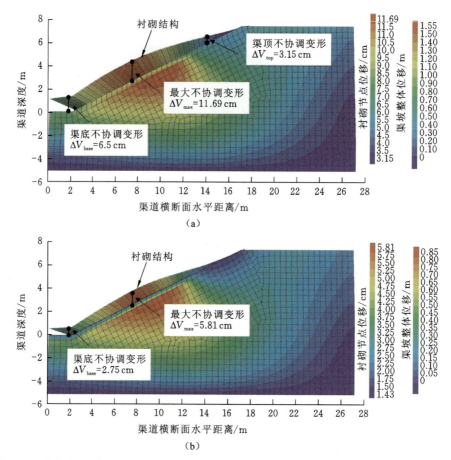

图2-14　停水期10次干湿-冻融循环作用后渠坡不协调变形和整体位移（注：变形放大10倍）

(a) 冻结期；(b) 融化期

在冻结期，受环境低温均质热传递影响，渠底及渠坡下部温度降至 $-7.5\ ℃$，膨胀土赋存的水分在毛细作用和温度梯度作用下开始迁徙，水分受低温效应影响逐渐聚集在浅层土体冻结范围内并凝结成冰，从而使土体产生冻胀，同时膨胀土与衬砌间凝结成冰传递的冻结力和冻胀力使衬砌与土体脱空，在渠底与渠坡中段产生不协调变形，最大不协调变形 $\Delta V_{max}=5.81\ cm$，发生在渠坡中段，渠底不协调变形 ΔV_{base} 约为渠坡中段的一半，即为 $2.75\ cm$。

在融化期，环境温度的回升使得膨胀土内冻结冰融化产生融沉，膨胀土强度降低，同时膨胀土与衬砌间冰层融化，渠坡间冻结力的消散使得衬砌与土体间的不协调变形向渠顶发展，渠底不协调变形 $\Delta V_{base}=6.5\ cm$，渠坡最大不协调变形 $\Delta V_{max}=11.69\ cm$，渠顶不协调变形 $\Delta V_{top}=3.15\ cm$。融沉作用下冻结期最大不协调变形极易导致膨胀土与衬砌产生更大的变形，进而发展为渠坡局部滑脱或整体性滑塌。同时从渠坡整体性变形来看，在融化期渠坡位移受潜在滑动面影响，坡面产生的不协调变形会引发由渠底至渠顶的连锁性不协调滑动位移，位移滑动范围广且滑动趋势更为显著，故停水期渠坡更易在融化期阶段发生整体性失稳滑动破坏。

由上述分析可知，渠坡不协调变形还与明渠运行中膜后水位高度息息相关，还需进一步探究融化期渠坡不协调变形受干湿-冻融循环和膜后水位影响的变化趋势，依据前文定义的最大不协调变形指标 ΔV_{max}，取膜后水位4 m、3 m、2 m和1 m历经不同干湿-冻融循环次数的工况进行分析,其最大不协调变形 ΔV_{max} 的变化趋势如图 2-15 所示。

随着干湿-冻融循环次数和膜后水位高度的增加,渠坡的变形量在膨胀土力学性能衰减下持续增大,最大不协调变形 ΔV_{max} 也因此逐渐增大,在干湿-冻融循环 7 次后渠坡最大不协调变形增长速率达到峰值,随后变化趋势趋于平稳。同时渠坡最大不协调变形受干湿-冻融循环次数的影响变化显著,而膜后水位高度在运行年限较低时影响较小,这是由于渠坡不协调变形主要受膨胀土力学性质影响,干湿-冻融循环是膨胀土强度劣化的主要因素,且在历经多次干湿-冻融循环作用后膨

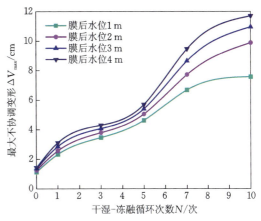

图 2-15 融化期渠坡不协调变形 ΔV_{max} 变化趋势

胀土衰减趋势会逐渐趋于稳定,此后土体水分场的融沉作用起主导作用,降低土体间的有效应力。

图 2-16 所示为不同膜后水位高度历经 10 次干湿-冻融循环作用后渠坡不协调变形云图。由图 2-16 可知,随着膜后水位的增高,衬砌与土体之间的最大不协调变形逐级由渠底向渠顶发展,呈现出渐进性与整体性发展趋势,最大不协调变形量增长得较为平缓,且渠底不协调变形量保持恒定,反映出膜后水位高度是决定渠坡最大不协调位移逐级发展的主要因素。这是由于融化期冻结冰融化产生融沉的同时使土体中水分场重分布,土体天然重度变成浮重度,衬砌与渠坡土体的不协调变形将因此而发展。

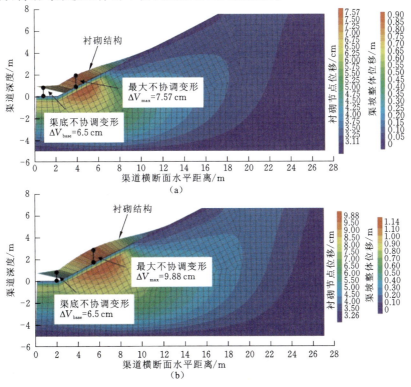

图 2-16 不同膜后水位高度历经 10 次干湿-冻融循环作用后渠坡不协调变形云图(注:变形放大 10 倍)
(a) 膜后水位 1 m;(b) 膜后水位 2 m;(c) 膜后水位 3 m;(d) 膜后水位 4 m

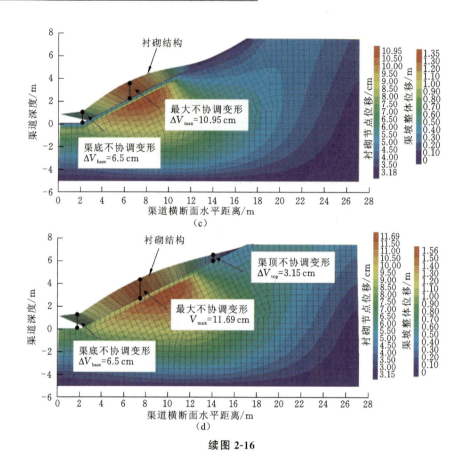

续图 2-16

2.3 不同工况下渠坡的稳定性分析

2.3.1 通水期渠坡的稳定性分析

供水明渠在每年的 4 月下旬至 9 月中旬属于通水期,自 4 月中下旬开始,供水明渠输水量逐渐增大,历时 20 d 后水位将升至最高运行水位 6 m,由于渗漏现象的存在,膜后水位也伴随着运行水位的升高而逐渐升高。为探析渠坡膜后水抽排前后的赋存情况,明渠管理部门对 2017 年未经过渗水抽排处理的典型明渠段和 2018 年经渗水抽排处理后的同一渠段膜后水位进行监测,结果如图 2-17 所示。明渠历经数月的通水后,2017 年未经渗水抽排处理的膜后水位高达 6 m 左右,与最高运行水位齐平;而 2018 年经过渗水抽排处理后,膜后水位降至 2 m 以下且有约一半里程膜后水位处于 1 m 以下。

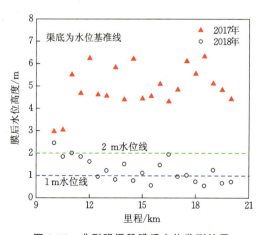

图 2-17 典型明渠段膜后水位监测结果

由于明渠地处降雨稀少且地下水位较深的北疆寒旱区，膜后水位主要由渠内渗水产生，为了简化计算，在进行通水期数值模拟计算时，不设地下水边界条件并分析最不利状态。将未经渗水抽排处理的渠坡膜后水位设置为 6 m，经过渗水抽排处理的膜后水位设置为 2 m，渠底至膜后水位的土体处于饱和状态，并按照饱和度进行土体重度分析，建立明渠渠坡渗水孔隙水压力分布模型，如图 2-18 所示。

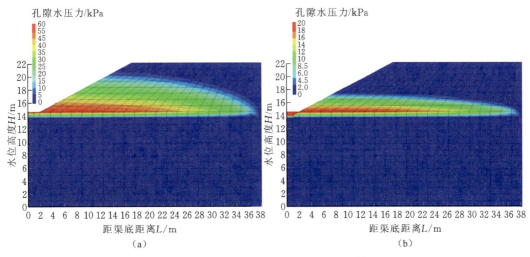

图 2-18　明渠渠坡渗水孔隙水压力分布模型
（a）未经渗水抽排处理；（b）经渗水抽排处理

供水明渠在通水期，渠坡在自身抗滑能力的基础上，还存在着渠水作用在渠坡结构面上的静水压力，对渠坡稳定性有一定影响。渠坡结构面单位体积上的静水压力分布函数如下[274]：

$$P_w = \frac{H_Z}{Z} \cdot \gamma_w \cdot x \quad (0 \leqslant x \leqslant Z) \tag{2-16}$$

式中　P_w——静水压力；

γ_w——水体的容重；

H_Z——水头；

Z——位置高程。

为了模拟明渠内水位对渠坡的作用，在有限元计算中加入作用于渠坡结构面的初始侧向压力并按照静水压力分布函数进行梯度设置，从而对改造前后的渠坡进行稳定性分析。通过有限元软件模拟，通水期改造前后渠坡稳定性系数受膜后水位及干湿-冻融循环次数的影响，如图 2-19 所示。

在通水期间，明渠水位长期保持在明渠高度的 3/4 处，为探究明渠水位是否能对渠坡稳定性起积极作用，以及渠内静水压力对渠坡位移的限制作用，选取改造前后渠坡

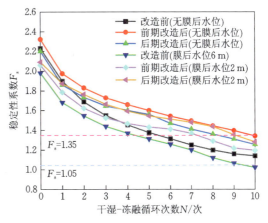

图 2-19　通水期干湿-冻融循环作用下
渠坡稳定性系数变化

位移云图进行分析对比,如图 2-20 所示。

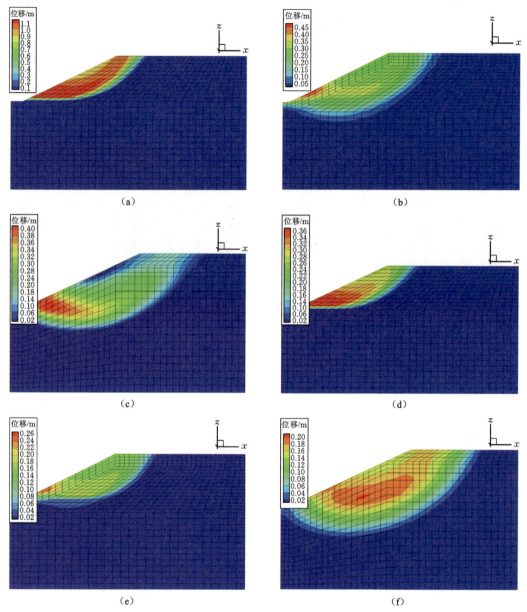

图 2-20   通水期 10 次干湿-冻融循环作用后渠坡位移云图

(a) 改造前(膜后水位 6 m);(b) 前期改造后(膜后水位 2 m);(c) 后期改造后(膜后水位 2 m);

(d) 改造前(无膜后水位);(e) 前期改造后(无膜后水位);(f) 后期改造后(无膜后水位)

由图 2-19、图 2-20 可知,在通水期间,渠坡在干湿-冻融循环和膜后水位的耦合作用下,渠坡改造前后的稳定性变化呈现如下四大特点:

(1) 通水期间,渠内水作用在渠坡结构面上的静水压力极大限制了渠坡滑动位移的发展,对渠坡稳定性提升具有显著的影响,未经过改造的渠坡即使存在 6 m 膜后水位,经 10 次干湿-冻融循环仍能保持在极限平衡状态之上($F_s \geqslant 1.05$),这与渠坡常在停水期发生失稳破坏而罕见于通水期的工程实际相符合。

（2）通水期渠水对于渠坡稳定性的改善，是由于作用在不稳定土体面上静水压力的法向分力增加了土体沿滑动面的抗滑力，同时沿土体面的切向分力又减少了土体沿滑动面的下滑力，两者作用增大了渠坡的抗位移稳定性。

（3）经过先后改造后，明渠渠底的结构形式、浅层渠基土不易受干湿-冻融循环衰减的特性能充分发挥其作用，使其在历经 10 次干湿-冻融循环后仍能保持渠坡处于一级安全稳定状态，有助于减少对明渠的周期性修复。

（4）在明渠运行时，大粒径的碎石层具有较大的渗透性，致使渠水不断渗入渠坡内部，虽能通过渗水抽排作业及时将渗水排走，但渠水对白砂岩的软化作用无法避免，使其抗剪强度衰减严重，渠坡前期改造稳定性提升效果折减明显。

2.3.2　停水期渠坡的稳定性分析

供水明渠在每年的 10 月至来年的 3 月属于停水期，自 9 月中下旬，供水明渠逐渐降低通水运行水位，期间总历时 12～16 d，缓慢降低通水运行水位能有效降低水位变化对渠坡的波动作用[275]，对渠坡稳定性影响较小，可以近似忽略。同时，北疆供水明渠所属阿勒泰地区，每年 10 月底进入冬季，日平均温度将会降低至 0 ℃以下，故渠坡内渗水外排仅有一个月的时间，若膜后水位来不及在 10 月底降温前外排便会因环境负温而冻结，膜后水位还将保持在较高的水位。因此在进行计算中，设置渗水抽排前后膜后水位赋存情况与通水期保持一致，同时忽略渠水冻结的体积膨胀变形引起的土体抗剪强度变化。

图 2-21 所示为停水期改造前后渠坡稳定性系数受膜后水位及干湿-冻融循环次数的影响。由图 2-21 可知，在未经过干湿-冻融循环作用时，有无膜后水位改造前后的渠坡都处于相当稳定的状态，其中无膜后水位时后期改造施工稳定性系数略低于原有渠坡状态。经过干湿-冻融循环作用后，无膜后水位条件下先后改造的弧形底明渠的稳定性较改造前有相当大的提升，分别提升 28%、18.5%，即使经过 10 次干湿-冻融循环作用，改造后弧形底渠坡依然处于极限平衡状态之上（$F_s \geqslant 1.05$），未改造前渠坡早在第 7 次循环就已处于极限平衡状态；而有膜后水位的情况下，渠坡改造前历经 3 次循

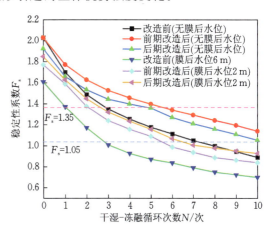

图 2-21　停水期改造前后干湿-冻融循环
作用下渠坡稳定性系数变化

环就处于不稳定状态，改造后的渠坡历经 6、7 次循环也处于不稳定状态。

在经过 10 次干湿-冻融循环作用后，改造前后的渠坡稳定性都有很大程度的折减，为了进一步探究分析渠坡改造前后，明渠结构形式变化、渠基土材料以及膜后水位变化等因素对其稳定性的具体影响情况，对渠坡位移情况进行分析，如图 2-22 所示。

由图 2-21、图 2-22 可知，停水期渠坡稳定性受干湿-冻融循环作用和膜后水位耦合影响较通水期更为显著，渠坡改造前后的稳定性变化呈现如下四大特点：

（1）在无静水压力作用时，渠坡改造后能有效提升渠坡稳定性，是因为将明渠底部的梯形改为弧形形式，以及换填了极易受干湿-冻融循环影响的浅层膨胀性渠基土，缓解了渠

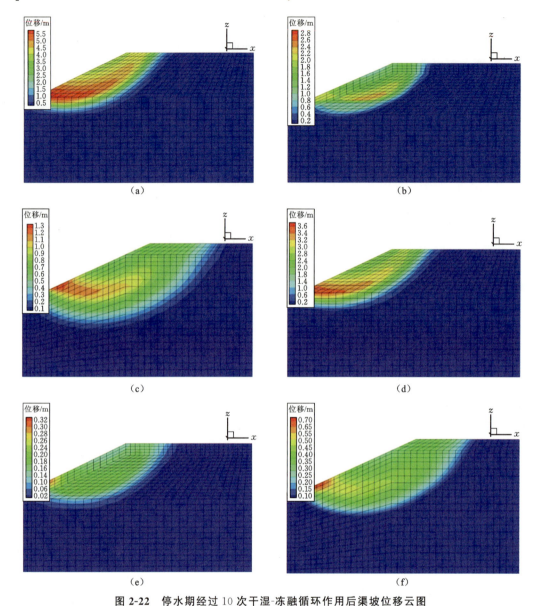

图 2-22　停水期经过 10 次干湿-冻融循环作用后渠坡位移云图
(a) 改造前(膜后水位 6 m)；(b) 前期改造后(膜后水位 2 m)；(c) 后期改造后(膜后水位 2 m)；
(d) 改造前(无膜后水位)；(e) 前期改造后(无膜后水位)；(f) 后期改造后(无膜后水位)

底受自重影响的受力冲击以及浅层膨胀土极易受干湿-冻融影响而劣化的物理特性。

（2）渠坡存在渠后渗透浸润面后，改造前后渠坡稳定性较无浸润面都有一定程度的降低，由于改造前明渠未设置排水措施，膜后水无法及时排出，导致渠坡自重增加，土体有效应力降低，在未考虑渠基土受渗水影响产生膨胀性的情况下，渠坡位移量增大、稳定性降低；改造后的明渠能有效降低渠后渗水，延缓了渠坡破坏周期，位移量较未排水时降低一半，渠坡稳定性提升明显。

（3）无膜后水位的情况下，后期改造后的渠坡在稳定性系数以及渠坡位移量上均表现出劣于前期改造的情况，这是由于后期改造将渠坡水位高度提升了 2 m，根据戈壁料平均重度 2.26 kN/m³ 估算,渠顶增加了 45.2 kPa 的自重压力,从而导致渠坡稳定性提升程度略低于前期改造。

(4)渠坡膜后水位反映了明渠实际运行状态,改造前后的膨胀性渠坡在历经 10 次干湿-冻融循环作用后,渠坡均处于不稳定状态($F_s < 1.0$),这与渠坡常在春、冬季停水期间发生滑动破坏的实际情况相一致。

2.3.3　改造前后明渠稳定性分析

(1)渠基土强度特性分析

由上述渠基材料强度特性试验结果可知,明渠典型膨胀土受干湿-冻融循环影响显著,抗剪强度指标 c、φ 值随着干湿-冻融循环次数的增加衰减明显。停水期间,当明渠运行历经 8 次干湿-冻融循环作用后,渠坡安全稳定性系数会低于极限平衡状态($F_s = 1.05$),渠坡即将或已经出现失稳破坏。使用白砂岩、戈壁料等换填料对浅层土体进行置换能有效缓解渠基土受干湿-冻融循环作用的影响,原因在于:

① 前期改造换填料白砂岩,其 c、φ 值在干湿-冻融循环条件下与循环次数之间未呈现出明显的相关关系,认为白砂岩的强度不会随着明渠运行年份增加而改变。但在饱和状态下,白砂岩的黏聚力衰减剧烈,由干燥状态下的 23.7 kPa 衰减至 3.7 kPa。在通水期间,无法避免的渠坡渗流使得渠坡前期改造抗滑效果削减严重,需使用戈壁料再次换填。

② 后期改造换填戈壁料,因其土体颗粒粒径较大,表层松散,属于压缩性较小、透水性较大、承载力较高的粗粒土,能及时将明渠渗水排出,故不易受干湿-冻融循环影响以及饱和状态影响,具有良好的强度稳定性。

由上述分析可知,白砂岩与戈壁料都能有效避免因明渠渗水产生的干湿-冻融循环影响,但在通水期间,饱和状态下白砂岩黏聚力衰减严重,影响明渠运行稳定性,而戈壁料良好的透水性能有效弥补了白砂岩的强度缺点,延长明渠安全运行周期。

(2)渠底形式改造分析

由停水期渠坡位移云图可知,历经相同的干湿-冻融循环次数,改造前渠坡稳定性系数都低于改造后,且最大相差 28%,同时渠坡位移量降低明显,最大降幅达 44%。渠坡改造后,弧形渠底坡较改造前的梯形渠底稳定性提升显著,原因在于:

① 改造前的梯形渠底,受潜在滑动面的影响而产生切向滑动力,使渠底混凝土衬砌在中部所受应力为最大拉、压应力。又因渠坡与渠底之间为铰接形式,渠底混凝土底板受两侧渠坡传递的切向滑动力,使得混凝土底板成为压弯构件,从而削弱了混凝土板的承载能力,出现稳定性系数降低、位移量增大的现象。

② 改造后的渠底为弧形形式,两侧渠坡的切向滑动力与弧形底板的曲轴是相切的,改变了底板的受力形式,使作用在底板上的轴向压力增大,明渠底板中部所受拉应力减小,从而可以充分利用混凝土材料抗压性能好而抗拉性能差的特点,提高渠坡稳定性。

由上述分析可知,渠坡改造前,梯形渠底混凝土底板受最大拉、压应力及切向滑动力作用成为压弯构件,使其承载能力受到削弱;明渠改造后,弧形渠底良好的结构受力条件则能充分发挥混凝土材料的抗压性能,降低渠坡位移滑动量,改善渠坡稳定性。

(3)渗水速排改造分析

渗水速排改造措施增加了横向排水管和竖向排水井,竖向排水井的主要作用是将渗水抽排,降低膜后水位,缓解明渠渗水对渠坡稳定性的影响。通过对通水期、停水期渠坡有无膜后水位进行稳定性分析,得出浸润面的存在,浸润面下土体呈饱和状态,在增加土体自重的同时降低了渠基土的强度指标,渠坡稳定性受其影响较大。而利用竖向排水井完成渗水抽排作业后,能够明显提升渠坡稳定性,将膜后水位降至 2 m 后渠坡稳定性系数提升了 28%。

实际上,竖向排水井的作用又相当于抗滑管桩,且竖向排水井对于坡体的抗滑作用与竖向排水桩布置位置有相当大的关联。在设计施工中从渗水抽排的角度,将排水井布置在距渠顶 14.5 m 处,方便渗水收集与抽排。但因为远离渠坡潜在滑动面,对渠坡稳定性作用影响较小,竖向排水井并未直接参与渠坡滑动变化过程,竖向排水井桩侧没有受力且未对渠坡位移产生限制作用,排水井模型节点承受位移量仅为 4.82 mm,作用效果甚微,如图 2-23 所示。

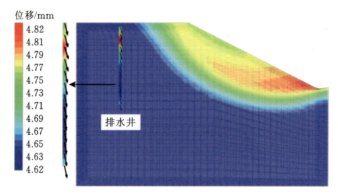

图 2-23　渠坡位移和排水井位移矢量云图

为探究排水井的位置对渠坡抗滑作用的影响,共设计了 13 套计算方案:方案 1 是排水井处于原始位置,方案 2 至方案 13 则是依次将排水井往靠近渠底的方向移动 2 m 后布置,方案示意图如图 2-24 所示。

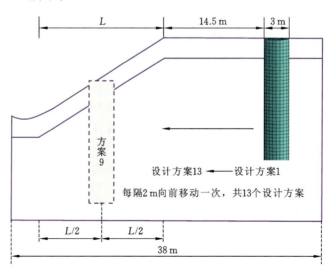

图 2-24　渠坡排水井方案示意图

为了表征排水井对渠坡的保护范围,依据三维软件计算的桩前渠坡位移影响范围来判定,将明渠设置为历经 10 次干湿-冻融循环影响的不利状态;排水井设置为弹性模型,横截

面面积为 7.065 m²，长 10 m，设置材料属性为
$E_s = 30$ GPa，$\mu = 0.2$，密度为 2.4 g/cm³。排
水井保护范围选取方案 9 渠坡位移及矢量云
图(图 2-25)来说明，排水井抵抗渠坡位移作用
可分为强影响区(4.5 m)、中影响区(15 m)和
弱影响区(32 m)，将强影响区桩前位移影响范
围定义为排水井对渠坡的保护范围，此时单桩
的保护范围为 4.5 m×10 m=45 m²，如图 2-26
所示。强、中和弱影响区对渠坡位移抵抗作用
分别为 52.5 cm、35.0 cm 和 17.5 cm，下降幅度

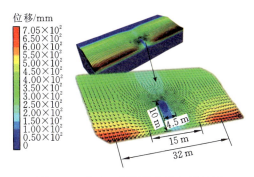

图 2-25　方案 9 渠坡位移及矢量云图

分别为 75%、50% 和 25%，呈现出规律性递减趋势。但单桩桩-土效应作用有限[276-277]，为
继续探究排水井对渠坡稳定性的提升作用，需将明渠三维模型范围缩至排水井抗滑弱影响
区内，设置三维渠坡模型为纵向长度 30 m，对各设计方案进行稳定性计算。

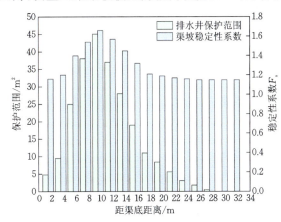

图 2-26　排水井布置位置对渠坡
稳定性系数及作用保护范围的影响

排水井布置位置对渠坡稳定性系数
及作用保护范围的影响如图 2-26 所示。
在各设计方案中，当排水井设置在渠坡
中段(方案 9)时对渠坡稳定性提升幅度
最大、作用保护范围最广，此时的排水井
完全充当了抗滑管桩的作用，且完全作
用在渠坡滑动面上，对渠坡位移和潜在
滑动面起到了一定的限制作用，提升渠
坡稳定性作用显著。因此，为了充分利
用其抗滑管桩作用并同时兼顾排水需
求，还需进一步在渠坡中段加设排水管
桩，来提高排水抗滑性能。

2.4　渠坡稳定性影响因素分析与预测

2.4.1　通水期与停水期渠坡稳定性影响因素分析

膨胀土输水明渠在通水期与停水期受干湿-冻融循环和膜后水位多种耦合影响，渠坡
滑动失稳破坏常有别于其他黏性土渠坡，工程经验性预测方法局限性大，无法很好地反映
渠坡非线性变化特征。响应面法(response surface method，简称 RSM)是数学方法和统计
方法结合的产物，能对多个变量影响的响应问题进行建模和分析，反映响应问题的非线性
变化规律[278-279]。利用响应面法，分析寒旱区膨胀土通水期、停水期渠坡稳定性失稳因素作
用强度，将有利于明渠的运行管理，及时处置危险渠坡，减少滑坡灾害的发生。

根据响应面法中的 Box-Behnken 中心组合设计方法，对通水期、停水期膨胀土渠坡受

不同膜后水位与干湿-冻融循环影响的渠坡的稳定性进行仿真模拟试验,数值计算结果如表 2-7 所示,并利用 Design Expert 对数据进行拟合,得到干湿-冻融循环次数(A)、膜后水位高度(B)对通水期渠坡稳定性系数(Y_1)和停水期渠坡稳定性系数(Y_2)的标准回归方程:

$$\left.\begin{aligned}Y_1 &= 1.43 - 0.330A - 0.137B + 0.119AB + 0.108A^2 - 0.019B^2 - 0.171A^2B + 0.061AB^2\\Y_2 &= 1.12 - 0.380A - 0.316B + 0.113AB + 0.189A^2 - 0.037B^2 + 0.052A^2B + 0.006AB^2\end{aligned}\right\}$$

$$(2\text{-}17)$$

表 2-7　通、停水期的数值计算结果

稳定性系数 F_s	设计方案编号								
	1	2	3	4	5	6	7	8	9
通水期	2.20	1.43	1.35	1.05	1.88	1.22	1.56	1.29	1.42
停水期	2.03	1.06	1.28	0.75	1.69	0.93	1.40	0.77	1.13

为了检验回归方程的有效性,进一步确定各因素对响应值稳定性系数的影响程度,对回归模型进行方差分析,结果见表 2-8。其中,R^2 代表拟合回归方程的拟合度,拟合度越高,表示方程可靠性越大;P 值代表显著性水平,小于 0.05 表示显著,小于 0.01 表示极显著;变异系数,用来度量数据的分散程度。从表 2-8 中可以看出,方程拟合效果较好,各因素对试验结果影响效果显著,该方程可以用于分析膜后水位高度与干湿-冻融循环次数对渠坡稳定性的影响。

表 2-8　通、停水期的方差分析参数

变量	数值	
	通水期	停水期
R^2	0.9985	0.9998
P 值	<0.0001	<0.0001
标准差	0.0176	0.0049
变异系数	1.20%	0.412%
残差平方和	0.1808	0.0141
样本均值	1.47	1.19

Box-Behnken 设计中用统计量 F 表示来自同一个总体的两个样本的方差之比,用 P 值表示 F 值大于 F 临界值的概率[280]。一般认为,当 P 值小于 5%,样本 F 值大于临界值这一事件是小概率事件,可以认为该因素影响是显著的。在统计学中,P 值是用于判断一个统计检验结果是否具有统计显著性的指标。表 2-9 所示为渠坡稳定性系数 Box-Behnken 设计分析结果,表中影响因素 P 值小于 0.01 与小于 0.05 分别表示其影响极显著与显著,大于 0.05 则表示不显著;表中影响系数的绝对值表示影响的相对强度,绝对值越大表示该因素的影响越大,正值表示积极影响,负值表示消极影响。

表 2-9　渠坡稳定性系数 Box-Behnken 设计分析结果

影响因素	通水期		停水期	
	影响系数	P 值	影响系数	P 值
常数	1.43	0	1.12	0
A	-0.3295	$<0.0001^{**}$	-0.3800	$<0.0001^{**}$
B	-0.1365	0.0001^{**}	-0.3160	$<0.0001^{**}$
AB	0.1185	$<0.0001^{**}$	0.1133	$<0.0001^{**}$
A^2	0.1076	0.0002^{**}	0.1894	$<0.0001^{**}$
B^2	-0.0194	0.1267	-0.0366	$<0.0001^{**}$
A^2B	-0.1700	0.0001^{**}	0.0517	$<0.0001^{**}$
AB^2	0.0610	0.0104^{*}	0.0057	0.2351

注：A 表示干湿-冻融循环作用，B 表示膜后水位；"＊＊"表示该项极显著（$P<0.01$），"＊"表示该项显著（$P<0.05$）。

由表 2-9 中影响系数可知，2 个因素对渠坡稳定性系数的影响，在通水期与停水期干湿-冻融循环次数影响系数绝对值均为最大，表明渠坡稳定性受干湿-冻融循环次数的影响相对强度大，干湿-冻融循环为渠坡主要显著影响因素。同时在停水期，膜后水位高度对渠坡稳定性相对强度较干湿-冻融循环次数的差值小，表明停水期渠坡稳定性受干湿-冻融循环与膜后水位高度相互作用较强。

根据回归方程建立完整模型，生成通水期、停水期渠坡稳定性三维响应面图和等高线图，如图 2-27、图 2-28 所示，响应面影响因素变化坡度越陡，响应值对影响因素的变化越敏感；响应面曲面斜率越大，响应值对交互作用因素的变化越灵敏；等高线形状圆滑程度越大，相互作用的影响越小。

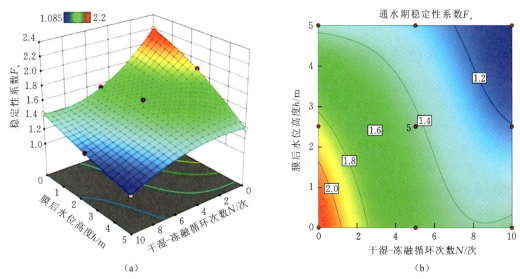

（a）　　　　　　　　　　　　　　（b）

图 2-27　通水期渠坡稳定性系数响应曲面

（a）3D 曲面图；（b）等高线图

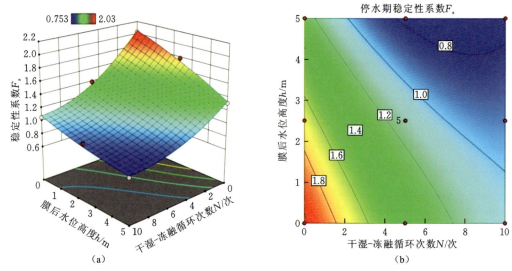

图2-28　停水期渠坡稳定性系数响应曲面

(a) 3D曲面图；(b) 等高线图

从图2-27(a)、图2-28(a)所示3D曲面图中可以看出，通水期与停水期渠坡稳定性变化过程中，沿干湿-冻融循环次数 N 和膜后水位高度 h 增大的方向(即渗流线的方向)，曲面高度随之降低，这可以看作"下山"的过程，即循环次数 N 和水位高度 h 都对渠坡稳定性系数存在消极影响。另外，注意到通水期稳定性变化中 N 方向的坡度较 h 方向的更为陡峭，说明稳定性系数对膜后水位高度 h 的变化更为敏感。停水期渠坡稳定性变化中 h 方向的坡度接近 N 方向的坡度，整体响应面曲面斜率较通水期更大，说明停水期渠坡稳定性受干湿-冻融循环和膜后水位影响的交互作用更为灵敏。从图2-27(b)、图2-28(b)等高线图中可以看出，通水期等高线圆滑程度较停水期的更大，斜率较停水期的更为平缓，表明在通水期干湿-冻融循环与膜后水位相互作用对渠坡稳定性影响较停水期的更小，这与表2-9影响系数结果一致，因此在工程中需要注意停水期渠坡稳定性受二者相互作用的影响。

2.4.2　水位波动期渠坡稳定性影响因素分析

在膨胀土输水明渠运行中，渠坡除存在受干湿-冻融循环与膜后水位相互作用的通水期、停水期之外，还存在明渠内水位升降引起的静水压力作用的水位波动期，由图2-5(a)可知，明渠在一年中的4月与9月为明渠蓄水与降水阶段，总历时约一个月，将其定义为明渠水位波动期。水位波动期，明渠内静水压力变化将不可避免地改变渠坡原有的应力场分布，造成渠坡土体应力重分布，也将影响渠坡稳定性，因此还需要对水位波动期渠坡稳定性影响因素进行分析。

根据响应面法中的Box-Behnken中心组合设计方法进行仿真模拟试验，以干湿-冻融循环次数 N、膜后水位高度 h 和渠水静水压力 P_w 三个影响因素为自变量，以渠坡稳定性系数 F_s 作为评价指标，通过FLAC 3D进行数值仿真模拟，总共分为13组，数值计算结果如表2-10所示。利用Design-Expert软件对渠坡水位波动期稳定性结果进行多元回归分析，以渠坡稳定性系数 $F_s(Y)$ 为因变量、干湿-冻融循环次数 $N(A)$、膜后水位 $h(B)$、渠水静水压力 $P_w(C)$ 为自变量，建立如下标准回归方程：

$$Y=1.37-0.3582A-0.3109B+0.1486C+0.1083AB+0.0403AC$$
$$+0.011BC+0.0472A^2-0.018B^2+0.052C^2 \tag{2-18}$$

表 2-10　水位波动期的数值计算结果

编号	1	2	3	4	5	6	7	8	9	10	11	12	13
F_s	2.11	1.24	1.33	0.90	1.67	0.93	1.92	1.22	1.40	0.77	1.56	1.29	1.37

对回归模型进行方差分析,结果见表 2-11。由表 2-11 可知,模型的相关系数 R^2 为 0.9870 接近 1,变异系数和标准差分别为 4.24% 和 0.0585,说明水位波动期渠坡稳定性拟合回归模型可靠性较高,可用该模型分析水位波动期渠坡运行稳定性影响因素。

表 2-11　水位波动期的方差分析参数

变　量	数　值
R^2	0.9870
P 值	<0.0001
标准差	0.0585
变异系数	4.24%
残差平方和	0.4730
样本均值	1.38

表 2-12 所列为水位波动期渠坡稳定性系数 Box-Behnken 设计分析结果。由表 2-12 可知,3 个因素对水位波动期渠坡稳定性系数呈现出干湿-冻融循环次数 N 与膜后水位高度 h 的消极影响以及静水压力 P_w 的积极影响。由 3 个因素的影响系数绝对值可知,影响停水期渠坡稳定性的相对强度大小为 $A>B>C$,同时干湿-冻融循环与膜后水位的影响系数强度差为 26.7%,较停水期增大,表明在水位波动期随静水压力的增大,渠坡稳定性受干湿-冻融循环与膜后水位共同作用相较停水期变缓和。

表 2-12　水位波动期渠坡稳定性系数 Box-Behnken 设计分析结果

影响因素	影响系数	P 值
常数	1.43	0
A	−0.3457	<0.0001**
B	−0.2535	<0.0001**
C	0.1510	0.0002**
AB	0.1082	0.0076**
AC	0.0153	0.6181
BC	0.0897	0.0181*
A^2	0.0779	0.0293*
B^2	−0.1086	0.0066**
C^2	−0.0636	0.0608

注:A 表示干湿-冻融循环,B 表示膜后水位,C 表示静水压力;"**"表示该项极显著($P<0.01$);"*"表示该项显著($P<0.05$)。

　　根据水位波动期渠坡稳定性系数标准回归方程建立完整模型,生成水位波动期渠坡稳定性三维响应曲面图和等高线图,如图 2-29 所示。水位波动期渠坡稳定性变化过程中,随着静水压力的增大整体响应曲面斜率较停水期变缓,与表 2-12 分析结果相一致,水位波动

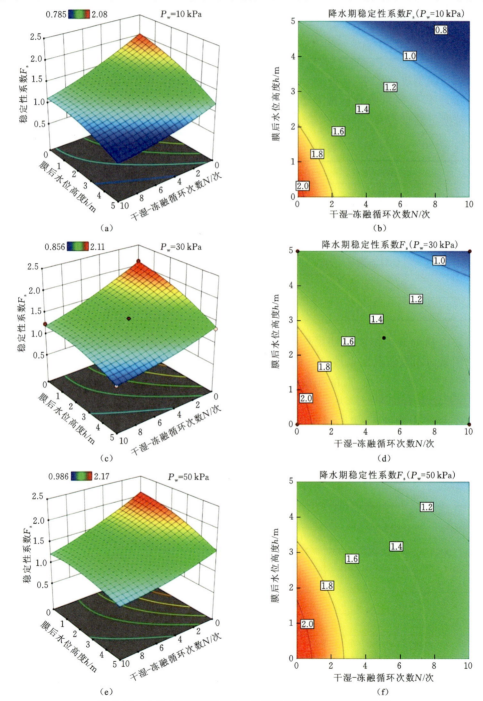

图 2-29　水位波动期渠坡稳定性系数响应曲面和等高线图

(a) 3D 曲面图($P_w=10$ kPa);(b) 等高线图($P_w=10$ kPa);(c) 3D 曲面图($P_w=30$ kPa);
(d) 等高线图($P_w=30$ kPa);(e) 3D 曲面图($P_w=50$ kPa);(f) 等高线图($P_w=50$ kPa)

期不同静水压力等高线圆滑程度与静水压力呈正相关,较停水期圆滑程度增长显著,也印证了静水压力的增长能降低干湿-冻融循环与膜后水位对渠坡稳定性的相互作用强度。

2.4.3　降水阶段渠坡稳定性预测

在膨胀土输水明渠水位上升阶段,静水压力的增长能减缓干湿-冻融循环与膜后水位的相互作用强度;相反在明渠降水阶段,静水压力降低,其二者相互作用强度也将逐渐加强,使得膨胀土输水明渠历经循环往复的干湿-冻融循环过程,受膨胀土劣化及膜后水位耦合作用,渠内水位骤降过程中渠坡常发生失稳破坏。为减少渠坡周期性滑动破坏,并在供水明渠危险工况下及时采取处置措施,渠坡危险工况的预测就是问题探究的关键所在。根据第2.4.2节建立的标准回归方程,求解出干湿-冻融循环次数 $N(A)$、膜后水位 $h(B)$ 高度、渠水静水压力 $P_w(C)$ 变化下,渠坡稳定性系数预测实际回归方程 Y_{ac}:

$$Y_{ac} = 2.13 - 0.1203A - 0.1577B - 0.00022C + 0.00866AB + 0.00027AC$$
$$+ 0.00015BC + 0.00189A^2 - 0.00288B^2 + 0.0006C^2 \tag{2-19}$$

利用 Design-Expert 软件中的 Optimization 功能,设置渠坡稳定性极限平衡状态 $(F_s = 1.05)$ 为渠坡预测状态,同时以干湿-冻融循环和膜后水位高度最大值为条件,在渠水静水压力逐渐降低的过程中对明渠运行工况进行求解,渠坡危险运行情况和变化趋势分别见表 2-13、图 2-30。

表 2-13　渠坡的危险运行情况

序号	干湿-冻融循环次数 N/次	膜后水位 h/m	静水压力 P_w/kPa
1	10	5.1	60
2	10	4.3	50
3	9	3.8	40
4	8	3.7	30
5	7	3.5	20
6	7	3.4	10
7	6	3.4	0

注:预测渠坡安全稳定性状态为极限平衡状态$(F_s = 1.05)$。

从表 2-13、图 2-30 所反映的危险明渠运行情况和变化趋势可知,在渠内水位骤降的过程中,静水压力降低,导致维持渠坡极限平衡状态$(F_s = 1.05)$所能承受的干湿-冻融循环次数与膜后水位高度耦合作用表现出逐渐降低的变化趋势。其中膜后水位高度在水位降低初期变化得最为显著,下降幅度达 25.5%,然后随水位降低,其下降幅度逐渐趋于平缓;而干湿-冻融循环次数在水位骤降初期过程中下降趋势较为稳定,说明在水

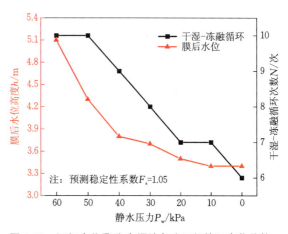

图 2-30　运行水位骤降中渠坡危险运行情况变化趋势

位骤降初期渠坡稳定性受膜后水位影响更为敏感和显著。因此,建议在明渠水位骤降初期,对渠坡膜后水位进行抽排处理,从而降低膜后水位对渠坡稳定性产生的不利影响。

2.5 相关问题的讨论

2.5.1 面临的关键技术挑战

基于膨胀土输水明渠工程面临的工程灾变现象,为确保输水明渠工程长期运行的安全性,面临以下五个关键技术挑战:

(1)关键挑战一:混凝土、土工膜等材料如何降低渗漏?

存在的问题:混凝土板裂缝、连接缝渗水如何处理?土工膜刺穿破坏、连接处渗漏如何处理?

(2)关键挑战二:如何减少明渠渠底的冻胀性问题导致的损害?

存在的问题:渠底混凝土板、渠坡混凝土板如何减少冻胀作用引起的损害?

(3)关键挑战三:如何减少膨胀土明渠渠坡滑动破坏?

存在的问题:如何减少膨胀土明渠在长期的运行过程中渠坡的滑动破坏?

(4)关键挑战四:如何降低明渠长期运行过程中,渗漏引起的地下水位抬高?

存在的问题:明渠在长期运行过程中,如何降低渗漏引起的地下水位抬高?

(5)关键挑战五:开挖的膨胀土、白砂岩等能否再利用?

存在的问题:明渠中开挖出的膨胀土、白砂岩和红黏土能否再次利用?

2.5.2 明渠工程的研究思路

基于生态低碳理念,应从以下四个维度进行探究:

(1)明渠防渗技术:从明渠防渗结构、混凝土板材料裂缝和土工膜粘接等角度处理。

(2)渠基处理技术:通过对渠基土换填、渠底设置横纵排水体系,降低渠基地下水位。

(3)渠坡抗滑技术:从渠坡土换填、抗滑桩和排水管桩的应用以及空间结构分析。

(4)渠侧排水技术:在渠坡设计排水管桩,利用太阳能技术抽水,将回收水再排入明渠。

2.6 本章小结

本章以北疆供水一期工程为研究背景,通过室内试验及数值仿真模拟分析探讨了输水明渠破坏机理与运行周期中的稳定性影响因素,首先根据膨胀土渠坡渗漏机制特征结合水-热-力耦合模型研究了膨胀土冻胀不协调变形影响;然后分析了渠坡改造前后不同工况、不同运行时期渠坡稳定性物理变化规律;最后通过响应面法中的 Box-Behnken 中心组合设计方法探讨了渠坡稳定性影响因素,并对降水阶段渠坡稳定性进行了预测,相关结论如下:

(1)膨胀土受干湿-冻融循环影响,土体颗粒间胶结作用减弱,抗剪强度指标 c、φ 值衰减严重,在经过 9 次循环后趋于稳定;白砂岩 c 值随土体含水率的增加劣化明显,而 φ 值基本不变;戈壁料属于粗粒径土,具有良好的渗透性,抗剪强度指标 c、φ 值受干湿-冻融循环影响较小,具有良好的强度稳定性。

（2）膨胀土输水明渠在运行时期,膜后水位高度受渠坡渗漏点高度影响不显著,而明渠运行水位与膜后水位高度关联性极高,明渠运行水位是影响渠坡渗漏情况的重要因素。受膨胀土冻胀作用影响,渠坡最大不协调变形出现在融化阶段,干湿-冻融循环次数影响其位移量增长变化,膜后水位高度决定其逐级发展趋势。

（3）通水期间数值计算结果:多次干湿-冻融循环后渠坡在各工况下均未发生滑动破坏,原因在于作用在渠坡结构面上的静水压力法向分力增加了渠基土沿滑动面的抗滑力,切向分力又减少了渠基土沿滑动面的下滑力,提高了渠坡抗滑动位移稳定性。其结果客观上揭示了膨胀土渠坡"停水期滑动破坏,通水期运行良好"实际现象的物理本质。

（4）停水期间数值计算结果:膨胀土渠坡在此阶段发生滑动破坏,与实际工况"春、冬季停水时期滑坡灾害频发"相一致,原因在于膨胀土性能衰减、白砂岩遇水软化以及膜后水位变化引起孔隙水压力变化三者的共同作用。通过置换浅层土体、优化受力结构和降低膜后水位高度能有效缓解渠坡土体受多重耦合作用的影响,提升渠坡稳定性。

（5）渠坡改造后排水井现有位置起到的抗滑作用基本可以忽略,排水井未能直接参与渠坡滑动变化过程。若将排水井移至渠坡中段,改善渠坡稳定性效果最佳,但在现有排水体系中,还缺乏有关渠坡中部渗水处置作用效果方面的研究,故兼顾抗滑与排水作用的抗滑措施是寒旱区膨胀性渠坡稳定性防治后续的研究方向。

（6）利用响应面法对渠坡稳定性影响因素进行分析,可知通水期、停水期、水位波动期干湿-冻融循环作用对渠坡稳定性影响最为敏感,停水期渠坡稳定性受干湿-冻融循环与膜后水位相互作用的影响强度最大,水位波动期中静水压力增长能缓解二者相互作用强度。通过安全稳定性拟合回归模型对明渠水位骤降情况进行预测,发现水位骤降初期渠坡稳定性受膜后水位影响更为敏感和显著,建议在水位骤降初期采取抽排作业降低其不利影响。

第 2 篇
渠基土的力学特性及其本构模型研究

第3章 常温条件下膨胀土的力学特性研究

目前,国内外学者认为膨胀土渠坡的失稳主要与土体的强度有关,关于膨胀土的抗剪强度的研究较多,而关于膨胀土的压缩特性和渗透特性的研究相对较少。本章以北疆供水一期工程膨胀土输水明渠工程为背景,以膨胀土为研究对象,通过对膨胀土进行基本物理性质、直剪试验、压缩试验、渗透试验和扫描电子显微镜(SEM)试验等一系列试验研究,系统分析了不同因素对膨胀土抗剪强度、压缩变形和渗透特性的影响规律,并揭示其物理机制。

3.1 膨胀土的基本物理性质试验

试验所用膨胀土为取自北疆供水一期工程总干渠某挖方段的黄色泥岩,具有中膨胀性,颜色呈土黄色,带有少量青色杂质,层理性较强,具有较好的代表性。现场取样时采用人工挖探的方式进行,将现场取到的块状膨胀土用碎土器敲碎后整体进行风干处理。将风干后的膨胀土碾散,并以 5 mm 孔径的筛进行粗筛,挑出土样中的碎石、有机质等杂物后,进一步研磨,直至所有膨胀土均可通过 2 mm 细筛,将制备好的土样装入试样缸内并置于阴凉干燥处储存。膨胀土的碾碎过筛过程如图 3-1 所示。

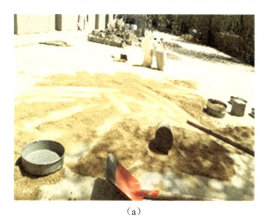 

(a)　　　　　　　　　　　　　　　　(b)

图 3-1　膨胀土的碾碎过筛过程

(a) 碾碎晒干;(b) 粗筛较大土颗粒

3.1.1 风干含水率试验

取切削并过 2 mm 筛的膨胀土代表性土样 15～30 g,放入铝盒中并立即盖好盒盖,称量即可得到湿土质量。揭开盒盖并将试样放入烘箱,在 105～110 ℃条件下烘干至恒量(时间不少于 8 h)。将烘干后的试样取出,盖好盒盖放入干燥器内冷却至室温,称量即可得干土质量。试验共做 2 组,每组 5 个平行试样,平行试样质量误差不大于 0.5%。

3.1.2　液塑限试验

试验采用液塑限联合测定仪,调制不同含水率土膏放入保湿缸中静置 24 h 后,将土膏逐层填装于试样杯内,压密并排出孔隙内气体,刮平表面。在锥尖涂抹适量凡士林,锥尖刚好接触土体表面时按测量按键,取锥尖附近土样测量含水率,另取两点重复试验得到三点读数。根据不同土类及其液限求取塑限锥入深度,绘制锥下沉深度-含水率双对数坐标图(图 3-2),求得膨胀土液塑限。该膨胀土的液限为 61.3%,塑限为 20.1%,塑性指数 41.2,属高液限黏土。

3.1.3　击实试验

取制备好的部分土样,分层填入击实筒,平整土面并击实(达到击实后土样高度略高于击实筒深度的 1/3),采用轻型击实法每层击实 25 次,分 5 层进行击实,每层击实完毕后应刮毛土层表面,确保两层之间结合紧密。击实结束时,超出击实筒顶的试样高度应小于 6 mm。击实完毕后测量超高(多位置测量取其平均值,精确至 0.1 mm),沿击实筒顶部边缘平整土样,用推土器从击实筒一端缓慢推出土样,于土中心位置取 2 份 15～30 g 土样进行含水率测试,称量精度 0.01 g,两组平行试样间误差应小于 1%。试验结果如图 3-3 所示,膨胀土最优含水率为 18.9%,最大干密度为 1.67 g/cm³。

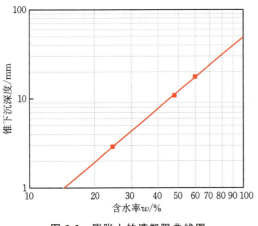

图 3-2　膨胀土的液塑限曲线图

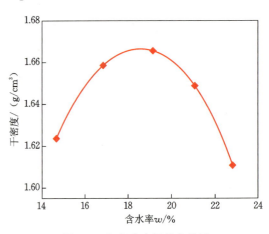

图 3-3　击实试验相关曲线图

3.1.4　颗粒分析试验

根据土的颗粒大小及级配情况,采用筛析法和密度计法相结合的试验方法。

(1)筛析法

试验所用膨胀土均在土样制备过程中过 2 mm 筛,由于试验土中含有黏粒较多,因此选用水筛法,将粒径 0.075 mm 以下成分全部滤去。将粒径不小于 0.075 mm 的净砂烘干称量,并进行细筛分析;对粒径小于 0.075 mm 的土样进行密度分析。细筛孔径按照规范依次选取为 2.0 mm、1.0 mm、0.5 mm、0.25 mm、0.1 mm、0.075 mm。

（2）密度计法

取干质量 30 g 风干土倒入锥形瓶中，加入蒸馏水 200 mL，静置 24 h。将锥形瓶置于电磁炉上煮沸 60 min，待悬液冷却后将其倒入量筒内，锥形瓶内沉淀物应碾散、冲洗后倒入量筒内。向量筒内加入 10 mL 浓度 4% 的六偏磷酸钠溶液，用纯净水反复洗涤锥形瓶，将洗液倒入量筒至筒内悬液达 1000 mL。用搅拌器搅拌悬液，沿悬浮液深度方向缓慢上下均匀搅拌约 1 min，使悬液内土粒分布均匀。将密度计置于悬液内并开始计时，分别于 0.5 min、1 min、2 min、5 min、15 min、30 min、60 min、120 min、180 min、1440 min 读取密度计示数。试验得到的膨胀土的颗粒级配曲线及粒径分布如图 3-4 所示。

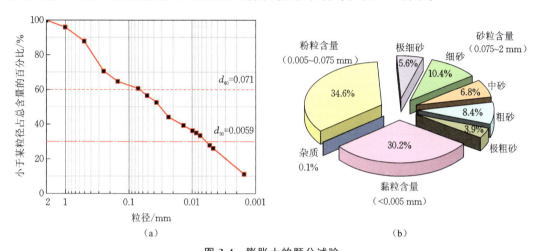

图 3-4　膨胀土的颗分试验

（a）膨胀土的颗粒级配曲线；（b）膨胀土的粒径分布

3.1.5　自由膨胀率试验

取过筛、烘干土样 100 g，用匙将土样倒进漏斗中，使土样通过漏斗进入量土杯中，量土杯盛满土样后沿杯口刮平土面，称量试样质量。重复该过程，直至两次称量质量误差小于 0.1 g。向量筒内加入 30 mL 纯净水和 5 mL 浓度为 5% 的氯化钠溶液，将土样倒入量筒内搅拌，加纯净水至悬液达 50 mL，静置 24 h。悬液澄清后每 2 h 读一次土面高度，估读至 0.1 mL，直至 6 h 内两次读数差值小于 0.2 mL。经试验测得，试样的自由膨胀率为 75%。

3.1.6　XRD 矿物衍射试验

图 3-5 所示为膨胀土的 XRD 矿物衍射试验结果，黏土矿物成分主要由蒙脱石及少量长石、钠长石与方解石构成，砂砾主要由不同粒径的石英构成。

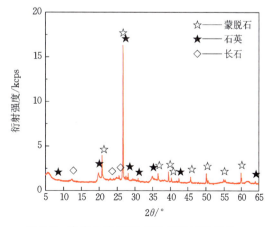

图 3-5　膨胀土的 XRD 矿物衍射试验结果

3.1.7 基本物理性质试验结果

综合上述试验结果得到膨胀土的基本物理性质指标,如表 3-1 所示。黄色泥岩为中膨胀性,属高液限黏土,其中砂粒含量为 35.1%,略大于粉粒含量,黏粒含量为 30.2%,故将其划分为黏性土中的砂质黏土;细粒(粒径小于 0.075 mm)含量占 64.8%,故属于细粒土,该土粒的不均匀系数 C_u 为 33,曲率系数 C_c 为 0.33,属于不良级配。

表 3-1 膨胀土的基本物理性质指标

天然含水率 $w/\%$	天然干密度 $\rho_d/(g/cm^3)$	液限 $w_L/\%$	塑限 $w_P/\%$	塑性指数 I_P	液性指数 I_L
14.8	1.60	61.3	20.1	41.2	−0.13
风干含水率 $w/\%$	最大干密度 $\rho_{dmax}/(g/cm^3)$	最优含水率 $w_{opt}/\%$	线缩率 $\delta_{st}/\%$	体缩率 $\delta_s/\%$	自由膨胀率 $\delta_{ef}/\%$
8.0	1.67	18.9	18.4	29.5	75

3.2 膨胀土力学特性的试验方案

3.2.1 直剪试验

如图 3-6 所示,直剪试验是在 ZJ50-1A 型应变控制式直剪仪上进行的。为研究不同影响因素与膨胀土抗剪强度指标之间的关系,分别设置含水率和干密度两种影响因素进行固结快剪试验(表 3-2),环刀试样共 36 个,每组 4 个试样分别施加 100 kPa、200 kPa、300 kPa、400 kPa 的轴向压力,固结 24 h 后进行快剪试验,快剪剪切速率为 0.08 mm/min,剪切试样直至水平位移为 6 mm 时停止试验。

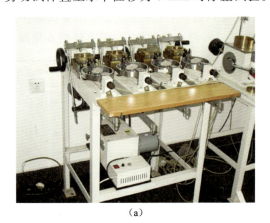 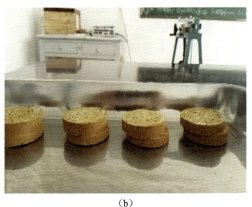

(a)   (b)

图 3-6 直剪试验
(a) ZJ50-1A 型应变控制式直剪仪;(b) 剪切完成后的试样

表 3-2   直剪和压缩试验试样的控制指标

土样类型	不同含水率		不同干密度	
	含水率 $w/\%$	控制干密度 $\rho_d/(\text{g/cm}^3)$	控制含水率 $w/\%$	干密度 $\rho_d/(\text{g/cm}^3)$
膨胀土	15.8	1.6	18.9	1.38
	19.1	1.6	18.9	1.43
	22.1	1.6	18.9	1.54
	24.8	1.6	18.9	1.60
	27.8	1.6	18.9	1.67

3.2.2   压缩试验

如图 3-7 所示,压缩试验是在 WG-3A 型单杠杆固结仪上进行的。为研究不同含水率及干密度(表 3-2)与膨胀土压缩强度指标之间的关系,进行压缩试验,环刀试样共 10 个。试样加压采用逐级增压方式,加压等级采用 25 kPa、50 kPa、100 kPa、200 kPa、400 kPa、800 kPa、1200 kPa、1600 kPa,加载荷载直至 1600 kPa 后卸载,在各级压力下压缩时间规定为 24 h,由于膨胀土是渗透系数较小的黏性土,其压缩变形达到稳定的标准为 1 h 内试样变形量不超过 0.005 mm。测得膨胀土在不同压力下的沉降变形量,计算不同含水率条件下的孔隙比 e、压缩系数 a_v、压缩模量 E_s。

(a)   (b)

图 3-7   压缩试验

(a) WG-3A 型单杠杆固结仪;(b) 加装荷载

3.2.3   渗透试验

如图 3-8 所示,渗透试验是在 TST-55 型渗透仪上进行的。试验采用高 40 mm、直径 61.8 mm 的重塑环刀样,含水率取最优含水率 18.9%,通过控制土样的干密度分别为 1.35 g/cm³、1.45 g/cm³、1.60 g/cm³、1.65 g/cm³、1.70 g/cm³、1.73 g/cm³,使得试样孔隙比分别接近 0 kPa、100 kPa、200 kPa、400 kPa、800 kPa、1600 kPa 压力下的饱和固结土样。制样完成后,采用真空抽气法对试样进行抽气 2 h,饱水 24 h 处理,使试样进行充分饱和,之后用削土刀切除吸水膨胀后高于环刀的部分,刮平试样表面,称量试样质量。将试样置入渗透仪中,按《土工试验方法标准》(GB/T 50123—2019)中的方法测定渗透系数 k_s。试验结束后,风干并测量试样质量,计算试样的孔隙比,并选取有代表性的截面进行 SEM 试验。

(a)　　　　　　　　　　　　　　　　(b)

图 3-8　膨胀土的渗透试验

(a) 饱和试样；(b) TST-55 型渗透仪

3.2.4　SEM 试验

如图 3-9 所示，SEM 试验在中国科学院新疆分院 S-3400NII 型扫描电子显微镜下进行。取固结或渗透完成的土样，经烘干、切样后选取有代表性的截面剥落粒径为 1～2 mm 的土颗粒进行表面喷金处理，采用扫描电子显微镜对处理好的试样进行 SEM 试验。

(a)　　　　　　　　　　　　　　　　(b)

图 3-9　膨胀土试样的微观试验

(a) S-3400NII 型扫描电子显微镜；(b) 表面喷金处理

（1）压缩试验

分别选取 0 kPa、100 kPa、200 kPa、400 kPa、800 kPa、1600 kPa 压力下的试样进行 SEM 试验，试验时用扫描电子显微镜在放大 250～30000 倍的情况下进行微观结构拍照处理。对比不同固结压力及放大倍数条件下土样孔隙的发展规律，描述不同放大倍数条件下微裂隙分布、土颗粒空间排列特征等微观结构特性，揭示膨胀土在固结压力增大过程中孔隙率与孔隙结构的变化规律。

（2）渗透试验

取渗透试验完成后的试样进行 SEM 试验，尽量减少对试样结构的扰动，试验时用扫描电子显微镜在放大 250～30000 倍的情况下进行微观结构拍照处理，对比分析固结压力作用与渗透作用下膨胀土微观结构特征，描述随着固结压力的增大，渗透试样微裂隙分布与土颗粒空间排列特征等微观结构特性的变化规律，分析其对渗透特性的影响。

3.3　试验结果分析

3.3.1　膨胀土的剪切特性试验研究

3.3.1.1　含水率对剪切特性的影响

图 3-10 所示为不同含水率条件下膨胀土的剪切特性。

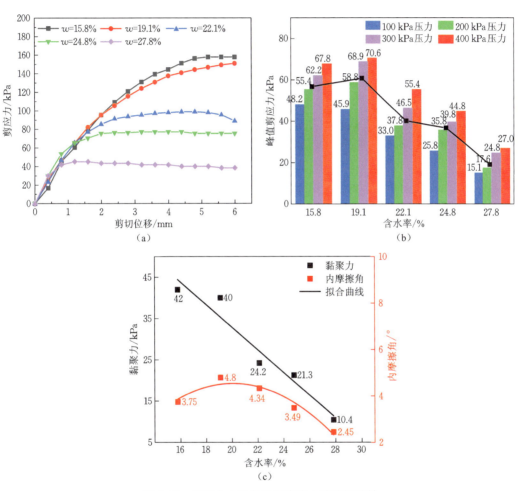

图 3-10　不同含水率条件下膨胀土的剪切特性

（a）应力-应变关系曲线；（b）峰值剪应力分布；（c）不同含水率与剪切强度的关系曲线

其中,图 3-10(a)所示为不同含水率条件下膨胀土在 100 kPa 压力下的应力-应变关系曲线。由图 3-10(a)可知,含水率为 15.8% 与 19.1% 时的剪应力近似呈线性变化,说明在含水率较低时,峰值不明显,强度相对较高;含水率由 22.1% 增大至饱和含水率时,剪应力迅速增加,达到峰值后保持不变,直至剪切结束,峰值剪应力随含水率的增加明显下降。图 3-10(b)所示为膨胀土的峰值剪应力分布。由图 3-10(b)可知,峰值剪应力随水率的增加呈先增加后减小的变化趋势,含水率接近最优含水率($w=18.9\%$)时达到最大值,之后逐渐减小,接近饱和含水率时$(w=27.8\%)$时最小。图3-10(c)所示为不同含水率与剪切强度的关系曲线。由图3-10(c)可知,随着含水率的增大,黏聚力呈线性递减趋势,可用线性函数来描述,相关系数$R^2=0.944$;内摩擦角受含水率的影响较小,随含水率的增大,内摩擦角整体变化规律呈先增加后减小的趋势,可用二次函数曲线表示,最优含水率为曲线的拐点,相关系数$R^2=0.947$。黏聚力c、内摩擦角φ的计算式如下:

$$c=-2.74w+87.68 \tag{3-1}$$

$$\varphi=-0.0368w^2+1.48w-10.26 \tag{3-2}$$

式中　c——膨胀土的黏聚力;

　　　φ——膨胀土的内摩擦角;

　　　w——膨胀土的含水率。

3.3.1.2　干密度对剪切特性的影响

图3-11所示为不同干密度条件下膨胀土的剪切特性。其中,图3-11(a)所示为不同干密度膨胀土在100 kPa压力下的应力-应变关系曲线。由图3-11(a)可知,剪应力为"硬化"型曲线,峰值剪应力随干密度的增大呈增大趋势。图3-11(b)所示为膨胀土的峰值剪应力分布。由图3-11(b)可知,不同上覆压力作用下的峰值剪应力随着压力的增加而增加。图3-11(c)所示为不同干密度与剪切强度的关系曲线。由图3-11(c)可知,相较含水率而言,干密度对黏聚力与内摩擦角的影响较小,随着干密度的增大,黏聚力呈缓慢上升趋势,可用线性函数来表示,相关系数$R^2=0.954$;随着干密度的增大,内摩擦角呈曲线形式逐渐增加,可用二次函数曲线来表示,相关系数$R^2=0.969$,黏聚力c、内摩擦角φ的计算式如下:

$$c=47.72\rho_d-39.25 \tag{3-3}$$

$$\varphi=-7.43\rho_d^2-20.74\rho_d+19.26 \tag{3-4}$$

式中　c——膨胀土的黏聚力;

　　　φ——膨胀土的内摩擦角;

　　　ρ_d——膨胀土的干密度。

3.3.1.3　膨胀土的剪切特性机理分析

根据以上试验结果,分析不同含水率和干密度对膨胀土剪切特性的作用机理可知:

(1)含水率对黏聚力影响较大,随着含水率的增大,黏聚力呈线性关系减小。其主要原因在于:①含水率增大,颗粒间距变大,水膜连接作用变弱,削弱了库仑力、范德华力和胶结作用,显著减少了土体的黏聚力。②内摩擦角在含水率较小时小幅增加,随着含水率的增大,水在土体间填补孔隙,减小颗粒间的相互摩擦作用,内摩擦角迅速下降,整体呈现二次函数曲线形式,最优含水率为曲线的拐点。

(2)干密度对黏聚力影响较大,随干密度的增大,黏聚力呈线性关系增加。其主要原因在于:①膨胀土具有多裂隙性,在剪应力的作用下膨胀土首先会从裂隙较多的薄弱面产生破坏,而随着干密度的增大,颗粒之间更为密实,通过降低裂隙率来增强薄弱面的抗剪能力,从而增大黏聚力。②内摩擦角随干密度的增大整体呈缓慢增加趋势,干密度增大主要是增加颗粒间有效接触面积,对咬合作用几乎不产生影响,通过增加滑动摩擦,从而增大内摩擦角。

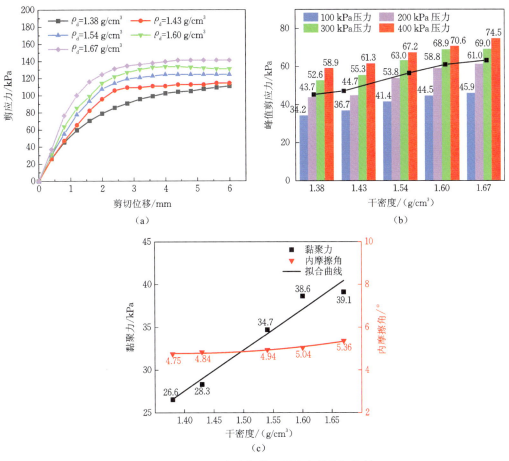

（a）

（b）

（c）

图 3-11　不同干密度条件下膨胀土的剪切特性

（a）应力-应变关系曲线；（b）峰值剪应力分布；（c）不同干密度与剪切强度的关系曲线

3.3.2　膨胀土的压缩特性试验研究

3.3.2.1　含水率对压缩特性的影响

图 3-12 所示为不同含水率条件下孔隙比与垂直压力的关系曲线。由图 3-12 可知，不同含水率条件下的压缩曲线具有相似性，基本遵循统一规律（呈下降趋势）。在固结前期，孔隙比减小速率较缓，随着上覆压力增加到 400 kPa，下降趋势逐渐变大。由于孔隙水和空气的排出及孔隙的闭合，土体的压缩程度达到上限，孔隙比趋于稳定。相对而言，含水率较高的膨胀土最终所达到的稳定孔隙比要低于含水率较低的膨胀土。

表 3-3 所列为膨胀土在不同含水率条件下的压缩性指标。由表 3-3 可知，土样压缩

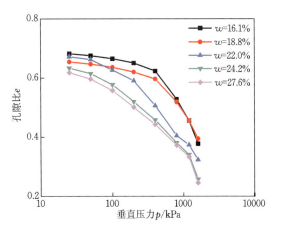

图 3-12　不同含水率条件下膨胀土的压缩曲线

指数介于 0.1～0.5,属于中压缩性土,随着含水率的增大,压缩系数呈上升趋势,压缩模量与压缩系数成反比。膨胀土含水率较低时压缩性较小,孔隙比变化幅度较小;含水率增加到 22.0% 时,孔隙比产生明显变化;含水率为 22.0%～27.6% 时,孔隙比变化引起压缩系数与压缩指数稳步上升,说明当含水率较高时,土样表现为较高的压缩性,在浸水受压时沉降量明显增大。

表 3-3　不同含水率条件下膨胀土的压缩性指标

试样编号	含水率 $w/\%$	压缩系数 $a_{v(1-2)}/\mathrm{MPa}^{-1}$	压缩模量 $E_{s(1-2)}/\mathrm{MPa}$	压缩指数 C_c
1	16.1	0.102	15.793	0.336
2	18.8	0.109	14.802	0.328
3	22.0	0.357	4.512	0.296
4	24.2	0.375	4.292	0.396
5	27.6	0.389	4.143	0.409

3.3.2.2　干密度对压缩特性的影响

图 3-13 所示为不同干密度条件下孔隙比与垂直压力的关系曲线。由图 3-13 可知,不同干密度条件下膨胀土试样压缩曲线的初始孔隙比不同,但下降趋势基本相似。干密度较小时颗粒呈松散堆积,粒间孔隙较大,孔隙比下降明显;干密度较大时孔隙基本闭合,压缩性较小。因此,不同干密度的试样初始孔隙比不同,最终达到的稳定孔隙比相近。

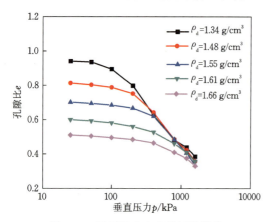

**图 3-13　不同干密度条件下孔隙比
与垂直压力的关系曲线**

表 3-4 所列为膨胀土的不同干密度下压缩性指标。由表 3-4 可知,随着膨胀土试样干密度的增大,其压缩系数呈下降趋势,压缩模量逐渐增加。膨胀土试样在同等固结压力作用下,干密度较低时压缩性较大,孔隙比变化幅度大;干密度增加到 1.61 g/cm³ 时,孔隙比与压缩系数逐渐稳定,压缩系数与压缩指数均随干密度的增加而下降,说明当干密度较大时土样的孔隙比下降明显,表现为较低的压缩性。

表 3-4　膨胀土的不同干密度下压缩性指标

试样编号	干密度 $\rho_d/(\mathrm{g/cm^3})$	压缩系数 $a_{v(1-2)}/\mathrm{MPa}^{-1}$	压缩模量 $E_{s(1-2)}/\mathrm{MPa}$	压缩指数 C_c
1	1.34	0.41	3.90	0.459
2	1.48	0.15	10.66	0.424
3	1.55	0.10	16.35	0.355
4	1.61	0.11	14.29	0.275
5	1.66	0.09	17.66	0.216

3.3.2.3　压缩试样的微观结构

膨胀土的微观特性主要基于 SEM 试验及图像数字处理技术实现。将压缩固结完成的环刀试样放置在自然通风处,待其完全风干后小心掰开(烘干),选取具有代表性的新鲜断面作为扫描面并切片制样,运用扫描电子显微镜观察北疆供水一期工程膨胀土的微观形貌特征,如图 3-14 和图 3-15 所示,土体表面可见大孔隙($d>10~\mu m$)与少量小孔隙($1~\mu m<d<10~\mu m$),孔隙主要分布于砂砾颗粒周围的土颗粒聚集形成较为松散的聚集体边缘,沿着土体表面呈节理发育,从孔隙方向上分为纵向贯通孔隙与横向层间孔隙,在较高固结压力下可观察到稳定的层间结构,较高放大倍数下可观察到 $d<0.2~\mu m$ 的蒙脱石单体晶粒呈鱼鳞状排列。

(1) 不同放大倍数下压缩试样的微观结构

图 3-14 所示为较低固结压力(100 kPa)作用下膨胀土 SEM 图像,以此为例,分别对试样在扫描电子显微镜下放大 250 倍、1000 倍、4000 倍、8000 倍、10000 倍、30000 倍的图像进行分析。由图 3-14(a)、图 3-14(b)可知,放大 250 倍、1000 倍时,可观察到的颗粒以砂粒居多,砂砾颗粒表面电荷微弱,粒间联结较弱,靠重力作用堆积形成单粒结构,粉粒和黏土颗粒填充砂砾颗粒间的孔隙,砂砾颗粒周围的土颗粒聚集形成较为松散的聚集体,其边缘易出现孔隙。

由图 3-14(c)、图 3-14(d)可知,在放大 4000 倍、8000 倍时,可观察到的分散颗粒以细小的黏粒居多,黏土粒多为片状、扁平状颗粒叠聚体,其面层带有正电荷,边角处带有负电荷,在电荷作用下产生絮凝作用,聚集形成片状颗粒,因而土体的结构类型以絮凝结构和紊流结构为主。黏粒颗粒在固结压力作用下,接触方式以面-面接触为主、边-面和边-边接触为辅,产生的聚集体主要为叠聚体形成的面-面叠聚体,以及叠聚体与部分聚集体形成的面-边聚集体。由于重塑土制样时受力方向单一,形成的颗粒间结构具有一定的方向性,垂直于固结压力方向的片状叠聚体数量相对较多,聚集体边缘结合得并不紧密,有较多小孔隙分布。部分片状叠聚体在失水收缩的情况下产生卷曲变形,这种卷曲的黏粒片是蒙脱石、伊利石等黏土矿物的典型形貌特征,由此产生的粒间孔隙成为土体内游离水良好的渗流通道,这种微观结构特征是膨胀土产生胀缩特性的根本原因。

由图 3-14(e)、图 3-14(f)可知,在放大 10000 倍、30000 倍时,受图像取景范围的限制,获取的信息相对片面,可观察到的颗粒以较小的叠聚体($d<1~\mu m$)与蒙脱石晶体单粒($d<0.2~\mu m$)为主。不同于放大 4000 倍、8000 倍时粒间结构排列的明显定向性,单元体颗粒在 $1\sim10~\mu m$ 的观察范围内结构杂乱无序,以蒙脱石晶体单粒的散乱堆积为主,整体呈现鱼鳞状,结构较为致密,晶体单粒间存在微孔隙($d<0.5~\mu m$)。

综上所述,不同放大倍数下试样可观察到的形态有显著的差别,因此,在微观图像的观察分析中应优先考虑放大倍数造成的影响。试验所用膨胀土成分以蒙脱石为主,其膨胀性主要是水分子进入蒙脱石层状结构使得蒙脱石结构膨胀造成的,而蒙脱石的形态变化需在较高放大倍数的扫描电子显微镜下才可以观察到,因此后文主要进行放大 10000 倍的 SEM 试验。

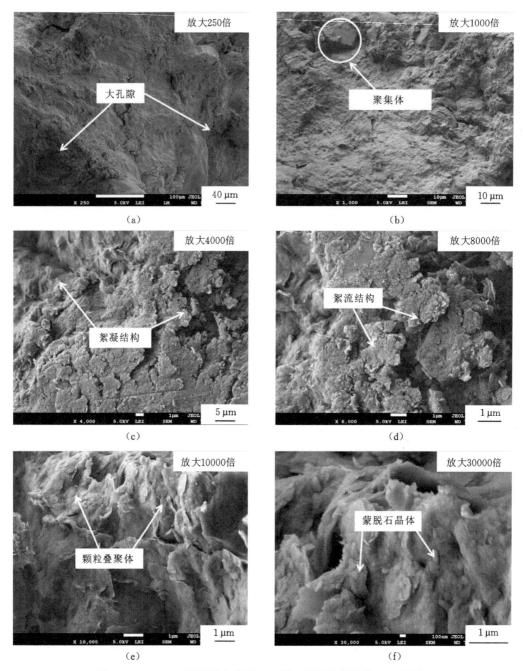

图 3-14 100 kPa 固结压力作用下试样不同放大倍数的 SEM 图像

(a) 放大 250 倍;(b) 放大 1000 倍;(c) 放大 4000 倍;(d) 放大 8000 倍;(e) 放大 10000 倍;(f) 放大 30000 倍

(2) 不同固结压力作用下压缩试样的微观结构

图 3-15 所示为不同固结压力作用下膨胀土放大 10000 倍的 SEM 图像。由图 3-15 可知,可观察到的分散颗粒以细小的黏粒居多,多为片状、扁平状颗粒叠聚体,其面层带有正电荷,边角处带有负电荷,在电荷作用下产生絮凝作用,形成松散堆积的絮凝结构,部分聚集体形成近似流水形态的紊流结构;随着固结压力的增大,颗粒趋于扁平状,聚集现象明

显,片状颗粒间彼此平行排列,形成接触面以面-面结合、高度定向的层流状结构,此时絮凝结构逐渐转化为紊流与层流状结构,膨胀土在固结压力作用下孔隙比降低、压缩性降低。

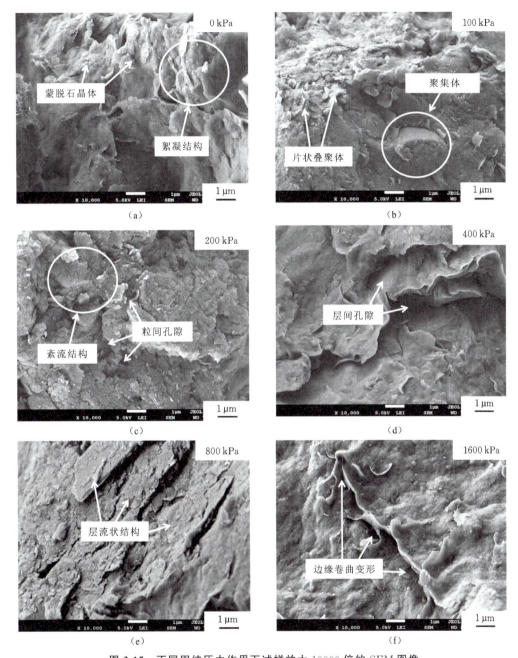

图 3-15　不同固结压力作用下试样放大 10000 倍的 SEM 图像

(a) 0 kPa 作用下试样;(b) 100 kPa 作用下试样;(c) 200 kPa 作用下试样;
(d) 400 kPa 作用下试样;(e) 800 kPa 作用下试样;(f) 1600 kPa 作用下试样

通过 Image-J 软件对压缩试样的微观结构进行微观信息处理,结果如表 3-5 所示。由表 3-5 可知,黏粒颗粒随着固结压力的增加,密度逐渐增大,颗粒总数下降,但总面积、平均尺寸和面积占比增加。当固结压力在 0～200 kPa 范围内时,聚集体间的孔隙缩小为压缩性变化的主要因素,颗粒聚集效应为次要因素,宏观表现为孔隙比明显减小,压缩曲线斜率陡峭,压缩指标变化显著,压缩性较大;当固结压力增大到 400 kPa 时,聚集体边缘紧密咬合,小孔隙基本闭合,由于土颗粒不可压缩,颗粒总数的下降实质上是固结压力造成较小的颗粒聚集成团,使得可观察的团聚体数量下降。由于固结过程中受力方向单一,形成垂直于压力方向的片状叠聚体,孔隙比趋向于稳定,压缩指标变化较小,压缩性较小。平均周长受颗粒形状、矿物成分和扫描选区等多因素影响,无明显的规律性。

表 3-5 颗粒微观结构参数

压力/kPa	颗粒总数	总面积/μm²	平均尺寸/μm	面积占比/%	平均周长/μm
0	344	43.507	0.126	40.759	1.792
100	455	56.767	0.125	53.817	1.596
200	327	72.575	0.222	67.586	0.973
400	201	71.917	0.358	68.382	1.875
800	382	76.951	0.201	73.447	0.574
1600	115	82.295	0.716	78.361	2.185

以上结果表明,较低固结压力作用下粒间孔隙减少,压缩性较大;较高固结压力作用下孔隙基本闭合,聚集体紧密结合,压缩性较小。受限于烘干法的制样方式,高含水率试样难以保持原有微观结构,因此含水率对微观结构的影响有待进一步研究。

3.3.3 膨胀土的渗透特性试验研究

3.3.3.1 固结压力对渗透特性的影响

通过控制试样的干密度分别为 1.35 g/cm³、1.45 g/cm³、1.60 g/cm³、1.65 g/cm³、1.70 g/cm³、1.73 g/cm³,使孔隙比接近 0 kPa、100 kPa、200 kPa、400 kPa、800 kPa、1600 kPa 压力作用下的饱和固结土样,通过饱和固结试验获得固结系数,由太沙基一维固结理论,即式(3-5)可推算出饱和渗透系数,并与实测值进行对比。

$$k = C_v m_v \gamma_w \tag{3-5}$$

式中 C_v——土的竖向固结系数;

m_v——体积压缩系数;

γ_w——水的重度。

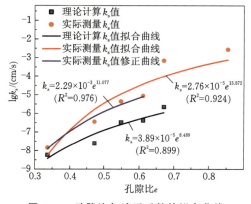

图 3-16 孔隙比与渗透系数的拟合曲线

图 3-16 所示为孔隙比与渗透系数的拟合曲线。由图 3-16 可知,随着压力的减小,孔隙比逐渐增大,渗透系数随之增大,在 200～1600 kPa 固结压力作用下实测渗透系数相较计算所得渗透系数小 0.5～1 个数量级,在 0～100 kPa 固结压力作用下计算值则远小于实测值,如表 3-6 所示。此时土颗粒以松散堆积的聚集体为主,在砂砾颗粒边缘分布着大量孔隙,这些孔隙连接贯通形成渗流通道,此范围内的膨胀土表现出较强的透水性。对不同固结压力作用下的渗透系数进

行拟合,相关系数为 $R^2 = 0.924$,拟合效果较好。较低固结压力作用下的孔隙比受制样扰动较大,因此剔除掉 0～100 kPa 固结压力作用下的渗透系数再进行拟合,其关系可用幂函数来描述(相关系数 $R^2 = 0.976$),拟合效果最优:

$$k_s = 2.29 \times 10^{-3} e^{11.077} \tag{3-6}$$

式中 k_s——土的渗透系数;

  e——土的孔隙比。

表 3-6 渗透系数与孔隙比的关系

编号	固结压力/kPa	饱和后对应孔隙比	饱和渗透系数/(cm/s)	实测渗透系数/(cm/s)
1	0	0.854	—	2.78×10^{-3}
2	100	0.671	2.25×10^{-6}	7.09×10^{-4}
3	200	0.611	4.23×10^{-7}	8.95×10^{-6}
4	400	0.548	3.35×10^{-8}	4.47×10^{-6}
5	800	0.473	2.48×10^{-8}	3.66×10^{-7}
6	1600	0.336	5.91×10^{-9}	1.49×10^{-8}

3.3.3.2 不同固结压力作用下渗透试样的微观结构

图 3-17 所示为固结压力分别为 0 kPa、100 kPa、200 kPa、400 kPa、800 kPa、1600 kPa 时试样在渗透作用下的 SEM 图像。由图 3-17 可知,渗透作用下膨胀土试样颗粒饱满,聚集体以絮凝结构为主,紊流结构为辅,聚集体间结构松散,边-面接触及纵向孔隙明显多于未经渗流作用的压缩试样且孔隙半径较大,为自由水提供良好的渗流通道,渗透水以重力水为主,这种微观结构使膨胀土表现出较强的透水性。随固结压力增大,聚集体以层流状与紊流结构居多,层次分明,孔隙数量减小,不同层间形成的渗流通道较细,自由水吸附在土颗粒上,靠毛细作用缓慢渗透,结合水所占比例逐渐增大,膨胀土表现出较低的渗透性。

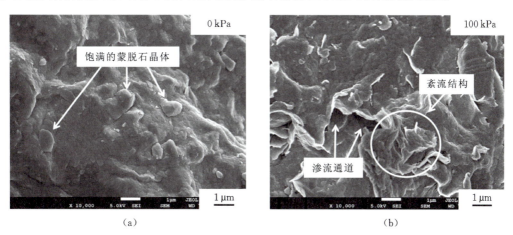

图 3-17 不同固结压力作用下放大 10000 倍渗透试样的 SEM 图像

(a) 0 kPa 作用下试样;(b) 100 kPa 作用下试样;(c) 200 kPa 作用下试样;
(d) 400 kPa 作用下试样;(e) 800 kPa 作用下试样;(f) 1600 kPa 作用下试样

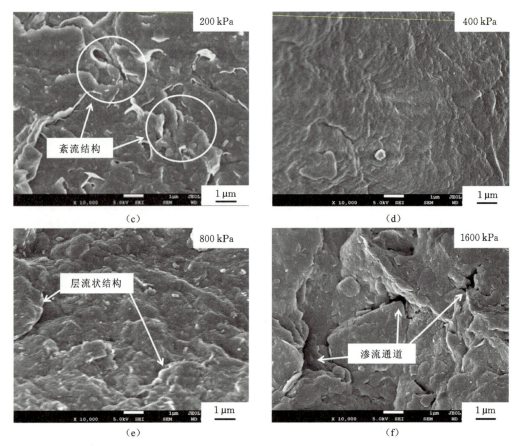

续图 3-17

通过 Image-J 软件对压缩试样的微观结构进行微观信息处理,结果如表 3-7 所示。由表 3-7 可知,渗透系数与孔隙平均面积相关性较小,与总体孔隙面积的变化规律基本一致。当固结压力在 0~200 kPa 范围内时,在固结压力作用下试样大孔隙半径减小,部分区域内大孔隙消失,变为多个小孔隙;固结压力增大到 400 kPa 时,小孔隙逐渐闭合,总体孔隙面积随压力增大呈先快速下降后逐渐稳定的变化趋势。

表 3-7　膨胀土渗透试验微观结果

编号	压力/kPa	总体孔隙面积/μm²	孔隙平均面积/μm²	孔隙面积占比/%	渗透系数/(cm/s)
1	0	11.650	1.151	10.821	2.78×10^{-3}
2	100	10.288	0.896	9.594	7.09×10^{-4}
3	200	4.354	0.294	4.072	8.95×10^{-6}
4	400	9.525	0.552	8.970	4.47×10^{-6}
5	800	6.960	1.293	5.692	3.66×10^{-7}
6	1600	4.510	0.432	2.965	1.49×10^{-8}

以上结果表明,固结压力对渗透系数的影响是通过孔隙面积的减少来实现的。由于蒙脱石形成的聚集体连接作用较弱,在水的作用下易分散,导致粒间孔隙增大,土颗粒与弱结合水间的电场作用减弱,弱结合水膜变薄,不受电场引力作用的非结合水占比增加,故此时膨胀土的渗透水以非结合水为主,渗透系数较大。随着固结压力增大,自由水不断排出,土颗粒间距减小,电场作用力增强,在聚集体颗粒表面形成较厚的结合水膜,此时膨胀土渗透水以弱结合水为主,渗透系数较小。

3.4　本章小结

本章主要从基本物理特性、强度、变形和渗透四个方面阐释常温条件下膨胀土的力学特性规律,分析了不同含水率和干密度对膨胀土剪切特性、压缩特性和渗透特性的影响规律,通过微观结构的定性和定量分析,揭示了膨胀土力学特性变化的物理机制,为进一步研究在干湿-冻融循环条件下膨胀土力学特性的劣化机理奠定了良好的基础,相关结论如下:

(1)基本物理特性试验:试验所用的膨胀土具有中膨胀性,颜色呈土黄色,矿物成分主要由蒙脱石及少量长石、钠长石与方解石构成,砂砾主要由不同粒径的石英构成。

(2)直剪试验:黏聚力与含水率呈线性负相关,随着含水率的增加而降低,内摩擦角随着含水率的增加呈先增大后减小的趋势,在最优含水率时达到峰值;黏聚力与干密度呈线性正相关,随着干密度的增加而增加,内摩擦角随着干密度的增加呈逐步增大的趋势。

(3)压缩试验:随着含水率的增加,膨胀土的稳定孔隙比呈下降趋势,表明土体的压缩性增强;随着干密度的增加,初始孔隙比减少,稳定孔隙比趋于定值。电镜扫描结果表明,土体颗粒多为片状颗粒叠聚体,结构类型以絮凝结构和紊流结构为主,低固结压力作用下膨胀土的压缩性主要受孔隙数量与大小的影响,膨胀土的压缩性较大;随着固结压力的增加,土体的结构类型由絮凝结构逐渐向紊流和层流状结构演化,颗粒聚集效应明显,膨胀土的压缩性降低。

(4)渗透试验:随着固结压力的增加,膨胀土的渗透系数呈下降趋势,在较低固结压力作用下膨胀土的渗透性较强;在较高固结压力作用下(200～1600 kPa)膨胀土的渗透性较小,量级为 $10^{-8}\sim10^{-6}$,渗透系数与孔隙比可用幂函数描述。电镜扫描结果表明,在较低固结压力作用下,膨胀土的颗粒间距较大,孔隙形成渗流通道,膨胀土的渗透系数较大;随着固结压力的增加,松散堆积结构转变为紧密结合的层流状结构,孔隙面积减少,膨胀土的渗透系数显著降低。

第4章　不同循环模式条件下膨胀土的力学特性研究

为揭示不同条件下膨胀土力学特性的变化规律,采用室内试验模拟干湿循环、冻融循环及干湿-冻融循环过程,对膨胀土在不同循环模式条件下的变形规律随循环模式、循环次数、上覆压力等因素变化的规律进行研究,通过直剪、压缩及渗透试验探究三种循环模式下土体力学性质变化的规律,比较膨胀土在不同循环模式条件下力学参数的大小,并通过电镜扫描揭示其微观结构机理,从微观层面阐释其物理机制。

4.1　工程的循环模式

膨胀土渠坡干—湿—冻—融循环过程如图 4-1 所示。北疆供水一期工程膨胀土渠坡每年经历 4 月通水、9 月停水的反复"干湿"循环过程;另外,新疆地处季节性冻土区,年平均地温 3.4 ℃,最低气温可达−40.3 ℃,夏季平均气温 20 ℃,冬季平均气温−20 ℃。通水期水分会向渠坡内部渗流,冬季低温会导致渠内水分冻结,膨胀土在渠顶、渠坡以及渠底不同位置所受循环模式不同,如图 4-2 所示,故对膨胀土进行干湿循环、冻融循环以及干湿-冻融循环模拟,比较不同循环模式对膨胀土的损伤程度大小,并揭示其损伤的物理机制。

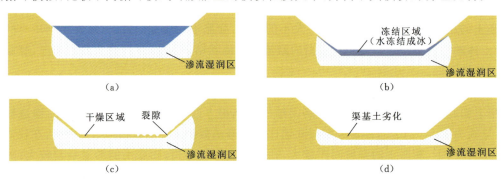

图 4-1　膨胀土输水明渠的干—湿—冻—融循环过程

(a) 通水期(4—9 月)(湿润阶段);(b) 断水期(12 月至翌年 2 月)(冻结阶段);
(c) 断水期(9—11 月)(干燥阶段);(d) 断水期(3—4 月)(融化阶段)

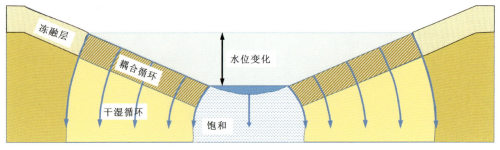

图 4-2　膨胀土输水明渠不同循环模式

4.2 膨胀土的循环试验方案

4.2.1 试样的制备过程

将膨胀土自然风干 24 h,重复碾压后过 2 mm 土工筛,以 18.9％的含水率、1.60 g/cm³ 的干密度为制样标准,用喷壶向干土样中加水,拌和均匀后放入密封袋,并密封于保湿缸内静置 2 d。48 h 之后用土盒盛取土样,进行含水率的校核。试样通过轻型击实法制备高 20 mm、直径 61.8 mm 的重塑环刀样。

4.2.2 干湿循环试验方案

干湿循环试验采用抽气饱和法模拟渠基土湿润过程(试样抽气 2 h,浸泡 10 h)。参考取样地历史气象资料,确定干燥阶段边界温度为 40 ℃,在烘箱中进行干燥处理 12 h,通过称重法称取试样质量,控制膨胀土试样,约烘干至天然含水率(14.8％)状态,此为 1 次干湿循环。本试验共进行 9 次干湿循环,抽气饱和仪如图 4-3(a)所示。

4.2.3 冻融循环试验方案

冻融循环试验参考取样地历史气象资料,分别设置－20 ℃ 和 20 ℃ 为北疆供水一期工程膨胀土渠坡冻结及融化环境温度,将膨胀土试样用保鲜膜包裹后放入 GDJ/YH-225L 型高低温交变湿热试验箱[图 4-3(b)],冻结及融化阶段都为 24 h,此为 1 次冻融循环,共进行 9 次冻融循环。

(a)   (b)

图 4-3　膨胀土循环试验所用的仪器

(a) 抽气饱和仪;(b) GDJ/YH-225L 型高低温交变湿热试验箱

4.2.4 干湿-冻融循环试验方案

干湿-冻融循环试验采用抽气饱和法模拟渠基土湿润过程,干燥阶段采用烘箱(40 ℃)约烘干至天然含水率状态,冻融阶段均在 GDJ/YH-225L 型高低温交变湿热试验箱中进行,冻结及融化阶段均为 24 h,此为 1 次干湿-冻融循环,共进行 9 次干湿-冻融循环,循环试验方案如表 4-1 所示。

表 4-1　循环试验方案

状态	湿润	干燥	冻结	融化
温度/℃	常温	40	−20	20
时间	抽气饱和 2 h,用水浸泡 10 h	12 h(约至 $\omega=14.8\%$)	24 h	24 h
循环次数/次	9	9	9	9

4.3　膨胀土的力学特性试验方案

4.3.1　无荷膨胀率试验

采用 WG-3A 型单杠杆固结仪(图 4-4),对经过三种不同循环 0、1、3、5、7、9 次的试样进行无荷膨胀率试验,环刀试样共 16 个,向单杠杆固结仪中注水,保持水面高出试样 5 mm,记录注水开始时间,按 5 min、10 min、20 min、30 min、1 h、2 h、3 h、6 h、12 h、24 h 测读百分表读数,当 6 h 内变形不大于 0.01 mm 时,终止试验。

图 4-4　WG-3A 型单杠杆固结仪

4.3.2　有荷膨胀率试验

采用 WG-3A 型单杠杆固结仪(图 4-4),对经过三种不同循环 0、1、3、5、7、9 次的试样进行有荷膨胀率试验,环刀试样共 64 个,上覆荷载分别为 25 kPa、50 kPa、75 kPa、100 kPa,向单杠杆固结仪中注水,保持水面高出试样 5 mm,记录注水开始时间,按 5 min、10 min、20 min、30 min、1 h、2 h、3 h、6 h、12 h、24 h 测读百分表读数,当 6 h 内变形不大于 0.01mm 时,终止试验。

4.3.3　收缩试验

将进行无荷膨胀率试验的饱和膨胀土试样放入 105 ℃高温烘箱,烘干 12 h,记录膨胀土环刀试样高度变化,称量膨胀土试样质量,每隔 6 h 测记百分表读数并称重,直至两次试样质量相差不超过 0.1 g。

4.3.4　细观裂隙试验

用铁架台将数码相机固定,确保相机取景方向垂直于试样表面,并固定相机镜头与膨胀土试样之间的间距,拍摄试样干湿循环及干湿-冻融循环 1、3、5、7、9 次的裂隙图像。

由于裂隙与土块的差异体现在色彩上,不能直接用于数据分析,需要进行一系列的预处理操作。裂隙图像的预处理包含三个步骤(图 4-5):①二值化处理。选取一个合适的灰度阈值,使裂隙和土块分别以黑色和白色图像显示,实现裂隙与试样两者的分离。②降噪处理。由于土样中常常存在杂质,图像经过二值化处理后,土块的白色区域内存在孤立黑点或黑色小块,孤立黑点或黑色小块会使后期的定量分析结果产生误差。③指标提取。通过对裂隙网络进行骨架化处理,根据膨胀土裂隙的分布密度、长度、宽度、条数等裂隙图像的主要构成要素,选取裂隙率、裂隙长度及裂隙条数等裂隙相关定量参数。上述相关操作在 Image-J 图像处理软件中实现。

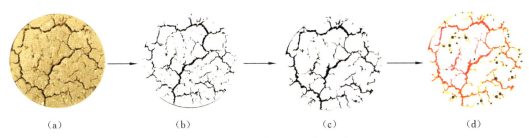

(a)   (b)   (c)   (d)

图 4-5　裂隙图像的预处理过程示意图

(a) 原始图像;(b) 二值化处理;(c) 降噪处理;(d) 指标提取

4.3.5　直剪试验

如图 4-6 所示,直剪试验采用 ZJ50-1A 型应变控制式直剪仪,对经过三种不同循环 1、3、5、7、9 次的试样进行快剪试验,轴向压力分别为 100 kPa、200 kPa、300 kPa、400 kPa,固结 24 h 后进行快剪试验,剪切速率为 0.8 mm/min,剪切试样直至水平位移为 6 mm 时停止试验,操作步骤均严格按《土工试验方法标准》(GB/T 50123—2019)要求执行。

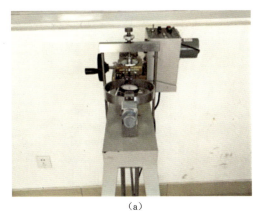 

(a)   (b)

图 4-6　直剪试验

(a) ZJ50-1A 型应变控制式直剪仪;(b) 剪切完成后的试样

4.3.6 压缩试验

压缩试验采用 WG-3A 型单杠杆固结仪（图 4-4）进行,试样加压采用逐级增压方式,加压等级采用 25 kPa、50 kPa、100 kPa、200 kPa、400 kPa、800 kPa、1600 kPa,每级压缩时间规定为 1 h,加载荷载直至 1600 kPa 后卸载。除测记 1 h 变形量外,还需测读达到稳定标准 24 h 时的变形量。测量膨胀土在不同压力下的沉降变形量,计算不同循环条件下的孔隙比 e、压缩系数 a_v、压缩模量 E_s。

图 4-7 膨胀土的渗透试验

4.3.7 渗透试验

如图 4-7 所示,渗透试验是在 TST-55 型渗透仪上进行的。渗透试验采用高 40 mm、直径 61.8 mm 的重塑环刀试样,采用真空抽气法对试样进行抽气 2 h、饱水 24 h 处理,使试样充分饱和,将试样置入渗透仪中,按《土工试验方法标准》（GB/T 50123—2019）中的要求进行渗透试验,计算其饱和渗透系数 k_s。

4.3.8 SEM 试验

图 4-8 所示为膨胀土试样的微观试验仪器。通过 S-3400NII 型扫描电子显微镜对不同循环模式下膨胀土试样进行 SEM 试验。取经过干湿循环、冻融循环及干湿-冻融循环处理的土样,经烘干、切样后选取有代表性的膨胀土截面的土颗粒进行表面喷金处理,用扫描电子显微镜在放大 250 倍、1000 倍、2000 倍、4000 倍、8000 倍和 10000 倍的情况下进行微观结构拍照处理,利用 Image-J 软件对 SEM 微观图像进行预处理,定量分析膨胀土体微观结构的变化。

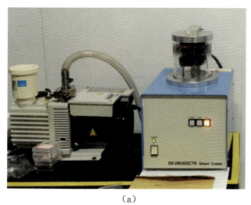

（a）

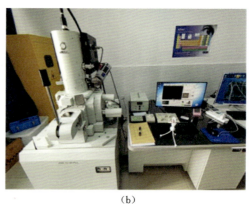

（b）

图 4-8 膨胀土试样的微观试验仪器

（a）喷金处理；（b）S-3400NII 型扫描电子显微镜

4.4　试验结果分析

4.4.1　无荷膨胀率试验

为进一步定量分析膨胀土试样在不同循环过程中的胀缩变形规律,采用膨胀率 δ_t、线缩率 δ_{st} 来描述膨胀土胀缩变化:

$$\delta_t = \frac{Z_0 - Z_t}{h_0} \times 100 \tag{4-1}$$

$$\delta_{st} = \frac{Z_t - Z_0}{h_0} \times 100 \tag{4-2}$$

式中　h_0——试样的初始高度,mm;

　　　Z_0,Z_t——试样开始时和时间 t 时量表的读数,mm。

4.4.1.1　干湿循环条件下的无荷膨胀率试验

图 4-9 所示为干湿循环条件下膨胀土无荷膨胀率随循环次数的变化曲线。由图 4-9 可知,(1)膨胀土试样的膨胀变形与时间的关系曲线呈非线性变化,无荷膨胀率曲线可分为三个阶段:①快速膨胀阶段,在无荷膨胀率试验初期,膨胀率随时间的增加而增大,膨胀速率较大,变化较为强烈,该阶段持续时间为 0～60 min;②匀速膨胀阶段,在无荷膨胀率试验中期,膨胀率变化较为缓慢,膨胀速率逐渐减小,该阶段持续时间为 60～360 min;③稳定阶段,膨胀率曲线慢慢接近水平,逐渐趋于稳定值。试样在较短时间内即达到较大的膨胀变形。(2)膨胀土的无荷膨胀率随干湿循环次数增加而不断降低,第 1 次循环后无荷膨胀率变化最明显,第 5 次循环后无荷膨胀率逐渐趋向于稳定值。

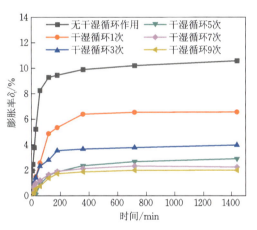

图 4-9　干湿循环条件下膨胀土无荷膨胀率变化曲线

4.4.1.2　冻融循环条件下的无荷膨胀率试验

图 4-10 所示为冻融循环条件下膨胀土无荷膨胀率随循环次数的变化曲线。由图 4-10 可知,无荷膨胀率曲线可分为三个阶段:①快速膨胀阶段,在无荷膨胀率试验的初期,膨胀速率较大,变化较为强烈,该阶段持续时间为 0～60 min;②匀速膨胀阶段,在无荷膨胀率试验中期,膨胀率变化较为缓慢,该阶段持续时间为 60～300 min;③稳定阶段,膨胀率曲线慢慢接近水平,逐渐趋于稳定值。膨胀土的无荷膨胀率随冻融循环次数增加而不断降低,冻融循环前 5 次无荷膨胀率变化明显,第 5 次循环后无荷膨胀率逐渐趋向于稳定值。

4.4.1.3　干湿-冻融循环条件下的无荷膨胀率试验

图 4-11 所示为干湿-冻融循环条件下膨胀土无荷膨胀率随循环次数的变化曲线。由图 4-11可知,膨胀土试样的膨胀变形与时间的关系曲线可分为三个阶段,即直线快速增长

阶段(该阶段持续时间为 0～60 min)、弧线匀速增长阶段(该阶段持续时间为 60～300 min)和稳定阶段。膨胀土的无荷膨胀率随干湿-冻融循环次数增加而不断降低,最终无荷膨胀率趋向于稳定值。

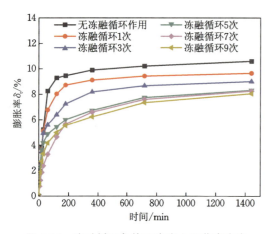

图 4-10　冻融循环条件下膨胀土无荷膨胀率变化曲线

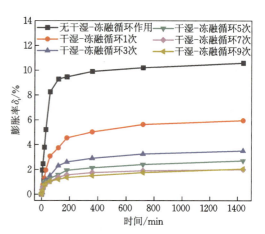

图 4-11　干湿-冻融循环条件下膨胀土无荷膨胀率变化曲线

4.4.2　有荷膨胀率试验

4.4.2.1　干湿循环条件下的有荷膨胀率试验

图 4-12 所示为干湿循环条件下膨胀土有荷膨胀率随循环次数的变化曲线。由图 4-12 可知,有荷膨胀率试验初期,有荷膨胀率随时间的增加而增大,膨胀速率逐渐减小;有荷膨胀率试验后期,有荷膨胀率逐渐趋于平稳,膨胀速率逐渐趋于零。

4.4.2.2　冻融循环条件下的有荷膨胀率试验

图 4-13 所示为冻融循环条件下膨胀土有荷膨胀率随循环次数的变化曲线。由图 4-13 可知,有荷膨胀率试验初期,有荷膨胀率随时间的增加而增大,膨胀速率较大;随时间的增加,膨胀速率逐渐减小,最终趋于稳定;随上覆荷载的增加,有荷膨胀率变化逐渐增大。

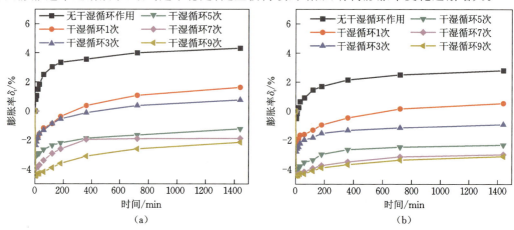

(a)　　　　　　　　(b)

图 4-12　干湿循环条件下膨胀土有荷膨胀率变化曲线

(a) 25 kPa;(b) 50 kPa;(c) 75 kPa;(d) 100 kPa

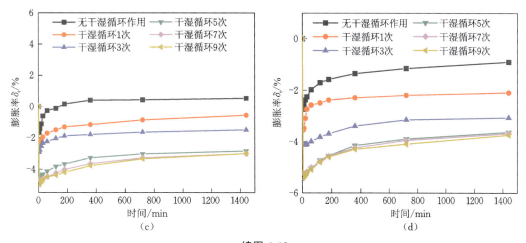

续图 4-12

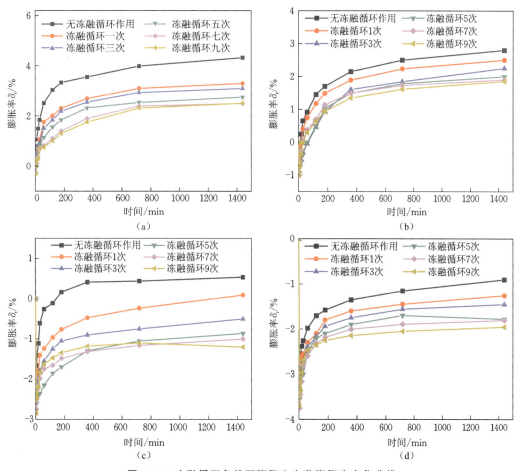

图 4-13　冻融循环条件下膨胀土有荷膨胀率变化曲线

（a）25 kPa；（b）50 kPa；（c）75 kPa；（d）100 kPa

4.4.2.3　干湿-冻融循环条件下的有荷膨胀率试验

图 4-14 所示为干湿-冻融循环条件下膨胀土有荷膨胀率随循环次数的变化曲线。由图 4-14 可知，膨胀土有荷膨胀率变化规律与无荷载条件下的膨胀率变化类似，经历三个变化阶段。荷载越大，有荷膨胀率越小，但有荷载条件下，膨胀达到稳定的时间较无荷条件下缩短，因为上覆荷载能抵消部分膨胀势能。

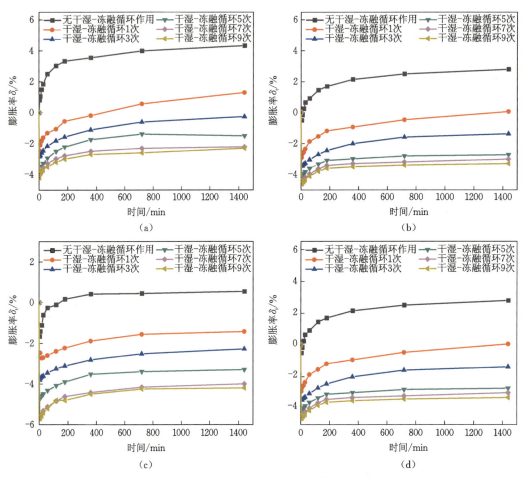

图 4-14　干湿-冻融循环条件下膨胀土有荷膨胀率变化曲线

(a) 25 kPa；(b) 50 kPa；(c) 75 kPa；(d) 100 kPa

4.4.3　收缩试验

4.4.3.1　干湿循环条件下的收缩试验

图 4-15 所示为干湿循环条件下膨胀土线缩率随循环次数的变化曲线。由图 4-15 可知，随着循环次数的增加，膨胀土试样的线缩率逐渐减小，干湿循环条件下膨胀土试样的线缩率在第 1 次循环过程中达到最大值，变化较为明显，在第 5 次循环后逐渐趋向于稳定值。

4.4.3.2　冻融循环条件下的收缩试验

图 4-16 所示为冻融循环条件下膨胀土线缩率随循环次数的变化曲线。由图 4-16 可

知:随着循环次数的增加,膨胀土试样的线缩率逐渐减小,冻融循环条件下膨胀土试样的线缩率在第 1 次循环过程中达到最大值,在第 5 次循环后逐渐趋向于稳定值,荷载越大,线缩率越小。

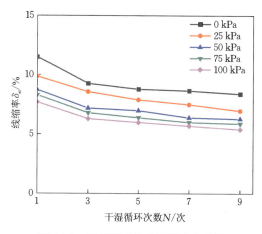

图 4-15　干湿循环条件下膨胀土试样
线缩率随循环次数的变化曲线

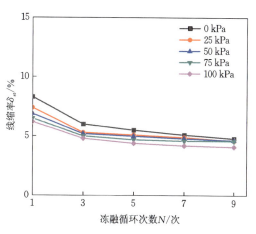

图 4-16　冻融循环条件下膨胀土试样
线缩率随循环次数的变化曲线

4.4.3.3　干湿-冻融循环条件下的收缩试验

图 4-17 所示为干湿-冻融循环条件下膨胀土线缩率随循环次数的变化曲线。由图 4-17 可知,垂直方向线缩率随着循环次数的增大而减小,但到第 5 次循环时,线缩率趋于稳定,基本不再随循环次数的增加而发生变化;随上覆荷载的增大,线缩率逐渐减小,当上覆荷载达到 50 kPa 时,线缩率逐渐趋于稳定。

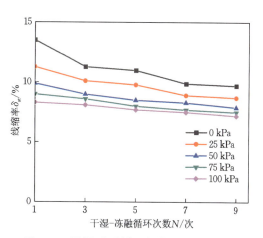

图 4-17　干湿-冻融循环条件下膨胀土试样
线缩率随循环次数的变化曲线

4.4.4　SEM 试验

4.4.4.1　干湿循环条件下的 SEM 试验

通过对比分析,取放大 2000 倍的 SEM 图像进行定性分析,图 4-18 所示为干湿循环条件下膨胀土放大 2000 倍的 SEM 图像。由图 4-18 可知,未进行干湿-冻融循环处理的试样微观层面相对平整,主要为较大的聚集体,局部黏粒组呈平层片状,具有较好的定向性,土体结构相对牢固;膨胀土试样吸水膨胀后微观结构发生明显变化,裂隙发育明显,水分更易与土体中的黏土颗粒接触,发生膨胀现象;有荷膨胀率试验后,由于受到荷载作用,微观结构较为平坦,土体微小孔隙略有增加。经干湿循环作用后,试样表面由平整到粗糙并出现裂隙,孔隙由开始的小孔隙逐渐发展为中、大孔隙,土体骨架也发生变化;吸水后土样微观裂隙进一步发育,黏土矿物聚集明显且结构松散;有荷膨胀率试验后,试样表面较为光滑。

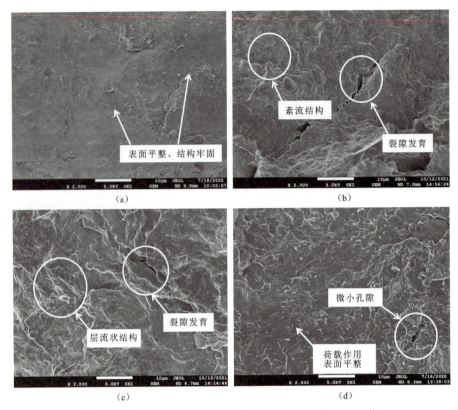

图 4-18　干湿循环条件下膨胀土放大 2000 倍的 SEM 图像

（a）初始试样；（b）干湿循环 1 次后的试样；（c）无荷膨胀率试验后的试样；（d）有荷膨胀率试验后的试样

4.4.4.2　冻融循环条件下的 SEM 试验

通过对比分析，取放大 2000 倍的 SEM 图像进行定性分析，图 4-19 所示为冻融循环条件下膨胀土放大 2000 倍的 SEM 图像。由图 4-19 可知，冻融循环作用后，土颗粒之间的联结被破坏，孔隙增大，局部薄片状颗粒卷曲；无荷膨胀率试验吸水后部分聚集体的颗粒排列呈波浪状或花朵状，形成近似流水形态的紊流结构；有荷膨胀率试验后，接触面以面-面结合为主，形成定向排列的层流状结构，层间孔隙有明显的定向性。

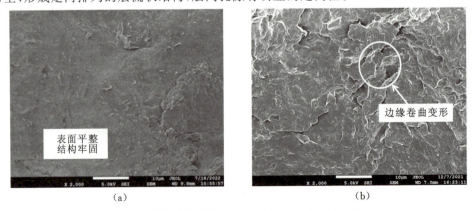

图 4-19　冻融循环条件下膨胀土放大 2000 倍的 SEM 图像

（a）初始试样；（b）冻融循环 1 次后的试样；（c）无荷膨胀率试验后的试样；（d）有荷膨胀率试验后的试样

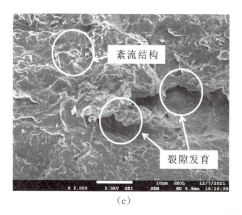

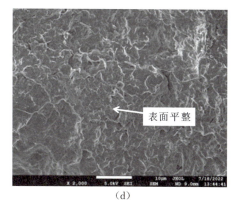

(c) (d)

续图 4-19

4.4.4.3 干湿-冻融循环条件下的 SEM 试验

通过对比分析,取放大 2000 倍的 SEM 图像进行定性分析,图 4-20 所示为干湿-冻融循环条件下膨胀土放大 2000 倍的 SEM 图像。由图 4-20 可知,随着干湿-冻融循环作用的进行,土体孔隙和结构发生了明显变化,部分较大土粒凝块经过干湿-冻融循环作用逐渐分离变小,土体原有致密结构消失,出现许多新的微小裂隙,SEM 图像内土体结构整体变得松散;吸水后裂隙进一步发育,土体颗粒间黏粒矿物不断减少,其微观结构破坏相较于干湿循环及冻融循环最为严重;有荷膨胀率试验后,孔隙数量整体呈下降趋势,土体颗粒趋于扁平状。

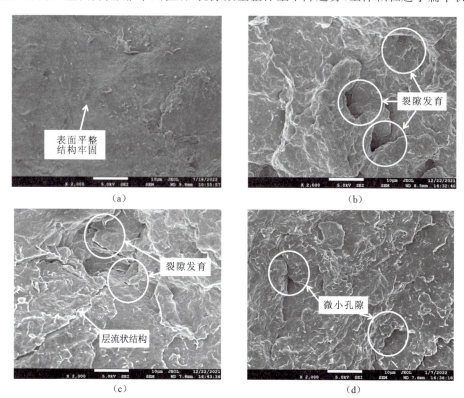

图 4-20 干湿-冻融循环条件下膨胀土放大 2000 倍的 SEM 图像

(a)初始试样;(b)干湿-冻融循环 1 次后的试样;(c)无荷膨胀率试验后的试样;(d)有荷膨胀率试验后的试样

4.4.5 裂隙性试验

4.4.5.1 裂隙性指标的评价

表 4-2 所列为膨胀土裂隙性评价指标。表面裂隙率 R_{sc} 为裂隙面积 $\sum_{i=1}^{n_i} A_i$ 与试样面积 A 之比,该指标从总体上反映了土体的开裂程度,但不能反映裂隙的分布情况;裂隙条数 N_{seg} 为各裂隙条数 N_i 之和,该指标反映了土体裂隙的多少,但存在量度指标单一的问题;裂隙总长度 L_{sum} 及裂隙平均长度 W_{av} 分别为各裂隙长度 L_i 之和及总长度 L_{sum} 与裂隙条数 N_{seg} 的比值,该指标可反映土体裂隙的成长情况,但存在表达不够直观的问题;裂隙相交点数 E_n 为各裂隙点数 E_i 之和,该指标一定程度上反映了土体的破碎程度,但不能反映裂隙发展情况;长径比 C 为裂隙总长度 L_{sum} 与试样初始直径 D 之比,该指标可以客观比较不同尺寸试样裂隙的相对长度,但无法直观描述相同尺寸试样裂隙的相对长度。故本节提出了一种可描述裂隙连通性的新指标。

表 4-2　膨胀土的裂隙性评价指标

裂隙指标	指标内容	优点	缺点
R_{sc}	$R_{sc} = \dfrac{\sum_{i=1}^{n_i} A_i}{A}$	能反映开裂情况	不能反映裂隙分布情况
N_{seg}	$N_{seg} = N_1 + N_2 + \cdots + N_n$	能反映裂隙条数	度量指标单一
L_{sum}	$L_{sum} = L_1 + L_2 + \cdots + L_n$	能反映裂隙成长情况	表达不够直观
W_{av}	$W_{av} = \dfrac{L_{sum}}{N_{seg}}$	能反映裂隙成长情况	表达不够直观
E_n	$E_n = E_1 + E_2 + \cdots + E_i$	能反映开裂情况	不能反映裂隙发展情况
C	$C = \dfrac{L_{sum}}{D}$	可比较不同尺寸试样裂隙的相对长度	不能反映相同尺寸试样裂隙的相对长度

4.4.5.2 裂隙指标变化规律

图 4-21 所示为裂隙指标随干湿-冻融循环次数的变化曲线。

由图 4-21 可知,表面裂隙率、裂隙条数、裂隙总长度、裂隙平均长度、裂隙相交点数,以及长径比六个裂隙评价指标均在第 1 次干湿-冻融循环作用下增长幅度达到最大,增长幅度分别达到 48%、58%、36%、63%、41% 以及 36%,随后经过几次循环作用的土样裂隙也有增加,但增长幅度均小于第 1 次,循环达到第 5 次时,裂隙发育达到最终程度的 85%、88%、90%、97%、87% 以及 90%,第 5 次之后,土样裂隙发展趋于稳定,其中裂隙平均长度略有下降。

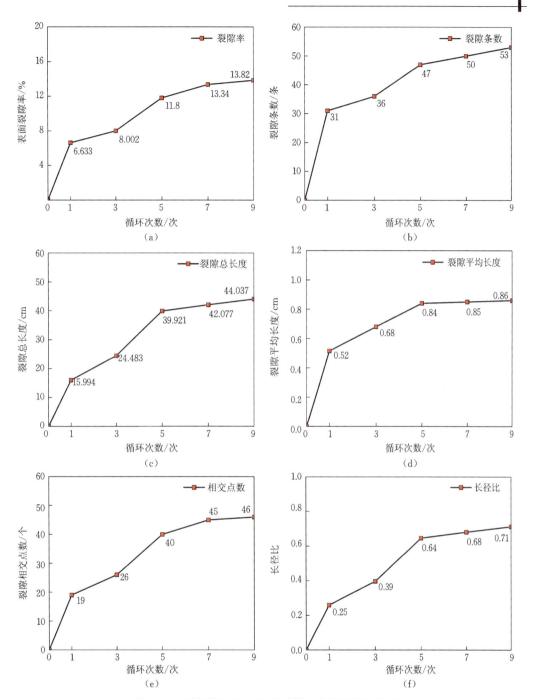

图 4-21 裂隙指标随干湿-冻融循环次数的变化曲线

（a）表面裂隙率；（b）裂隙条数；（c）裂隙总长度；（d）裂隙平均长度；（e）裂隙相交点数；（f）长径比

4.4.5.3 新指标的提出及变化分析

总结各类膨胀土裂隙性评价指标发现，这些指标都难以对膨胀土裂隙进行全面的连通性描述，为了更好地描述膨胀土裂隙的连通性，建立合理的评价指标，可通过裂隙相交点数和裂隙条数来定义裂隙网络的连通性 Q：

$$Q = \frac{E_n}{N_{seg} + E_n} \tag{4-3}$$

式中 E_n——裂隙相交点数；

　　　　N_{seg}——裂隙条数。

Q 的取值范围为 $0 \leqslant Q < 1$，当 $Q = 0$ 时，表明所有裂隙均为独立的个体，没有相交；而 Q 趋近于 1 时，表明绝大部分裂隙相互连接成贯通的裂隙网络，裂隙分布更为复杂。

图 4-22 所示为不同次数干湿-冻融循环作用下膨胀土裂隙变化规律。由图 4-22 可知，裂隙发育在第 1 次干湿-冻融循环作用后有较大变化，随着干湿-冻融循环次数的增加，第 5 次循环后裂隙的增长幅度逐渐减小，裂隙发育逐渐趋于稳定。试样主裂隙首先在土样下表面出现，裂隙宽度增加，伴随大量微小裂隙的发展，随着循环次数的增加，发育的裂隙多为沿着主裂纹周边生成的微小裂隙。

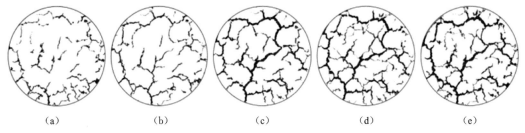

图 4-22　不同次数干湿-冻融循环作用下试样表面裂隙图像

(a) 1 次；(b) 3 次；(c) 5 次；(d) 7 次；(e) 9 次

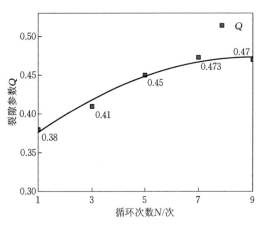

图 4-23　Q 随干湿-冻融循环次数变化曲线

图 4-23 所示为 Q 随干湿-冻融循环次数变化曲线。由图 4-23 可知，Q 随干湿-冻融循环次数的增加而增加，第 1 次干湿-冻融循环作用下 Q 变化最为显著，而后变化速率变缓，第 5 次循环作用后，Q 值变化趋于稳定。

由图 4-23 分析原因可知，随着干湿-冻融循环次数的增加，土体开裂程度增大。张拉应力是影响膨胀土裂隙发育的重要影响因子，干湿-冻融循环过程中张拉应力在土体中的分布并不均匀。当张拉应力大于土颗粒间的联结强度时，土体就会产生裂隙；再次进行抽气饱和处理后，裂隙逐渐消失；当再次进行干湿-冻融循环时，消失的裂隙会首先产生，新的裂隙会在原有裂隙的基础上继续发展；在干湿-冻融循环进行到一定程度时，裂隙发育程度增大，试样被裂隙割裂成多个小土块，土块的尺寸越小，含水率越容易达到平衡，土块内部要出现较高含水率就越困难。当土体裂隙发育到一定程度时，土体产生的拉应力小于土体的抗剪强度，土体将不再产生裂隙，故第 5 次循环作用后较难产生新的裂隙。

4.4.6 直剪试验

4.4.6.1 干湿循环条件对剪切特性的影响

图 4-24 所示为不同次数干湿循环作用下膨胀土的剪切特性。其中,图 4-24(a)所示为不同次数干湿循环作用下膨胀土在 200 kPa 压力下的应力-应变关系曲线,由图 4-24(a)可知,剪应力为"硬化"型曲线,剪应力与法向应力呈正相关,随着干湿循环次数的增加,膨胀土的应力-应变曲线呈下降趋势,峰值剪应力随循环次数的增大呈减小的趋势,在第 5 次循环之后基本趋于稳定,膨胀土抗剪强度逐渐趋于稳定值。由于膨胀土试样经历干湿循环作用后,土体内部产生大量裂隙,导致整体应力-应变曲线不平滑,剪切面产生裂隙后剪应力将立即再次增加。由图 4-24(b)可知,膨胀土的黏聚力随干湿循环次数增加而不断衰减,第 1 次循环后强度衰减幅度达到初始值的 29%,最终衰减幅度达 54%;内摩擦角受干湿循环的影响不大,基本稳定在 $5.37°\sim6.69°$ 之间。

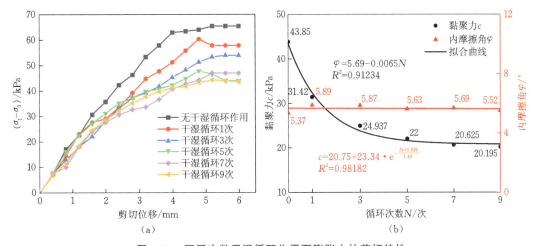

图 4-24 不同次数干湿循环作用下膨胀土的剪切特性
(a)应力-应变关系曲线;(b)剪切强度与循环次数之间的关系曲线

4.4.6.2 冻融循环条件对剪切特性的影响

图 4-25 所示为不同次数冻融循环作用下膨胀土的剪切特性。其中,图 4-25(a)所示为不同次数冻融循环作用下膨胀土在 200 kPa 压力下的应力-应变关系曲线,由图 4-25(a)可知,随着冻融循环次数的增加,膨胀土的应力-应变曲线呈下降趋势,在第 5 次循环之后基本趋于稳定,膨胀土强度逐渐趋于稳定。由图 4-25(b)可知,膨胀土的黏聚力随冻融循环次数增加而不断衰减,第 1 次循环后强度衰减幅度达到初始值的 11%,最终衰减幅度达 30%;内摩擦角受冻融循环的影响不大,基本稳定在 $5.08°\sim5.37°$ 之间。

4.4.6.3 干湿-冻融循环条件对剪切特性的影响

图 4-26 所示为不同次数干湿-冻融循环作用下膨胀土的剪切特性。其中,图 4-26(a)所示为不同次数干湿-冻融循环作用下膨胀土在 200 kPa 压力下的应力-应变关系曲线,由图 4-26(a)可知,剪应力为"硬化"型曲线,剪应力与法向应力呈正相关,随着干湿-冻融循环次数的增加,膨胀土的应力-应变曲线呈下降趋势,在循环后期基本趋于稳定,膨胀土强度

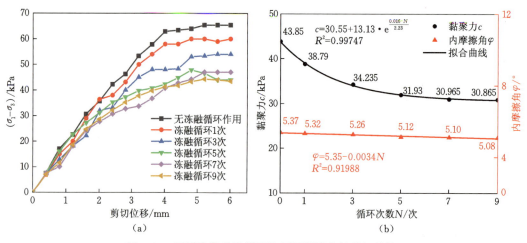

图 4-25　不同次数冻融循环作用下膨胀土的剪切特性
（a）应力-应变关系曲线；（b）剪切强度与循环次数之间的关系曲线

逐渐趋于稳定。由图 4-26（b）可知，随干湿-冻融循环次数增加，膨胀土试样的裂隙逐渐发展，膨胀土的强度逐渐降低，其中，膨胀土的黏聚力值随干湿-冻融循环次数增加而不断衰减，第 1 次循环后强度衰减幅度最大，降幅达到初始值的 50%，经过 5 次干湿-冻融循环后，黏聚力的降幅已达初始值的 65%，并逐渐趋向稳定；内摩擦角受干湿-冻融循环作用的影响不大，基本稳定在 5.37°~6.59° 之间。

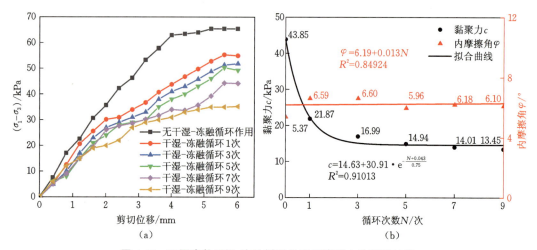

图 4-26　不同次数干湿-冻融循环作用下膨胀土的剪切特性
（a）应力-应变关系曲线；（b）剪切强度与循环次数之间的关系曲线

为了预测干湿-冻融循环次数 N 对膨胀土抗剪强度指标 c、φ 值的影响，对图 4-26（b）中曲线变化规律进行拟合，具体拟合函数关系式如下：

$$c=14.63+30.91 \cdot e^{-\frac{N+0.043}{0.75}} \tag{4-4}$$

$$\varphi=6.19+0.013N \tag{4-5}$$

分析原因可知，膨胀土试样经过干湿-冻融循环作用后，土体内部产生大量裂隙，土体整体性被破坏,试样抗剪强度降低。黏聚力随干湿-冻融循环次数的增加呈现出下降的趋势,而后下降趋势变缓,最终趋于稳定,黏聚力主要组成部分为胶结力,干湿-冻融循环过程中膨胀土试样含水率反复变化以及冻胀力通常会导致颗粒间胶结力的破坏,胶结力作为相邻土体颗粒之间的相互吸引力,随着土中孔隙的形成,相邻分子间的相互作用力逐渐减小,故黏聚力显著降低。经过干湿-冻融循环作用,膨胀土的内摩擦角有一定的变化,但基本稳定在一个值。影响内摩擦角大小的主要因素是表面摩擦力和土粒之间的镶嵌作用而产生的咬合力,取决于土体本身。因此,内摩擦角随干湿-冻融循环次数的变化很小。

4.4.7　压缩试验

4.4.7.1　干湿循环条件对压缩特性的影响

图 4-27 所示为干湿循环条件下膨胀土孔隙比与垂直压力的关系曲线。由图 4-27 可知,随着竖向压力的不断增加,试样的压缩变形逐渐增大,固结前期孔隙比变化缓慢,随着上覆压力的增加,当压力超过土的结构强度时,孔隙比下降趋势变化明显,随着干湿循环次数的增加,曲线逐渐向左下方偏移,循环试验前期孔隙比变化明显,干湿循环 5 次以后膨胀土的孔隙变化基本稳定。

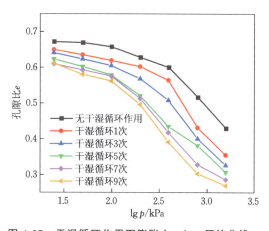

图 4-27　干湿循环作用下膨胀土 e-$\lg p$ 压缩曲线

图 4-28 所示为不同次数干湿循环作用下膨胀土压缩后放大 2000 倍的 SEM 图像。由图 4-28 可知,试样未经过干湿循环作用时,整体结构密实且无明显裂隙,颗粒之间由于压缩作用以面-面接触形式为主,结构较为稳定。随着干湿循环的进行,土颗粒发生变化,由于干湿循环过程中不断进行饱和、脱水操作,颗粒破损严重,易溶性矿物随水流失,裂隙条数显著增加,导致膨胀土试样压缩性增强。

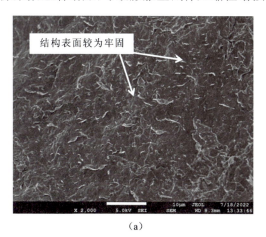

(a)

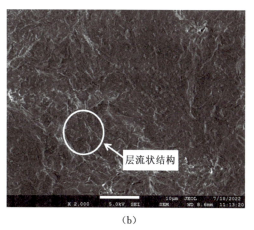

(b)

图 4-28　不同次数干湿循环作用下膨胀土放大 2000 倍的 SEM 图像

(a) 无干湿循环;(b) 循环 1 次;(c) 循环 3 次;(d) 循环 5 次;(e) 循环 7 次;(f) 循环 9 次

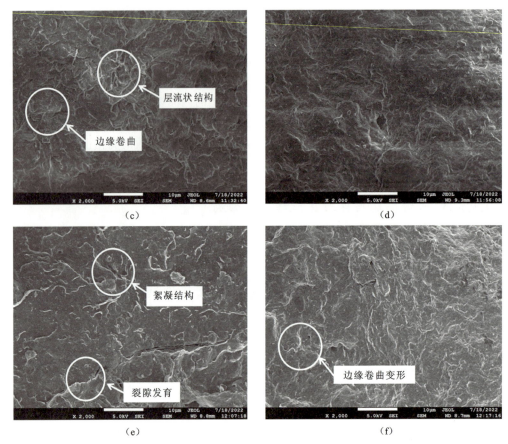

续图 4-28

4.4.7.2　冻融循环条件对压缩特性的影响

图 4-29 所示为冻融循环条件下膨胀土孔隙比与垂直压力的关系曲线。由图 4-29 可知,随着竖向压力的不断增加,试样的压缩变形逐渐增大,固结前期,孔隙比变化缓慢,压缩性较小,随着上覆压力的增加,当压力未超过土的结构强度时,孔隙比下降趋势逐渐增大;随着循环次数的增加,在相同竖向压力下孔隙比逐渐减小;循环试验后期,孔隙比逐渐趋向于稳定值,冻融循环作用总体对孔隙比影响较小。

图 4-30 所示为不同次数冻融循环作用下膨胀土放大 2000 倍的 SEM 图像。由图 4-30 可知,未经过冻融循环作用时,膨胀土试样微观层面相对较平整,排列紧密,颗粒间胶结作用强,颗粒聚集体边缘微微卷曲;随着冻融循环次数的增加,表面出现较多的孔隙,微小孔隙发展为较大孔隙,冻结时的冻胀作用导致孔隙增加,孔隙冰的冻胀量远大于周围土颗粒遇冷的收缩量。

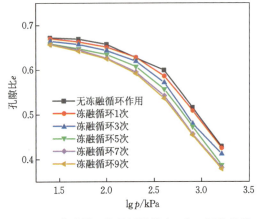

图 4-29　冻融循环作用下膨胀土 e-$\lg p$ 压缩曲线

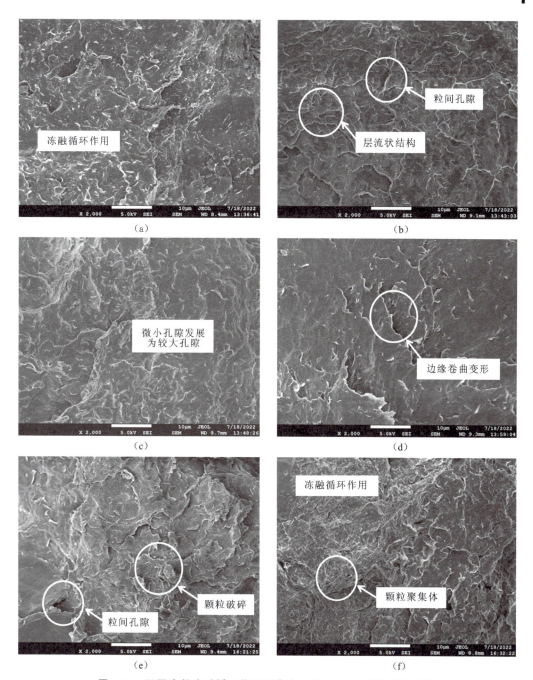

图 4-30　不同次数冻融循环作用下膨胀土放大 2000 倍的 SEM 图像
（a）无冻融循环；（b）循环 1 次；（c）循环 3 次；（d）循环 5 次；（e）循环 7 次；（f）循环 9 次

4.4.7.3　干湿-冻融循环条件对压缩特性的影响

图 4-31 所示为干湿-冻融循环条件下膨胀土孔隙比与垂直压力的关系曲线。由图 4-31 可知，不同循环模式的压缩曲线具有相似性，随着竖向压力的不断增加，试样的压缩变形逐渐增大，孔隙比基本遵循统一规律呈下降趋势，固结前期孔隙比变化不明显，随着上覆压力的增加，孔隙比下降趋势显著，由于土体内孔隙水和空气的排出，土体颗粒压缩程度达到上

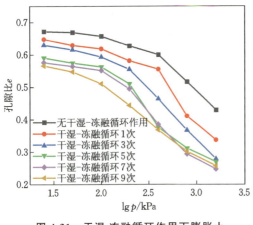

图 4-31 干湿-冻融循环作用下膨胀土
e-$\lg p$ 压缩曲线

限,孔隙率趋向稳定,随着循环次数的增加,同样的竖向压力下孔隙比逐渐减小,在经历5 次循环后,孔隙比逐渐趋向于稳定值。

图 4-32 所示为经历不同干湿-冻融循环次数的膨胀土放大 2000 倍的 SEM 图像。由图 4-32 可知,试样未经过干湿-冻融循环作用时,微观颗粒主要为细小的黏粒或较大的聚集体,微观层面相对较平整,内部结构比较密实,具有较好的定向性,裂隙少,可忽略。膨胀土试样经过干湿-冻融循环作用,在干湿循环与冻融循环共同作用下,随着循环次数的增加,土体孔隙及颗粒发生了明显变化,颗粒破损严重、失水收缩,导致新生裂隙的条数开始增加,致密结构消失,颗粒骨架发生变化,冻融循环

作用导致局部薄片状颗粒卷曲,土颗粒连接方式发生变化,颗粒间结构破坏,土体松散,干湿-冻融循环作用后膨胀土试样较未进行干湿-冻融循环作用的膨胀土试样的压缩性更强。

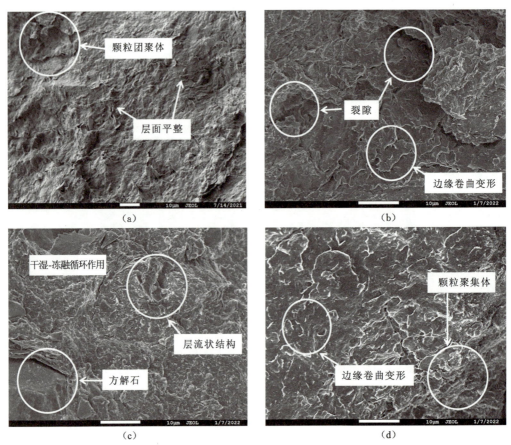

图 4-32 不同次数干湿-冻融循环作用下膨胀土放大 2000 倍的 SEM 图像

(a) 无干湿-冻融循环;(b) 循环 1 次;(c) 循环 3 次;(d) 循环 5 次;(e) 循环 7 次;(f) 循环 9 次

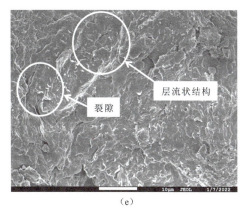

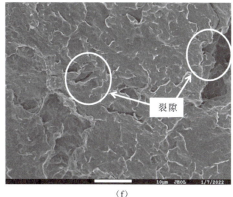

(e)　　　　　　　　　　　　　　　　(f)

续图 4-32

4.4.8　渗透试验

4.4.8.1　干湿循环条件对渗透特性的影响

图 4-33 所示为干湿循环作用下膨胀土的渗透系数变化曲线。由图 4-33 可知,随着干湿循环次数的增加,膨胀土的渗透系数 k_s 呈增加趋势,循环前期渗透系数的变化较小,第 5 次循环后渗透系数变化较大,第 7 次和第 9 次循环完成后渗透系数的变化较小,并趋于平稳。干湿循环作用下膨胀土的渗透系数 k_s 变化幅度为 $2.5\times10^{-6}\sim6.01\times10^{-5}$ cm/s。

图 4-34 所示为不同次数干湿循环作用下渗透后膨胀土放大 2000 倍的 SEM 图像。由图 4-34 可知,膨胀土未经过干湿循环作用时,颗粒间孔隙面积较小,蒙脱石晶体颗粒吸水饱满,孔隙较少,颗粒间紧密接

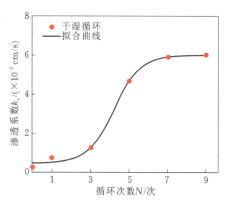

**图 4-33　干湿循环作用下膨胀土的
渗透系数变化曲线**

触;随着干湿循环次数的增加,裂隙条数和长度增加,形成裂隙网络,易溶性矿物溶解流失,颗粒间的接触方式大多转变为边-边或点-面接触的形式,粗颗粒变细,水分的剧烈变化使得蒙脱石团聚体易剥离,由此产生更大的孔隙,进而影响渗透系数随干湿循环次数的增加而增大。

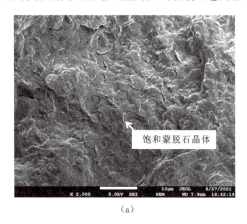

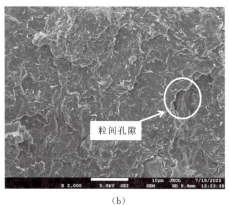

(a)　　　　　　　　　　　　　　　　(b)

图 4-34　不同次数干湿循环作用下膨胀土放大 2000 倍的 SEM 图像

(a) 无干湿循环;(b) 循环 1 次;(c) 循环 3 次;(d) 循环 5 次;(e) 循环 7 次;(f) 循环 9 次

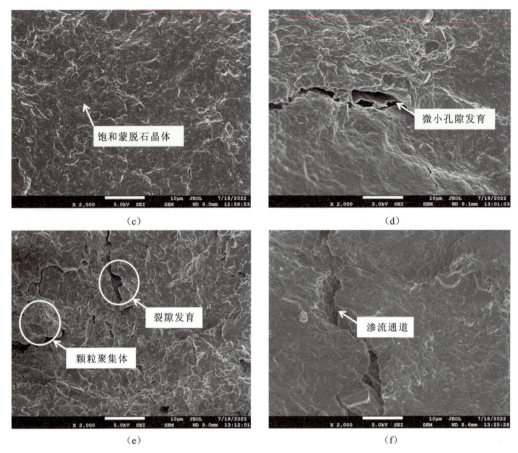

饱和蒙脱石晶体

（c）

微小孔隙发育

（d）

裂隙发育

颗粒聚集体

（e）

渗流通道

（f）

续图 4-34

4.4.8.2   冻融循环条件对渗透特性的影响

图 4-35 所示为冻融循环作用下膨胀土的渗透系数变化曲线。由图 4-35 可知,随着冻融循环次数的增加,膨胀土的渗透系数呈增加的趋势,渗透系数变化范围为 $2.5\times10^{-6}\sim2.65\times10^{-5}$ cm/s, 增长速率逐渐增加并最终趋于平稳。

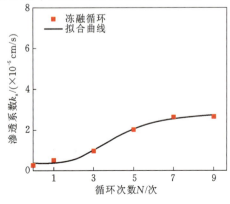

图 4-35   冻融循环作用下膨胀土的
渗透系数变化曲线

图 4-36 所示为不同次数冻融循环作用下膨胀土放大 2000 倍的 SEM 图像。由图 4-36 可知,未经过冻融循环作用时,颗粒间孔隙面积较小,蒙脱石晶体颗粒吸水饱满,颗粒间紧密接触;随着冻融循环次数的增加,冻胀作用造成土体骨架变形、孔隙结构破坏等不可逆损伤,削弱了颗粒间的胶结作用,导致土体出现大量孔隙,并逐渐贯通产生裂缝,使颗粒结构变得疏松,形成新的渗流通道。

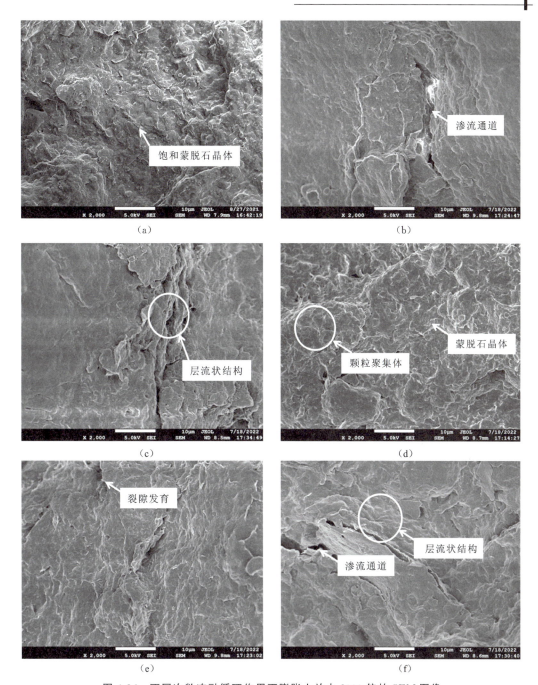

图 4-36 不同次数冻融循环作用下膨胀土放大 2000 倍的 SEM 图像

（a）无冻融循环；（b）循环 1 次；（c）循环 3 次；（d）循环 5 次；（e）循环 7 次；（f）循环 9 次

4.4.8.3 干湿-冻融循环条件下对渗透特性的影响

图 4-37 所示为干湿-冻融循环作用下膨胀土的渗透系数变化曲线。由图 4-37 可知，随着循环次数的增加，渗透系数 k_s 呈增加趋势，前 3 次干湿-冻融循环作用下试样渗透系数的变化较小；第 5 次循环完成后，渗透系数变化大；第 7 次和第 9 次循环完成后渗透系数的变化较小，减小幅度逐渐降低，最后趋向于平稳。膨胀土在干湿-冻融循环作用下的渗透系数

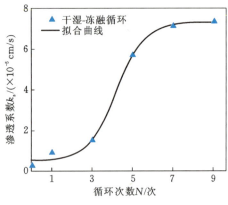

图 4-37　干湿-冻融循环作用下
膨胀土的渗透系数曲线

变化范围为 $2.5 \times 10^{-6} \sim 7.36 \times 10^{-5}$ cm/s。

图 4-38 所示为经历不同干湿-冻融循环次数的放大 2000 倍的 SEM 图像。由图 4-38 可知,未进行干湿-冻融循环作用时,微观结构较为牢固,有少量裂隙,颗粒之间以面-面接触形式为主;随着循环次数的增加,土体微观结构发生明显变化,裂隙的变化情况一定程度上可以反映膨胀土渗透系数的变化规律。在干湿循环过程中,水分在土体骨架之间不断迁徙,与土颗粒等发生溶解作用,土体孔隙比增大,产生大量裂隙,黏性逐渐降低,形成新的渗流通道,对水流的渗透阻力减小,从而导致膨胀土的渗透性能提

高。冻融循环条件下的冻胀作用造成孔隙结构破坏等不可逆损伤,土体内部冰晶的生长使土颗粒间胶结作用严重减弱,孔隙冰融化后土颗粒逐渐下沉,填充原有孔隙,孔隙尺寸不再发育,渗透系数逐渐趋于稳定,干湿循环作用对土体的破坏相比于冻融循环作用更为强烈,膨胀土的干湿-冻融循环变化规律与干湿循环较为相似,但比干湿循环变化得更剧烈。

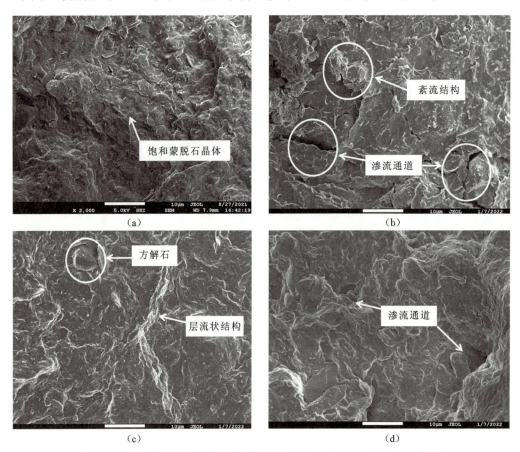

图 4-38　不同次数干湿-冻融循环作用下膨胀土放大 2000 倍的 SEM 图像

(a) 无干湿-冻融循环;(b) 循环 1 次;(c) 循环 3 次;(d) 循环 5 次;(e) 循环 7 次;(f) 循环 9 次

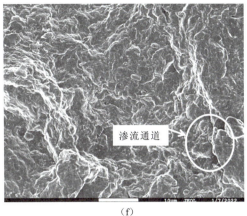

（e）　　　　　　　　　　　（f）

续图 4-38

4.4.9　不同循环模式条件的对比分析

4.4.9.1　无荷膨胀率试验的对比分析

图 4-39 所示为不同循环模式条件下膨胀土的无荷膨胀率曲线。由图 4-39 可知,膨胀土试样受干湿-冻融循环作用,其无荷膨胀率衰减幅度最大,第 1 次循环衰减幅度达43.7%,最终衰减幅度达 82%;膨胀土试样受冻融循环作用,其无荷膨胀率衰减幅度最小,第 1 次循环衰减幅度为 8.9%,最终衰减幅度达 24.2%;膨胀土试样受干湿循环作用,其无荷膨胀率在第 1 次循环后衰减幅度为37.9%,最终衰减幅度达 81%。

分析原因可知,试验所用膨胀土中含有较多黏土矿物,黏土矿物的亲水能力决定了土体的膨胀程度,其中蒙脱石膨胀性能最为显著。试样初始含水率较小,孔隙较多,试

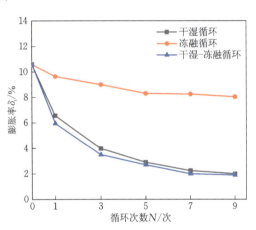

图 4-39　不同循环模式条件下膨胀土的
无荷膨胀率变化曲线

验过程中向 WG-3A 型单杠杆固结仪中注水,水通过渗透作用更易进入膨胀土试样内部,土体含水率增加,黏土矿物吸水膨胀,膨胀初期膨胀率变化较为强烈,随着时间的增加,无荷膨胀率逐渐趋于稳定,达到一定数值后不再变化。膨胀土试样经过干湿循环、冻融循环及干湿-冻融循环,土体出现大量微小裂隙,结构遭到破坏,黏土矿物聚集体分解,无荷膨胀率随循环次数逐渐减小且最终趋于稳定。

4.4.9.2　有荷膨胀率试验的对比分析

图 4-40 所示为不同循环模式条件下膨胀土不同上覆荷载膨胀率变化曲线。由图 4-40可知,随着循环次数的增加,膨胀土有荷膨胀率逐渐减小,第 1 次循环变化最为明显,第 5次循环后有荷膨胀率逐渐趋向于稳定值;且上覆压力越大,其有荷膨胀率越低,说明压力抑

制了膨胀土的吸水膨胀作用。以 25 kPa 上覆荷载为例,膨胀土试样受干湿-冻融循环作用,其有荷膨胀率衰减幅度最大,第 1 次循环衰减幅度达 70%,最终转变为收缩状态;膨胀土试样受冻融循环作用,其有荷膨胀率衰减幅度最小,第 1 次循环衰减幅度为 23.6%,最终衰减幅度达 42%;膨胀土试样受干湿循环作用,其有荷膨胀率第 1 次循环衰减幅度为 62.4%,最终表现为收缩状态。

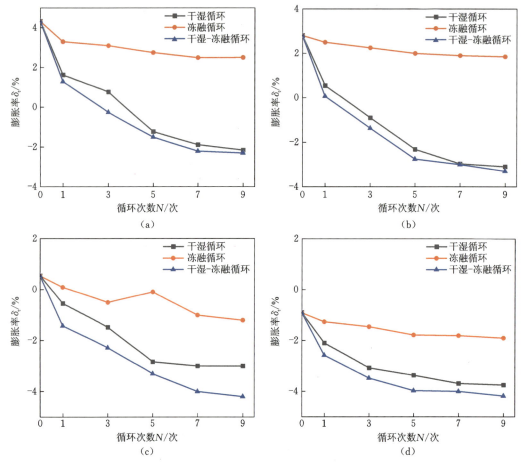

图 4-40 不同循环模式条件下膨胀土不同上覆荷载膨胀率随循环次数变化曲线
(a) 25 kPa;(b) 50 kPa;(c) 75 kPa;(d) 100 kPa

分析原因可知,由于上覆荷载对膨胀土的膨胀特性具有限制作用,故有荷膨胀率随上覆荷载的增大而减小,膨胀土吸水膨胀时会产生膨胀力,膨胀力以膨胀变形的形式表现出来,有荷膨胀率试验中,部分膨胀力需用来克服上覆荷载,导致上覆压力增大,所损耗的膨胀力越大,则表现为膨胀土膨胀变形的膨胀力越小。同时,水是直接导致膨胀土胀缩的重要外部因素,上覆荷载的增加导致土颗粒微孔隙面积减小,进而导致水分进入土体更加困难,水分的吸水量减少,使得膨胀土试样的胀缩特性随上覆荷载的增大而减小。由于循环作用使土颗粒破碎,黏土矿物吸水能力减弱,导致膨胀土有荷膨胀率随着循环次数及上覆荷载的增加而减小。

4.4.9.3　收缩试验的对比分析

图 4-41 所示为不同循环模式条件下膨胀土线缩率变化曲线（25 kPa）。由图 4-41 可知，三种循环模式作用条件中，相同上覆荷载条件下，经历干湿-冻融循环作用试样的线缩率相较干湿循环试样及冻融循环试样降低的幅度最大，经历冻融循环作用的膨胀土试样线缩率降低的幅度最小。

4.4.9.4　SEM 试验的对比分析

通过 Image-J 软件对不同循环模式下土样放大 10000 倍的 SEM 图像进行微观信息处理，量化不同次数循环作用下土体的颗粒形态变化。Image-J 所统计的不同次数循环作用下试样颗粒基本参数如表 4-3 所示。由

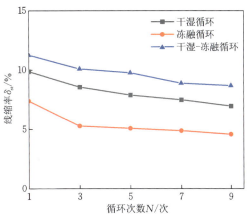

图 4-41　不同循环模式条件下膨胀土
线缩率变化曲线（25 kPa）

表 4-3 可知，膨胀土试样经过无荷膨胀率试验后，颗粒总数增加，其他微观指标呈下降趋势；初始试样经过有荷膨胀率试验后，颗粒总数减小，其他微观指标呈增大趋势，其规律与无荷膨胀率试验相反；在不同循环模式作用下，膨胀土试样颗粒总数呈逐渐增大趋势，其他微观指标逐渐减小，其变化幅度干湿-冻融循环最大，干湿循环次之，冻融循环最小。因进行 SEM 试验需将试样完全烘干，故微观数据存在细小误差。

表 4-3　不同次数循环作用下试样颗粒基本参数

循环模式		颗粒总数	颗粒总面积 /μm²	颗粒平均尺寸 /μm	颗粒面积占比 /%	颗粒平均周长 /μm
无循环作用	初始试样	428	32.253	0.078	32.984	1.239
	无荷膨胀后	488	28.148	0.066	28.035	0.810
	有荷膨胀后	382	35.951	0.091	35.447	1.374
干湿循环	循环 1 次	504	28.549	0.060	28.570	0.803
	无荷膨胀后	544	27.116	0.033	26.565	0.786
	有荷膨胀后	453	29.226	0.065	27.055	0.835
冻融循环	循环 1 次	462	30.981	0.069	26.215	0.808
	无荷膨胀后	497	25.931	0.052	23.711	0.789
	有荷膨胀后	443	34.234	0.077	31.434	0.829
干湿-冻融循环	循环 1 次	521	28.981	0.062	26.876	1.109
	无荷膨胀后	580	29.136	0.049	25.943	0.813
	有荷膨胀后	455	30.767	0.071	28.817	1.087

分析原因可知，干湿循环过程中水分迁移，反复冲刷原有孔隙，形成新的孔隙，反复的饱和湿润和烘干处理使土体破碎，颗粒总数增加；冻融循环过程中，水分不断经历冻结、融化，挤压土体颗粒，颗粒总数增加，小孔隙变大；干湿-冻融循环过程中，土体既受干湿循环

的影响,微观结构更为破碎,又受冻融循环的影响,裂隙逐渐扩展。不同循环模式条件下,干湿-冻融循环作用下膨胀土的微观结构破坏得最为严重,颗粒总数增加 21.7%,颗粒总面积下降 10.1%,其余微观指标均有不同程度下降,膨胀率试验变化最为显著;冻融循环作用下膨胀土的微观结构破坏最小,颗粒总数增加 7.9%,颗粒总面积下降 3.9%,其余微观指标均有不同程度的微小下降,膨胀率试验变化最小;干湿循环作用下膨胀土的微观结构颗粒总数增加 17.7%,颗粒总面积下降 11.4%,其余微观指标均有不同程度下降。膨胀土试样出现胀缩特性的主要因素是膨胀土的特殊物质组成成分和微观结构特征。其中微观结构特征包括土颗粒的大小、排列、含量及外部环境等因素,其中土颗粒大小及含量是影响胀缩性的主要因素。不同循环模式条件下,循环作用会影响黏土颗粒的大小、含量及排列等因素的变化,导致胀缩特性减弱,其中干湿-冻融循环作用对膨胀土的微观结构影响最为显著,颗粒破碎最为严重,颗粒总面积变化程度最大,故其膨胀率变化程度最大;冻融循环作用对膨胀土的微观结构影响最小,膨胀率变化程度最小。

图 4-42 所示为未经循环及经循环作用后胀缩变形机理示意图。由图 4-42 可知,膨胀土发生胀缩变形是由内部黏土颗粒及外部环境共同决定的,膨胀土含水率的变化,引起黏土矿物的吸水膨胀和失水收缩,产生胀缩现象。有荷膨胀率试验中,上覆荷载抑制了土体变形,因此,荷载越大,膨胀变形越小。膨胀土试样经过干湿循环、冻融循环及干湿-冻融循环作用后,土体的整体性遭到破坏,影响黏土颗粒的大小、含量及排列等因素的变化,宏观上表现为膨胀土试样膨胀-收缩能力的变化,其中干湿-冻融循环作用对膨胀土微观结构影响最为显著,膨胀率变化幅度最大;冻融循环作用对膨胀土微观结构影响最小,则膨胀率变化幅度最小。随着循环次数的增加,膨胀土微观结构不再变化,土体内部处于平衡状态,膨胀土试样循环胀缩特性便趋于稳定。

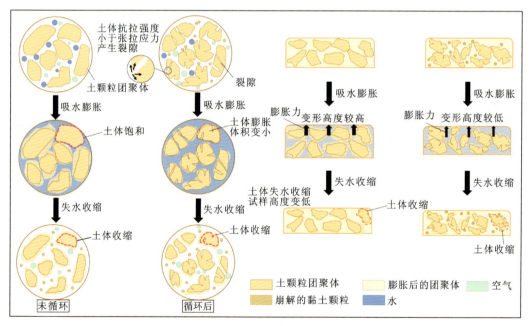

图 4-42 未经循环及经循环作用后胀缩变形机理示意图

4.4.9.5 直剪试验的对比分析

图 4-43 所示为不同循环模式下黏聚力 c、内摩擦角 φ 随循环次数的变化关系曲线。由

图 4-43 可知,膨胀土的黏聚力 c 值随循环次数 N 的增加而不断衰减,第 1 次循环后黏聚力 c 变化最明显,第 5 次循环后黏聚力 c 逐渐趋向于稳定。内摩擦角整体变化不大,基本处于稳定值,变化幅度远小于黏聚力,波动范围不足 1°。膨胀土试样受干湿-冻融循环作用,其黏聚力 c 衰减幅度最大,第 1 次循环衰减幅度达 50%,最终衰减幅度达 69%;膨胀土试样受冻融循环作用,其黏聚力 c 衰减幅度最小,第 1 次循环衰减幅度为 11%,最终衰减幅度达 30%;膨胀土试样受干湿循环作用,其黏聚力 c 第 1 次循环衰减幅度为 29%,最终衰减幅度达 54%。

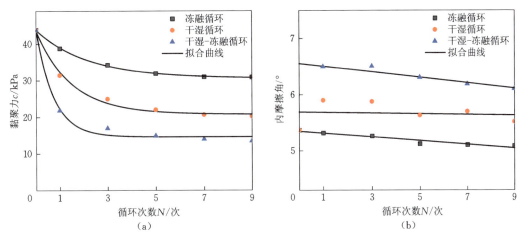

图 4-43 不同循环模式下黏聚力 c、内摩擦角 φ 随循环次数的变化关系曲线
(a)黏聚力与循环次数的关系曲线;(b)内摩擦角与循环次数的关系曲线

为了预测三种不同循环模式次数 N 对膨胀土抗剪强度指标 c、φ 的影响,对图 4-43 中变化规律进行拟合,具体拟合函数关系式如下:

干湿循环:
$$c=20.75+23.34 \cdot e^{-\frac{N+0.039}{1.49}} \tag{4-6}$$
$$\varphi=5.69-0.0065N \tag{4-7}$$

冻融循环:
$$c=30.55+13.13 \cdot e^{\frac{0.016-N}{2.23}} \tag{4-8}$$
$$\varphi=5.35-0.0034N \tag{4-9}$$

干湿-冻融循环:
$$c=14.63+30.91 \cdot e^{-\frac{N+0.043}{0.75}} \tag{4-10}$$
$$\varphi=6.55-0.049N \tag{4-11}$$

(1)黏聚力 c 与裂隙参数 Q 的关系

以干湿-冻融循环为例,裂隙影响土体剪切强度主要是通过影响膨胀土的黏聚力 c 实现的,故建立膨胀土黏聚力 c 与裂隙参数 Q 的关系曲线并开展深入研究。图 4-44 所示为裂隙参数 Q 与黏聚力 c 之间的关系曲线。由图 4-44 可知,膨胀土裂隙的发育对膨胀土的强度影响十分显著,裂隙参数 Q 与黏聚力 c 拟合变化曲线呈线性变化,即膨

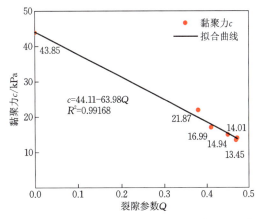

图 4-44 裂隙参数 Q 与黏聚力 c 之间的关系曲线

胀土试样黏聚力 c 随裂隙参数 Q 的增加呈持续降低趋势。

通过数据拟合膨胀土抗剪强度参数与裂隙参数的关系,有:

$$c=44.11-63.98Q \tag{4-12}$$

分析原因可知,随着干湿-冻融循环次数的增多,土体内部不断经历湿润—干燥—冻结—融化,导致裂隙的数量随着干湿-冻融循环次数的增加而增加,而且裂隙的产生会导致胶结物的减少,最终导致膨胀土试样的黏聚力 c 随着裂隙参数 Q 的增加而减小。

(2)SEM 试验结果分析

以干湿-冻融循环为例,将试验试样分别放大 250 倍、1000 倍、2000 倍、4000 倍、8000 倍和 10000 倍获得 SEM 图像,经比较,取放大 2000 倍的 SEM 图像进行定性分析,取放大 10000 倍的 SEM 图像进行定量分析。

图 4-45 所示为不同次数干湿-冻融循环作用下膨胀土放大 2000 倍的 SEM 图像。由图 4-45 可知,未经干湿-冻融循环作用的试样微观层面相对平整,微观颗粒主要为较大的聚集体,局部黏粒组呈平层片状,较大的聚集体间主要呈面-面接触形式,微观结构相对牢固。随着干湿-冻融循环的进行,土体孔隙和结构发生了明显变化,部分较大土粒聚集体经过干湿-冻融循环作用逐渐分离变小,原有的紧密结构消失,颗粒破碎严重,出现许多新的微小裂隙,局部呈薄片状颗粒卷曲,粒间孔隙贯通,微观土体结构整体变得松散。

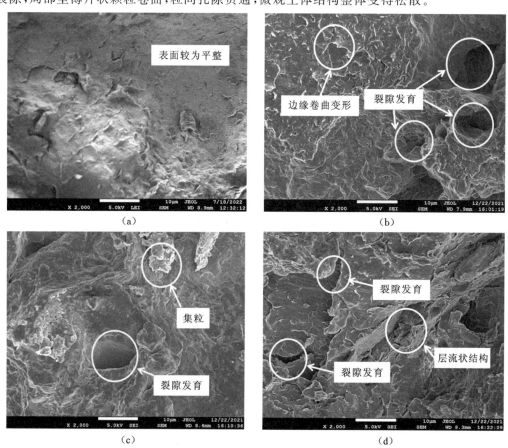

图 4-45 不同次数干湿-冻融循环作用下膨胀土放大 2000 倍的 SEM 图像

(a) 无干湿-冻融循环;(b) 循环 1 次;(c) 循环 3 次;(d) 循环 5 次;(e) 循环 7 次;(f) 循环 9 次

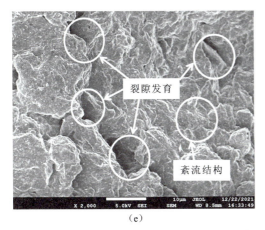
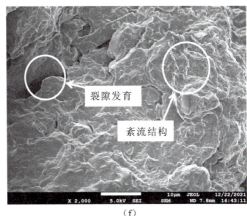

（e）　　　　　　　　　　　　　　（f）

续图 4-45

（3）微观结构定量分析

以干湿-冻融循环为例,通过 Image-J 软件对不同循环次数的土样的 SEM 图像进行微观信息处理,量化不同次数循环作用下的土体颗粒形态变化,其结果如表 4-4 所示。由表 4-4 可知,在干湿-冻融循环作用下,膨胀土微观结构中颗粒总数逐渐增多,但颗粒总面积及颗粒平均尺寸等微观指标逐渐减小,由于干湿-冻融循环作用,含水率反复变化,水分在试样内部反复迁移,反复冲刷试样内部以及原有孔隙,以及冻融循环的冻胀作用,较大的土粒聚集体经过循环逐渐分离变小,逐渐形成新的孔隙,循环次数达到 5 次时,试样颗粒基本参数逐渐趋于稳定,土粒间的黏聚力大于张拉应力,颗粒将不再破碎,试样表面将不会再产生裂隙。由于进行微观扫描试验需将试样进行完全风干处理,易破坏试样的原有微观结构,存在细小误差,因此干湿-冻融循环条件下微观结构的影响有待进一步研究。

表 4-4　微观定量分析

循环次数	颗粒总数	颗粒总面积/μm^2	颗粒平均尺寸/μm	颗粒面积占比/%	颗粒平均周长/μm
0	428	32.253	0.078	32.984	1.239
1	521	31.104	0.060	27.399	1.113
3	535	30.061	0.057	25.763	0.899
5	565	28.501	0.047	28.967	0.942
7	607	28.887	0.048	25.694	0.994
9	689	28.901	0.044	26.944	0.952

（4）灰色关联度分析

为确定各微观参数对裂隙指标的影响程度,引入灰色关联度的概念,灰色关联度计算步骤如下:

① 确定参考序列和比较序列,选取裂隙参数 Q 为参考序列,选取颗粒总数、颗粒总面积等微观参数为对比序列:

$$(X_1, X_2, \cdots, X_n) = \begin{bmatrix} x_1(1) & x_2(1) & \cdots & x_n(1) \\ x_1(2) & x_2(2) & \cdots & x_n(2) \\ \vdots & \vdots & & \vdots \\ x_1(m) & x_2(m) & \cdots & x_n(m) \end{bmatrix} \quad (4\text{-}13)$$

② 无量纲化处理：

$$x_i(k) = \frac{x_i(k)}{x_1(1)} \quad (4\text{-}14)$$

其中，$i = 1, 2, \cdots, n; k = 1, 2, \cdots, m$。

③ 计算灰色关联度系数：

$$\Delta_j(k) = |x_0(k) - x_j(k)| \quad (4\text{-}15)$$

$$\left. \begin{array}{l} \Delta_{\max} = \max\limits_j \max\limits_k \Delta_j(k) \\ \Delta_{\min} = \min\limits_j \min\limits_k \Delta_j(k) \end{array} \right\} \quad (4\text{-}16)$$

其中，$k = 1, \cdots, m; j = 1, \cdots, n$。

$$\xi_i(k) = \frac{\Delta_{\min} + \rho \Delta_{\max}}{\Delta_i(k) + \rho \Delta_{\max}} \quad (4\text{-}17)$$

其中，ρ 为分辨系数。

④ 关联度 γ_i 的计算：

$$\gamma_i = \frac{1}{n} \sum_{k=1}^{n} \zeta_i(k) \quad (4\text{-}18)$$

以干湿-冻融循环为例，各微观参数与裂隙参数 Q 的平均关联度如表 4-5 所示。

表 4-5　各微观参数与裂隙参数 Q 的平均关联度

微观参数	平均关联度
颗粒总数	0.7717
颗粒总面积	0.7287
颗粒平均尺寸	0.6721
颗粒面积占比	0.7043
颗粒平均周长	0.7140

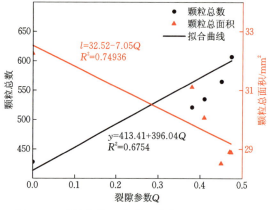

图 4-46　裂隙参数 Q 与微观指标之间的关系曲线

由表 4-5 可知，各微观参数与 Q 的平均关联度为 $0.6721 \sim 0.7717$，由大到小排序为颗粒总数、颗粒总面积、颗粒平均周长、颗粒面积占比及颗粒平均尺寸，故颗粒总数及颗粒总面积为影响裂隙参数 Q 的主要因素。

（5）裂隙参数与微观定量指标之间的关系

以干湿-冻融循环为例，根据各微观参数与裂隙参数 Q 的平均关联度，选择颗粒总数及颗粒总面积与裂隙参数 Q 进行拟合。图 4-46 所示为裂隙参数 Q 与微观指标之间的关系曲线。由图 4-46 可知,随裂隙参数 Q 的增加,颗粒总数呈持续增大趋势,而颗粒总面积呈持续减小的趋势。

对图 4-46 中变化规律进行拟合,具体拟合函数关系式如下:

$$y = 413.41 + 396.04Q \tag{4-19}$$

$$l = 32.52 - 7.05Q \tag{4-20}$$

分析原因可知,随着干湿循环次数的增加,反复的饱和与烘干处理使土体破碎,水分不断迁移,致使粗颗粒变细,导致颗粒总数增多。在该过程中,水分反复冲刷原有孔隙,可溶性矿物溶解并被孔隙间的水带走,使土粒间被架空形成新的孔隙,孔隙总面积增加,土粒间接触面积逐步减小;冻融循环过程中,试样不断地经历着形成冰晶和融化两个过程。冻结阶段,自由水凝结成冰,体积膨胀,致使小孔隙变大;融化阶段,团聚体间的孔隙随着冻融次数的增加而增多,并逐渐贯通,产生细观层面的裂缝。

(6)剪切强度指标与微观指标之间的关系

以干湿-冻融循环为例,图 4-47 所示为剪切强度指标与微观指标之间的关系曲线。由图 4-47 可知,随着循环次数的增加,颗粒总数增加,颗粒总面积减小,黏聚力呈逐渐减小的趋势,拟合变化曲线呈凹形的抛物线变化,而内摩擦角受微观结构的影响不大,基本处于稳定值。

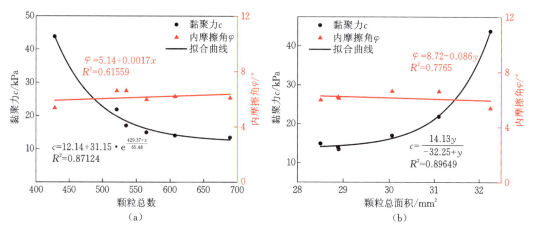

图 4-47 剪切强度指标与微观指标之间的关系曲线

(a)剪切强度指标与颗粒总数的关系曲线;(b)剪切强度指标与颗粒总面积的关系曲线

对图 4-47 中的变化规律进行拟合,具体拟合函数关系式如下:

颗粒总数 x:

$$c = 12.14 + 31.15 \cdot e^{\frac{429.37 + x}{65.48}} \tag{4-21}$$

$$\varphi = 5.14 + 0.0017x \tag{4-22}$$

颗粒总面积 y:

$$c = \frac{14.13y}{-32.25 + y} \tag{4-23}$$

$$\varphi = 8.72 - 0.086y \tag{4-24}$$

为深入探讨膨胀土剪切特性的变化规律,以干湿-冻融循环为例进行分析。图 4-48 所示为膨胀土干—湿—冻—融循环的演化过程示意图。由图 4-48 可知,试样饱和过程中受饱和器约束体积不变,膨胀力以膨胀势的形式积聚在试样内部,导致土体刚度增大;干燥过程中试样失水收缩,主要承受张拉破坏,在应力薄弱点产生裂隙;冻融作用主要造成颗粒团聚体的破碎迁移,在一定程度上修复了土体的裂隙,但整个土体骨架结构被贯通裂隙分割为多个以裂隙为边界的较小刚体,刚体间的裂隙被崩解的细微黏土颗粒填充,降低了颗粒间的胶结作用。随着循环次数的增加,这种结构变化逐渐稳定,土体的孔隙显著增大,形成一种新的土体结构,以被主干裂隙分割开的较小刚体为骨架,连接处填充着崩解的细微黏土颗粒。

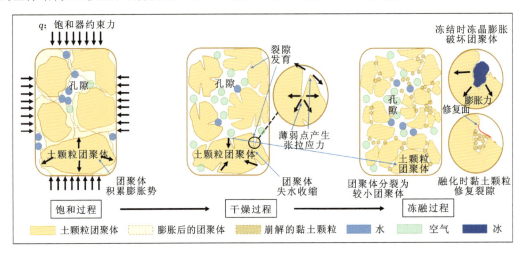

图 4-48　膨胀土干—湿—冻—融循环的演化过程示意图

图 4-49 所示为膨胀土未经循环及经循环作用后直剪过程示意图。由图 4-49 可知,经过循环作用后,土体发生破裂产生裂隙,干湿循环及冻融循环作用主要是通过影响土颗粒间的胶结力进而影响土的抗剪强度。干湿循环作用致使裂隙增多,使土颗粒间的联结被破坏;冻融循环过程中,土颗粒间的裂隙被崩解的细微黏土颗粒填充,降低了颗粒间的胶结作用。干湿-冻融循环作用对土体黏聚力的影响由上述两个因素的叠加效果决定。故干湿-冻融循环作用对土体破坏最为严重,黏聚力衰减幅度最大。影响内摩擦角大小的主要因素是表面摩擦力和土粒之间的镶嵌作用而产生的咬合力,取决于土体本身,因此内摩擦角随循环次数的变化很小。

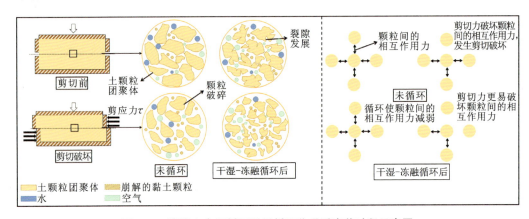

图 4-49　膨胀土未经循环及经循环作用后直剪过程示意图

4.4.9.6　压缩试验的对比分析

图 4-50 和表 4-6 分别为不同循环模式下第 3 次循环作用下膨胀土压缩曲线及压缩性指标。由图 4-50 和表 4-6 可知,在相同的循环次数和竖向压力作用下,干湿-冻融循环作用对孔隙比影响最大,干湿循环作用次之,冻融循环作用最小。压缩系数与压缩模量均取

100～200 kPa 段压缩指标,相同循环次数下,压缩系数及压缩指数的大小顺序为干湿-冻融循环作用下最大,干湿循环作用下次之,冻融循环作用下最小,不同循环模式下压缩模量大小排序与压缩系数相反。

表 4-6　不同循环模式下第 3 次循环作用下膨胀土压缩性指标

循环模式	压缩系数 $a_{v(1-2)}$/MPa^{-1}	压缩模量 $E_{s(1-2)}$/MPa^{-1}	压缩指数 C_c
冻融循环	0.141	11.406	0.297
干湿循环	0.185	8.710	0.338
干湿-冻融循环	0.223	7.231	0.353

(1)循环作用对细观裂隙率的影响

在干湿-冻融循环过程中,膨胀土环刀试样不仅会产生表面开裂裂隙,在试样与环刀之间还会产生收缩裂隙,在第 4.4.5 节中提出的裂隙指标未考虑土样边界收缩裂隙的影响,其收缩裂隙对剪切特性的影响较小,但对压缩及渗透特性的影响不容忽视,故在压缩与渗透试验细观裂隙分析中,采用的裂隙率 R_n 为表面裂隙率 R_{sc} 与收缩裂隙率 R_{sf} 之和,即:

$$R_n = R_{sc} + R_{sf} = \frac{A_{sc} + A_{sf}}{A} \tag{4-25}$$

式中　A_{sc}——表面开裂裂隙面积;

　　　A_{sf}——表面收缩裂隙面积;

　　　A——试样面积。

以干湿-冻融循环为例,图 4-51 所示为不同干湿-冻融循环次数与膨胀土裂隙的关系曲线。由图 4-51 可知,经过 1～3 次循环后,膨胀土内部出现了长度和宽度较小的 3 条主干裂隙,裂隙率缓慢增加;经过 5 次循环后,主干裂隙宽度减小,但周边生成新生细微裂隙,裂隙网络规模扩大,连通程度也相应提高,裂隙率迅速增加;在第 7～9 次循环过程中,主干裂隙明显变粗,长度和宽度有明显增大趋势,网状微裂隙在冻融作用下逐渐修复隐去,新增 4 条贯通土体的主干裂隙,裂隙率逐渐稳定。

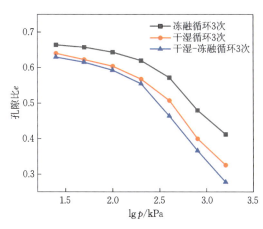

图 4-50　不同循环模式下第 3 次循环
作用下膨胀土压缩曲线

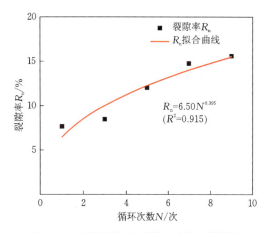

图 4-51　不同干湿-冻融循环次数与膨胀土
裂隙的关系曲线

裂隙率 R_n 和干湿-冻融循环次数 N 的关系曲线如图 4-51 所示,膨胀土的裂隙率与循环次数之间保持良好的幂函数关系:

$$R_n = 6.50N^{0.395} \tag{4-26}$$

式中　R_n——膨胀土裂隙率;

　　　N——循环次数。

相关系数 $R^2=0.915$,说明采用式(4-26)可以有效地预测裂隙率 R_n 的发展趋势。

(2) 循环作用对微观结构特性的影响

以干湿-冻融循环为例,对膨胀土的微观结构进行定性分析。图 4-52 所示为不同干湿-冻融循环次数(0、1、3、5、7、9 次)下膨胀土放大 10000 倍的 SEM 图像。

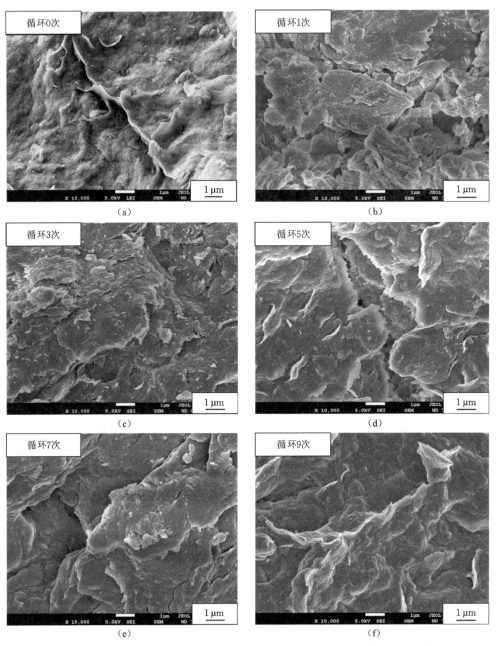

图 4-52　不同次数干湿-冻融循环作用下膨胀土放大 10000 倍的 SEM 图像
(a) 循环 0 次;(b) 循环 1 次;(c) 循环 3 次;(d) 循环 5 次;(e) 循环 7 次;(f) 循环 9 次

由图 4-52 可知,膨胀土试样未经干湿-冻融循环作用时,微观颗粒以蒙脱石组成的片状叠聚体为主,整体结构密实且无明显裂隙,部分叠聚体边缘在干燥过程中产生卷曲变形。经过干湿-冻融循环作用后,原有片状叠聚体结构逐渐被破坏,黏土矿物由定向结构转为无序结构,少量黏土颗粒逐渐剥落并脱离土颗粒叠聚体,土体裂隙开始发育。经 5 次干湿-冻融循环作用后,土体破碎严重,叠聚体、团聚体内部孔隙与粒间较大孔隙连接贯通,使得裂隙数量显著增加,剥落的黏土颗粒在反复干湿-冻融循环作用下被搬运至裂隙处无序聚合,在一定程度上修复了原有裂隙,使得裂隙的平均宽度有所减少。由此可见,土体宏观压缩指标的劣化及细观裂隙的增长,在微观结构演化中主要表现为土颗粒团聚体的变形;裂隙数量增加,平均宽度减少。

微观结构定量分析方法:采用颗粒团聚体圆度、定向频率、孔隙长径比和微观孔隙率等参数来描述微观结构的颗粒特征和孔隙特征。

① 圆度 R,表征颗粒团聚体或孔隙的形状与圆形的接近程度,可表示为:

$$R = \frac{4\pi A}{P^2} \tag{4-27}$$

式中 A,P—— 颗粒团聚体面积和周长。

② 定向频率 $F_i(a)$,表征其颗粒结构单元排列的混乱程度,计算式如下:

$$F_i(a) = \frac{N_i}{N} \times 100\% \tag{4-28}$$

式中 N_i—— 第 i 方向内颗粒数量;

N—— 总颗粒数量;

a—— 颗粒排列方向。

③ 孔隙长径比 C,表征孔隙总长度与孔隙平均直径之比:

$$C = \frac{\sum_{i=1}^{n} l_i}{d_0} \tag{4-29}$$

式中 l_i—— 第 i 个孔隙长度;

d_0—— 孔隙平均直径。

④ 微观孔隙率 V_{3D},以二维孔隙率为底面,孔隙各点像素对应灰度值为高,利用 MATLAB 软件进行编程,基于灰度值计算微观孔隙率(图 4-53)。

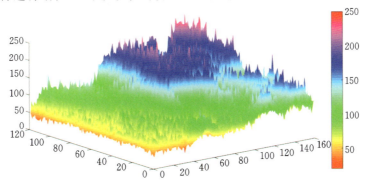

图 4-53　基于灰度值计算微观孔隙率

$$V_{3D} = \sum_{i=1}^{N} \frac{S(M-D_i)}{M \cdot N} = \sum_{i=1}^{N} \frac{S(255-D_i)}{255N} \qquad (4-30)$$

式中 S——每一个像素的面积，若选择单位像素，则 $S=1$；

   M——图像灰度的最大值，$M=255$；

   D_i——第 i 个像素对应的灰度；

   N——图像像素的总个数。

以干湿-冻融循环为例，对膨胀土的微观结构进行定量分析。图 4-54 所示为膨胀土在干湿-冻融循环作用下微观指标的定量分析，研究从圆度、定向频率、孔隙长径比和微观孔隙率多方面开展，探究干湿-冻融循环作用对膨胀土宏观力学特性与微观孔隙结构的影响。

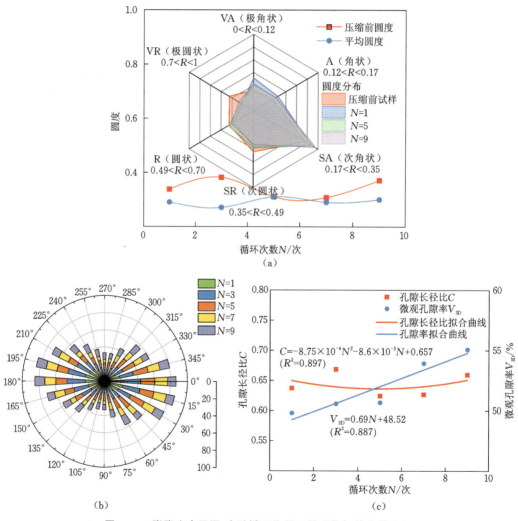

图 4-54 膨胀土在干湿-冻融循环作用下微观指标的定量分析

(a) 圆度；(b) 定向频率；(c) 孔隙长径比及微观孔隙率

① 圆度：圆度 R 值越大，颗粒团聚体越接近圆形。由图 4-54(a)可知，统计各循环次数下膨胀土颗粒团聚体的圆度，SA 级（次角状）与 SR 级（次圆状）占整体的 60.9%～64.3%，

VR 级(极圆状)占比最少,仅有 1.05%～4.24%,表明在压缩作用下,极圆状团聚体颗粒占比下降,整体上趋向扁角状(包括 SA 次角状及 SR 次圆状),堆叠形成颗粒间结合得更为紧密的叠聚体结构,土体压缩性显著降低。随循环次数的增加,压缩前后平均圆度均无明显变化,扁角状占比小幅增加,说明干湿-冻融循环作用对颗粒团聚体形态影响较小。

② 定向频率:由图 4-54(b)可知,干湿-冻融循环作用下的压缩试样,颗粒定向频率的分布呈"两极化",0°～15°和 165°～195°范围内定向频率分布占整体的 47.4%,而在受力方向(75°～120°和 255°～300°)分布较少,占整体的 19.9%。这是由于土体颗粒在压力作用下会逐渐偏转,角度偏向水平面方向,部分团聚体颗粒在压力作用下发生形态变化,圆度下降,逐渐扁角化,使统计为极角状方向的颗粒数量增加,形成片状堆积的分散结构,具有各向异性。循环 1～3 次的定向频率分布峰值更"陡峭",垂直方向的颗粒占比为极角范围的 30.1%,随着循环次数的增加,颗粒定向频率分布逐渐均质化。究其原因,循环过程中产生的含水率变化会改变部分极角范围内颗粒的方向,使颗粒相互靠近,角-边或面-边的接触方式增加,形成絮凝结构,各向异性减小,导致土体压缩性降低。

③ 孔隙长径比:由图 4-54(c)可知,干湿-冻融循环作用下,孔隙长径比整体上较为稳定,保持在 0.6～0.7 之间,第 3 次干湿-冻融循环过程中孔隙数量增加,长径比进入上升阶段,随后有小幅下降,裂隙平均宽度减少。第 5～9 次干湿-冻融循环过程中长径比进入缓慢增加阶段,整体变化趋势呈二次函数形式。综上,孔隙长径比整体为三阶段发育,即孔隙网络扩张,长径比增加;孔隙主干发育,细微孔隙减少,长径比下降;孔隙逐渐稳定,长径比缓慢增加。

④ 微观孔隙率:由图 4-54(c)可知,干湿-冻融循环作用下压缩试样的孔隙率受微观图选区影响会有一定的波动,整体稳定在 50%～55%范围内,微观孔隙率整体与循环次数呈线性正相关。微观孔隙与细观裂隙发育阶段有一定的相似性,但微观孔隙率高于细观裂隙率。究其原因,压力的作用主要反映在细观层面,对微观层面的孔隙影响有限,循环作用在一定程度上改变了土体微观结构,提高膨胀土所能达到的压缩上限。综上可知,随着干湿-冻融循环次数的增加,颗粒圆度和孔隙长径比变化较小,颗粒定向频率和微观孔隙率变化较大,说明膨胀土压缩性主要受定向频率和孔隙率影响。

(3) 膨胀土压缩特性的衰减机制

图 4-55 所示为膨胀土的压缩过程示意图。由图 4-55 可知,当土样承受竖向压力 p 后,起始压缩段因干湿-冻融循环作用产生的细观裂隙被压缩,是膨胀土多裂隙性的体现,此时被裂隙分割的土体实际开始接触,压缩过程主要包括架空孔隙崩塌及临时胶结结构破坏两方面,最终导致土颗粒骨架发生脆性破坏而无法恢复;拟弹性段压缩变形主要包括土颗粒团聚体间产生位移、偏转,孔隙间距减小等方面,对土样进行卸载后,其回弹量有限,无法达到初始状态;以固结屈服应力为转折点,达到固结屈服应力后,压缩变形主要是土颗粒骨架间的填充颗粒被压密所产生的,膨胀土压缩性较小,且随循环次数的增加有所减小,随着压力的进一步增加,土颗粒团聚体扁角化、极角频率增加、孔隙率减小,压缩性趋向于稳定。

综上所述,起始压缩段和拟弹性段压缩性主要受表面裂隙率影响,拟塑性段压缩性主要受微观孔隙率影响。建立压缩指数与细-微观孔隙率的关系曲线,如图 4-56 所示。

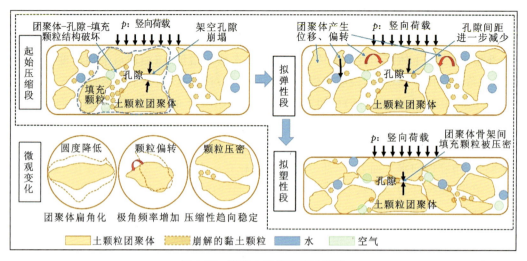

图 4-55　膨胀土压缩过程示意图

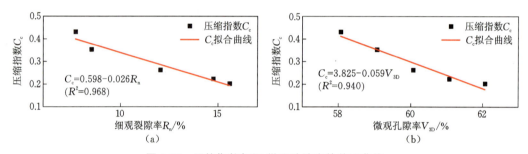

（a）　　　　　　　　　　　　（b）

图 4-56　压缩指数与细-微观孔隙率的关系曲线

由图 4-56 可知，随着裂隙和孔隙的发育，压缩指数呈下降趋势，细观裂隙率 R_n 和微观孔隙率 V_{3D} 与压缩指数 C_c 的关系可用线性函数表示：

$$C_c = 0.598 - 0.026 R_n$$
$$C_c = 3.825 - 0.059 V_{3D}$$

4.4.9.7　渗透试验的对比分析

图 4-57 所示为不同循环模式下渗透系数随循环次数的变化关系曲线。由图 4-57 可知，随着循环次数的增加，渗透系数 k_s 呈增加趋势，根据曲线将试样渗透系数变化分为缓慢增加、迅速增加、趋于稳定三个阶段。在三种不同循环模式中，冻融循环变化幅度最小，变化幅度在 $2.50 \times 10^{-6} \sim 2.65 \times 10^{-5}$ cm/s，干湿-冻融循环变化幅度最大，变化幅度在 $2.50 \times 10^{-6} \sim 7.36 \times 10^{-5}$ cm/s。

（1）裂隙率对渗透系数的影响

图 4-58 所示为膨胀土裂隙率与渗透系数的关系曲线。由图 4-58 可知，裂隙率与渗透系数之间存在明显的线性关系，且拟合度较高。当试样出现裂隙时，裂隙在循环过程中急速发育，渗透系数也随之显著提高；当裂隙发育趋向稳定时，渗透系数增长缓慢。图 4-59 所示为不同次数干湿-冻融循环作用下渗透系数随表面裂隙发展的变化情况。由图 4-59 可知，不同试样裂隙发展规律相近，循环前期裂隙率对其渗透性能的影响较小，渗透系数随裂

隙发育逐渐增大;而当循环进行到一定程度后,裂隙不再发育,渗透系数逐渐稳定。由于膨胀土具有多裂隙性,裂隙发育明显,裂隙的存在为水分的下渗提供了通道,可通过裂隙率的发展预测渗透系数的变化趋势。渗透系数主要受土体的裂隙发展深度以及裂隙率的影响,裂隙发展越深,则试样表面裂隙率越大。

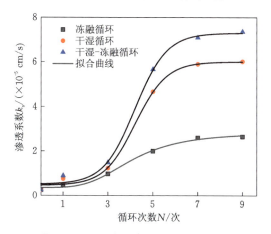

图 4-57　不同循环模式下的渗透系数
随循环次数的变化曲线

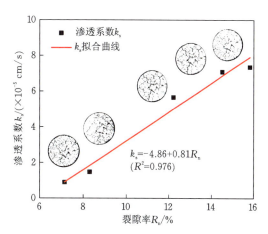

图 4-58　膨胀土裂隙率与渗透系数的关系曲线

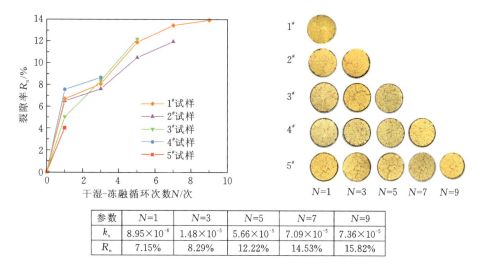

参数	N=1	N=3	N=5	N=7	N=9
k_s	8.95×10^{-6}	1.48×10^{-5}	5.66×10^{-5}	7.09×10^{-5}	7.36×10^{-5}
R_n	7.15%	8.29%	12.22%	14.53%	15.82%

图 4-59　不同次数干湿-冻融循环作用下渗透系数随表面裂隙发展的变化情况

（2）微观孔隙对渗透系数的影响

对膨胀土的微观结构进行定性分析。图 4-60 所示为经历不同干湿-冻融循环次数(0、1、3、5、7、9 次)的土样放大 10000 倍的 SEM 图像。由图 4-60 可知,膨胀土未经干湿-冻融循环作用时,蒙脱石晶体颗粒饱满,黏土矿物具有良好的层间结构,表面光滑平顺,颗粒间孔隙较少。经过干湿-冻融循环作用后,蒙脱石晶体多呈卷曲褶皱状,土颗粒团聚体边缘界限逐渐模糊,裂隙数量和长度增加,并与粒间孔隙连通形成裂隙网络,原有的层间结构弯曲破坏,干湿-冻融循环作用造成的侵蚀在团聚体与新生裂隙的接触点处尤为明显。由于膨胀土中蒙脱石含量较高、晶粒较小、比表面积较大且层间作用力较弱,历经多次干湿-冻融循环作用之后,膨胀土内部水分的剧烈变化使得蒙脱石团聚体易剥离、崩解形成更薄的单晶片,由此产生更多的微孔隙,这些孔隙随干湿-冻融循环次数的增加逐渐连接贯通,成为新的渗流通道,增加膨胀土的裂隙面积。

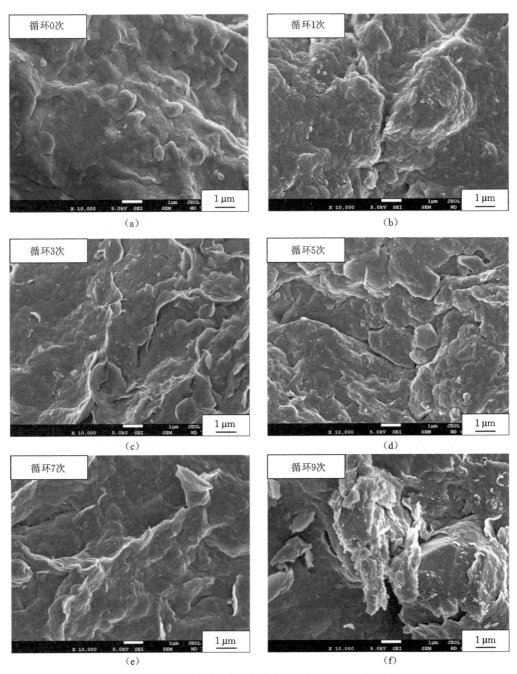

图 4-60　经历不同干湿-冻融循环次数的土样放大 10000 倍的 SEM 图像
(a) 循环 0 次;(b) 循环 1 次;(c) 循环 3 次;(d) 循环 5 次;(e) 循环 7 次;(f) 循环 9 次

对膨胀土的微观结构进行定量分析。以上研究定性分析了微观变化对渗透系数的影响，但对于各微观指标的重要程度没有比较精确的度量，因此引入灰色关联度来阐述孔隙数量、圆度、平均颗粒角、孔隙长径比和微观孔隙率等微观参数对渗透系数的影响程度。表 4-7

所列为干湿-冻融循环作用下宏观渗透系数和微观参数之间的平均关联度。由表 4-7 可知，渗透系数与各微观参数之间的关联度为 0.6673~0.8179。根据微观参数与渗透系数的关联度大小对其进行排序，即微观孔隙率＞平均颗粒角＞孔隙数量＞圆度＞孔隙长径比。各项微观参数与渗透系数的关联度均大于 0.65，微观孔隙率与渗透系数的关联度为 0.8179，表明在干湿-冻融循环作用下各微观参数均对渗透系数产生一定影响，微观孔隙率是最主要的影响因素。渗透系数与微观孔隙率呈线性正相关，如图 4-61 所示。

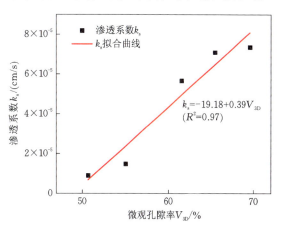

图 4-61　微观孔隙率与渗透系数的关系曲线

表 4-7　微观参数关联度

微观参数	关联度
孔隙数量	0.7218
圆度	0.6933
平均颗粒角	0.7356
孔隙长径比	0.6673
微观孔隙率	0.8179

（3）膨胀土的渗透特性增加机制

综合前述试验结果分析可知，裂隙发育是干湿-冻融循环作用下膨胀土渗透性增大的最主要原因，其外在表现为膨胀土表面裂隙率的增加，内在机理为膨胀土微观结构的变化，各微观参数均对渗透系数产生一定影响，其中微观孔隙率是最主要的影响因素。图 4-62 所示为膨胀土在干湿-冻融循环作用下渗透过程的演化示意图。由图 4-62 可知，干湿-冻融循环初期：石英、方解石和伊利石等矿物在干缩过程中体积变化较小，以蒙脱石为主的黏土矿物干缩变形较大，砂粒边缘大孔开始发育，渗透系数较小。干湿-冻融循环中期：以蒙脱石为主的团聚体颗粒反复胀缩，造成土体损伤逐渐累积，粒间孔隙扩张造成介孔粗化贯通，渗透系数迅速增加。干湿-冻融循环后期：土颗粒破碎形成破碎带填充微孔，孔隙数量增加、尺寸减小，渗透系数逐渐趋于稳定。究其原因，干湿-冻融循环作用使孔隙水在土颗粒间不断发生冻结和融化，干燥时不同矿物亲水性的差距使土体不均匀收缩从而产生张拉应力，裂隙发育扩张；冻结时黏土颗粒表面结合水膜变薄，部分结合水脱离黏土颗粒形成冰晶，产生冻胀破坏，使裂隙进一步发育；饱和及融化时膨胀土胶结物质水解，细颗粒剥落破碎，沿裂隙带缓慢崩解。多次干湿-冻融循环作用后膨胀土微观结构的损伤逐渐累积，干燥及冻结作用均对裂隙发育有促进作用,造成膨胀土渗透性增加,而饱和及融化作用在一定程度上修复干燥时产生的裂隙,抑制其发育,减缓了膨胀土渗透性增加速率。综上所述,在大孔与介孔发育、土颗粒破碎填充微孔等多种因素共同作用下,多次干湿-冻融循环后土体原有致密结构丧失,内部裂隙连接贯通,最后反映到宏观层面,发育成为宏观裂隙,为水提供渗流通道,造成膨胀土渗透性增加。

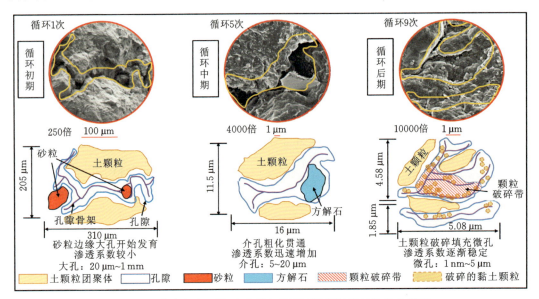

图 4-62　膨胀土在干湿-冻融循环作用下渗透过程的演化示意图

4.5　本章小结

本章通过对膨胀土进行不同循环模式条件下的无荷膨胀率、有荷膨胀率、收缩试验、SEM 试验、裂隙性试验、直剪试验、压缩试验及渗透试验,探究了渠坡不同位置膨胀土在不同循环模式下的力学特性劣化机理,得出以下结论:

(1)无荷膨胀率试验:膨胀土的无荷膨胀率随时间的增加可分为快速膨胀、匀速膨胀及稳定三个阶段,膨胀变化主要集中在快速膨胀阶段;无荷膨胀率随循环次数增加均呈逐渐减小的趋势,第 1 次循环后无荷膨胀率变化最为明显,第 5 次循环后逐渐趋于稳定;受冻融循环作用的试样无荷膨胀率衰减幅度最小,受干湿-冻融循环作用的试样无荷膨胀率衰减幅度最大。

(2)有荷膨胀率试验:膨胀土的有荷膨胀率随时间的增加而增加,膨胀速率逐渐变缓,最终趋于稳定,上覆荷载越大,有荷膨胀率越低,说明上覆荷载抑制了膨胀土的吸水膨胀作用;随着循环次数的增加,有荷膨胀率逐渐减小,第 5 次循环后逐渐趋向于稳定值;膨胀土试样在干湿-冻融循环条件下有荷膨胀率衰减幅度最大。

(3)收缩试验:随着循环次数的增加,不同循环模式条件下膨胀土试样的线缩率均在第 1 次循环过程中变化最为显著,随后逐渐减小,在第 5 次循环后逐渐趋向于稳定值;相同循环模式条件下,荷载越大,其线缩率越小;膨胀土试样在干湿-冻融循环作用下线缩率变化幅度最大,在冻融循环作用下线缩率变化幅度最小。

（4）SEM试验：试验结果表明，试样经过循环作用后，土体孔隙和结构发生了明显变化，颗粒破损，影响黏土颗粒的大小、含量及孔隙分布等因素的变化，不同循环模式条件下微观参数均有不同程度变化，其中干湿-冻融循环变化幅度最大，冻融循环变化幅度最小，影响了膨胀土试样胀缩特性，黏土矿物吸水膨胀能力减弱，宏观上表现为膨胀土试样膨胀-收缩能力的变化。

（5）裂隙性试验：膨胀土经过干湿-冻融循环作用，其裂隙发育是一个持续的过程，随循环次数的增加，裂隙率、裂隙条数、裂隙总长度及平均宽度等裂隙参数均呈先快速增加，随后增速变缓，最终趋于稳定的规律。利用相交点数与裂隙条数提出一种新的裂隙评价指标 Q，取值范围为 $0 \leqslant Q < 1.0$。Q 值越大说明裂隙网络的连通性越好，Q 可更好地描述膨胀土裂隙的连通性，其随着循环次数的增加而增大。

（6）直剪试验：膨胀土经历三种循环后，黏聚力 c 均随循环次数的增加而降低。其中受干湿-冻融循环作用的试样，其黏聚力 c 衰减幅度最大，最终衰减幅度达 69.3%；冻融循环最小，最终衰减幅度为 29.6%；在经历第 5 次循环后，黏聚力 c 逐渐趋向于稳定值。内摩擦角 φ 值变化不大，基本处于稳定值，变化幅度远小于黏聚力。膨胀土经过循环作用后，干湿循环作用致使膨胀土裂隙增多，颗粒间的联结被破坏，减弱了土中化合物的胶结作用；冻融循环过程中，土颗粒间的裂隙被崩解的细微黏土颗粒填充，致使抗剪强度降低；膨胀土试样经过干湿-冻融循环作用后，裂隙不断增加，其抗剪强度随着裂隙参数 Q 的增加而降低，抗剪强度的变化由黏聚力的变化决定，内摩擦角几乎没有改变，拟合得到裂隙参数 Q 与黏聚力的关系曲线，其拟合变化曲线呈线性关系，随着裂隙参数 Q 的增加黏聚力减小。经过干湿-冻融循环作用后，土体孔隙和结构发生了明显变化，颗粒破损严重，颗粒总数逐渐增多，颗粒所占面积、颗粒总面积及颗粒平均尺寸逐渐减小，故产生的裂隙逐渐增多；裂隙参数 Q 与各微观参数的灰色关联度较高，其中颗粒总数及颗粒总面积为主要影响因素；微观结构的破坏导致土颗粒之间的相互吸引力逐渐减小，黏聚力逐渐变小，内摩擦角变化不大。

（7）压缩试验：膨胀土经过三种循环模式作用后，孔隙比有不同程度的下降，随着循环次数的增加，压缩性指标变化幅度放缓，逐渐趋于稳定值，其中干湿-冻融循环作用下膨胀土的压缩性指标变化幅度最大，冻融循环作用下膨胀土的压缩性指标变化幅度最小。微观层面，土体孔隙及颗粒发生了明显变化，颗粒破损严重，失水收缩导致新生裂隙的数量开始增加，黏土颗粒在循环作用下组成"团聚体-孔隙-填充颗粒"形式的较松散结构，各向异性减小；土样承受竖向压力作用时，膨胀土的孔隙间距减小，压缩性增大；压力超过固结屈服应力时，团聚体颗粒呈扁角化，极角频率增加，压缩性逐渐稳定。

（8）渗透试验：渗透系数在循环过程中的变化分为缓慢、迅速、稳定三个阶段，与循环次数呈正相关。其中，干湿-冻融循环作用下膨胀土渗透系数变化幅度最大，干湿循环次之，冻融循环最小。微观层面，在初始状态下膨胀土内部结构比较密实，经过循环作用后，土体内部裂隙结构有明显变化，结构愈发疏松。渗透系数与循环次数及表面裂隙率呈正相关性。渗透系数与各项微观参数的灰色关联度均大于 0.65，微观孔隙率是最主要的影响因素；循环作用下微观孔隙发育明显，形成新的渗流通道，渗透系数与微观孔隙率呈线性正相关性。

第 5 章 膨胀土的三轴试验及其本构模型研究

本章通过常温及干湿-冻融循环条件下膨胀土的三轴试验和细-微观试验,系统地分析不同条件下膨胀土的强度和变形的变化规律,基于已有的非线弹性 E-B 模型及修正剑桥模型,建立模型参数与循环次数的函数关系,并对本构模型进行改进。

5.1 膨胀土的试验方案

5.1.1 循环试验方案

(1)试样制备

在实际试验过程中,经历多次干湿-冻融循环作用后,三轴试样在无周边约束的情况下,表面受循环作用侵蚀严重,无法保持较为完整的结构,且整个试样表层均受循环作用影响,无法模拟实际工程中不同深度土体受循环作用影响的情况,因此采用自制的有机玻璃对开模具实现对干湿-冻融循环过程的模拟。如图 5-1(a)所示,模具包含套筒、顶盖和饱和筒底板三部分。试样装入模具后,使用时在套筒侧面以铁箍箍紧,上下两端安装顶盖,顶盖表面分布气孔,可与外界进行水分、空气交换,试样制备过程如图 5-1(b)所示。在循环过程中,试样两端受到较强烈的循环作用影响,中间部分所受影响相对较少,可以模拟循环作用加载由两端向中心发展的边界条件。

(2)试样干湿-冻融循环试验方案

干湿-冻融循环试验过程依次为湿—干—冻—融。①干湿循环:湿润过程,采用抽气饱和法模拟膨胀土湿润至饱和状态的过程,试样安装完成后,将套筒放入饱和筒底板内,安装上底板和螺栓,检查试样是否松动,然后将整个有机玻璃饱和装置放入抽气饱和器中进行抽气饱和处理;干燥过程,参考明渠沿线地温分布,确定干燥阶段边界温度为 40 ℃,将饱和试样在烘箱中干燥 12 h(温度 40 ℃),采用称重法控制试样目标含水率为 14.8%(现场实测含水率),测量试样质量时取下顶盖及透水石,避免对试样称量结果造成影响。②冻融循环:冻结及融化过程均在冻融循环箱中进行,冻结阶段的温度及持续时间分别为 −20 ℃、24 h,融化阶段的温度及持续时间分别为 20 ℃、24 h。考虑到试验箱内水汽冻结阶段会在试样表面凝结成冰晶,并在融化阶段渗入试样,一定程度上增加了试样含水率。因此,为了减少试验箱内水汽在冻融阶段对试样的影响,在循环过程将不同编号的试样分别置于密封袋中,避免试样在冻融循环过程中与其他试样及外界发生水分交换,导致试样含水率发生变化。试验共进行 9 次循环,循环次数记为 N。

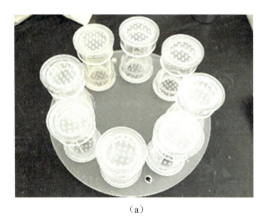

（a）   （b）

图 5-1 膨胀土的三轴试样制备过程

（a）有机玻璃模具；（b）冻融循环前试样装保鲜袋处理

5.1.2 三轴试验方案

  试验采用 TSZ 全自动三轴仪进行,包括常温条件下的固结不排水与固结排水三轴试验,以及干湿-冻融循环条件下的固结排水三轴试验。制备高为 80 mm、直径为 39.1 mm 的试样,制样条件控制为干密度 1.67 g/cm³、含水率 18.9%。通过分层击实法制样,击实时共分 5 层,每层击实完毕后轻铺一层土样,以免各层间接合处有空隙。对每组 4 个试样分别施以 100 kPa、200 kPa、300 kPa、400 kPa 的围压进行持续 2 h 的固结,且排水量不超过0.01 mL。固结完成后进行剪切速率为0.01 mm/min 的剪切试验,轴向应变达 20%时终止剪切,试验过程如图 5-2 所示。

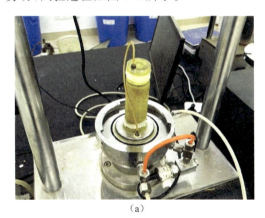

（a）   （b）

图 5-2 膨胀土的三轴压缩试验过程

（a）安装试样；（b）剪切过程

5.2 膨胀土的三轴试验结果分析

5.2.1 常温条件下膨胀土的三轴试验

5.2.1.1 常温条件下膨胀土的固结不排水三轴试验

对膨胀土重塑样进行正常固结状态下的固结不排水三轴试验,得到不同围压下的偏应力-应变关系曲线和超静孔隙水压力-应变关系曲线,如图 5-3 所示。由图 5-3 可知,试样的破坏偏应力随围压增大而增大,4 种围压条件下的偏应力-应变关系曲线均为应变硬化型;且 4 种围压条件下的超静孔隙水压力-应变关系曲线均在前期(轴向应变 ε_1 小于 5%)快速增加,随后超静孔隙水压力随轴向应变的增大而逐渐稳定,整体压缩过程中超静孔隙水压力无明显峰值。

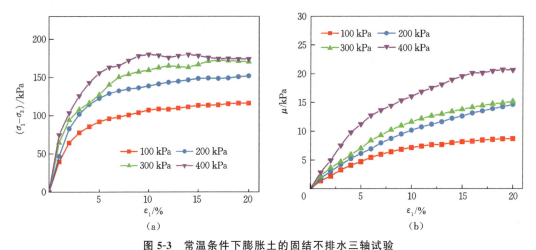

图 5-3　常温条件下膨胀土的固结不排水三轴试验

(a)偏应力-应变关系曲线;(b)超静孔隙水压力-应变关系曲线

5.2.1.2　常温条件下膨胀土的固结排水三轴试验

对膨胀土重塑样进行正常固结状态下的固结排水三轴试验,得到不同围压下试样的偏应力-应变关系曲线和体积应变-应变关系曲线,如图 5-4 所示。由图 5-4 可知,随着围压的增大,试样的峰值偏应力也逐渐增大,排水与不排水试样偏应力均在轴向应变 ε_1 小于 10%时达到峰值,但固结排水试验的峰值偏应力均大于相同围压下固结不排水试验的峰值偏应力,到达峰值偏应力后,随着应变的进一步增加,土体进入塑性状态。不同围压下的偏应力-应变关系曲线均在后期产生微小的应变软化,整个试验中各围压的体积变化均表现为剪缩,固结排水试验的体积随围压的增大而增大。

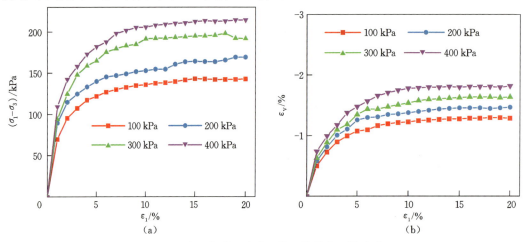

图 5-4　常温条件下膨胀土的固结排水三轴试验

(a)偏应力-应变关系曲线;(b)体积应变-应变关系曲线

5.2.1.3　不同排水条件下的剪切特性

由表 5-1 可知,固结排水与固结不排水三轴试验得到的抗剪强度参数不同,固结排水三轴试验得到的黏聚力和内摩擦角均大于固结不排水三轴试验的黏聚力和内摩擦角。分析其原因,与固结不排水三轴试验不同的是,固结排水三轴试验将土颗粒间的自由水排出,随着主应力的增大,土样逐渐密实,导致土颗粒间间距减小,咬合力增大,颗粒间不易发生相对滑移,表现为固结排水三轴试验的内摩擦角大于固结不排水三轴试验的内摩擦角;同时,固结排水三轴试验土颗粒间的水分主要以结合水为主,土颗粒间的分子引力、胶结力以及水膜间的连接作用力均强于固结不排水三轴试验,表现为其黏聚力大于固结不排水三轴试验的黏聚力。

表 5-1　不同排水条件下剪切特性对比分析

剪切方式	固结不排水三轴试验		固结排水三轴试验	
强度指标	黏聚力 c/kPa	内摩擦角 φ/°	黏聚力 c/kPa	内摩擦角 φ/°
数值	44.08	5.54	53.95	6.27

5.2.2　干湿-冻融循环条件下膨胀土的三轴试验

5.2.2.1　应力-应变曲线

图 5-5 所示为不同循环条件下试样的偏应力与轴向应变之间的关系曲线。由图 5-5 可知,不同围压条件下膨胀土的应力-应变曲线均呈硬化型曲线,干湿-冻融循环作用下,试样均无明显峰值且未表现出明显的软化趋势。随着围压的增加,从循环 0 次到循环 1 次这部分应力-应变曲线下降得更为显著。随着围压的增加,循环作用下试样的应力-应变曲线变化趋势逐渐一致。说明干湿-冻融循环作用对膨胀土的结构有较大的损伤,结构损伤主要发生在第 1 次循环过程中;随循环次数的增加,这种结构损伤会逐渐累积,但下降的幅度远小于第 1 次循环;增加荷载可以抑制多次循环作用对膨胀土的结构产生的影响,但对首次循环作用影响不大。

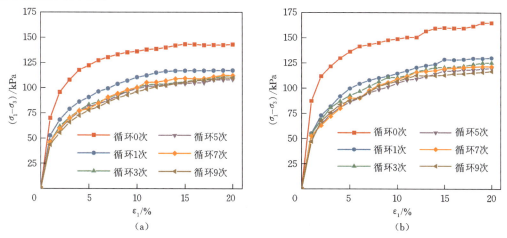

图 5-5　不同次数循环作用下试样的偏应力与轴向应变之间的关系曲线

(a) 100 kPa;(b) 200 kPa;(c) 300 kPa;(4) 400 kPa

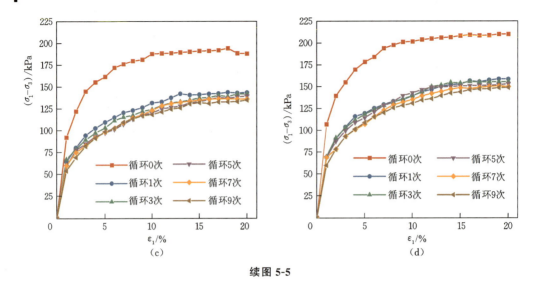

续图 5-5

5.2.2.2 体变特征

不同次数循环作用下试样的体变与轴向应变的关系如图 5-6 所示。

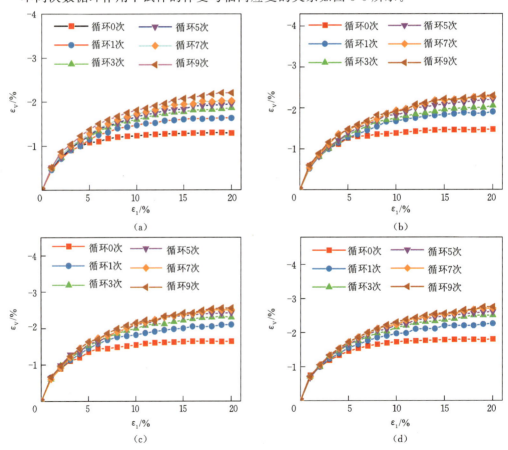

图 5-6 不同次数循环作用下试样的体变与轴向应变之间的关系

(a) 100 kPa；(b) 200 kPa；(c) 300 kPa；(4) 400 kPa

由图 5-6 可知,试验中各围压的体积变化均为负值,表现为剪缩特征,与应力-应变曲线类似,膨胀土的体变曲线为无明显峰值的双曲线。未经循环作用时,试样体积变化较小,不同围压下体变均小于 1.5%。循环 1~3 次试样的体变曲线变化较大,最大体变可达 2.2%,循环 5~9 次试样的体变较为稳定,均在 2.5% 左右。产生这种现象的原因可能是:初期(1~3 次)干湿-冻融循环作用破坏膨胀土的结构,试样中裂隙逐渐发育,为试样内部的自由水提供了存储空间,土体结构松散易于排水,在剪切过程中表现为体积变化增加,即 1~3 次循环作用下试样体变显著大于未经循环作用的试样。图 5-6(a)、图 5-6(c) 中循环 1 次试样体变较大,图 5-6(b)、图 5-6(d) 中循环 3 次试样体变较大,这种变化受试样内部裂隙发育程度影响。干湿-冻融循环作用前期(1~3 次循环),试样内部裂隙发育并未达到稳定状态,剪切排水呈波动状态。干湿-冻融循环作用后期(5~9 次循环),试样内部结构破损逐渐稳定,裂隙变细变密,不同循环次数的试样体变稳定在 2.0%~2.5%。

5.2.2.3　破坏强度

图 5-7 所示为试样的破坏强度随循环次数的变化曲线。由图 5-7 可知,不同围压下试样的破坏强度均随干湿-冻融循环次数的增加呈下降趋势。在循环作用的初期,破坏强度下降幅度显著,且衰减速率随着循环次数的增加而逐渐减小,并于 7 次循环作用后逐渐稳定。7 次干湿-冻融循环后,试样的破坏强度下降了 21.6%~28.2%。可以认为,在循环作用初期易造成膨胀土的破坏强度大幅衰减,这一影响随着循环次数的增加而逐渐弱化。

5.2.2.4　抗剪强度

图 5-8 所示为抗剪强度指标随循环次数的变化曲线。由图 5-8 可知,试验所得应力-应变曲线均为硬化型曲线,按应变硬化型曲线以轴向应变达到 15% 的偏应力为破坏标准取剪切强度。

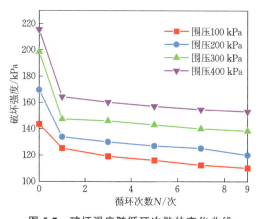

图 5-7　破坏强度随循环次数的变化曲线

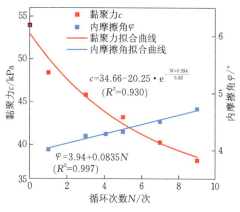

图 5-8　抗剪强度指标随循环次数的变化曲线

不同次数循环作用下试样的抗剪强度指标(黏聚力 c 和内摩擦角 φ)详见表 5-2。由表 5-2 可知,未经循环作用的试样的黏聚力为 53.95 kPa,内摩擦角为 6.27°,膨胀土的黏聚力 c 随干湿-冻融循环次数 N 增加而不断衰减,而内摩擦角则基本保持不变。其中第 1 次循环后试样抗剪强度参数变化最明显,黏聚力和内摩擦角分别下降了 10.3% 和 36.0%。干湿-冻融循环 7 次后逐渐趋于稳定,7 次循环作用后黏聚力和内摩擦角分别下降了约 25.4% 和 28.2%。黏聚力整体呈下降趋势,内摩擦角则在首次循环明显下降之后,维持在 4.2°~4.72° 的范围内呈波动趋势。

表 5-2   不同次数循环作用下试样的抗剪强度指标

抗剪强度指标	循环次数					
	0	1	3	5	7	9
黏聚力 c/kPa	53.95	48.39	45.8	43.18	40.23	38.14
内摩擦角 φ/°	6.27	4.01	4.25	4.32	4.5	4.72

为了预测干湿-冻融循环次数 N 对膨胀土抗剪强度指标 c、φ 的影响,对图 5-8 中变化规律进行线性拟合,具体拟合函数关系式如下:

$$c = 34.66 - 20.25 \cdot e^{-\frac{N+0.594}{5.82}} \quad (N \geqslant 0) \tag{5-1}$$

$$\varphi = 3.94 + 0.0835N \quad (N \geqslant 0) \tag{5-2}$$

式中 c——土的黏聚力;

N——干湿-冻融循环次数;

φ——土的内摩擦角。

5.2.3   干湿-冻融循环条件下膨胀土的细观、微观损伤规律

5.2.3.1   干湿-冻融循环作用下膨胀土细观破坏特征

图 5-9 所示为干湿-冻融循环作用下膨胀土试样的细观破坏特征。

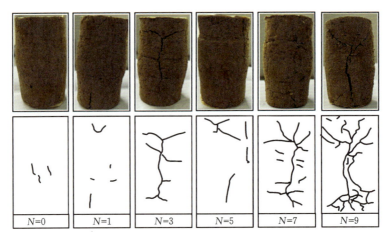

图 5-9   干湿-冻融循环作用下膨胀土试样的细观破坏特征

由图 5-9 可知,未经干湿-冻融循环作用的试样整体无明显剪切破坏面,仅在试样中部的膨胀处有微小裂隙产生,属试样受拉伸产生的张拉破坏裂隙。当试样经历 1 次干湿-冻融循环作用时,受循环作用更为剧烈的上下表面开裂并产生裂隙,裂隙宽度远大于未经循环作用时膨胀处裂隙,裂隙深度在 0～2 cm 范围内,裂隙整体呈现出由上下两端向中间发育的趋势。循环 3～5 次时,试样两端开始出现水平裂隙,水平裂隙的深度在循环 1 次的纵向裂隙范围内。一部分水平裂隙逐渐向试样中间发育,与试样中部剪切形成的膨胀裂隙汇聚,发育成为贯穿试样的纵向贯穿破坏面,其余裂隙汇聚偏转形成有一定夹角的斜向裂隙,在试样侧面可以看到整体破坏面呈"Y"形或"X"形分布,试样剪切破坏面的斜向裂隙与水平面夹角小于 45°,说明试样两端在循环作用下强度损失更大,裂隙具有劈裂的特征。循环7～9 次时,贯通裂隙宽度增加,试样裂隙进一步发育形成裂隙网络,将试样分割成破碎的

小土块。在贯通裂隙边缘和试样两端,这种土体逐渐破碎化的现象更为显著,试样其余部位相对较为完整,仅有若干细微裂隙分布其中,整体破坏面呈"爪"形分布,试样剪切破坏面的斜向裂隙与水平面夹角在 45°左右,说明此时三轴试样结构损伤已经由两端逐渐延伸至试样整体。

5.2.3.2　干湿-冻融循环作用下膨胀土的细观裂隙发育模式

由图 5-9 可以看出,在循环作用初期,裂隙由试样两端开始发育,受有机玻璃套筒保护的试样中部裂隙相对较少,说明干湿-冻融循环作用是影响裂隙发育程度的直接原因。随着循环次数的增加,试样两端结构性完全破坏,内部的裂隙网络逐渐汇聚、扩展形成水平裂隙,部分试样甚至会发生"脱盖"现象,即试样顶端水平裂隙贯通试样内部,可直接取下顶端部分。汇聚的裂隙会在土体薄弱处,即多条主干裂隙的相交处形成裂隙核心,此时试样的裂隙转而向试样中部发育,与另一端裂隙汇合并贯通整个试样。循环作用后期,试样的破坏形式逐渐由膨胀破坏转化为剪切破坏,主干裂隙宽度增加,以裂隙核心为中心向周边辐射,发育若干细微裂隙,试样进一步破碎,说明干湿-冻融循环作用显著改变了膨胀土的内部结构,土体的张拉应力通过破碎化的过程得以释放,结构损伤逐渐积累,最终导致膨胀土的结构性破坏、强度下降及剪切模式的变化。综上所述,干湿-冻融循环作用对试样的破坏具有渐进性,是由外到内、由表及里的,浅层部分受到的循环作用更为显著,强度损失更大,这种裂隙发育模式有助于分析实际工程中干湿-冻融循环作用下膨胀土渠坡浅层失稳破坏物理机制。

5.2.3.3　干湿-冻融循环作用下膨胀土的微观结构损伤机理

（1）微观结构定性分析

图 5-10 所示为完成三轴剪切试验的试样经历不同次数(0、1、3、5、7、9 次)循环作用后放大 10000 倍的 SEM 图像。由图 5-10 可知,膨胀土试样未经循环作用时,微观颗粒以蒙脱石组成的片状叠聚体为主,有较强的层次感,整体结构有序排列、层理分明,密实且无明显裂隙。经过干湿-冻融循环作用后,原有片状叠聚体结构逐渐被破坏,部分层间结构断裂,黏土矿物边缘卷曲,呈锯齿状,伴随少量黏土颗粒逐渐剥落并脱离土颗粒叠聚体,微观裂隙开始发育。5 次循环作用后叠聚体边缘颗粒更加破碎,形成"珊瑚状"多孔结构,矿物颗粒、土颗粒团聚体由裂隙处开始逐渐剥落,在水流作用下呈堆积状填充裂隙内部。7 次循环作用后,黏土颗粒片状叠聚体无法保持有序的层间结构,土体结构呈破碎状,黏土颗粒主要以单片叠聚体的形式交错堆积,形成松散的絮凝结构,黏土颗粒间的接触形式由面-面接触转化为点-面接触,颗粒间咬合作用被显著削弱。在循环过程中,水分子更易顺着叠聚体间的夹层浸入土体内部,包裹亲水性较强的矿物(如蒙脱石),结合水膜变厚,颗粒间产生膨胀作用,进一步扩大层间裂隙,削弱土体强度,说明干湿-冻融循环作用可以显著影响膨胀土的结构性,造成土体损伤,进而减小膨胀土的抗剪强度。

（2）SEM 试验结果的定量分析

通过 Image-J 软件对经不同次数循环作用下的膨胀土颗粒参数进行微观信息处理,量化颗粒微观形态变化对抗剪强度的影响,其结果如表 5-3 所示。由表 5-3 可知,黏粒颗粒在循环作用下,颗粒总数逐渐增加,与未经循环作用的初始颗粒数量相比,增加了 77.6%;颗粒总面积与平均尺寸等微观指标逐渐下降,分别下降了 33.3% 与 50.1%;颗粒平均周长在 1.8~2.3 μm 范围内波动变化。在放大 10000 倍时,设置颗粒阈值范围为 0.05~100 μm,可观察到的颗粒多为较小的叠聚体($d < 1 \mu m$)与蒙脱石晶体单粒($d < 0.2 \mu m$)。通过量化微

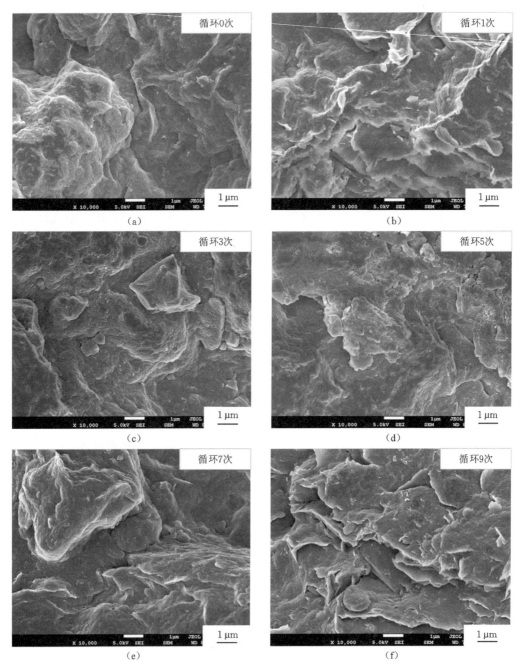

图 5-10　不同次数循环作用下试样的 SEM 扫描结果（放大 10000 倍）
(a) 循环 0 次；(b) 循环 1 次；(c) 循环 3 次；(d) 循环 5 次；(e) 循环 7 次；(f) 循环 9 次

观指标可以更清晰地看出,循环作用造成膨胀土团聚体破碎,颗粒总面积减小,尺寸较小的单片状叠聚体及蒙脱石单晶颗粒数量显著增加,颗粒平均尺寸呈下降趋势。说明在循环作用下,团聚体边缘受侵蚀影响逐渐剥落,土体原有致密结构受到破坏,颗粒间小孔隙逐渐张开,自由水进入粒间孔隙,在颗粒间反复发生相变,主要通过吸水膨胀、失水收缩及冻胀破坏的形式影响颗粒及孔隙的结构,较大的团聚体被分割、破碎为较小颗粒,逐渐形成新的孔隙。循环 5 次之后,颗粒破碎程度趋向平稳,颗粒平均尺寸变化较小。

表 5-3　膨胀土的微观颗粒参数

循环次数	颗粒总数	颗粒总面积/μm^2	颗粒平均尺寸/μm	颗粒面积占比/%	颗粒平均周长/μm
0	259	73.24	0.283	55.878	2.279
1	295	54.021	0.183	48.09	1.976
3	327	56.587	0.17	43.172	1.776
5	388	57.546	0.15	43.904	1.899
7	407	51.435	0.146	39.242	1.878
9	460	48.831	0.141	37.255	1.948

（3）灰色关联度分析

为确定微观参数对抗剪强度指标的影响程度,采用灰色关联度进行宏观、微观定量分析。表 5-4 所列为干湿-冻融循环作用下宏观抗剪强度指标和微观参数之间的平均关联度。由表 5-4 可知,黏聚力与各微观参数之间的关联度在 0.5687～0.9399 之间,内摩擦角与各微观参数之间的关联度在 0.5114～0.8918 之间。根据微观参数与抗剪强度指标之间的关联度大小对其进行排序,对黏聚力有:颗粒面积占比＞颗粒总面积＞颗粒平均周长＞颗粒平均尺寸＞颗粒总数。对内摩擦角有:颗粒面积占比＞颗粒总面积＞颗粒平均尺寸＞颗粒平均周长＞颗粒总数。比较可得,抗剪强度指标受颗粒总数影响不大,其余各项微观参数与抗剪强度指标的关联度均大于 0.74,有较好的相关性。综上所述,在循环作用下各微观参数均对抗剪强度指标产生一定影响,颗粒总面积是最主要的影响因素。黏聚力受颗粒总面积的影响较大,受颗粒平均尺寸影响较小,因为黏聚力变化主要依赖于颗粒间胶结作用,颗粒面积占比的下降说明微观裂隙滋生,颗粒间原有的胶结作用受到破坏。微观结构的损伤累积形成细观裂隙,最后反映到宏观层面,发育成为宏观裂隙,造成膨胀土黏聚力的下降。内摩擦角受控于颗粒的粗糙程度,循环作用对内摩擦角有一定影响,但整体作用不大,表现为膨胀土内摩擦角在首次循环作用下降后呈波动趋势。

表 5-4　宏观抗剪强度指标与微观参数的平均关联度

微观参数	黏聚力关联度	内摩擦角关联度
颗粒总数	0.5687	0.5114
颗粒总面积	0.9123	0.8683
颗粒平均尺寸	0.7411	0.8339
颗粒面积占比	0.9399	0.8918
颗粒平均周长	0.9049	0.8281

图 5-11 所示为剪切强度指标与微观指标之间的关系曲线。由图 5-11 可知,黏聚力与颗粒面积占比呈正相关,随着循环次数的增加,颗粒面积占比减小,黏聚力呈逐渐减小的趋势;而内摩擦角拟合变化曲线呈凹形的抛物线,颗粒总面积过大或过小均会造成膨胀土内

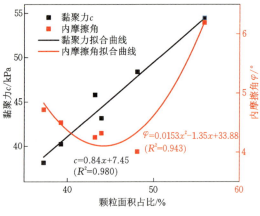

图 5-11 剪切强度指标与微观指标
之间的关系曲线

摩擦角的增大,颗粒总面积占比在 43% ~ 46% 时内摩擦角达到最小值。对图 5-11 中变化规律进行拟合,具体拟合函数关系式如下:

$$c = 0.84x + 7.45 \qquad (5-3)$$

$$\varphi = 0.0153x^2 - 1.35x + 33.88 \quad (5-4)$$

5.2.4 干湿-冻融循环条件下膨胀土的力学特性劣化机理分析

图 5-12 所示为干湿-冻融循环作用下膨胀土三轴压缩试验的机理示意图。由图 5-12 可知,干湿-冻融循环过程中试样裂隙主要由两端向中心发育,当裂隙发育达到一定深度时,这种发育趋势会减缓,裂隙开始转为横向发育,最终形成一段颗粒破碎区。膨胀土的黏聚力取决于颗粒之间胶结作用的强度,而内摩擦角则受控于颗粒的粗糙程度。试样未经循环作用时膨胀土结构层理性较强,颗粒间有较强的胶结作用,粒间孔隙较小,颗粒间贴合紧密,不易发生相对错动。试样经循环作用后团聚体结构重组为松散的絮凝结构,各向异性发生改变,土颗粒破碎卷曲,胶结作用减弱,粒间孔隙增大,更易滋生裂隙。胶结作用减弱是试样黏聚力下降的主要原因,在轴向荷载作用下,破坏模式由张拉破坏逐渐转变为剪切破坏。已有学者研究表明,干湿-冻融循环条件下内摩擦角的变化受多种因素影响,一方面干湿-冻融循环作用导致土体裂隙开展,降低了有效内摩擦角;另一方面干湿-冻融循环作用导致细小的黏土颗粒聚集成更大的聚集体,从而增大了咬合摩擦力。因此,整体上内摩擦角随干湿-冻融循环作用变化不明显。

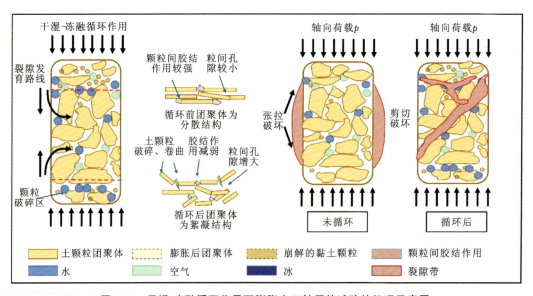

图 5-12 干湿-冻融循环作用下膨胀土三轴压缩试验的机理示意图

5.3 邓肯-张 E-B 模型的应用

5.3.1 邓肯-张 E-B 模型简介

Kondner 通过大量土的三轴试验发现,在 σ_3 为常量的条件下,三轴试验的应力-应变关系近似双曲线,提出可以用双曲线拟合一般土的三轴试验曲线,即:

$$\sigma_1 - \sigma_3 = \frac{\varepsilon_1}{a + b\varepsilon_1} \tag{5-5}$$

Duncan 等通过大量三轴试验数据分析得出,正常固结黏土、松砂及中密砂的应力-应变曲线均呈硬化型,可通过双曲线进行拟合,并根据 Kondner 提出的双曲线应力-应变关系建立了一种目前被广泛应用的增量弹性模型,一般被称为邓肯-张(Duncan-Chang)模型。通过对式(5-5)进行变换坐标处理后得到:

$$\frac{\varepsilon_1}{\sigma_1 - \sigma_3} = a + b\varepsilon_1 \tag{5-6}$$

绘制以 ε_1 为横坐标,$\dfrac{\varepsilon_1}{\sigma_1 - \sigma_3}$ 为纵坐标的图并进行拟合,拟合曲线近似为线性关系。其中 a、b 均为试验常数,a 为直线的截距,b 为直线的斜率。

在常规三轴试验中,因 $\sigma_1 = \sigma_2$,有:

$$E_t = \frac{\mathrm{d}(\sigma_1 - \sigma_3)}{\mathrm{d}\varepsilon_1} = \frac{a}{(a + b\varepsilon_1)^2} \tag{5-7}$$

对式(5-7)而言,在应力-应变曲线起点处,$\varepsilon_1 \to 0$,双曲线的切线模量为初始切线模量 E_i,有:

$$E_i = \frac{1}{a} \tag{5-8}$$

当 $\varepsilon_1 \to +\infty$ 时,双曲线极限偏差应力为:

$$(\sigma_1 - \sigma_3)_{\mathrm{ult}} = \frac{1}{b} \tag{5-9}$$

试验过程中部分三轴试验的应力-应变曲线存在峰值,取 $(\sigma_1 - \sigma_3)_f$ 为峰值应力,无峰值点或峰值点不明显的应力-应变曲线通常取 $\varepsilon_1 = 15\%$ 处的偏应力为峰值应力。引入破坏比 R_f:

$$R_f = \frac{(\sigma_1 - \sigma_3)_f}{(\sigma_1 - \sigma_3)_{\mathrm{ult}}} \tag{5-10}$$

根据 Janbu 公式,侧限压力 σ_3 与初始剪切模量间存在函数关系,即:

$$E_i = KP_a \left(\frac{\sigma_3}{P_a}\right)^n \tag{5-11}$$

式中 P_a——标准大气压,取 $P_a = 101.4 \ \mathrm{kPa}$;

K,n——试验常数,分别代表 $\lg\left(\dfrac{E_i}{P_a}\right)$ 与 $\lg\left(\dfrac{\sigma_3}{P_a}\right)$ 直线的截距和斜率。

由莫尔-库仑强度准则,有

$$(\sigma_1 - \sigma_3)_f = \frac{2c\cos\varphi + 2\sigma_3\sin\varphi}{1 - \sin\varphi} \tag{5-12}$$

将式(5-8)至式(5-12)代入式(5-7),经整理可得剪切过程中切线变形模量 E_t:

$$E_t = KP_a \left(\frac{\sigma_3}{P_a}\right)^n \left[1 - \frac{R_f(1-\sin\varphi)(\sigma_1-\sigma_3)}{2c\cos\varphi + 2\sigma_3\sin\varphi}\right]^2 \tag{5-13}$$

邓肯-张 E-B 模型引入体变模量 B 代替切线泊松比 ν_t,通过三轴试验并用式(5-14)确定 B:

$$B = K_b P_a \left(\frac{\sigma_3}{P_a}\right)^m \tag{5-14}$$

其中,K_b、m 是材料参数。

$$B = \frac{(\sigma_1-\sigma_3)_{70\%}}{3(\varepsilon_v)_{70\%}} \tag{5-15}$$

其中,$(\sigma_1-\sigma_3)_{70\%}$ 与 $(\varepsilon_v)_{70\%}$ 为 $(\sigma_1-\sigma_3)$ 达到 $70\%(\sigma_1-\sigma_3)_f$ 时的偏应力和体变的试验值。对于每一组三轴试验,B 即为一个常数,且 B 与 σ_3 满足式(5-14)。

5.3.2 邓肯-张 E-B 模型参数确定

5.3.2.1 参数 c、φ 的确定

Coulomb 研究总结土的破坏现象和影响因素,提出了莫尔-库仑公式,即:

$$\tau = c + \sigma\tan\varphi \tag{5-16}$$

抗剪强度参数 c、φ 通过莫尔圆进行计算,通过在同一坐标系中画出不同围压下三轴试验的莫尔应力圆,过其公切线作一条直线,公切线与 y 轴的交点为黏聚力 c,公切线的斜率即为内摩擦角的正切值 $\tan\varphi$,限于篇幅有限,所有模型参数计算过程仅以干湿-冻融循环作用 7 次试样为例,如图 5-13 所示,计算所得抗剪强度参数 c、φ 如表 5-5 所示。

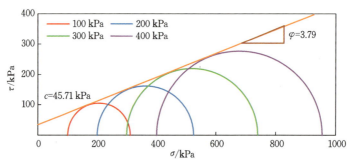

图 5-13 循环作用 7 次膨胀土的莫尔圆包络线图

表 5-5 不同次数循环作用下抗剪强度参数

抗剪强度参数	循环次数					
	0	1	3	5	7	9
黏聚力 c/kPa	53.95	48.39	45.80	43.18	40.23	38.14
内摩擦角 φ/°	6.27	4.01	4.25	4.32	4.50	4.72

5.3.2.2 试样参数 K,n 的确定

由式(5-6)可知,ε_1 与 $\dfrac{\varepsilon_1}{\sigma_1-\sigma_3}$ 近似呈线性关系,绘制以 ε_1 为横坐标,$\dfrac{\varepsilon_1}{\sigma_1-\sigma_3}$ 为纵坐标的

散点图,拟合关系曲线如图 5-14 所示,其中 a 为直线的截距,b 为直线的斜率。汇总不同次数循环作用下的双曲线拟合参数 a、b,如表 5-6 所示。

表 5-6   不同次数循环作用下邓肯-张 E-B 模型双曲线拟合参数

循环次数	双曲线拟合参数 a,b	不同围压下 a,b 值			
		100 kPa	200 kPa	300 kPa	400 kPa
0		0.0077	0.0062	0.0054	0.0051
1		0.0143	0.014	0.0126	0.0121
3		0.0184	0.0157	0.0141	0.0118
5	a	0.0183	0.0184	0.0165	0.0115
7		0.0195	0.0182	0.0156	0.0139
9		0.0223	0.0157	0.0160	0.0144
0		0.0066	0.0056	0.0048	0.0044
1		0.0077	0.0067	0.0061	0.0056
3		0.0081	0.0070	0.0062	0.0056
5	b	0.0084	0.0072	0.0063	0.0058
7		0.0079	0.007	0.0063	0.0058
9		0.0080	0.0075	0.0065	0.0059

根据 $\lg\left(\dfrac{E_i}{P_a}\right)$ 与 $\lg\left(\dfrac{\sigma_3}{P_a}\right)$ 的线性关系求解 n、K,有:

$$\lg\left(\frac{E_i}{P_a}\right)=n\lg\left(\frac{\sigma_3}{P_a}\right)+\lg K \tag{5-17}$$

其中,P_a 为标准大气压,取值为 101.4 kPa,量纲与 σ_3 相同;n、K 为试验参数,分别代表 $\lg\left(\dfrac{E_i}{P_a}\right)$ 与 $\lg\left(\dfrac{\sigma_3}{P_a}\right)$ 直线的斜率与截距;E_i 由 $E_i=\dfrac{1}{a}$ 即可求得。其拟合曲线如图 5-15 所示,模型参数 n、K 如表 5-7 所示。

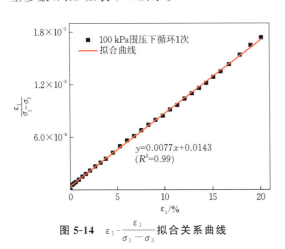

图 5-14 $\varepsilon_1-\dfrac{\varepsilon_1}{\sigma_1-\sigma_3}$ 拟合关系曲线

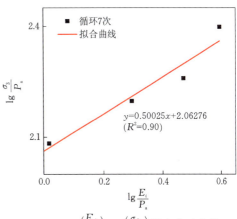

图 5-15 $\lg\left(\dfrac{E_i}{P_a}\right)-\lg\left(\dfrac{\sigma_3}{P_a}\right)$ 拟合关系曲线

表 5-7　不同次数循环作用下邓肯-张 E-B 模型参数 n、K 取值

循环次数	n	K	不同围压下 E_i 值			
			100 kPa	200 kPa	300 kPa	400 kPa
0	0.111	2.014	129.870	161.290	185.185	196.078
1	0.125	0.677	69.930	71.428	79.365	82.645
3	0.302	0.526	54.348	63.694	70.922	84.746
5	0.283	0.497	54.645	54.347	60.606	86.956
7	0.241	0.491	51.282	54.945	64.102	71.942
9	0.299	0.463	44.843	63.694	62.500	69.444

5.3.2.3　试样参数 R_f 的确定

根据式(5-9)及式(5-10)计算试样参数 R_f，土样的极限偏差应力值 $(\sigma_1-\sigma_3)_{ult}$ 可由邓肯-张 E-B 模型双曲线拟合参数 b 求得；破坏比 R_f 中 $(\sigma_1-\sigma_3)_f$ 表示试样破坏时的主应力差，取 $\varepsilon_1=20\%$ 对应的土体强度，有峰值点时取 $(\sigma_1-\sigma_3)_f=(\sigma_1-\sigma_3)_{峰}$。计算得不同次数循环作用下模型参数 R_f 如表 5-8 所示。

表 5-8　不同次数循环作用下邓肯-张 E-B 模型参数 R_f 取值

循环次数	不同围压下试样参数 R_f 值				
	100 kPa	200 kPa	300 kPa	400 kPa	平均值
0	0.956	0.949	0.931	0.961	0.949
1	0.915	0.897	0.908	0.918	0.910
3	0.929	0.915	0.909	0.911	0.916
5	0.919	0.905	0.895	0.918	0.909
7	0.822	0.848	0.870	0.900	0.860
9	0.806	0.890	0.888	0.912	0.874

5.3.2.4　试样参数 K_b、m 的确定

对式(5-14)两边取对数可得参数 K_b、m 的确定式：

$$\lg\left(\frac{B_i}{P_a}\right)=\lg K_b+m\lg\left(\frac{\sigma_3}{P_a}\right) \tag{5-18}$$

其中，K_b、m 是材料参数。

由式(5-18)可以看出，$\lg\left(\dfrac{B_i}{P_a}\right)$ 与 $\lg\left(\dfrac{\sigma_3}{P_a}\right)$ 呈线性关系。$\lg K_b$ 和 m 分别代表 $\lg\left(\dfrac{B_i}{P_a}\right)$ 与 $\lg\left(\dfrac{\sigma_3}{P_a}\right)$ 拟合直线的截距与斜率，代入式(5-18)求得对应的 K_b、m 值，如表 5-9 所示。

表 5-9　不同次数循环作用下邓肯-张 E-B 模型参数 K_b、m 取值

循环次数	不同围压下 K_b、m 值	
	K_b	m
0	0.368	0.0728
1	0.245	0.0159
3	0.198	0.0896
5	0.192	0.0334
7	0.196	−0.0324
9	0.175	0.0488

至此,邓肯-张 E-B 模型中 7 个参数均已求出,如表 5-10 所示。

表 5-10　邓肯-张 E-B 模型参数

循环次数	模型参数						
	c	φ	n	K	R_f	K_b	m
0	53.95	6.27	0.111	2.014	0.949	0.368	0.0728
1	48.39	4.01	0.125	0.677	0.910	0.245	0.0159
3	45.80	4.25	0.302	0.526	0.916	0.198	0.0896
5	43.18	4.32	0.283	0.497	0.909	0.192	0.0334
7	40.23	4.50	0.241	0.491	0.860	0.196	−0.0324
9	38.14	4.72	0.299	0.463	0.874	0.175	0.0488

5.3.3　干湿-冻融循环作用对邓肯-张 E-B 模型参数的影响

5.3.3.1　干湿-冻融循环作用对模型参数的影响

E-B 模型中的 7 个参数 c,φ,n,K,R_f,K_b,m,其中参数 c,φ,R_f 代表土体本身的力学特性;参数 n,K,K_b,m 均为试验参数,通过对数学公式的推导、坐标变换及三轴试验数据进行分析获得。参数 c,φ 在干湿-冻融循环作用下的变化趋势在第 5.2.2 节已进行过相关分析,在此不再赘述。下面详述参数 n,K,R_f,K_b,m 随干湿-冻融循环次数的变化趋势。

(1) 参数 R_f

图 5-16 所示为模型参数 R_f 随循环作用的变化趋势。由图 5-16 可知,不同围压 σ_3 下 R_f 的变化趋势基本相近,均在循环作用 1~5 次的过程中波动较大,整体曲线呈下降趋势,循环作用 7~9 次之后 R_f 基本趋向稳定,R_f 平均值的波动区间则在 0.85~0.95 之间。不同围压下 R_f 曲线变化趋势相似,由于破坏主应力差与固结压力相关,所以围压变化时 R_f 会有一定差别,随着围压的增加 R_f 波动幅度逐渐减小。

(2) 参数 n,K

图 5-17 所示为模型参数 n,K 随循环作用的变化趋势,其中参数 n,K 分别代表

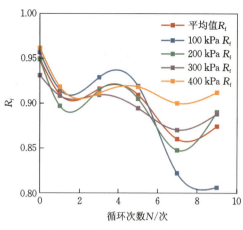

图 5-16 邓肯-张 E-B 模型参数 R_f
随循环作用的变化趋势

$\lg\left(\dfrac{E_i}{P_a}\right)$ 与 $\lg\left(\dfrac{\sigma_3}{P_a}\right)$ 直线的斜率与截距。由图 5-17(a)、图 5-17(b)可知,随干湿-冻融循环次数的增加,参数 n 呈波动减小趋势,参数 K 呈波动增大趋势。n 值在循环 1～3 次时上升了 19%,在第 5 次循环后呈波动变化,循环作用对参数 n 的影响主要发生在前 3 次循环过程中。随着循环次数的增加,邓肯-张 E-B 模型参数中 K 的变化幅度较大,0～9 次循环过程中,参数 K 与初始值相比降低了 155%,其中第 1 次循环降低了 134%,第 3 次循环后 K 值变化较小,仅降低了 6%。参数 K 与循环次数呈指数关系,拟合关系如图 5-17(b)所示,拟合公式见式(5-19),相关系数 $R^2 = 0.99$。说明循

环初期循环作用对参数 n 和 K 的影响较大,长期受循环作用时对参数 n 和 K 的影响有限。

$$K = 0.49 + 1.52 \cdot \mathrm{e}^{-\frac{N}{0.47}} \qquad\qquad (5\text{-}19)$$

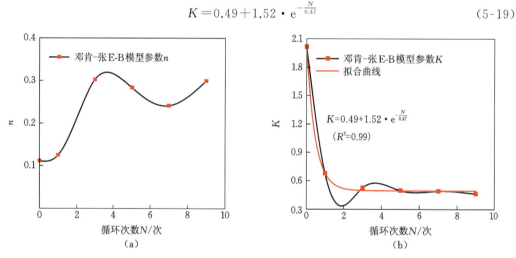

图 5-17 邓肯-张 E-B 模型参数 n,K 随循环作用的变化趋势
(a)模型参数 n;(b)模型参数 K

(3)参数 K_b,m

图 5-18 所示为邓肯-张 E-B 模型参数 m、K_b 随循环作用的变化趋势,其中参数 K_b、m 分别代表 $\lg\left(\dfrac{E_i}{P_a}\right)$ 与 $\lg\left(\dfrac{\sigma_3}{P_a}\right)$ 直线的斜率与截距。由图 5-18 可知,随干湿-冻融循环次数的增加,参数 m 未见明显的变化,参数 K_b 整体呈减小的趋势。K_b 随循环次数的增加而不断衰减,第 1 次循环作用后变化最明显,1～3 次循环后 K_b 与初始值相比下降了 17%,第 5 次循环后参数 K_b 逐渐趋向于稳定,9 次循环后 K_b 相比初始值下降了 19%。参数 K_b 在循环初期无波动现象,整体变化曲线与黏聚力相似,参数 K_b 与循环次数呈指数关系,拟合关系如图 5-18(b)所示,拟合公式见式(5-20),相关系数为 $R^2 = 0.99$。随循环次数的增加,

参数 m 在循环过程中变化幅度较大,呈明显的波动变化,其变化可能是试验误差所导致的,基本可以认为循环作用对参数 m 的取值影响不大。

$$K_b = 0.19 + 0.18 \cdot e^{-\frac{N}{0.90}} \tag{5-20}$$

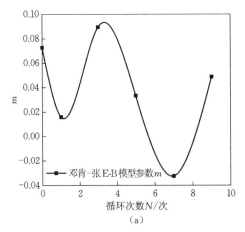

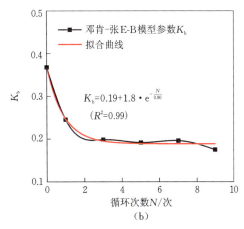

图 5-18 邓肯-张 E-B 模型参数 m、K_b 随循环作用的变化趋势

(a) 模型参数 m;(b) 模型参数 K_b

综上所述,在干湿-冻融循环条件下,R_f、n 等参数呈波动上升或下降趋势,受循环作用影响较小;参数 m 未见明显的变化,可基本认定循环作用对其影响极小;参数 K_b、K 与循环次数之间呈指数函数的关系。

5.3.3.2 模型参数与循环次数的拟合函数关系

综上所述,试验参数 n 和 R_f 的变化趋势相似,在循环作用下均在前期波动较大,5 次循环之后趋向于平稳,这与前文第 5.2 节中对膨胀土力学特性变化的分析结果相似,说明可以通过试验参数的变化在一定程度上反映循环作用下膨胀土的力学特性衰减现象。但是试验参数 n 和 R_f 与循环次数的关系在循环初期均呈不同幅度的波动状,难以用拟合函数表示,注意到 5 次循环之后,各试验参数曲线的稳定性显著提高,且 5 次循环后试验参数 n 和 R_f 与循环次数的关系近似呈线性。考虑到实际工程中,膨胀土边坡的破坏多发生于多次干湿-冻融循环之后,此时膨胀土的结构已趋向于稳定,循环次数增加对整体结构性的影响微乎其微,因此讨论多次循环后处于相对稳定状态阶段的膨胀土模型参数具有较大的实际意义。

剔除循环过程中误差较大的数据点,仅考虑循环过程中误差较小的数据点,对参数 n 和 R_f 与循环次数的关系进行拟合,拟合结果如图 5-19 所示。由图 5-19 可知,排除循环次数较低时受试验条件、试样制备条件及循环加载过程等因素的影响,膨胀土在多次循环后结构达到相对稳定状态的阶段时,各试验参数与循环次数的关系均保持良好的线性关系,参数 n 和 R_f 的拟合公式如下(相关系数分别为 $R^2=0.99$,$R^2=0.98$,说明去除几个试验误差较大的数据点后,邓肯-张 E-B 模型参数与各参数呈现较好的函数关系):

$$n = 0.11 + 0.02N \tag{5-21}$$

$$R_f = 0.947 - 0.008N \tag{5-22}$$

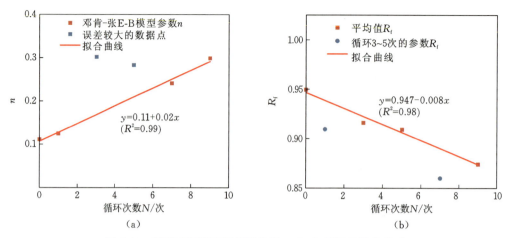

图 5-19　试样破坏稳定后模型参数 n、R_f 与循环次数的关系

（a）模型参数 n；（b）模型参数 R_f

综合前文所述，随着循环次数的增加，φ、n、m 和 R_f 等参数呈波动变化，基本不受循环次数影响，因此后文主要选取受循环次数影响较大且相关性较好的 c、K、K_b 等参数作为受干湿-冻融循环作用影响后修正的试验参数进行计算，验证邓肯-张 E-B 模型能否较好反映前文所述干湿-冻融循环作用下膨胀土的本构关系。

5.3.4　参数修正后的邓肯-张 E-B 模型曲线

邓肯-张 E-B 本构模型方程为式（5-13）、式（5-14），考虑循环作用的影响，联立式（5-1）、式（5-19）、式（5-20）与式（5-13）、式（5-14）可得非线性弹性模量 E_t 与体变模量 B 的关系式如下：

$$E_t = (0.49 + 1.52 \cdot e^{-\frac{N}{0.47}}) P_a \left(\frac{\sigma_3}{P_a}\right)^n \left[1 - \frac{R_f(1-\sin\varphi)(\sigma_1-\sigma_3)}{2(34.66+20.25 \cdot e^{-\frac{N+0.594}{5.82}})\cos\varphi + 2\sigma_3\sin\varphi}\right]^2$$

$$(5\text{-}23)$$

$$B = (0.19 + 0.18 \cdot e^{-\frac{N}{0.90}}) P_a \left(\frac{\sigma_3}{P_a}\right)^m \tag{5-24}$$

式中，参数 c、K、K_b 为考虑干湿-冻融循环影响的参数修正值。c、K、K_b 与循环次数相关，可通过一组循环条件下的三轴试验确定，因参数修正建立在循环已达到稳定状态的基础上，所以循环次数应高于 5 次，以确保试样结构破坏已达稳定状态；R_f、n、K、m 为试验常数，可通过与循环次数间的拟合关系求得，也可通过取 5 次循环后的均值来确定。将其代入计算得修正后的邓肯-张 E-B 模型应力-应变曲线与体变曲线，如图 5-20 与图5-21所示。

由图 5-20 可知，通过试验值与模型值的对比，邓肯-张 E-B 模型可以较好地反映干湿-冻融循环条件下膨胀土的应力-应变关系，循环条件下的三轴试验应力-应变曲线符合双曲线特征，试验值在模型值周围有小范围波动，整体拟合情况良好。模型曲线应力峰值点与试验曲线高度吻合，但不能反映 7 次循环后的试样在剪切过程中应力-应变曲线的略微软化现象。整体上看，循环次数较高的曲线拟合度较高，循环次数大于 5 次时，各模型参数与循环次数之间相关性良好，可以通过邓肯-张 E-B 模型来反映干湿-冻融循环条件下试样的应力-应变曲线。

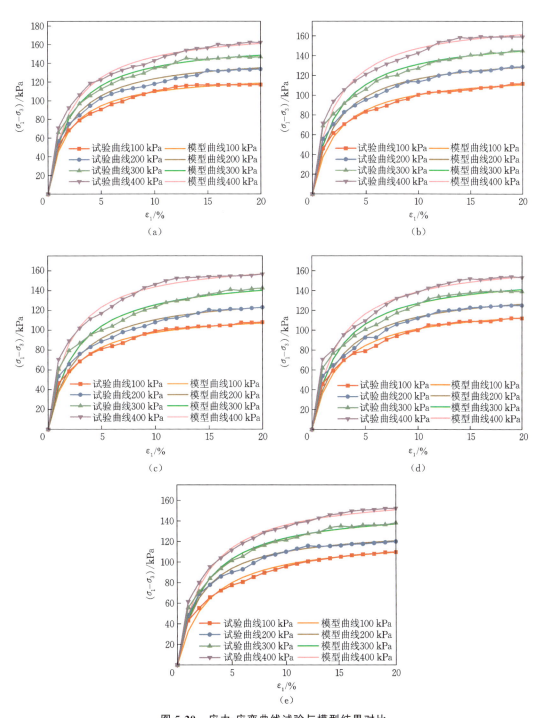

图 5-20 应力-应变曲线试验与模型结果对比

(a) 循环 1 次;(b) 循环 3 次;(c) 循环 5 次;(d) 循环 7 次;(e) 循环 9 次

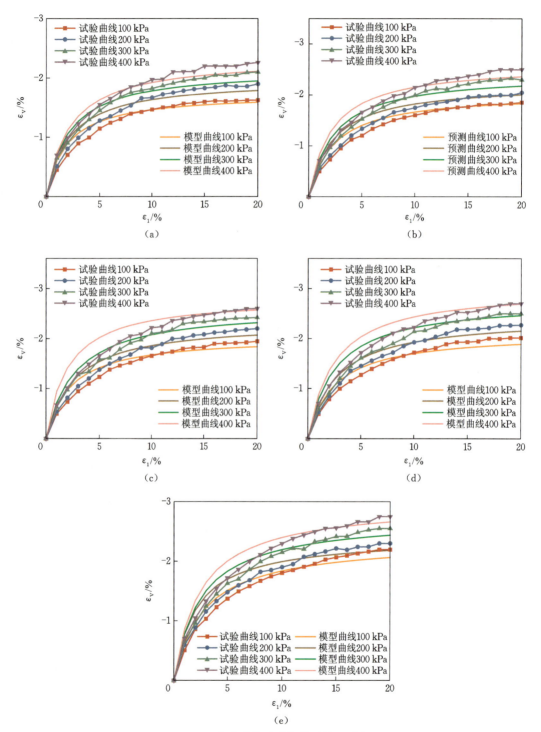

图 5-21 体变曲线试验与模型结果对比

(a) 循环 1 次；(b) 循环 3 次；(c) 循环 5 次；(d) 循环 7 次；(e) 循环 9 次

由图 5-21 可知,相较于应力-应变曲线而言,体变曲线的拟合度较差,这可能是试样在干湿-冻融循环过程中内部裂隙不规则发育造成的。整体而言,体变曲线试验值影响因素众多、规律性较差,曲线形式更接近指数而非双曲线形式,邓肯-张 E-B 模型仅适用于分析最大体变,对于干湿-冻融循环过程中膨胀土体变的规律还需进一步研究。

5.4 修正剑桥模型的应用

5.4.1 修正剑桥模型的介绍

5.4.1.1 修正剑桥模型简介

剑桥模型是基于临界状态提出的,用于描述重塑黏土的应力-应变特性。然而,对临界状态理论进行深入研究后发现,剑桥模型存在一系列的不足:①剑桥模型的屈服面在 q-p' 坐标平面中呈子弹头形,与横坐标 p' 不垂直,在采用相适应流动法则时,屈服面与塑性势面重叠,导致在各向等压固结试验中施加的应力增量中,$\mathrm{d}p'>0$,$\mathrm{d}q=0$,这不仅会导致塑性体变增量,而且会导致塑性剪应变增量,这是不合理的;②剑桥模型计算得出的三轴试验条件下土体应力-应变关系曲线与试验结果相差较大,尤其体现为模型计算得出的轴向应变偏大。基于此,相关学者在剑桥模型的基础上提出了修正剑桥模型。

修正剑桥模型的屈服面方程:

$$\frac{q^2}{p'^2}+M^2\left(1-\frac{p'_c}{p'}\right)=0 \tag{5-25}$$

式中 q——偏应力;

       p'——平均有效主应力;

       M——q-p' 坐标平面内临界状态线的斜率;

       p'_c——屈服面在横坐标 p' 上的截距(同图 5-22)。

把塑性体变 ε_v^p 作为硬化参数,塑性体变 ε_v^p 与 p'_c 之间的关系如下:

$$\frac{\mathrm{d}p'_c}{p'_c}=\mathrm{d}\varepsilon_v\frac{1+e_0}{\lambda-\kappa} \tag{5-26}$$

式中 λ——正常固结曲线的斜率;

       κ——回弹曲线的斜率;

       e_0——初始孔隙比。

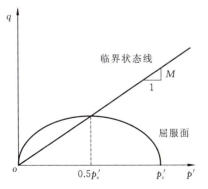
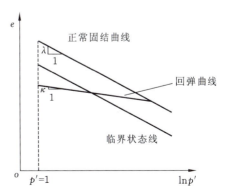

图 5-22 修正剑桥模型屈服面示意图

将屈服面方程求导后代入式(5-26)中,可得塑性体变增量:

$$d\varepsilon_v^p = \frac{\lambda - \kappa}{1 + e_0}\left(\frac{dp'}{p'} + \frac{2\eta d\eta}{M^2 + \eta^2}\right) \tag{5-27}$$

其中　η——应力比,$\eta = q/p'$,临界状态时 $\eta = M$。

修正剑桥模型采用了相适应流动法则,塑性体变增量 $d\varepsilon_v^p$ 与塑性剪应变增量 $d\varepsilon_q^p$ 的关系如下:

$$\frac{d\varepsilon_v^p}{d\varepsilon_q^p} = \frac{M^2 - \eta^2}{2\eta} \tag{5-28}$$

将式(5-26)代入式(5-27)中,可得塑性剪应变 $d\varepsilon_q^p$ 如下:

$$d\varepsilon_q^p = \frac{\lambda - \kappa}{1 + e_0}\left(\frac{2\eta}{M^2 - \eta^2}\right)\left(\frac{2\eta d\eta}{M^2 - \eta^2} + \frac{dp'}{p'}\right) \tag{5-29}$$

弹性体变 $d\varepsilon_v^e$ 可用下式表示:

$$d\varepsilon_v^e = \frac{\kappa}{1 + e_0}\frac{dp'}{p'} \tag{5-30}$$

总的体变增量 $d\varepsilon_v$ 计算如下:

$$d\varepsilon_v = d\varepsilon_v^e + d\varepsilon_v^p = \frac{\lambda}{1 + e_0}\left[\frac{dp'}{p'} + \left(1 - \frac{\kappa}{\lambda}\right)\frac{2\eta d\eta}{M^2 + \eta^2}\right] \tag{5-31}$$

模型假定一切剪应变都是不可恢复的,这就意味着弹性剪应变为零,即 $d\varepsilon_q^e = 0$,则总的剪应变增量为:

$$d\varepsilon_q = d\varepsilon_q^e + d\varepsilon_q^p = \frac{\lambda - \kappa}{1 + e_0} \cdot \frac{2\eta}{M^2 - \eta^2}\left(\frac{2\eta d\eta}{M^2 + \eta^2} + \frac{dp'}{p'}\right) \tag{5-32}$$

确定修正剑桥模型只需要三个参数,分别为加载模量 λ、回弹参数 κ 及破坏常数 M。其中加载模量 λ、回弹参数 κ 可由各向等压加卸载试验确定,破坏常数 M 可由土体常规固结排水三轴试验或固结不排水三轴试验确定。

5.4.1.2　引进有效黏结应力参数

因饱和重塑膨胀土具有黏结应力,由三轴试验的斜率 M 和截距 μ 确定 p-q 临界线与 q 轴交点,该交点即为黏结应力 σ_0。对于饱和土,通过主应力状态变换将无黏性土强度准则推广至黏性土,设 μ 为有效黏结应力参数,$\sigma_0 = \mu/M$,其变换主应力 $\sigma_{i变}$ 为:

$$\sigma_{i变} = \sigma_i + \sigma_0 \tag{5-33}$$

在偏应力条件下,相应的变换净平均应力 $p_变$ 为:

$$p_变 = p + \sigma_0 \tag{5-34}$$

对于三轴试样,通过主应力变换由 p-q 临界状态线转化为 $p_变$-q 临界状态线过程的示意图见图5-23,结果见图5-24。

则总的体变增量 $d\varepsilon_v$ 为:

$$d\varepsilon_v = d\varepsilon_v^e + d\varepsilon_v^p = \frac{\lambda}{1 + e_0}\left[\frac{dp'_变}{p'_变} + \left(1 - \frac{\kappa}{\lambda}\right)\frac{2\eta_变 d\eta_变}{M^2 + \eta_变^2}\right] \tag{5-35}$$

总的剪应变增量为:

$$d\varepsilon_q = d\varepsilon_q^e + d\varepsilon_q^p = \frac{\lambda - \kappa}{1 + e_0} \cdot \frac{2\eta_变}{M^2 - \eta_变^2}\left(\frac{2\eta_变 d\eta_变}{M^2 + \eta_变^2} + \frac{dp'_变}{p'_变}\right) \tag{5-36}$$

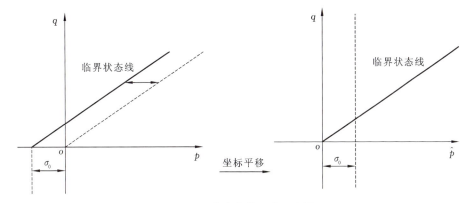

图 5-23　应力变换平移示意图

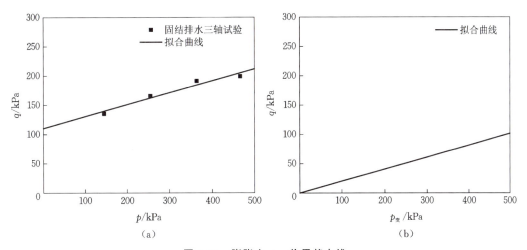

图 5-24　膨胀土 p-q 临界状态线

（a）膨胀土 p-q 临界状态线；（b）膨胀土 $p_{变}$-q 临界状态线

5.4.2　修正剑桥模型参数的确定

通过等向固结试验可得到结构性膨胀土的压缩性指标，通过对重塑膨胀土试样进行固结试验及回弹试验，在实际计算中，通常采用压缩试验的压缩指数 C_c 和回弹指数 C_s 来求压缩参数 λ 和回弹参数 κ。压缩指数 C_c 和回弹指数 C_s 通过固结试验 e-$\lg p$ 曲线坐标系求得，而参数 λ 和 κ 是 e-$\ln p$ 坐标系中曲线的斜率，经过坐标变换得到：

$$\lambda = 0.434 C_c \tag{5-37}$$

$$\kappa = 0.434 C_s \tag{5-38}$$

根据膨胀土试样的三轴试验结果，作出试样的 p-q 曲线，通过拟合试验数据得到膨胀土试样的临界状态线方程，拟合函数的斜率为临界状态应力比 M。修正剑桥模型参数计算结果如表 5-11 所示。

表 5-11　修正剑桥模型参数计算结果

加载模量 λ	回弹参数 κ	临界状态应力比 M	泊松比 ν	初始孔隙比 e_0	有效黏结应力参数 μ
0.019	0.005208	0.226	0.25	0.672	110.26

5.4.3　干湿-冻融循环作用对模型参数的影响

5.4.3.1　损伤变量概念

Kachanov 等首先提出用一个连续性变量 ψ 描述材料加载时的损伤状态,定义为:

$$\psi = S_损 / S$$

Rabotnov 等在前人的基础上,提出用一个新的变量 D 来替代原来的连续性变量,称为损伤变量,其定义为:

$$D = \frac{S - S_损}{S} \tag{5-39}$$

式中　S——结构性土初始截面面积;

　　　$S_损$——损伤后结构性土的有效截面面积。

D 的大小代表了土的不同损伤状态,当 $D=0$ 时,土体处于无损伤状态;当 $0<D<1$ 时,代表土体处于不同程度的损伤状态。

根据文献资料,假定损伤势函数为:

$$G = 1 - e^{-mN} - \alpha D \tag{5-40}$$

可得损伤变量的发展规律为:

$$D = A(1 - e^{-mN}) \tag{5-41}$$

式中　α——拟合参数;

　　　A——损伤变量的幅值;

　　　m——损伤演化特征参数,m 值越大,表示损伤发展越迅速。

5.4.3.2　循环作用对模型参数的影响

干湿-冻融循环作用下膨胀土试样模型参数计算结果如表 5-12 所示。由表 5-12 可知,试验参数加载模量、临界状态应力比及有效黏结应力参数变化趋势相似,在前期循环作用下均逐渐减小,第 5 次干湿-冻融循环作用后趋向于平稳,与前文中干湿-冻融循环作用下膨胀土力学特性逐渐降低相对应,回弹参数呈现波动状。

表 5-12　干湿-冻融循环作用下膨胀土试样模型参数计算结果

循环次数	加载模量 λ	回弹参数 κ	临界状态应力比 M	泊松比 ν	初始孔隙比 e_0	有效黏结应力参数 μ
0	0.019	0.005208	0.226			110.26
1	0.022	0.006208	0.163			94.58
3	0.025	0.006801	0.156			89.57
5	0.026	0.007199	0.152	0.25	0.672	88.327
7	0.027	0.007500	0.155			85.667
9	0.028	0.007598	0.152			84.785

依据损伤变量的概念,对加载模量、回弹参数、临界状态应力比及有效黏结应力参数与干湿-冻融循环次数的关系进行拟合,拟合结果如图 5-25 所示,模型参数与循环次数的关系均保持良好的线性关系,拟合公式如下所示(相关系数分别为 $R^2=0.99$,$R^2=0.99$,$R^2=0.99$,$R^2=0.94$,拟合程度较为良好):

$$\lambda = 0.028 - 0.0089 \cdot e^{-\frac{N}{2.94}} \tag{5-42}$$

$$\kappa = 0.0076 - 0.0023 \cdot e^{-\frac{N}{2.58}} \tag{5-43}$$

$$M = 0.154 + 0.072 \cdot e^{-\frac{N}{0.49}} \tag{5-44}$$

$$\mu = 86.55 + 25.334 \cdot e^{-\frac{N+0.078}{1.033}} \tag{5-45}$$

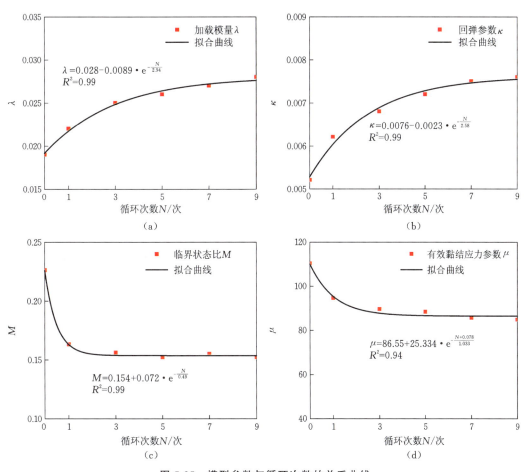

图 5-25　模型参数与循环次数的关系曲线

(a) 加载模量 λ;(b) 回弹参数 κ;(c) 临界状态应力比 M;(d) 有效黏结应力参数 μ

5.4.4　修正剑桥模型的计算结果

5.4.4.1　修正剑桥模型计算结果

将上述参数值代入模型中,计算得到各围压下膨胀土固结排水三轴试验预测曲线与试验曲线对比,如图 5-26 所示。由图 5-26 可知,膨胀土试样试验曲线符合双曲线特征,试验值在模型值周围小范围波动,与预测曲线较为拟合,整体拟合程度良好。

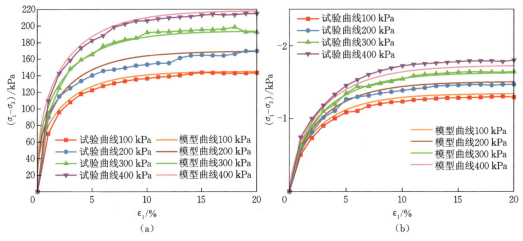

图 5-26　试验曲线与模型结果对比

(a)应力-应变曲线试验与模型结果对比;(b)体变曲线试验与模型结果对比

5.4.4.2　干湿-冻融循环作用后模型计算结果

将式(5-42)至式(5-45)代入式(5-35)、式(5-36)中可以看出,随着干湿-冻融循环次数 N 增加,总的体变增量及总的剪应变增量的变化关系式如下:

$$d\varepsilon_v = d\varepsilon_v^e + d\varepsilon_v^p = \frac{0.028 - 0.0089 \cdot e^{-\frac{N}{2.94}}}{1 + e_0}$$

$$\times \left[\frac{dp'_{变}}{p'_{变}} + \left(1 - \frac{0.0076 - 0.0023 \cdot e^{-\frac{N}{2.58}}}{0.028 - 0.0089 \cdot e^{-\frac{N}{2.94}}} \right) \frac{2\eta_{变} \, d\eta_{变}}{0.154 + 0.072 \cdot e^{-\frac{N}{0.49}} + \eta_{变}^2} \right] \quad (5-46)$$

$$d\varepsilon_q = d\varepsilon_q^e + d\varepsilon_q^p = \frac{0.028 - 0.0089 \cdot e^{-\frac{N}{2.94}} - (0.0076 - 0.0023 \cdot e^{-\frac{N}{2.58}})}{1 + e_0}$$

$$\times \frac{2\eta_{变}}{0.154 + 0.072 \cdot e^{-\frac{N}{0.49}} - \eta_{变}^2} \left(\frac{2\eta_{变} \, d\eta_{变}}{0.154 + 0.072 \cdot e^{-\frac{N}{0.49}} + \eta_{变}^2} + \frac{dp'_{变}}{p'_{变}} \right) \quad (5-47)$$

取干湿-冻融循环次数为 1、3、5、7、9 分别代入修正剑桥模型中,应力-应变曲线及体变曲线与试验数据对比如图 5-27 和图 5-28 所示。由图 5-27 可知,通过三轴试验数据值与模型值的对比可知,修正剑桥模型可以较好地反映干湿-冻融循环条件下膨胀土的应力-应变关系,试验值在模型值周围小范围波动,模型值应力最高点与试验值吻合,整体上看,模型曲线拟合度较高,可以通过修正剑桥模型来反映干湿-冻融循环条件下膨胀土试样的应力-应变曲线。由图 5-28 可知,修正剑桥模型体变曲线的拟合度相对较好,合理反映了干湿-冻融循环作用下膨胀土试样内部结构损伤情况。

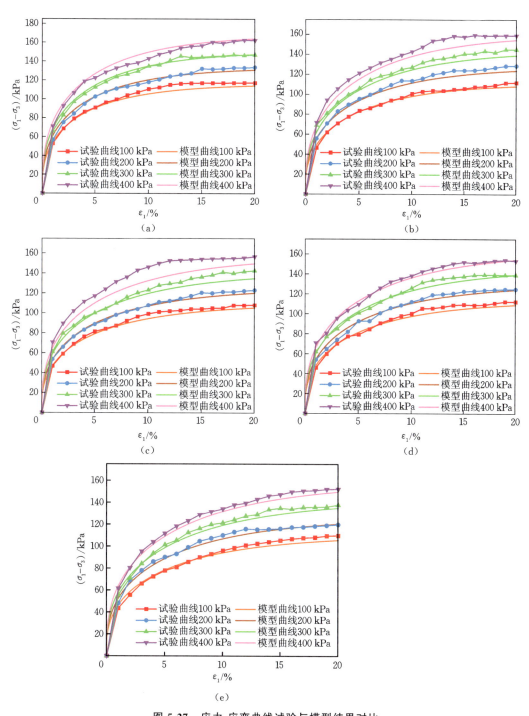

图 5-27 应力-应变曲线试验与模型结果对比

（a）循环 1 次；（b）循环 3 次；（c）循环 5 次；（d）循环 7 次；（e）循环 9 次

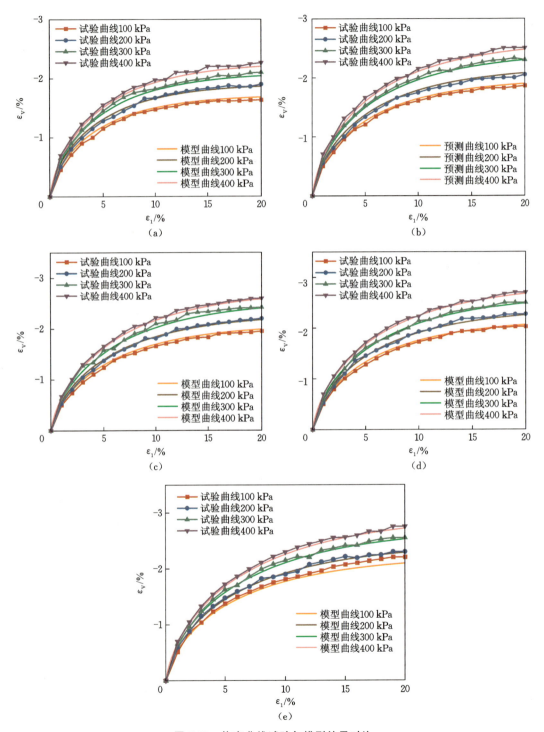

图 5-28 体变曲线试验与模型结果对比

（a）循环 1 次；（b）循环 3 次；（c）循环 5 次；（d）循环 7 次；（e）循环 9 次

5.5　本章小结

通过开展常温和干湿-冻融循环条件下膨胀土的三轴试验,得出了应力、应变、体变和抗剪强度等宏观力学指标,从细观裂隙的发育模式和微观结构形态变化两方面对宏观力学特性的劣化进行了分析研究,在已有的邓肯-张 E-B 模型及修正剑桥模型的基础上,分析了模型参数随循环次数增加的变化规律,得出主要结论如下:

(1)三轴试验宏观力学特性:固结排水三轴试验的抗剪强度大于固结不排水三轴试验。干湿-冻融循环条件下膨胀土的应力-应变曲线均呈硬化性曲线,应力、应变、体变、破坏强度、黏聚力及内摩擦角均在循环初期迅速降低,而后趋于稳定。干湿-冻融循环作用对膨胀土的结构有较大的损伤,结构损伤作用主要发生在第 1 次循环过程中。

(2)三轴试验细观裂隙特性:干湿-冻融循环作用的裂隙发育由循环作用更为剧烈的试样两端逐渐向中间发展,发育到一定深度会产生汇聚偏转,最终成为贯穿试样的纵向贯穿破坏面。试样的整体破坏面由循环初期"Y"形或"X"形破坏面的张拉破坏,发育为循环后期呈"爪"形破坏面的剪切破坏。

(3)三轴试验微观结构特性:膨胀土未经循环作用时膨胀土结构层理性较强,颗粒间有较强的胶结作用,粒间孔隙较小,颗粒间贴合紧密,不易发生相对错动。经循环作用后,团聚体结构重组为松散的絮凝结构,各向异性发生改变,土颗粒破碎卷曲,胶结作用减弱,粒间孔隙增大,更易滋生裂隙。循环作用导致胶结作用减弱是试样黏聚力下降的主要原因,在轴向荷载作用下,试样的破坏模式由张拉破坏逐渐转变为剪切破坏。

(4)邓肯-张 E-B 模型的应用:邓肯-张 E-B 模型参数在循环初期呈波动趋势,在循环后期各参数与干湿-冻融循环次数间有较好的相关性,通过建立各模型参数与循环次数的函数关系,邓肯-张 E-B 模型可较好地反映干湿-冻融循环条件下膨胀土的三轴试验曲线。

(5)修正剑桥模型的应用:修正剑桥模型可以较为准确地计算膨胀土的应力-应变关系曲线和体变曲线,模型参数与干湿-冻融循环次数呈指数函数的关系。对修正剑桥模型进行改进后,该模型可较好地反映干湿-冻融循环条件下膨胀土的应力-应变关系曲线和体变曲线。

第6章 粉土质砂的力学特性规律及 其本构模型研究

北疆供水一期工程的渠基膨胀土因受环境影响,其力学特性衰减严重,导致渠坡发生滑动破坏现象,采用粉土质砂对膨胀土进行换填处理,运行一定年限后渠坡仍发生滑动破坏。为深入分析渠坡的滑动破坏机理,本章结合明渠的实际运行情况,以粉土质砂为研究对象,通过开展基本物理试验、直剪试验、压缩试验、渗透试验、SEM 试验和三轴试验,探究在常温条件下、不同制样条件下、干湿-冻融循环条件下粉土质砂的宏观力学特性变化规律与本构关系,并揭示其微观物理机制。

6.1 粉土质砂的基本物理性质试验

试验所用粉土质砂换填料取自北疆供水一期工程,将取回的土样风干碾碎后过 2 mm 筛,根据《土工试验方法标准》(GB/T 50123—2019)中的方法进行室内基本物理性质试验与 X 射线衍射矿物成分试验,所得试验结果见表 6-1。

表 6-1 粉土质砂的基本物理性质指标及矿物成分

物理性质	$\omega_L/\%$	$\omega_P/\%$	I_P	$\omega_{opt}/\%$	$\rho_{dmax}/(g/cm^3)$	G_s
	26.3	9.8	16.5	12.2	1.86	2.66
矿物组成	石英/%	高岭石/%	钠长石/%	微斜长石/%	水云母/%	蒙脱石/%
	68.4	13.2	7.6	4.7	3.7	2.4

液塑限指标满足以下条件:$I_P \geqslant 0.73(\omega_L - 20\%)$、$I_P \geqslant 7$、$\omega_L < 50\%$,可归类为低液限黏土(代号为 CL)。原生矿物主要由石英、长石组成,次生矿物主要由高岭石、水云母、蒙脱石组成。级配曲线如图 6-1 所示,其中不均匀系数 $C_u = 51.4$,曲率系数 $C_c = 6.3$,可判定粉土质砂换填料为级配不良土。

6.2 常温条件下粉土质砂的力学特性研究

6.2.1 常温条件下粉土质砂的试验方案

为探究粉土质砂的力学特性变化规律与微观机制,对粉土质砂进行常温条件下的直剪试验、压缩试验、渗透试验和 SEM 试验。表 6-2 所列为直剪与压缩试验的控制指标。

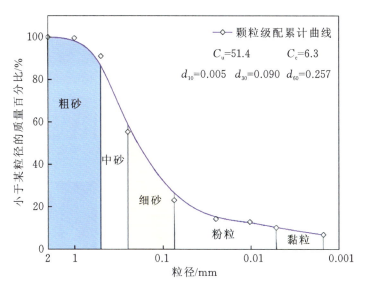

图 6-1　粉土质砂的颗粒级配曲线

表 6-2　直剪与压缩试验的控制指标

不同含水率		不同干密度	
含水率 $\omega/\%$	控制干密度 $\rho_d/(g/cm^3)$	控制含水率 $\omega/\%$	干密度 $\rho_d/(g/cm^3)$
6.2	1.80	12.2	1.65
9.2	1.80	12.2	1.70
12.2	1.80	12.2	1.75
15.2	1.80	12.2	1.80
18.2	1.80	12.2	1.84

6.2.1.1　直剪试验

采用固结快剪试验测定试样抗剪强度参数,垂直压力分别设置为 100 kPa、200 kPa、300 kPa、400 kPa,待土体固结 24 h 后进行快剪试验,剪切速率为 0.8 mm/min。

6.2.1.2　侧限压缩试验

对不同含水率与干密度的试样进行侧限压缩试验,加压方式采用加载—卸载—加载的方式,加载与卸载等级设置为 25 kPa、50 kPa、100 kPa、200 kPa、400 kPa、200 kPa、100 kPa、50 kPa、25 kPa、50 kPa、100 kPa、200 kPa、400 kPa、800 kPa、1600 kPa。

6.2.1.3　渗透试验

根据界限含水率试验可知,粉土质砂具有黏性土的性质,故采用变水头渗透试验。将干密度分别为 1.60 g/cm³、1.65 g/cm³、1.70 g/cm³、1.75 g/cm³、1.80 g/cm³、1.84 g/cm³ 的渗透环刀试样进行抽气饱和处理后,采用 TST-55 型渗透仪对其进行饱和渗透系数的测定。

6.2.1.4　SEM 试验

对微观试样进行粘样、喷金处理,再利用 JSM-7610F Plus 型扫描电子显微镜进行抽真空处理并扫描(图 6-2),采用 Image-J 与 MATLAB 软件对微观扫描图像进行定量分析。

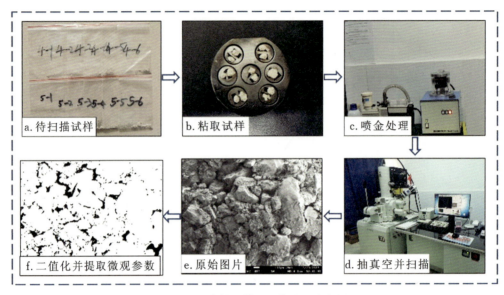

图 6-2 电镜扫描及图像处理流程图

目前对土体微观定量分析的研究,主要采用面积、周长、等效粒/孔径、长宽比、圆度、表观孔隙率、定向频率等微观参数评价颗粒与孔隙的大小、形态与定向性。本节选取如下微观参数进行分析:采用平均粒径与平均圆度评价颗粒的大小与圆度;采用平均孔径与微观孔隙率评价孔隙的大小;采用定向频率评价颗粒与孔隙的定向性。所用微观参数、公式及其含义详见表 6-3。

表 6-3 微观结构定量参数

微观参数	公式	含义
平均粒 / 孔径 d	$d = \dfrac{1}{n}\sum\limits_{i=1}^{n}\sqrt{\dfrac{4S_i}{\pi}}$	n 为颗粒(孔隙)个数;S_i 为第 i 个颗粒(孔隙)的面积
平均圆度 R	$R = \dfrac{1}{n}\sum\limits_{i=1}^{n}\dfrac{4\pi S_i}{L_i^2}$	L_i 为第 i 个颗粒的周长
微观孔隙率 V_{3D}	$V_{3D} = \sum\limits_{i=1}^{N}\dfrac{S(255-D_i)}{255N}$	N 为图像像素总个数;S 为像素面积;D_i 为第 i 个像素对应的灰度
定向频率 $F_i(\alpha)$	$F_i(\alpha) = \dfrac{m_i}{M} \times 100\%$	m_i 为颗粒(孔隙)在第 i 方向区间内的个数;M 为颗粒(孔隙)总数

6.2.2 试验结果分析

6.2.2.1 直剪试验结果分析

(1)含水率对粉土质砂剪切特性的影响

图 6-3 所示为粉土质砂的抗剪强度指标与含水率的关系曲线。由图 6-3 可知,在相同初始干密度条件下,试样黏聚力随含水率增加而增加,至最优含水率附近($\omega_{opt} = 12.4\%$)达

到峰值($c=14.76$ kPa),随含水率继续增加,试样黏聚力逐渐减小,最低下降至 3.9 kPa,整体变化规律可用二次函数拟合,拟合公式见式(6-1),相关系数 $R^2=0.884$。随含水率增加,试样内摩擦角呈线性下降趋势,变化规律可用一次函数拟合,拟合公式见式(6-2),相关系数 $R^2=0.824$。

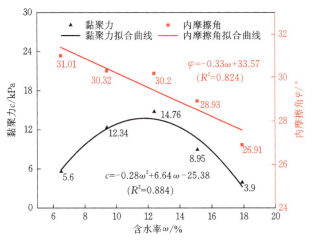

图 6-3 粉土质砂的抗剪强度指标与含水率的关系曲线

$$c=-0.28\omega^2+6.64\omega-25.38 \tag{6-1}$$

$$\varphi=-0.33\omega+33.57 \tag{6-2}$$

(2)干密度对粉土质砂剪切特性的影响

图 6-4 所示为粉土质砂的抗剪强度指标与干密度的关系曲线。由图 6-4 可知,在相同初始含水率条件下,随干密度增加,试样黏聚力迅速上升,干密度在 $1.65\sim1.84$ g/cm³ 之间时黏聚力增长了 15.15 kPa,说明干密度对黏聚力有较大的影响。整体变化规律可用一次函数拟合,拟合公式见式(6-3),$R^2=0.938$。随干密度增加,试样内摩擦角缓慢上升,整体变化幅度不大,干密度在 $1.65\sim1.84$ g/cm³ 之间时内摩擦角增长了 1.33°,表明干密度对内摩擦角影响不大,变化规律拟合公式见式(6-4),相关系数 $R^2=0.894$。

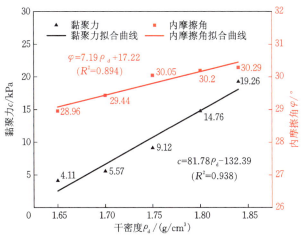

图 6-4 粉土质砂的抗剪强度指标与干密度的关系曲线

$$c = 81.78\rho_{\mathrm{d}} - 132.39 \qquad (6\text{-}3)$$
$$\varphi = 7.19\rho_{\mathrm{d}} + 17.22 \qquad (6\text{-}4)$$

（3）粉土质砂的剪切特性机理分析

不同含水率状态下土体内部土、水、气三相共同存在，土颗粒间存在弯月形收缩水膜，其水膜-空气间的压力差会对土颗粒产生压应力，从而对土体黏聚力产生影响。随含水率增加，土颗粒间的收缩水膜相应增多，与土颗粒间的接触面积相应增大，压力差即压应力增大，黏聚力随之增加。但压应力并不会持续增加，主要是由于含水率继续增加，土体内部空气减少，少量空气被水分包围。这时由收缩水膜产生的压应力并不会作用在土颗粒上，从而导致土颗粒间压应力减小，黏聚力降低。同时随含水率增加，颗粒间润滑度随之增加，致使内摩擦角随之减小。

随干密度增加，粉土质砂孔隙比减小，内部结构更加密实，颗粒间的接触面积与相互作用力增加，颗粒间的滑动与咬合摩擦力也随之增加，导致破坏其内部结构需要更大的剪应力，从而使抗剪强度增加，黏聚力与内摩擦角也随之增加。

6.2.2.2 压缩试验结果分析

（1）含水率对粉土质砂压缩特性的影响

图 6-5 所示为不同含水率粉土质砂的 $e\text{-}\lg p$ 压缩曲线。由图 6-5 可知，不同含水率粉土质砂的 $e\text{-}\lg p$ 曲线变化规律相似，固结压力较小时，对土体内部孔隙结构影响不大，产生的竖向变形较小，孔隙比下降缓慢；随压力增加，孔隙结构受到破坏，孔隙水排出，孔隙体积减小，竖向沉降变形增大，孔隙比迅速下降。随含水率增加，孔隙比降低幅度增加，含水率 $\omega = 6.5\%$ 时孔隙比整体下降了 8.7%，含水率 $\omega = 18.1\%$ 时孔隙比整体下降了 20.69%，降低幅度增加了 11.99%。这主要是由于含水率越大，颗粒间的摩擦力越小，在压力作用下颗粒间更容易产生相对位移，从而竖向沉降变形量相对较大，孔隙比下降幅度增大。

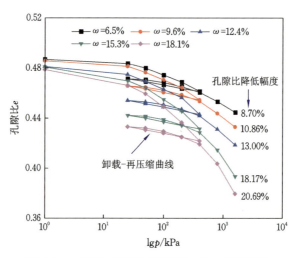

图 6-5　不同含水率粉土质砂的 $e\text{-}\lg p$ 压缩曲线

采用压缩指数与回弹指数表示粉土质砂的压缩特性，图 6-6 所示为压缩指数、回弹指数与含水率的关系。由图 6-6 可知，不同含水率的粉土质砂的压缩指数均小于 0.2，为低压缩性土,压缩指数随含水率增加呈线性增加趋势,拟合公式见式(6-5);回弹指数在 0.009 附近呈波动变化。由此可见,含水率对粉土质砂沉降变形有较明显的影响,但对回弹变形影响不明显。

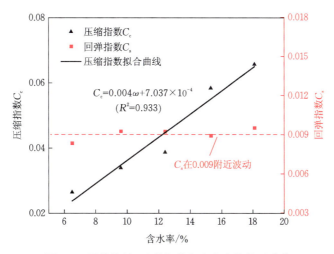

图 6-6 压缩指数、回弹指数与含水率的关系曲线

$$C_c = 0.004\omega + 7.037 \times 10^{-4} \tag{6-5}$$

（2）干密度对粉土质砂压缩特性的影响

图 6-7 所示为不同干密度粉土质砂的 e-$\lg p$ 压缩曲线。由图 6-7 可知,试样初始干密度越大,初始孔隙比越小,随着竖向压力增加,不同干密度试样孔隙比变化规律相似。在固结前期,孔隙比缓慢下降,e-$\lg p$ 曲线趋于直线;随着竖向压力增加,孔隙比迅速下降,e-$\lg p$ 曲线趋于非线性。初始干密度越大,孔隙比下降幅度则越小,主要是随干密度增大,土样内部更加密实,颗粒间连接得更加紧密,在竖向压力作用下,土颗粒发生位移与翻转时受到限制,不易产生沉降变形。

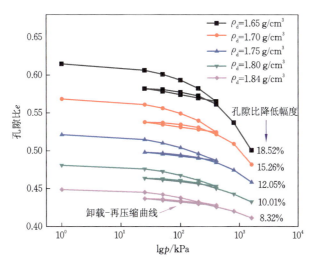

图 6-7 不同干密度粉土质砂的 e-$\lg p$ 压缩曲线

图 6-8 所示为压缩指数、回弹指数与干密度的关系。由图 6-8 可知,不同干密度粉土质砂的压缩指数在 0.02～0.10 之间,属于低压缩性土,压缩指数、回弹指数与干密度的关系可用指数函数拟合,拟合公式见式(6-6)、式(6-7)。粉土质砂的干密度在 1.65～1.75 g/cm³ 范围内,压缩指数与回弹指数迅速下降;粉土质砂的干密度在 1.75～1.84 g/cm³ 范围内,压缩指数与回弹指数缓慢下降。干密度较小时,土样孔隙结构松散,在加载与卸载时易产生竖向沉降变形与回弹变形;干密度较大时,土样孔隙比较小,孔隙结构趋于稳定,不易被扰动,从而在加载与卸载时产生的竖向沉降变形与回弹变形量相对较小。

$$C_c = 840578.454 \cdot e^{-\frac{\rho_d}{0.103}} + 0.009 \tag{6-6}$$

$$C_s = 22151.046 \cdot e^{-\frac{\rho_d}{0.111}} + 0.006 \tag{6-7}$$

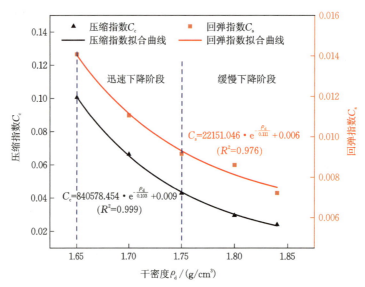

图 6-8　压缩指数、回弹指数与干密度的关系

(3) 不同压力下粉土质砂的微观定性分析

以干密度为 1.8 g/cm³ 的试样为例,图 6-9 所示为不同压力下粉土质砂试样放大 50 倍的 SEM 图像。由图 6-9 可知,随竖向压力增加,粉土质砂微观结构发生了改变。未压缩土样以团粒状结构为主,颗粒间多以点-点的方式接触,粒间孔隙较大且存在一些架空孔隙,颗粒与孔隙无明显定向性。如图 6-9(b)、图 6-9(c)、图 6-9(d)所示,随着压力增加,在 100～400 kPa 压力作用下,部分颗粒被挤压呈片状,颗粒团聚体发生破碎与重组,小粒径砂颗粒镶嵌在大粒径砂颗粒间,粒间孔隙减小,但架空孔隙依然存在。随着压力继续增加,架空孔隙明显减少,碎屑颗粒填充在粒间孔隙内,颗粒间接触得更加紧密,接触方式向面-面过渡,颗粒与孔隙有明显的定向性。综上所述,在 800～1600 kPa 压力范围内粉土质砂架空结构遭到破坏,孔隙被压缩,空隙体积减小,是产生竖向沉降变形的主要阶段,与图 6-7 中干密度为 1.8 g/cm³ 的试样的 e-$\lg p$ 曲线变化规律一致。

(4) 不同压力下粉土质砂的微观定量分析

采用平均粒径、平均圆度、微观孔隙率、定向频率等参数,定量描述粉土质砂颗粒与孔隙结构随压力增加发生的变化。

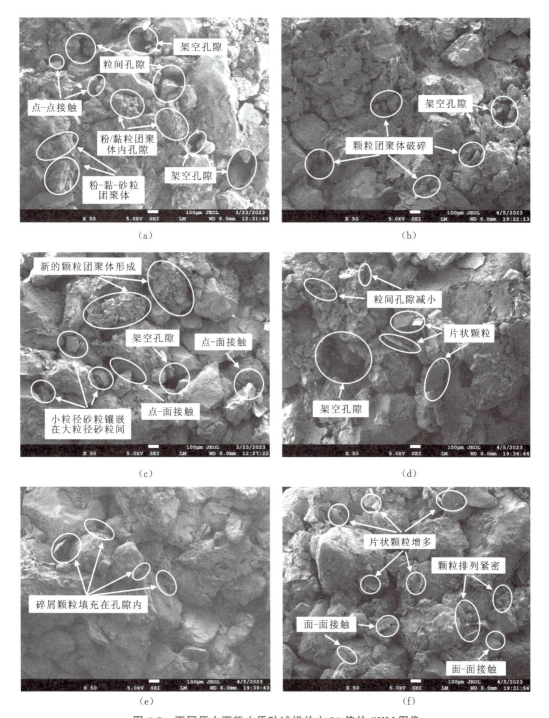

图 6-9　不同压力下粉土质砂试样放大 50 倍的 SEM 图像

(a) 0 kPa；(b) 100 kPa；(c) 200 kPa；(d) 400 kPa；(e) 800 kPa；(f) 1600 kPa

　　图 6-10(a)所示为粉土质砂平均粒径、平均圆度与竖向压力的关系。由图 6-10(a)可知，随着压力增加，平均粒径呈线性上升趋势。这主要是由于在压力作用下更多颗粒团聚在一起，片状颗粒增多，颗粒的比表面积增大，等效粒径随之增加。此外，压力在 0～400 kPa 的增

长过程中,颗粒平均粒径呈波动变化,这是由于土体内部颗粒在进行重排列,对应团聚体形成—破碎—形成的过程,导致此阶段平均粒径呈波动变化。随着压力增加,颗粒平均圆度呈线性下降趋势,并在0~400 kPa阶段呈波动变化,这与平均粒径随竖向压力增加的变化趋势相似,这是由于比表面积增加致使颗粒趋于扁角状,从而导致圆度随之下降。

图6-10(b)所示为平均孔径、微观孔隙率与竖向压力的关系。由图6-10(b)可知,平均孔径与微观孔隙率随压力增大呈线性下降趋势。这主要是由于土样在压力作用下,土颗粒产生相对位移,颗粒间间距减小,排列更加紧密,粒间孔隙逐渐闭合,孔径与微观孔隙率随之下降。

颗粒与孔隙的定向性采用0°~360°范围的玫瑰图表示,如图6-10(c)、图6-10(d)所示。由图6-10(c)可知,不同竖向压力作用下,颗粒定向频率在120°~135°、300°~315°区间达到最大值。这主要是由于在竖向压力作用下,颗粒发生移动、偏转与重新排列,最终颗粒长轴垂直于加压方向,即水平方向。由图6-10(d)可知,颗粒与孔隙的分布方向具有相似性,都具有一定的定向性,在120°~135°、300°~315°区间集中分布。这主要是由于在竖向压力作用下孔隙逐渐闭合,即趋于水平状态。

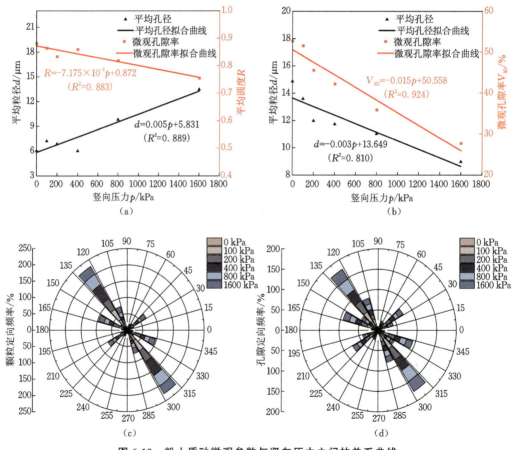

图6-10 粉土质砂微观参数与竖向压力之间的关系曲线

(a) 平均粒径、平均圆度与竖向压力的关系;(b) 平均孔径、微观孔隙率与竖向压力的关系;
(c) 不同压力下颗粒的定向频率分布;(d) 不同压力下孔隙的定向频率分布

(5) 相关性分析

为确定各项微观参数对粉土质砂压缩特性的影响程度,采用SPSS软件,基于皮尔逊

相关系数对压缩系数与各项微观参数进行相关性分析,其中相关系数 $0 \leqslant |R| \leqslant 1$,$|R|$ 越接近 1,表示相关性越强。表 6-4 所列为压缩系数与各项微观参数的相关系数,根据相关系数的大小对各项微观参数进行排序,即平均颗粒角<平均粒径<平均圆度<平均孔径<微观孔隙率。微观孔隙率与压缩系数呈现出 0.05 的显著性水平,是影响粉土质砂压缩特性的一个重要因素。

表 6-4　微观参数的相关系数

微观参数	相关系数 R
平均粒径	-0.557
平均孔径	0.875
平均圆度	0.670
微观孔隙率	0.885*
平均颗粒角	0.212

注:表中 * 表示相关性的显著性水平小于 0.05。

6.2.2.3　渗透试验结果分析

（1）干密度对粉土质砂渗透特性的影响

图 6-11 所示为渗透系数与干密度之间的关系曲线。由图 6-11 可知,渗透系数随干密度增加呈指数下降趋势,拟合公式见式(6-8),$R^2 = 0.968$。渗透系数在下降过程中可分为三个阶段:干密度在 $1.60 \sim 1.70$ g/cm³ 之间,渗透系数迅速下降;干密度在 $1.70 \sim 1.75$ g/cm³ 之间,渗透系数缓慢下降;干密度在 $1.75 \sim 1.84$ g/cm³ 之间,渗透系数趋于稳定。干密度为 1.60 g/cm³ 时渗透系数为 5.83×10^{-4} cm/s,干密度为 1.84 g/cm³ 时渗透系数为 1.27×10^{-6} cm/s。在干密度为 $1.60 \sim 1.84$ g/cm³ 间渗透系数量级从 10^{-4} 降至 10^{-6},跨越了两个量级,表明干密度对粉土质砂的渗透性影响较大。

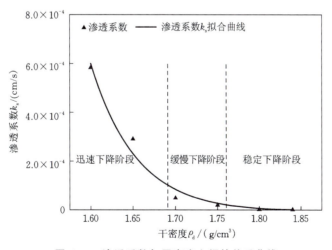

图 6-11　渗透系数与干密度之间的关系曲线

$$k_s = 5.55 \times 10^9 \cdot e^{-\frac{\rho_d}{0.05}} - 9.88 \times 10^{-6} \tag{6-8}$$

（2）不同干密度粉土质砂渗透特性的微观机制

图 6-12 为粉土质砂不同干密度渗透试样放大 50 倍 SEM 图像。由图 6-12 可知,干密度较小时颗粒排列较为松散,以架空孔隙为主,孔隙有较好的连通性,水分在孔隙结构内迁徙过程中阻力较小,渗透性较好;随干密度增加,架空孔隙减少,以粒间孔隙为主,且一些比表面积较大的片状颗粒填充在孔隙内,从而导致过水断面减小,渗透性随之减小;干密度继续增加,颗粒间连接紧密,碎屑颗粒填充在粒间孔隙内,将粒间孔隙分割为多个细小孔隙,土体内部孔隙分布更为复杂,渗流路径更加曲折,渗透性迅速降低。

图 6-12　不同干密度粉土质砂渗透试样放大 50 倍的 SEM 图像

(a) 1.60 g/cm³;(b) 1.65 g/cm³;(c) 1.70 g/cm³;(d) 1.75 g/cm³;(e) 1.80 g/cm³;(f) 1.84 g/cm³

上述内容对不同干密度渗透试样进行了定性描述,但对于各项微观参数对渗透系数的影响程度没有准确度量。因此,选用平均粒径、平均孔径、平均圆度等微观参数与渗透系数进行相关性分析,分析结果见表 6-5。根据相关系数的大小对各项微观参数进行排序,即平均粒径<平均圆度<微观孔隙率<平均颗粒角<平均孔径。由此可知,平均孔径与渗透系数有显著的相关性,是影响粉土质砂渗透性的重要因素。

表 6-5　微观参数的相关系数

微观参数	相关系数 R
平均粒径	-0.576
平均孔径	0.890^*
平均圆度	0.656
微观孔隙率	0.686
平均颗粒角	0.772

注:表中 * 表示相关性的显著性水平小于 0.05。

基于各项微观参数与渗透系数相关性分析结果,对平均孔径与渗透系数的关系进行分析。图 6-13 描述了平均孔径与渗透系数的变化规律,其拟合公式见式(6-9)。由图 6-13 可知,随着平均孔径增加,渗透系数呈指数上升趋势。这是由于孔径较小时孔隙间连通性差,土体渗透系数变化相对较小;随着孔径增加,孔隙间相互连通,单位体积土体渗流量增加,渗透系数迅速增加。

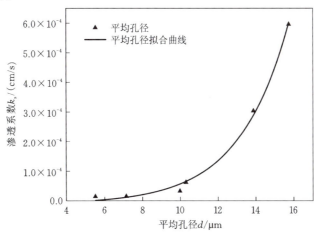

图 6-13　平均孔径与渗透系数的关系曲线

$$k_s = 1.497 \times 10^{-6} \cdot e^{\frac{d}{2.618}} - 2.441 \times 10^{-5} \tag{6-9}$$

6.3　不同制样条件下粉土质砂的力学特性研究

6.3.1　试样制备

北疆供水一期工程通常为季节性供水,在渠道换填工程完建期,不同含水率粉土质砂只经历了压实过程;在渠道通水期,土体受渠水浸润后含水率上升,经历了压实、吸水过程;在渠道停水期,渠坡浸润线逐渐下降,饱和土体含水率下降,此时的土体经历了压实、饱和、脱水过程。为更加准确地分析含水率对实际工程中粉土质砂力学特性的影响,采用静压法、吸水法、饱和-脱水法三种制样方法模拟换填工程完建期、通水期、停水期粉土质砂的不同状态,具体制样步骤如下:

(1) 静压法试样制取:将风干土样放入 105 ℃烘箱内烘 12 h 进行干燥处理,取出试样静置至室温,洒水拌和至含水率分别为 6.2%、9.2%、12.2%、15.2%、18.2%,放入塑料袋内静置 24 h。取出一定质量土样放入压样器内,使用千斤顶对压样器施加轴向压力,将土样压入环刀(环刀尺寸:直径 61.8 mm,高度 20 mm)内,制取干密度 $\rho_d = 1.8$ g/cm³ 的静压试样。

(2) 吸水法试样制取:首先制取含水率 $\omega = 3\%$、干密度 $\rho_d = 1.8$ g/cm³ 的静压试样,将试样吸水至目标含水率(6.2%、9.2%、12.2%、15.2%、18.2%),为使土体内部水分分布均匀,用保鲜膜将吸水后的环刀试样包裹住并放置在烘箱内,恒温恒湿静置 24 h。

(3) 饱和-脱水法试样制取:将干密度 $\rho_d = 1.8$ g/cm³ 的环刀试样进行抽气饱和处理(饱和含水率 $\omega_{sat} = 20.8\%$),参考渠道沿线地温分布,将试样放入 40°烘箱内进行干燥脱水,采用质量控制法,将饱和试样分别干燥至以下含水率:6.2%、9.2%、12.2%、15.2%、18.2%。

将上述三种制样方法所得环刀试样含水率误差控制在 ±1%,不符合条件的环刀试样需重新制取。

6.3.2　宏观、微观试验方案

6.3.2.1　宏观试验方案

(1) 直剪试验:将不同制样方法制得的环刀试样推入剪切盒内,分别施加 100 kPa、200 kPa、300 kPa、400 kPa 的轴压,固结 24 h 后进行快剪试验。

(2) 压缩试验:采用加载—卸载—加载的方式,分别对不同制样方法制得的环刀试样施加 25 kPa、50 kPa、100 kPa、200 kPa、400 kPa、200 kPa、100 kPa、50 kPa、25 kPa、50 kPa、100 kPa、200 kPa、400 kPa、800 kPa、1600 kPa 的垂直荷载,测定土样沉降变形与回弹变形量。

6.3.2.2　微观试验方案

采用电镜扫描仪对静压法、吸水法、饱和-脱水法制得的试样进行扫描,采用 Image-J 与 MATLAB 软件对其孔隙特征进行定量分析。本节主要选取微观孔隙的等效直径和三维孔隙率进行分析。

6.3.3　试验结果分析

6.3.3.1　直剪试验结果分析

图 6-14 所示为不同制样方法制得的粉土质砂试样抗剪强度指标与含水率的关系曲线。其中图 6-14(a)所示为黏聚力与含水率的关系曲线,图 6-14(b)所示为内摩擦角与含水率的关系曲线。由图 6-14(a)可知,随着含水率增加,静压法制得的试样黏聚力呈先增大后减小的趋势,吸水法制得的试样与饱和-脱水法制得的试样黏聚力呈线性下降趋势,三种制

样方法制得的试样的黏聚力与含水率关系的拟合公式见式(6-10)至式(6-12)。不同制样方法制得的试样黏聚力大小关系以最优含水率($\omega_{opt}=12.2\%$)为界限存在差异,当$\omega\leqslant12.2\%$时,三种制样方法制得的试样黏聚力大小排序为饱和-脱水法>静压法>吸水法;当$\omega>12.2\%$时,静压法制得的试样与饱和-脱水法制得的试样黏聚力相近,吸水法制得的试样仍小于另外两种制样方法制得的试样。由图 6-14(b)可知,三种制样方法制得的试样内摩擦角随含水率增加呈线性下降趋势,拟合公式见式(6-13)至式(6-15)。三种制样方法在不同含水率下试样内摩擦角之间的关系与黏聚力相似,即不同含水率吸水法制得的试样内摩擦角最小,静压法与饱和-脱水法制得的试样以 12.2%(最优含水率)为界限存在差异。综合上述试验结果可知,通水期吸水试样抗剪强度会迅速下降,停水期饱和-脱水试样干燥状态下抗剪强度迅速上升,即不同时期粉土质砂强度不稳定,极易诱发边坡发生滑动破坏。

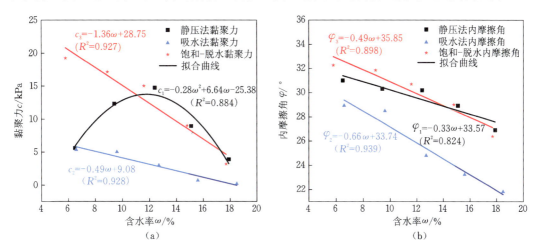

图 6-14 不同制样方法所制试样的抗剪强度指标与含水率的关系
(a)黏聚力与含水率的关系;(b)内摩擦角与含水率的关系

$$c_1=-0.28\omega^2+6.64\omega-25.38 \tag{6-10}$$
$$c_2=-0.49\omega+9.08 \tag{6-11}$$
$$c_3=-1.36\omega+28.75 \tag{6-12}$$
$$\varphi_1=-0.33\omega+33.57 \tag{6-13}$$
$$\varphi_2=-0.66\omega+33.74 \tag{6-14}$$
$$\varphi_3=-0.49\omega+35.85 \tag{6-15}$$

式中 ω——试样含水率;

c_1,c_2,c_3——静压法、吸水法、饱和-脱水法制得的试样的黏聚力;

$\varphi_1,\varphi_2,\varphi_3$——静压法、吸水法、饱和-脱水法制得的试样的内摩擦角。

6.3.3.2 压缩试验结果分析

图 6-15 所示为不同制样条件下不同含水率粉土质砂的压缩特性曲线。其中图 6-15(a)至图 6-15(e)所示为不同制样条件下不同含水率粉土质砂 e-$\lg p$ 的压缩曲线,图 6-15(f)所示为不同制样方法粉土质砂压缩模量与含水率的关系,其中压缩模量在 $100\sim200$ kPa 范围内取值。

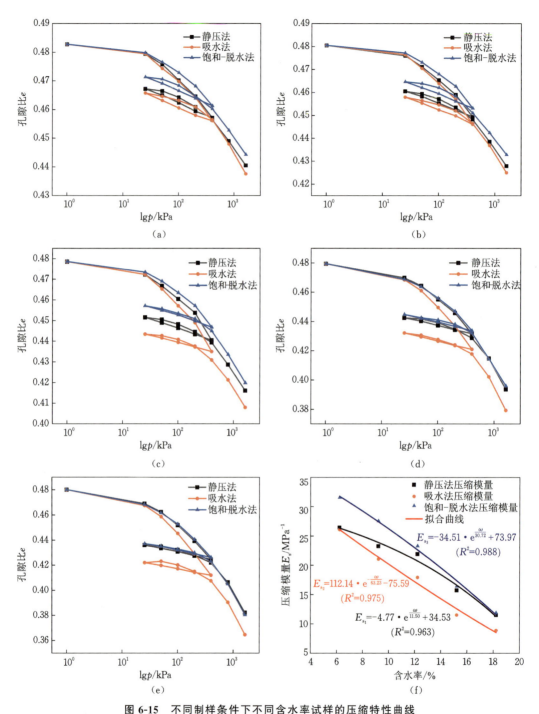

图 6-15　不同制样条件下不同含水率试样的压缩特性曲线

(a) $\omega=6.2\%$;(b) $\omega=9.2\%$;(c) $\omega=12.2\%$;(d) $\omega=15.2\%$;(e) $\omega=18.2\%$;(f) 压缩模量与含水率的关系

由图 6-15(a)至图 6-15(e)可知,不同含水率 e-$\lg p$ 曲线变化规律相似,前期孔隙比随压力增加下降幅度较为平缓,随竖向压力增加,孔隙比下降速率逐渐增加。随着含水率增加,吸水法制得的试样孔隙比下降幅度逐渐高于另外两种制样方法制得的试样;随着含水率减小,饱和-脱水法制得的试样孔隙比下降幅度逐渐低于另外两种制样方法制得的试样。表明在相同含水率条件下,不同的制样方式会改变试样的孔隙结构,从而影响水、气的排出,继而对孔隙比的下降幅度产生影响。

由图 6-15(f)可知,随着含水率增加,三种制样方法制得的试样压缩模量呈指数下降趋势,拟合公式见式(6-16)至式(6-18)。吸水法制得的不同含水率试样压缩模量整体小于另外两种制样方法制得的试样,当 $\omega \leqslant 12.2\%$ 时,饱和-脱水法制得的试样压缩模量大于静压法制得的试样,且压缩模量随含水率增加差异逐渐不明显;当 $\omega < 18.2\%$ 时,静压法与饱和-脱水法制得的试样压缩模量大于 15,表现为低压缩性土,$\omega = 18.2\%$ 时为中压缩性土。对于吸水法制得的试样,当 $\omega < 15.2\%$ 时为低压缩性土,$\omega \geqslant 15.2\%$ 时表现为中压缩性土,表明随着含水率增加试样会更快转变为中压缩性土。综上可知,不同制样方法制得的粉土质砂试样可压缩性是不同的,即不同时期粉土质砂沉降变形存在差异,对边坡稳定是不利的。

$$E_{s1} = -4.77 \cdot e^{\frac{\omega}{11.50}} + 34.53 \tag{6-16}$$

$$E_{s2} = 112.14 \cdot e^{-\frac{\omega}{63.23}} - 75.59 \tag{6-17}$$

$$E_{s3} = -34.51 \cdot e^{\frac{\omega}{30.72}} + 73.97 \tag{6-18}$$

式中 E_{s1},E_{s2},E_{s3}——静压、吸水、饱和-脱水法制得的试样的压缩模量。

图 6-16 所示为不同制样方法粉土质砂压缩指数、回弹指数与含水率的关系,其中压缩指数取固结后期(400~1600 kPa)e-lg$p$ 曲线斜率。由图 6-16 可知,三种制样方法制得的试样压缩指数随着含水率增加呈上升趋势,不同制样方法制得的试样压缩指数的差异较小,可用同一斜率直线表示;回弹指数整体在(0.007,0.01)区间内波动,无明显规律性。上述试验结果说明,压缩指数与回弹指数不受制样方法影响。

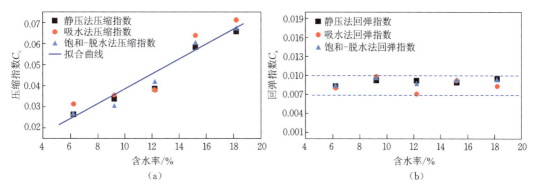

图 6-16 不同制样方法制得的试样压缩指数、回弹指数与含水率的关系

6.3.4 不同制样方法制得的粉土质砂的微观结构与机理分析

6.3.4.1 微观结构分析

图 6-17 所示为不同制样方法制得的粉土质砂的微观扫描图像。通过对比分析可以看出:

(1)颗粒特征:不同制样方法制得的试样颗粒结构特征变化不明显,粉粒与黏粒附着在砂粒表面形成粉-黏-砂颗粒团聚体,团聚体间通过点-点、点-面的接触方式构成土骨架。

（2）孔隙特征：由图 6-17(a)可知，静压法制得的试样内部存在三种孔隙，即架空孔隙（团粒间的大孔隙）、镶嵌孔隙（团粒间的小孔隙）、粒间孔隙（团粒内部颗粒间的细、微孔隙）；由图 6-17(b)可知，相较于静压法制得的试样，吸水法制得的试样架空孔隙与镶嵌孔隙明显增多，粒间孔隙减少；由图 6-17(c)可知，相对于静压法制得的试样，饱和-脱水法制得的试样架空孔隙减少，以镶嵌孔隙、粒间孔隙为主。

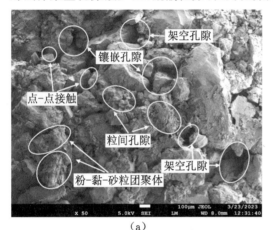
（a）

（b）

（c）

图 6-17　不同制样方法所制试样的微观扫描图像
（a）静压法制得的试样；（b）吸水法制得的试样；
（c）饱和-脱水法制得的试样

根据上述定性分析可知，不同制样方法制得的试样内部主要存在孔隙特征上的差异，因此对其不同孔隙类型占比与孔隙体积进行定量分析。图 6-18 所示为不同制样方法制得的试样的各类孔隙数量占比。由图 6-18 可知，相较于静压法制得的试样，吸水法制得的试样小孔隙占比减小，中孔隙与大孔隙占比增加，饱和-脱水法制得的试样大孔隙与中孔隙占比减少，小孔隙占比增加。通过对不同制样方法制得的试样的三维孔隙率进行分析可得，吸水法制得的试样的三维孔隙率（$V_{3D}=56.27\%$）最大，其次是静压法制得的试样（$V_{3D}=56.20\%$），饱和-脱水法制得的试样（$V_{3D}=55.35\%$）最小。综上可以看出，不同制样方法制得的试样孔隙特征最大的差异在于不同孔隙类型的占比，因此，可以此为切入点对其微观机理进行分析。

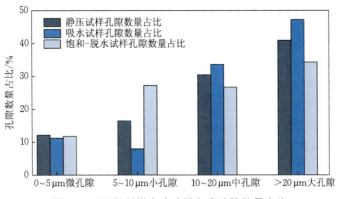

图 6-18 不同制样方法试样各类孔隙数量占比

6.3.3.2 微观机理分析

图 6-19 所示为不同制样方法制得的试样的微观机理图。由图 6-19 可知,对于静压法制得的试样而言,结合水膜、黏土矿物等因素的影响均在洒水拌和阶段,成样后孔隙结构不会受到影响,但这些因素对吸水法、饱和-脱水法制得的试样的影响是在成样后,所以在相同孔隙比与含水率条件下不同制样方法制得的试样的微观孔隙特征存在差异。

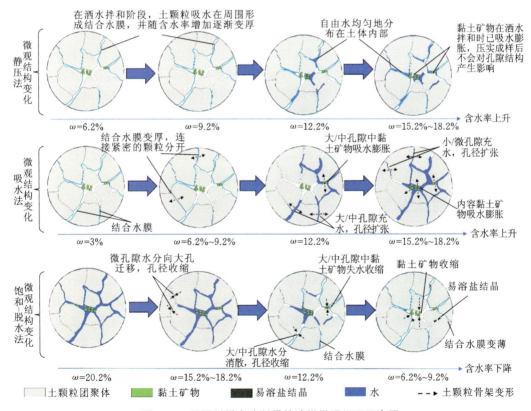

图 6-19 不同制样方法制得的试样微观机理示意图

(1)当含水率 $\omega = 6.2\% \sim 9.2\%$ 时,试样处于干燥状态,土中水主要以结合水的形式存在,在此阶段吸水试样的结合水膜逐渐变厚,使连接紧密的颗粒分开;饱和-脱水法制得的试样水分逐渐蒸发,易溶盐结晶析出,同时土颗粒周围结合水膜变薄,试样内部黏土矿物层间水流失,发生收缩,致使周围土骨架颗粒相互靠拢,土体中/大孔隙占比减小。

(2)土体最优含水率状态下($\omega_{opt}=12.2\%$),吸水试样中/大孔隙被自由水填充,在水分子表面张力作用下,孔径扩张,同时孔隙中黏土矿物吸水膨胀,使得土骨架颗粒分散,部分孔隙类型向中/大孔隙转变;饱和-脱水法制得的试样在此阶段自由水逐渐从中/大孔隙中流失,结合水膜残留在孔隙外壁,孔隙内黏土矿物收缩,孔径收缩,部分孔隙向微/小孔隙转变。

(3)土体趋于饱和状态下($\omega=15.2\%\sim18.2\%$),吸水法制得的试样水分进入土体内部与微/小孔隙中,孔径扩张,内部黏土矿物颗粒吸水膨胀,土颗粒间距与孔隙连通性增加,中/大孔隙占比进一步增加;饱和-脱水法制得的试样此时处于脱水初期,在此阶段中/大孔隙自由水开始流失,微孔隙中的毛细水向大孔隙迁移,微孔隙孔径发生收缩。

6.3.5　宏观、微观之间的联系

从上述宏观试验结果与微观机理分析可以看出,不同制样方法制得的试样的宏微观均存在明显差异,根据宏观-微观辩证关系可知,土体的宏观力学特性变化规律体现在微观结构变化,可认为不同制样方法制得的试样的宏观强度指标的变化,是在黏土矿物、易溶盐、结合水膜等因素影响下致使微观结构发生变化的体现。

由微观机理分析可知,静压法制得的试样随含水率增加孔隙结构不会发生改变;吸水法制得的试样随含水率增加,中、大孔隙增加,颗粒间的间距增加,孔隙间的连通性增加,整体孔隙结构松散。因此,相较于静压法制得的试样,吸水法制得的试样在剪应力作用下颗粒间容易发生错动,在竖向压力作用下孔隙水、气更易于排出,故会出现其黏聚力、内摩擦角、压缩模量小于静压法制得的试样的宏观现象。饱和-脱水法制得的试样随含水率降低,土骨架发生收缩,中、大孔隙减少,与此同时,易溶盐析出的结晶嵌入土体内部充当土颗粒,相较于相同含水率静压法制得的试样的孔隙结构更加密实,导致抗剪强度较高,沉降变形较低,其中饱和-脱水法制得的试样在趋于饱和状态下强度指标与静压法制得的试样无明显差异,主要是由于在初始脱水阶段,即$\omega=15.2\%\sim18.2\%$时,饱和-脱水法制得的试样只是微孔隙发生了变化,对土体强度影响较小。

6.3.6　对比分析

黄琨等[281]、吕海波等[282]分别对粉砂土、膨胀土进行了不同制样条件下的直剪试验,为方便对粉土质砂与粉砂土、膨胀土进行对比分析,绘制三种土体采用不同制样方法制得的试样的黏聚力、内摩擦角与含水率的关系曲线,如图6-20至图6-21所示。由图6-20可知,粉土质砂与膨胀土采用吸水法制得的试样黏聚力整体小于静压法制得的试样,在低含水率状态下,三种土体采用饱和-脱水法制得的试样黏聚力明显高于静压法制得的试样,这表明经历吸水(饱和-脱水)后,粉砂土、膨胀土孔隙结构也会受到结合水膜、黏土矿物等因素的影响,从而使颗粒间联结逐渐松散(紧密),导致黏聚力减小(增加)。由图6-21可知,采用三种制样方法制得的膨胀土的内摩擦角大小差异不明显,经历饱和-脱水过程的粉砂土,当含水率小于20%时内摩擦角明显高于静压法制得的试样,随着含水率增加规律不明显,这与粉土质砂相似,主要是由于粉土质砂与粉砂土相较于膨胀土而言黏粒较少,矿物成分相似。

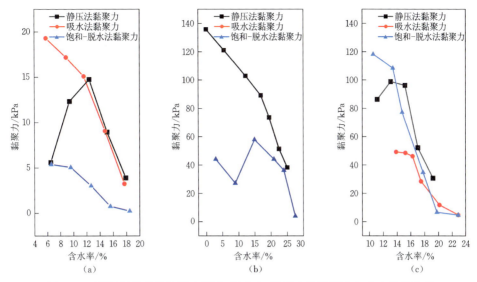

图 6-20 不同制样条件下粉土质砂、粉砂土、膨胀土的黏聚力与含水率的关系
（a）粉土质砂换填料；（b）粉砂土；（c）膨胀土

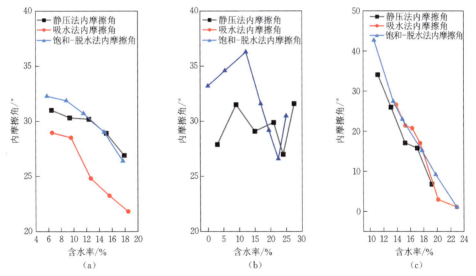

图 6-21 不同制样条件下粉土质砂、粉砂土、膨胀土的内摩擦角与含水率的关系
（a）粉土质砂换填料；（b）粉砂土；（c）膨胀土

6.3.7 强度指标之间的函数关系预测及验证

6.3.7.1 函数关系预测

三种制样方法中静压法最为方便,相较于静压法制得的试样,吸水法制得的试样多了吸水的过程,饱和-脱水法制得的试样多了饱和、脱水的过程,制样方式较为烦琐,为此分别探究静压法与吸水法、饱和-脱水法试样强度指标间的关系,期望能够通过静压法制得的试样强度指标推演出吸水法、饱和-脱水法制得的试样强度指标,以达到更适用于工程实践的目的。

设置劣化度 T 与 S,分别表示相较于静压法制得的试样经历吸水与饱和-脱水后相同含水率试样强度指标的劣化程度,用式(6-19)至式(6-21)计算强度参数的劣化度:

$$T_c(S_c) = \frac{c_{1\omega} - c_{2\omega(3\omega)}}{c_{1\omega}} \times 100\% \qquad (6-19)$$

$$T_\varphi(S_\varphi) = \frac{\varphi_{1\omega} - \varphi_{2\omega(3\omega)}}{\varphi_{1\omega}} \times 100\% \qquad (6-20)$$

$$T_{E_s}(S_{E_s}) = \frac{E_{s1\omega} - E_{s2\omega(3\omega)}}{E_{s1\omega}} \times 100\% \qquad (6-21)$$

式中　$c_{1\omega}$、$c_{2\omega}$、$c_{3\omega}$——不同含水率条件下静压法、吸水法、饱和-脱水法制得的试样的黏聚力；

　　　$\varphi_{1\omega}$、$\varphi_{2\omega}$、$\varphi_{3\omega}$——不同含水率条件下静压法、吸水法、饱和-脱水法制得的试样的内摩擦角；

　　　$E_{s1\omega}$、$E_{s2\omega}$、$E_{s3\omega}$——不同含水率条件下静压法、吸水法、饱和-脱水法制得的试样的压缩模量；

　　　$T_c(S_c)$、$T_\varphi(S_\varphi)$、$T_{E_s}(S_{E_s})$——经历吸水（饱和-脱水）后黏聚力、内摩擦角、压缩模量的劣化度，如表6-6所示。

表 6-6　经历吸水、饱和-脱水后试样强度指标的劣化度

$\omega/\%$	$T_c/\%$	$S_c/\%$	$T_\varphi/\%$	$S_\varphi/\%$	$T_{E_s}/\%$	$S_{E_s}/\%$
6.2	3.57	−244.82	6.61	−4.13	1.34	−19.26
9.2	58.91	−39.38	5.94	−5.15	9.67	−18.26
12.2	79.40	−2.24	17.81	−1.75	18.37	−6.10
15.2	91.40	−1.45	19.60	−0.38	26.75	−4.22
18.2	93.59	16.67	18.88	1.86	23.08	−3.08

注：表中 $T_c(S_c)$、$T_\varphi(S_\varphi)$、$T_{E_s}(S_{E_s})$ 值为"+"时代表强度指标降低，"−"代表增加。

将含水率 ω 分别与劣化度 T_c、T_φ、T_{E_s} 的关系进行拟合，其变化规律如图6-23所示，拟合公式见式(6-22)至式(6-24)。

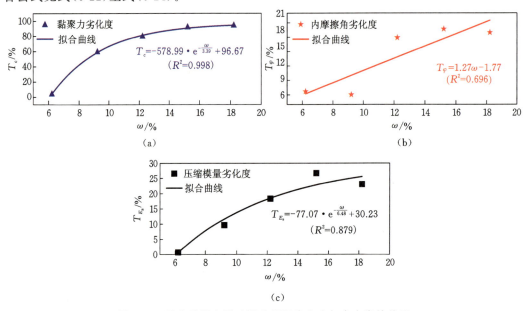

(a)

(b)

(c)

图 6-22　吸水后粉土质砂强度指标劣化度与含水率的关系

$$T_c = -578.99 \cdot e^{-\frac{\omega}{3.39}} + 96.67 \tag{6-22}$$

$$T_\varphi = 1.27\omega - 1.77 \tag{6-23}$$

$$T_{E_s} = -77.07 \cdot e^{-\frac{\omega}{6.48}} + 30.23 \tag{6-24}$$

将式(6-22)至式(6-24)分别代入式(6-19)至式(6-21)中,可得不同含水率条件下静压法与吸水法制得的试样的黏聚力、内摩擦角、压缩模量间的函数关系式,见式(6-25)至式(6-27),由此可知黏聚力、压缩模量呈指数相关,内摩擦角呈线性相关。

$$c_2 = (578.99 \cdot e^{-\frac{\omega}{3.39}} - 95.67)c_1 \tag{6-25}$$

$$\varphi_2 = (-1.27\omega + 2.77)\varphi_1 \tag{6-26}$$

$$E_{s2} = (77.07 \cdot e^{-\frac{\omega}{6.48}} - 29.23)E_{s1} \tag{6-27}$$

图 6-23 所示为经历饱和-脱水后强度指标劣化度与含水率之间的关系,S_c、S_φ、S_{E_s} 与含水率关系拟合公式见式(6-28)至式(6-30),相关系数 R^2 均大于 0.7,拟合效果良好。

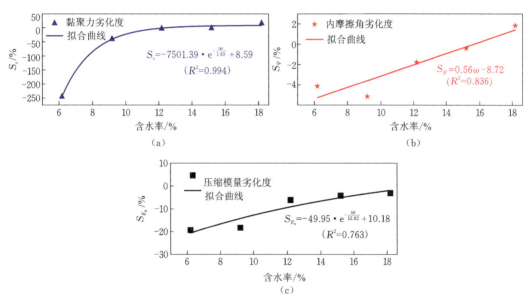

图 6-23　经历饱和-脱水后粉土质砂强度指标劣化度与含水率的关系

$$S_c = -7501.39 \cdot e^{-\frac{\omega}{1.83}} + 8.59 \tag{6-28}$$

$$S_\varphi = 0.56\omega - 8.72 \tag{6-29}$$

$$S_{E_s} = -49.95 \cdot e^{-\frac{\omega}{12.82}} + 10.18 \tag{6-30}$$

将式(6-28)至式(6-30)分别代入式(6-19)至式(6-21)中,可得静压法与饱和-脱水法制得的试样的黏聚力、内摩擦角、压缩模量之间的函数关系,见式(6-31)至式(6-33)。由此可知,黏聚力与压缩模量呈指数相关,内摩擦角呈线性相关。

$$c_3 = (7501.39 \cdot e^{-\frac{\omega}{1.83}} - 7.59)c_1 \tag{6-31}$$

$$\varphi_3 = (-0.56\omega + 9.72)\varphi_1 \tag{6-32}$$

$$E_{s3} = (49.95 \cdot e^{-\frac{\omega}{12.82}} - 9.18)E_{s1} \tag{6-33}$$

6.3.7.2　静压法与饱和-脱水法抗剪强度指标间的函数关系验证

图 6-24 所示为粉砂土经历饱和-脱水后黏聚力、内摩擦角劣化度与含水率的关系,对其

函数关系进行拟合,拟合公式见式(6-34)、式(6-35),相关系数 R^2 均大于 0.7,拟合效果良好。

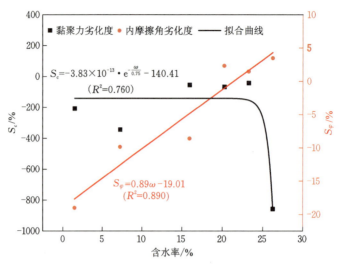

图 6-24　经历饱和-脱水后粉砂土强度指标劣化度与含水率的关系[281]

$$S_c = -3.83 \times 10^{-13} \cdot e^{\frac{\omega}{0.75}} - 140.41 \qquad (6-34)$$
$$S_\varphi = 0.89\omega - 19.01 \qquad (6-35)$$

将式(6-34)、式(6-35)分别代入式(6-19)至式(6-21),可得粉砂土采用静压法与饱和-脱水法制得的试样黏聚力与内摩擦角的关系式,见式(6-36)、式(6-37),两种制样方法制得的试样黏聚力、内摩擦角分别呈指数与线性相关,与粉土质砂相同,表明这可能是砂类土共有的性质。

$$c_2 = (3.83 \times 10^{-13} \cdot e^{\frac{\omega}{0.75}} + 141.41)c_1 \qquad (6-36)$$
$$\varphi_2 = (20.01 - 0.89\omega)\varphi_1 \qquad (6-37)$$

6.4　干湿-冻融循环条件下粉土质砂的力学特性变化规律

6.4.1　干湿-冻融循环方案

制备含水率 $\omega_{opt} = 12.2\%$(最优含水率)的土样,采用静压法制备 $\rho_d = 1.8\ g/cm^3$ 的环刀试样(环刀尺寸:61.8 mm×20 mm),将制备好的环刀试样进行干湿-冻融循环处理。由于北疆供水一期工程输水渠道为季节性供水,渠坡土体会按照湿润、干燥、冻结、融化的顺序经历循环。本节对粉土质砂进行 9 次干湿-冻融循环,选用 1、3、5、7、9 次循环试样进行直剪与压缩试验。一次循环过程如下:

湿润:在通水期浸润线以下粉土质砂处于饱和状态,采用抽真空饱和法模拟其饱和状态。干燥:参考取样地历史气象资料,将饱和处理完成的试样放入 40 ℃烘箱内干燥处理,干燥至含水率为 9.1%(现场实测含水率),模拟停水期粉土质砂干燥过程。冻结:将试样放入 GDJ/YH-225L 高低温交变湿热试验箱,温度设置为 −20 ℃,时间设置为 24 h,模拟粉土质砂冻结过程。融化:将试验箱温度设置为 20 ℃,时间设置为 24 h 模拟粉土质砂融化过程,在冻融过程中,用保鲜膜将试样包裹,以减少水分流失。

6.4.2　宏观、微观试验方案

6.4.2.1　宏观试验方案

（1）直剪试验：将不同循环次数的环刀试样放入剪切盒内，分别在 100 kPa、200 kPa、300 kPa、400 kPa 的轴压下固结 24 h，之后在 0.8 mm/min 的剪切速率下进行快剪试验。

（2）固结试验：对不同循环次数的环刀试样逐级施加轴向压力，加压顺序设置为 25 kPa、50 kPa、100 kPa、200 kPa、400 kPa、200 kPa、100 kPa、50 kPa、25 kPa、50 kPa、100 kPa、200 kPa、400 kPa、800 kPa、1600 kPa。

6.4.2.2　微观试验方案

采用微观扫描仪获取不同干湿-冻融循环次数试样的微观图像，采用 Image-J 软件对微观图像进行定量分析，本节采用平均粒/孔径 d、定向频率 $F_i(\alpha)$ 和分形维数 D 进行分析。

6.4.3　宏观试验结果分析

6.4.3.1　直剪试验结果分析

为定量描述 c、φ 值随循环次数增加的变化幅度，借鉴江强强等[283]所提出的劣化度的计算公式，见式(6-38)、式(6-39)。图 6-25 所示为 c、φ 值及劣化度与干湿-冻融循环次数的关系。由图 6-25 可知，初次循环试样黏聚力变化不大，在第 3 次循环后黏聚力略微下降，之后随循环次数增加趋于动态平衡状态，劣化度随循环次数增加逐渐上升，其中相较于未循环试样，其最大劣化度为 4.61%，此时黏聚力仅减小了 0.68 kPa，黏聚力与其对应的劣化度整体变化规律可用指数函数拟合，见式(6-40)、式(6-41)。随着循环次数增加，内摩擦角整体略微下降，变化幅度在 1° 以内，劣化度在 2% 左右，内摩擦角与其对应的劣化度随循环次数增加的变化规律可用式(6-42)、式(6-43)表示。

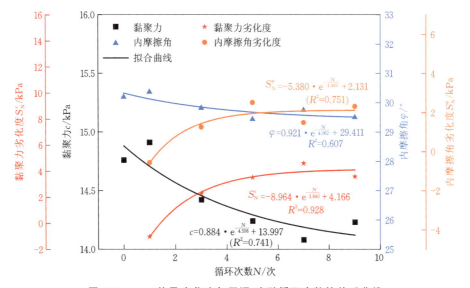

图 6-25　c、φ 值及劣化度与干湿-冻融循环次数的关系曲线

$$S_N^c = \frac{c_0 - c_N}{c_0} \times 100\% \qquad (6\text{-}38)$$

$$S_N^\varphi = \frac{\varphi_0 - \varphi_N}{\varphi_0} \times 100\% \qquad (6\text{-}39)$$

式中　c_0, φ_0——未经循环的试样的黏聚力与内摩擦角；

　　　c_N, φ_N——第 N 次循环后的试样的黏聚力与内摩擦角；

　　S_N^c, S_N^φ——未经循环的粉土质砂经历 N 次循环后黏聚力、内摩擦角的劣化度。

$$c = 0.884 \cdot e^{-\frac{N}{4.556}} + 13.997 \qquad (6\text{-}40)$$

$$S_N^c = -8.964 \cdot e^{-\frac{N}{1.840}} + 4.166 \qquad (6\text{-}41)$$

$$\varphi = 0.921 \cdot e^{-\frac{N}{4.062}} + 29.411 \qquad (6\text{-}42)$$

$$S_N^\varphi = -5.380 \cdot e^{-\frac{N}{1.460}} + 2.131 \qquad (6\text{-}43)$$

6.4.3.2　压缩试验结果分析

图 6-26 所示为不同循环次数粉土质砂的 $e\text{-}\lg p$ 压缩曲线。由图 6-26 可知，不同循环次数试样的孔隙比随竖向压力增加的变化规律相似，当固结压力较小时，孔隙比下降不明显，随压力增加，孔隙比下降幅度增大；通过对比相同轴压下不同循环次数孔隙比之间的关系发现，在固结前期不同次数循环作用下孔隙比有些许差异，在固结后期差异不明显；回弹方面，不同循环次数卸载-再压缩曲线均形成回滞环，但随循环次数增加孔隙比并未有明显的变化规律。

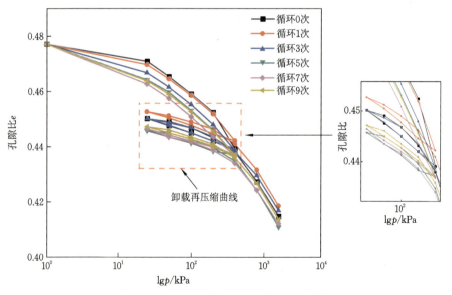

图 6-26　不同循环次数试样的 $e\text{-}\lg p$ 曲线

图 6-27 所示为不同循环次数粉土质砂压缩指标变化曲线。由图 6-27 可知，随循环次数增加，压缩系数略微增加，变化规律可用指数函数拟合，压缩指数与回弹指数无明显的规律性，分别在 0.037、0.008 附近波动。其中压缩系数变化最大的是第 3 次循环，但相对于未

循环试样也只是上升了 0.0067,并且从压缩系数与压缩指数数值可以看出,不同循环次数压缩系数均小于 0.1,压缩指数均小于 0.2,均表现为低压缩性,表明粉土质砂的压缩特性基本不会受干湿-冻融循环作用的影响。

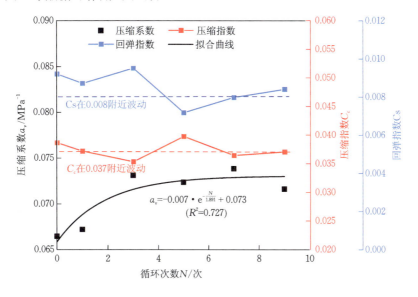

图 6-27　循环次数与压缩指标间的关系曲线

6.4.4　微观试验结果分析

6.4.4.1　定性分析

图 6-28 所示为不同循环次数试样的 SEM 图像。由图 6-28 可知,未经循环的试样内部骨架由砂粒构成,通过点-点、边-面、面-面的接触方式连接而成;部分细颗粒附着在砂粒表面,剩余细颗粒形成团聚体填充在孔隙内,未被填充的孔隙以架空孔隙、嵌入孔隙、团聚体内部粒间孔隙为主;初次循环后,颗粒间的联结明显更加紧密,孔隙类型以嵌入孔隙为主;随着循环次数增加,部分胶结能力弱的团聚体内部粒间孔隙增多,附着在砂粒表面的细颗粒逐渐脱落,部分脱落的细颗粒填充在孔隙内部;随着循环次数继续增加,砂粒表面光滑,团聚体内部孔隙结构逐渐稳定,颗粒间联结紧密。

6.4.4.2　定量分析

图 6-29(a)所示为循环次数与平均粒径、微观孔隙率间的关系曲线。从图 6-29(a)中可以看出,平均粒径在循环初期略微下降,循环后期逐渐稳定,可用指数函数进行拟合。主要原因在于粉土质砂的矿物成分含有一定量的黏土矿物,其具有遇水膨胀、失水收缩的特性,在多次循环作用下反复胀缩,附着在砂粒表面脱落,部分胶结较弱的团聚体离散化,从而导致粒径有略微减小的趋势。随着循环次数增加,黏土矿物活性降低,土体内部石英颗粒不受干湿-冻融循环的影响,粒径基本不再变化。随着循环次数的增加,微观孔隙率在 50% 附近呈波动变化,主要是由于在黏土矿物胀缩作用下,团聚体内部粒间孔隙增加,同时在干湿-冻融过程中水分的迁移致使部分粒间孔隙与架空孔隙被填充,综合作用下微观孔隙率

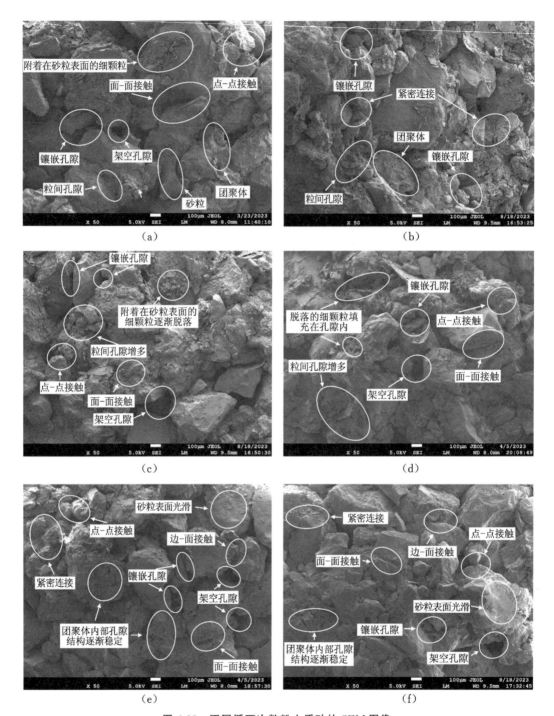

图 6-28　不同循环次数粉土质砂的 SEM 图像

(a) 0 次；(b) 1 次；(c) 3 次；(d) 5 次；(e) 7 次；(f) 9 次

随循环次数增加趋于动态平衡状态。

图 6-29(b)所示为不同循环次数颗粒定向频率分布。由图 6-29(b)可知,不同循环次数颗粒方向整体呈现各向异性,但是在 120°～135°、150°～165°范围内占比较多,说明粉土质

砂内部大部分颗粒方向趋于水平,不受干湿-冻融循环过程中水分迁移的影响,发生翻转与移动较为困难,颗粒间的联结方式不会被轻易改变,土骨架的力学性质不受影响。

采用分形维数描述土颗粒形态复杂程度。图 6-29(c)所示为粉土质砂微观颗粒分形维数与循环次数的关系曲线。由图 6-29(c)可知,随循环次数增加,分形维数呈指数下降,但整体下降幅度较小,这与粒径的变化规律相似,主要还是由于在循环过程中部分团聚体内部粒间孔隙增多,使得颗粒形态更为复杂,这同时也表明土颗粒形态基本不受循环作用的影响。

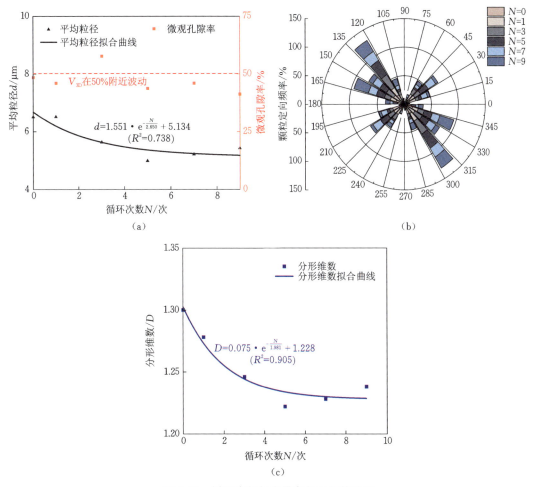

图 6-29　循环次数与定量参数之间的关系

(a)平均粒径、孔径与循环次数之间的关系;(b)不同循环次数颗粒定向分布规律;(c)分形维数与循环次数之间的关系

6.5　粉土质砂的三轴试验及本构模型研究

由上述宏观与微观试验的结果分析可以看出,粉土质砂的力学特性基本不受干湿-冻融循环作用的影响,因此在干湿-冻融循环条件下,粉土质砂的应力-应变-体变关系可以用未循环状态下的试样进行描述。因此,本节在常温条件下对三种不同压实度的粉土质砂开

展了三轴固结排水试验,对其应力-应变-体变的变化规律及本构关系进行探究。

6.5.1　三轴试验方案

对三种不同压实度(分别为 88.7%、94.1%、96.8%)的粉土质砂进行三轴固结排水试验,围压分别设置为 100 kPa、200 kPa、300 kPa、400 kPa,应变速率控制为 0.0096 mm/min,试验在轴向应变达到 20% 时停止。具体制样与试验流程分为 3 个步骤:控制含水率为 12.2%,采用分层击实法(分 5 层)制取不同压实度的三轴试样(试样尺寸:直径 39.1 mm,高度 80 mm)。将试样放置在饱和缸中抽气 2 h,之后注水并静置 24 h,最终饱和度低于 98% 的试样重新制取。安装三轴试样后向压力室内注水、加压,达到预设围压后开始试验。

6.5.2　三轴试验结果分析

图 6-30 所示为压实度为 88.7% 的粉土质砂的应力-应变-体变曲线。由图 6-30(a)可知,应力-应变关系整体呈硬化型,即随着轴向应变增加,偏应力呈持续增加的趋势,这种硬化现象随着围压增加逐渐增强。由图 6-30(b)可知,不同围压体变曲线整体呈剪缩现象,围压越大,剪缩现象越显著。随着围压增加,应力-应变-体变关系产生上述现象的主要原因为:围压增大致使试样侧向变形所受限制增强,从而剪缩现象加剧,即孔隙体积持续减小,颗粒间的接触面积增加,需要更大的剪应力才能破坏颗粒间的联结,即随轴向应变增加,剪应力持续增加,从而硬化现象逐渐增强。

对比图 6-30 至图 6-32 所示不同压实度应力-应变-体变曲线,可以看出相同围压条件下,随着压实度增加,应力-应变由硬化型过渡为软化型,体变由单纯的剪缩转变为先剪缩后剪胀。这是由于压实度越大,相同体积试样土颗粒数量越多,孔隙体积越小,颗粒间可调整空间越少,颗粒间发生相对位移时更容易发生体积膨胀,即发生剪胀现象,在这个阶段由于颗粒翻转与移动需要克服周围颗粒所施加的阻力,剪应力会随之增加,当体积膨胀到一定程度,孔隙体积增加,土颗粒间变得松散,剪应力随之降低,整体表现为剪应力先增加后减小的趋势更明显,即软化现象更为显著。

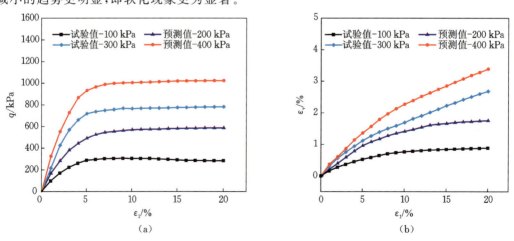

图 6-30　应力-应变-体变曲线(压实度为 88.7%)

(a) q-ε_1;(b) ε_v-ε_1

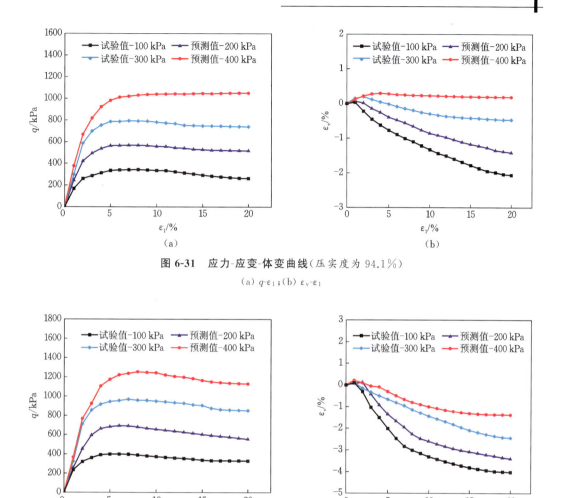

图 6-31　应力-应变-体变曲线(压实度为 94.1%)

(a) q-ε_1；(b) ε_v-ε_1

图 6-32　应力-应变-体变曲线(压实度 96.8%)

(a) q-ε_1；(b) ε_v-ε_1

6.5.3　砂土状态相关本构模型

通过三轴试验结果可知,粉土质砂在不同围压、压实度条件下显现出不同的软化、剪胀特性,为预测围压、密实度对其力学特性的影响,引入 Li 等[284] 提出的砂土状态相关本构模型。

6.5.3.1　模型介绍

该模型的弹性应力-应变关系通过广义胡可定律确定:

$$\left. \begin{array}{l} d\varepsilon_q^e = \dfrac{dq}{3G} \\[2mm] d\varepsilon_v^e = \dfrac{dp}{K} \end{array} \right\} \tag{6-44}$$

其中,弹性剪切模量 G 与弹性体积模量 K 的表达式为:

$$\left. \begin{array}{l} K=G\ \dfrac{2(1+\nu)}{3(1-2\nu)} \\[4mm] G=G_0\ \dfrac{(2.97-e)^2}{1+e}\sqrt{p'p_{\mathrm{a}}} \end{array} \right\} \tag{6-45}$$

式中　G_0——材料参数；

　　　ν——泊松比；

　　　p_{a}——大气压力；

　　　e——当前孔隙比。

塑性应力-应变关系可表示为：

$$\left. \begin{array}{l} \mathrm{d}\varepsilon_{\mathrm{q}}^{\mathrm{p}}=L=\dfrac{\mathrm{d}\eta}{K_{\mathrm{p}}} \\[4mm] \mathrm{d}\varepsilon_{\mathrm{v}}^{\mathrm{p}}=D\,\mathrm{d}\varepsilon_{\mathrm{q}}^{\mathrm{p}} \end{array} \right\} \tag{6-46}$$

其中，剪胀系数 D 与塑性体积模量 K_{p} 可表示为：

$$\left. \begin{array}{l} D=\dfrac{\mathrm{d}\varepsilon_{\mathrm{v}}^{\mathrm{p}}}{\mathrm{d}\varepsilon_{\mathrm{v}}^{\mathrm{e}}}=d_0\left[\exp(m\psi)-\eta/M\right] \\[4mm] K_{\mathrm{p}}=hG\left(\dfrac{M}{\eta}-\mathrm{e}^{n\psi}\right)=\dfrac{hG\mathrm{e}^{n\psi}}{\eta}(M\mathrm{e}^{-n\psi}-\eta) \end{array} \right\} \tag{6-47}$$

式中　d_0, m, n——模型参数。

则弹塑性应力-应变增量关系可表示为：

$$\left. \begin{array}{l} \mathrm{d}\varepsilon_{\mathrm{q}}=\mathrm{d}\varepsilon_{\mathrm{q}}^{\mathrm{e}}+\mathrm{d}\varepsilon_{\mathrm{q}}^{\mathrm{p}}=\dfrac{\mathrm{d}q}{3G}+\dfrac{p'\mathrm{d}\eta}{K_{\mathrm{p}}}=\left(\dfrac{1}{3G}+\dfrac{1}{K_{\mathrm{p}}}\right)\mathrm{d}q-\dfrac{\eta}{K_{\mathrm{p}}}\mathrm{d}p' \\[4mm] \mathrm{d}\varepsilon_{\mathrm{v}}=\mathrm{d}\varepsilon_{\mathrm{v}}^{\mathrm{e}}+\mathrm{d}\varepsilon_{\mathrm{v}}^{\mathrm{p}}=\dfrac{\mathrm{d}p'}{K}+d\,\mathrm{d}\varepsilon_{\mathrm{q}}^{\mathrm{p}}=\dfrac{d}{K_{\mathrm{p}}}\mathrm{d}q+\left(\dfrac{1}{K}-\dfrac{\eta}{K_{\mathrm{p}}}\right)\mathrm{d}p' \end{array} \right\} \tag{6-48}$$

6.5.3.2　模型参数

上述模型共有 11 个参数，可分为 4 类，分别为弹性参数、临界状态参数、胀缩参数、硬化参数。根据粉土质砂三轴试验结果，结合 Li 等[284]提出的标定方法求取模型参数：

弹性参数：$G_0=105$；$v=0.3$。

临界状态参数：$M=1.39$；$e_{\Gamma}=0.634$；$\lambda_{\mathrm{c}}=0.025$；$\xi=0.7$。

胀缩参数：$d_0=1.13$；$m=1.68$。

硬化参数：$h_1=1.62$；$h_2=0.73$；$n=1.24$。

6.5.4　模型验证

数值模拟采用 MATLAB 软件，将模型参数代入程序中，得到 3 种不同压实度粉土质砂应力-应变-体变关系预测曲线，将预测值与试验值进行对比，验证模型的适用性，对比结果如图 6-33 至图 6-35 所示。

由图 6-33 至图 6-35 可知，该模型可以较好地模拟围压与压实度对粉土质砂应力-应变-体变关系的影响，即相同密实度下随着围压增加，软化与剪胀现象逐渐被抑制；相同围压下密实度越大，软化与剪胀现象越显著。但是也可以看出模拟结果存在以下问题，应力-应变曲线初始阶段斜率大于试验结果，随着密实度增加，模拟结果的剪胀性更为显著。造成上述问题的原因一方面可能是在标定参数 h_1、h_2、d_0 时选取不同应力-应变-体变曲线段，另外一方面最主要的原因可能是粉土质砂具有一定量的黏土矿物，在土颗粒间充当了

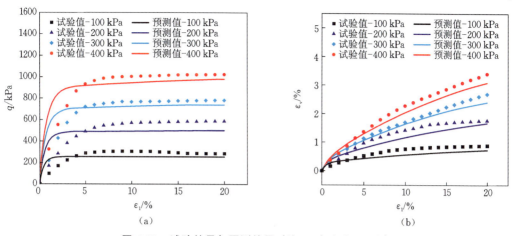

图 6-33　试验结果与预测结果对比（压实度为 88.7％）

(a) q-ε_1；(b) ε_v-ε_1

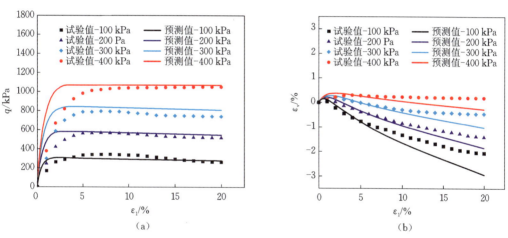

图 6-34　试验结果与预测结果对比（压实度为 94.1％）

(a) q-ε_1；(b) ε_v-ε_1

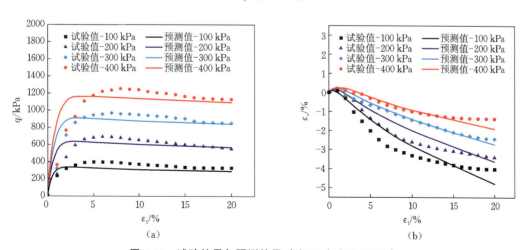

图 6-35　试验结果与预测结果对比（压实度为 96.8％）

(a) q-ε_1；(b) ε_v-ε_1

"润滑剂",相较于传统意义上的石英砂,土颗粒发生相对移动时受到的阻力会减弱,使得初始阶段偏应力增加速率及剪胀效果受到一定抑制,同时黏土矿物所产生的黏结应力使土体本身具有一定的抗拉强度,也会起到抑制剪胀的作用。整体来看,采用 Li 等[284]提出的砂土状态本构模型验证、预测粉土质砂的应力-应变-体变关系是可行的,但仍存在一些问题,有待改进。

6.6 本章小结

本章以粉土质砂为研究对象,通过开展直剪、压缩、渗透、三轴试验和 SEM 试验,对常温条件、不同制样条件、干湿-冻融循环条件下粉土质砂的力学特性变化规律进行了系统的试验研究,所得结论如下:

(1)常温条件下粉土质砂力学特性变化规律。①直剪试验:黏聚力随着含水率增加呈抛物线形变化规律,在最优含水率处达到峰值,其主要受气-水界面收缩膜表面张力的影响,内摩擦角随着含水率增加呈线性下降趋势,其主要与粒间摩擦力有关;随着干密度增加,黏聚力与内摩擦角随之增加,主要是由于粒间接触面积与相互作用力增加,抗剪强度上升。②压缩试验:随着含水率增加,压缩指数逐渐增加,回弹指数呈波动变化;随着干密度增加,压缩指数与回弹指数变化分为迅速下降、缓慢下降两个阶段。微观方面,随竖向压力增大,颗粒团聚体发生破碎与重组,架空孔隙减小,粒间孔隙减小,片状颗粒增多,粒径增大,圆度、孔径及微观孔隙率减小,颗粒与孔隙有明显的定向性,其中微观孔隙率是影响压缩指标的主要因素。③渗透试验:渗透系数随着干密度增加呈指数下降趋势,分为迅速下降、缓慢下降、稳定下降三个阶段,在 1.60~1.70 g/cm³ 之间迅速下降,在 1.70~1.75 g/cm³ 之间下降速度减缓,在 1.75~1.84 g/cm³ 之间逐渐稳定。微观方面,随着干密度增加,架空孔隙减小,粒间孔隙逐渐闭合,细小孔隙增多,孔隙连通性较差,土体渗透性降低,各项微观参数中平均孔径与渗透系数有显著的相关性,是影响粉土质砂渗透性的重要因素。

(2)不同制样条件下粉土质砂力学特性变化规律。①宏观力学试验:不同制样方法制得的试样随着含水率增加,c、φ、E_s 值整体呈现下降趋势,压缩指数呈上升趋势,回弹指数呈波动变化。随着含水率增加,吸水法制得的试样的 c、φ、E_s 值始终小于另外两种制样方法制得的试样,静压法与饱和-脱水法制得的试样的 c、φ、E_s 值之间的关系以最优含水率($\omega_{opt}=12.2\%$)为界限存在明显差异,当 $\omega \leqslant 12.2\%$ 时,饱和-脱水法制得的试样的 c、φ、E_s 值高于静压法制得的试样;当 $\omega > 12.2\%$ 时,两种制样方法制得的试样的 c、φ、E_s 值无明显差异。②微观物理机制:受结合水膜、易溶盐、黏土矿物等因素的影响,粉土质砂经历吸水、饱和-脱水后孔径会发生扩张/收缩,相较于静压法制得的试样,吸水法(饱和-脱水法)制得的试样中,大孔隙占比增加(减少),小孔隙占比减少(增加),宏观上表现为 c、φ、E_s 减小/增加,其中当 $\omega > 12.2\%$ 时饱和-脱水法制得的试样只是微孔隙发生变化,所以宏观上与静压法制得的试样强度指标无明显差异。由此表明,经历吸水或饱和-脱水后粉土质砂孔隙结构变化复杂,强度不稳定,是渠坡发生滑动破坏的一个重要诱因。③函数关系预测:通过建立静压法与另外两种制样方法制得的试样强度指标之间的函数关系,预测换填渠道不同时期粉土质砂力学指标大小及规律,得出静压法制得的试样与吸水、饱和-脱水法制得的试样的 c、E_s 值呈指数相关,φ 值呈线性相关;采用粉砂土对静压法与饱和-脱水法制得的试

样的 c、φ 值之间的关系进行验证,发现其函数形式与粉土质砂一致,表明这可能是砂土共有的性质。

（3）干湿-冻融循环条件下粉土质砂力学特性变化规律。①随着干湿-冻融循环次数的增加,粉土质砂的黏聚力与内摩擦角均呈指数函数下降,劣化度呈指数函数上升,黏聚力的最大劣化度为 4.47%,内摩擦角的劣化度在 2% 左右;压缩系数随着循环次数增加略有上升,压缩指数与回弹指数呈波动状态,经历循环作用前后的粉土质砂均表现出低压缩性,表现出干湿-冻融循环作用对粉土质砂的剪切和压缩特性影响较小。②通过微观电镜扫描结果可知,粉土质砂的骨架主要是由砂粒构成,细颗粒附着在砂粒表面,黏土矿物形成的团聚体填充在骨架孔隙内,随着循环次数增加,胶结较弱的团聚体内部粒间孔隙增多,附着在砂粒表面的细小颗粒脱落并填充在孔隙内,导致微观孔隙率呈波动变化,平均粒径与分形维数略有下降;在循环过程中颗粒方向整体趋于水平状态,颗粒骨架相对稳定。

（4）粉土质砂三轴试验及模型预测。①粉土质砂的力学特性基本不受干湿-冻融循环作用的影响,故只需对未经循环作用的粉土质砂的应力-应变关系展开研究;通过三轴试验结果可以看出,粉土质砂密实度较小时,应力-应变为硬化型,体变表现为剪缩,随着围压增加,硬化趋势更加明显,剪缩现象也更加显著;相同围压条件下,密实度越大,软化现象越显著,剪缩现象越不明显。②模型验证:通过三轴试验结果确定模型参数,采用 MATLAB 软件模拟试验过程,通过对比试验值与预测值发现,砂土状态相关本构模型能够较好地模拟不同压实度、围压下应变软化以及应变硬化、剪缩、剪胀特性,基本能够反映粉土质砂的力学特性变化规律。

第 3 篇
膨胀土的改良方法及其施工技术方法

第7章　不同材料改良膨胀土的力学特性研究

本章以膨胀土为研究对象，采用石灰、水泥、砂石料、碱性激发剂、粉煤灰、钢渣粉和矿粉对膨胀土进行固化改良，通过无侧限抗压强度试验、直剪试验、压缩试验、微观电镜扫描试验和 X 射线衍射试验系统地分析不同方法对改良膨胀土抗剪强度以及压缩变形的影响规律，并揭示其物理机制。

7.1　试验材料与方法

7.1.1　试验固化材料

（1）普通硅酸盐水泥：强度等级为 32.5 级，初凝时间约 4.5 h。

（2）消石灰：氧化钙含量为 95%，烧失量为 24.4%，属于优质石灰。

（3）砂石料：经烘干筛选后粒径取 2~5 mm。

（4）粉煤灰：二级低钙粉煤灰，主要由 SiO_2（54.94%）、Al_2O_3（34.86%）、Fe_2O_3（2.52%）、CaO（2.63%）和 K_2O（1.76%）等成分组成。

（5）钢渣粉：经球磨后钢渣呈黑灰色粉末状，主要物质为 Ca_2SiO_4、Ca_3SiO_5、$Ca_2Fe_2O_5$ 和 $FeAlO_3(CaO)_2$ 等，属于钙基固体废弃物类型，主要由 SiO_2（37.31%）、Al_2O_3（11.11%）、Fe_2O_3（0.56%）、CaO（35.70%）和 MgO（7.33%）等成分组成。

（6）矿粉：S95 级矿粉，主要由 SiO_2（37.3%）、Al_2O_3（11.1%）、Fe_2O_3（0.6%）、CaO（35.7%）和 MgO（7.3%）等成分组成。

（7）碱性剂：为 NaOH 球状晶体颗粒，属于分析级的化学试剂，NaOH 含量不低于 96.0%。

7.1.2　改良试验的掺量设计

7.1.2.1　石灰、水泥和砂石料改良膨胀土

在整理和研究相关文献[285]的基础上，结合预试验分析选取石灰掺量分别为 4%、6%、8%、10%，水泥掺量分别为 3%、5%、7%、9%，砂石料掺量分别为 10%、20%、30%、40%，养护龄期为 28 d。具体试验参数与设计方案见表 7-1。

表 7-1　试验参数与设计方案

试验方案	膨胀土掺量/%	石灰及其掺水质量/%		水泥及其掺水质量/%		砂石及其掺水质量/%	
		石灰掺量	掺水质量	水泥掺量	掺水质量	砂石掺量	掺水质量
1	100	4	21	3	21	10	16
2		6		5		20	
3		8		7		30	
4		10		9		40	

7.1.2.2　碱激发粉煤灰、钢渣粉、矿粉改良膨胀土

在整理和研究相关文献[215,222]的基础之上,结合预试验分析选取粉煤灰掺量分别为 5%、10%、15%、20%,钢渣粉/矿粉掺量分别为 12%、15%、18%、21%,并掺入配制好的 NaOH 溶液作催化剂,NaOH 掺量分别取蒸馏水质量的 1%、5%、10%、15%。具体试验方案如表 7-2 所示。

表 7-2　碱激发固化工业废渣试验方案

试验编号	膨胀土掺量/%	粉煤灰掺量/%	钢渣粉掺量/%	矿粉掺量/%	NaOH 掺量/%	固化时间/d
F1	100	5	0	0	0	28
F2		10	0	0	0	
F3		15	0	0	0	
F4		20	0	0	0	
G5		15	12	12	0	
G6		15	15	15	0	
G7		15	18	18	0	
G8		15	21	21	0	
S9		15	18	18	1	
S10		15	18	18	5	
S11		15	18	18	10	
S12		15	18	18	15	

7.1.3　固化膨胀土试样制备及试验方法

具体试样制备过程如下:

(1)取土:将取回的膨胀土晾晒至干燥状态后碾碎,筛分保留粒径小于 2 mm 的膨胀土颗粒。

(2)烘干:根据试验方案取相应质量的膨胀土、石灰、水泥、钢渣粉、矿粉和粉煤灰微粒烘干至少 12 h。

(3)混合:将烘干后的试样按相应比例干拌,混合均匀备用。

(4)制碱:称取相应比例的蒸馏水(干料质量的 20%)和相应质量的 NaOH 倒入烧杯中,用玻璃棒搅拌散热备用。

(5)调土:根据不同试验方法将制备好的 NaOH 溶液以及水溶液用喷壶均匀喷洒在混合土料中,并用搅拌器搅拌均匀,调制好土样。

（6）闷料：将搅拌均匀的改良土用塑料薄膜闷料 48 h，让 NaOH 溶液浸润均匀。

（7）制样：采用轻型击实法，根据试样天然干密度 1.6 g/cm³，用三轴击实器和环刀进行制样。

（8）养护：试样制好后立刻用塑料保鲜膜包裹后放入标准养护箱［温度（20±1）℃、湿度98%±1%］养护至相应龄期。

（9）试验：根据《土工试验方法标准》（GB/T 50123—2019）进行无侧限抗压强度、直剪和压缩试验，为了减小试验误差，每一个龄期、每一个配比制备 3 个平行试样。确定单一添加粉煤灰的最佳掺量后，根据上一阶段确定的粉煤灰改良膨胀土最佳掺量加入钢渣粉进行复合改良，确定粉煤灰与钢渣粉的最佳掺量，再在此基础上喷洒制备好的 NaOH 溶液，拌和均匀。重复上述养护过程，根据《土工试验方法标准》（GB/T 50123—2019）进行无侧限抗压强度、直剪和压缩试验，最终确定碱激发粉煤灰与钢渣粉协同固化膨胀土的最优掺量。

（10）微观试验：选取代表性原状土、养护 28 d 粉煤灰改良土、粉煤灰与钢渣粉复合改良土以及碱激发粉煤灰与钢渣粉固化土中改良效果最优的土体试样内部碎块，将其烘干后打磨制成 2 mm×2 mm×1 mm 大小（不抛光、保持新鲜断面不被碰撞）进行 SEM 试验，将剩余碱激发粉煤灰与钢渣粉固化土试块研磨成粉末状并过 0.075 mm 筛，进行 X 射线衍射试验。过程简略如图 7-1 所示。

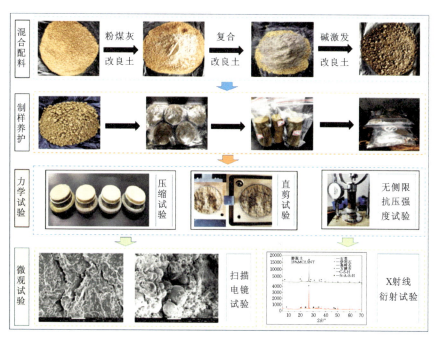

图 7-1　试验步骤流程简图

7.2　石灰、水泥和砂石料改良膨胀土力学特性试验研究

7.2.1　石灰、水泥和砂石料改良膨胀土力学特性试验

7.2.1.1　无侧限抗压强度试验

图 7-2 所示为不同掺量石灰、水泥和砂石料改良膨胀土与无侧限抗压强度的关系。由图 7-2 可知，改良膨胀土无侧限抗压强度相比未改良膨胀土无侧限抗压强度增长显著，且

受不同改良材料掺量的影响较大,通过调整各改良材料掺量可显著提高膨胀土无侧限抗压强度;随石灰和砂石料改良土掺量的增加,土体无侧限抗压强度增幅明显,在石灰掺量约为6%时,砂石料掺量约为30%时,强度增长幅度达到顶点,分别为59.22%和58.47%,随固化材料的继续增多,强度增长速率逐渐减缓。而水泥改良土在掺量为7%时无侧限抗压强度达到峰值974.15 kPa,随掺量的继续增加,强度不增反降。

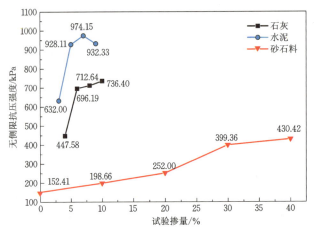

图7-2 不同掺量石灰、水泥、砂石料改良膨胀土与无侧限抗压强度的关系

图7-3所示为不同固化土的抗压试验破坏图。由图7-3可知,石灰和水泥改良土受垂直压力作用后出现较大的贯穿裂缝,强度达到峰值后骤然丧失,甚至出现崩解脱落的现象,随着掺量的增加,结构脆性破坏特征更明显;砂石料改良土依然存在着较多的黏土颗粒,并未改变膨胀土应变软化的塑性破坏形式,仅表面的土颗粒脱落。

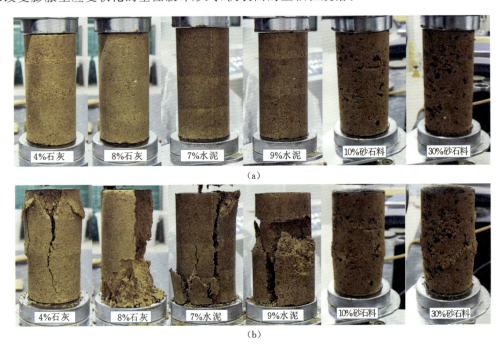

图7-3 不同掺量石灰、水泥、砂石料改良膨胀土的抗压试验破坏图
(a) 试验前;(b) 试验后

7.2.1.2 直剪试验

图 7-4、图 7-5 所示分别为不同掺量石灰、水泥、砂石料改良膨胀土与抗剪强度及抗剪强度指标 c、φ 值的关系曲线。由图 7-4 可知，在同等垂直压力作用下改良膨胀土相比未改良土体抗剪强度提升显著，但随着掺量继续增加，改良膨胀土强度增长速率减缓；当石灰掺量在 6%，砂石料掺量为 30% 时抗剪强度增幅最大。由图 7-5 可知，不同掺量石灰、水泥、砂石料改良膨胀土抗剪强度指标 c、φ 值增加明显，水泥掺量在 7% 时，黏聚力达到峰值 98.40 kPa，随着掺量继续增加，黏聚力减小，相应的抗剪强度降低，说明抗剪强度与黏聚力呈正相关性，这与相关学者[286]经过大量试验后得出的结论相吻合。随着水泥掺量增加，膨胀土强度依然会提高，但随着水化反应不断发生，水分的消耗使黏土矿物发生干缩和开裂，出现反复变形，导致改良土稳定性减弱、强度下降，因此对于水泥改良膨胀土，应严格控制水泥掺量。不同掺量石灰、水泥、砂石料改良膨胀土剪切试样破坏如图 7-6 所示。由图 7-6 可知，石灰、水泥改良土体在侧向压力作用下剪切破坏脆性明显，由于砂石改良土黏性较高，未改变土体本身性质，无明显脆性破坏特征，塑性变形显著。

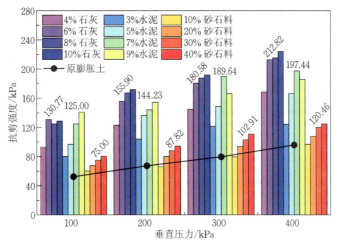

图 7-4 不同掺量石灰、水泥、砂石料改良膨胀土与抗剪强度的关系

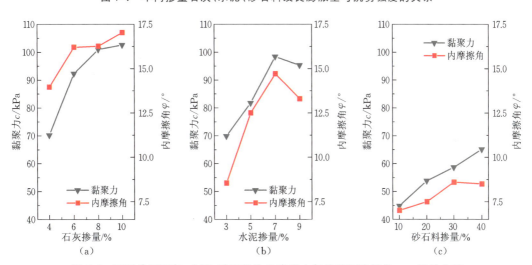

图 7-5 不同掺量石灰、水泥、砂石料改良膨胀土与抗剪强度指标 c、φ 值的关系

(a) 石灰；(b) 水泥；(c) 砂石料

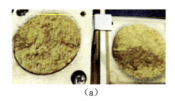 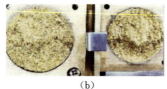 

  (a)   (b)   (c)

图7-6 不同掺量石灰、水泥、砂石料改良膨胀土剪切试样破坏图

(a) 400 kPa,6％石灰改良土;(b) 400 kPa,7％水泥改良土;(c) 400 kPa,30％砂石料改良土

7.2.1.3 压缩试验

  图7-7所示为不同掺量石灰、水泥、砂石料改良膨胀土与孔隙比的关系。由图7-7可知,随石灰、水泥、砂石料掺量的增加,改良膨胀土孔隙比逐渐减小,孔隙含量减少,相比未改良膨胀土[287],改良膨胀土孔隙含量降低,可压缩性较小,同时也使对应改良土体强度得到提高;石灰和水泥改良膨胀土在一系列的物化反应作用下生成大量的水化物凝胶,在提高土体胶凝体含量的同时,也减少了膨胀土黏粒含量,使土体颗粒胶结孔隙被填充;石灰改良膨胀土随石灰掺量变化,孔隙比降低幅度明显,说明石灰改良膨胀土孔隙含量相对较高;砂石料改良膨胀土在掺量增加到30％时,孔隙含量降低幅度减缓,随竖向垂直压力作用不断增大,孔隙被压实,孔隙比逐渐趋于稳定,由于砂石料对含水率的影响较小,黏粒含量相对较多,相比石灰和水泥改良膨胀土,砂石料改良膨胀土可压缩性较大。

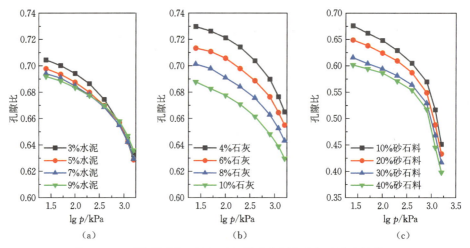

  (a)   (b)   (c)

图7-7 不同掺量石灰、水泥、砂石料改良膨胀土与孔隙比的关系

(a) 水泥;(b) 石灰;(c) 砂石料

7.2.1.4 龄期试验

  图7-8所示为改良膨胀土无侧限抗压强度随养护龄期变化关系曲线。由图7-8可知,随养护龄期的增长,水泥和石灰改良膨胀土的无侧限抗压强度均不断增大,其中石灰改良膨胀土在养护前14 d的强度增长得较快,随龄期的继续增长,无侧限抗压强度增加幅度减缓,说明石灰改良膨胀土具有早强性;而水泥改良膨胀土随养护龄期由14 d增至28 d,无侧限抗压强度增长明显,增长幅度在10.37％～38.12％之间,强度受龄期影响较大。

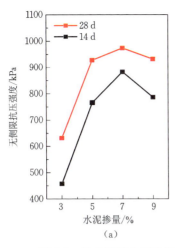
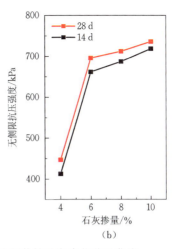

图 7-8 改良膨胀土无侧限抗压强度随养护龄期变化关系曲线

图 7-9 所示为改良膨胀土抗剪强度指标 c、φ 随养护龄期变化关系曲线。由图 7-9 可知，随养护时间从 14 d 增长至 28 d，水泥与石灰改良膨胀土的黏聚力和内摩擦角都有较大幅度增长，水泥改良膨胀土的黏聚力和内摩擦角呈现出先增大后减小的趋势，而石灰改良膨胀土的内摩擦角随龄期增长并没有展现出明显的规律性，在同一竖向垂直荷载作用和固化剂掺量下，养护 28 d 的改良土体抗剪强度指标 c、φ 值明显高于养护 14 d 的改良土体抗剪强度指标。

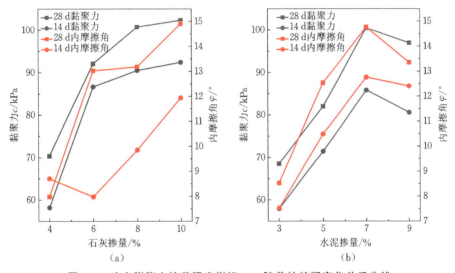

图 7-9 改良膨胀土抗剪强度指标 c、φ 随养护龄期变化关系曲线

图 7-10 所示为改良膨胀土孔隙比随养护龄期变化关系曲线。由图 7-10 可知，随养护时间的增长，相应的改良膨胀土孔隙比略微减小，养护龄期对化学改良膨胀土的矿物结构和胶凝体含量都有较大影响，但对孔隙比的影响并不明显，养护 28 d 的水泥改良膨胀土和石灰改良膨胀土孔隙比略微小于养护 14 d 的水泥和石灰改良土孔隙比；对于砂石料改良膨胀土，由于没有水化反应胶凝物质产生，其孔隙比受龄期变化的影响较小，因此其抗压、抗剪强度更不会随着龄期的增长而增大，压缩参数不会随龄期的增长而改变。因此，后文不再进行砂石料改良膨胀土相关关系曲线的绘制。

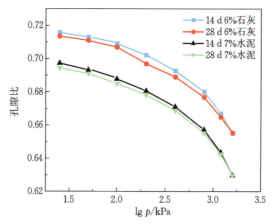

图 7-10　改良膨胀土孔隙比随养护龄期变化关系曲线

7.2.2　SEM 试验结果及分析

7.2.2.1　定性描述

选取代表性试样,通过 SEM 试验进行微观结构对比分析,结果如图 7-11 所示。由图 7-11(a)可知,膨胀土结构中存在着紧密堆积的面-面叠聚体以及边-面叠聚体,接触方式主要以面-面接触为主,这种面胶结叠聚体以自相聚集的方式构成黏土基质,基质中镶嵌着如蒙脱石等具有膨胀性的黏土颗粒,联结力相对较弱。从高国瑞[288]的研究可知,面-面结构具有较强的膨胀势,土中黏性颗粒越多且越小,其胀缩性越强,结构性越弱,强度越低。由图 7-11(b)可知,土体表面排布棱角状和集粒状的黏土颗粒,颗粒或团粒间界限较为清晰,并有大量孔隙存在,包括叠聚体间连通着狭缝形的孔隙以及土体表面形状无规则的宽阔大孔洞,骨架疏松,呈层状堆叠,这也是其强度较低和变形较大的原因。由图 7-11(b)、图 7-11(c)、图 7-11(e)可知,在膨胀土中掺入石灰和水泥后,其微观表征结构中都出现较多相互堆积的团聚体,并有大量的水化硅铝酸系列凝胶物生成,在絮凝和团聚作用下黏土小团粒或颗粒被胶结成大团块和板状晶体,这些大团块、团聚体及单粒间彼此相互接触联结,构成骨架结构,使得土体的致密性得到改善,强度得以提高;石灰改良膨胀土团聚体上还附着大小不一的凝块和集粒,粒间胶结得更为紧密,但大块团聚体之间存在着大量的架空孔隙以及胶结孔隙,连接较为松散;而水泥改良膨胀土微观表面排列更具有定向性,颗粒基面相互叠聚形成结构致密的板体结构,板状晶体之间存在少量的连接孔隙,是相较于石灰改良膨胀土孔隙比较低、黏聚力较大、强度较高的具体表现。由图 7-11(d)、图 7-11(f)可知,改良土颗粒之间胶结得更为致密,颗粒体间的接触面积增加,微裂隙减少,整个加固土形成结构致密的整体,宏观力学上表现为孔隙含量降低,结构致密性增强,土体抗压、抗剪强度得到显著提升。

7.2.2.2　定量分析

根据 SEM 试验结果,选择放大 10000 倍的 SEM 图像进行定量分析。利用 Image-J 软件对 SEM 图像进行微观信息处理,量化膨胀土改良前后土体颗粒形态变化,结果见表 7-3。由表 7-3 分析可知,膨胀土多以细小的黏粒居多,粒径较小颗粒较为分散,小颗粒总数愈多

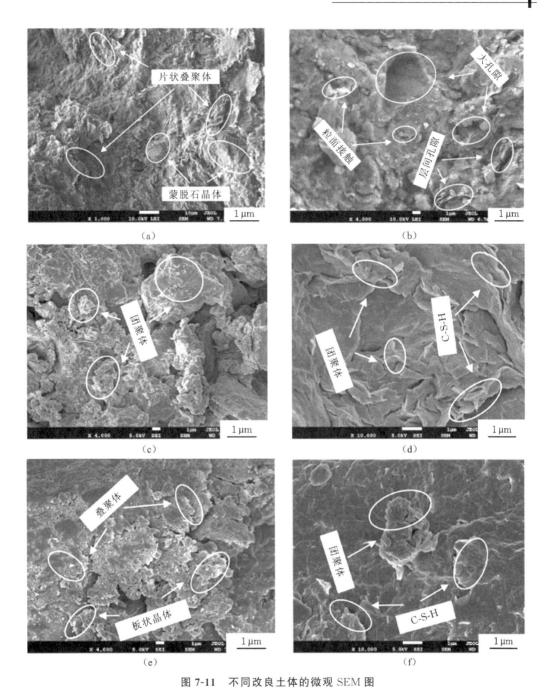

图 7-11 不同改良土体的微观 SEM 图
(a)原状土(放大 1000 倍);(b) 原状土(放大 4000 倍);(c)石灰改良膨胀土(放大 4000 倍);
(d) 石灰改良膨胀土(放大 10000 倍);(e)水泥改良膨胀土(放大 4000 倍);(f) 水泥改良膨胀土(放大 10000 倍)

其分散程度也愈大、可压缩性越高,相应的剪切强度和无侧限抗压强度值愈小;对于石灰与水泥改良膨胀土,由于水化凝胶物质的增多,土体之间的结合力增强,在胶结联结及孔隙填充作用下粒径较小的颗粒凝结成团聚体,大团聚体增多,相应的小颗粒总数减少,骨架结构增强,胶结紧密程度更为显著,形成致密均匀的硬化体,使改良土体结构整体性得到显著提升,更具有板体性和刚性,改良土体抗压剪切呈现出明显的脆性破坏特征,相较于未改良土体强度增加明显,其微观结构颗粒形态的改善反映在宏观上为改良土体力学性能的提升;但水泥改良膨胀土团聚体的增加、颗粒总数的减少相较于石灰改良膨胀土明显,说明水泥改良膨胀土水化产生的胶凝物质较石灰改良膨胀土的多,胶结团聚作用强,土体性能改善效果更明显。综上可知,膨胀土微观结构的定性和量化分析与宏观力学特性试验结果相吻合。

表 7-3　土体微观颗粒参数

土体类型	颗粒总数	颗粒总面积/μm^2	颗粒平均尺寸/μm	颗粒面积占比/%	颗粒平均周长/μm
未改良膨胀土	1689	52.148	0.031	46.457	0.367
石灰改良膨胀土	595	70.047	0.118	59.900	0.895
水泥改良膨胀土	179	87.258	0.487	81.391	1.110

7.2.3　石灰、水泥和砂石料改良膨胀土机理分析

(1)在膨胀土中分别加入水泥和石灰进行化学固化处理,主要改变黏土矿物含量和微观结构特征,以提高土体结构强度和稳定性,其作用机理如下:

在膨胀土中加入水泥与石灰进行改良处理,主要体现在石灰消化以及水泥水化后进行的一系列物化反应方面。

①离子交换:随反应的进行,固化土中 Ca^{2+} 被大量释放,增加了孔隙水溶液中离子浓度,并与土颗粒表面吸附的低价阳离子发生交换,使吸附结合水膜厚度减小,颗粒间吸附牵引作用增大,结合力增强,结构稳定性增加。

②吸水结晶:固化土中生成的 $Ca(OH)_2$ 渗入土体内部会与黏土矿物发生反应[式(7-1)、式(7-2)],继续生成凝胶物质,还会与水作用形成含水晶体胶结土颗粒,使土中处于分散状态的胶粒聚集成团。

$$x Ca(OH)_2 + SiO_2 + n H_2O \longrightarrow x CaO \cdot SiO_2 \cdot (n+x) H_2O \qquad (7\text{-}1)$$

$$x Ca(OH)_2 + Al_2O_3 + n H_2O \longrightarrow x CaO \cdot Al_2O_3 \cdot (n+x) H_2O \qquad (7\text{-}2)$$

③遇氧碳化:固化土中生成的 $Ca(OH)_2$ 也会被碳化[式(7-3)]生成耐水性较强的碳酸钙晶须,相应地降低改良土中胶粒和黏土矿物含量,削弱土体的胀缩特性。

$$Ca(OH)_2 + CO_2 \longrightarrow CaCO_3 + H_2O \qquad (7\text{-}3)$$

④胶结硬凝:反应生成的强大硬凝固化产物硅酸盐、铝酸盐等[式(7-4)、式(7-5)]同样会增强土颗粒间胶结作用,使其具有较好的板体性和刚性,因此,其结构也表现出完全的脆性破坏,强度瞬间丧失。

$$2(3CaO \cdot SiO_2) + 6 H_2O \longrightarrow 3CaO \cdot 2SiO_2 \cdot 3 H_2O + 3Ca(OH)_2 \qquad (7\text{-}4)$$

$$3CaO \cdot Al_2O_3 + 6 H_2O \longrightarrow 3CaO \cdot Al_2O_3 \cdot 6 H_2O \qquad (7\text{-}5)$$

(2)在膨胀土中加入砂石料进行物理改良处理,主要改善黏土矿物颗粒级配,依靠物质间的嵌挤咬合作用来改善土体结构和工程性质,其破坏机理如下:

在膨胀土中加入砂石料进行物理改良处理时,砂石料的添加使膨胀土中粗颗粒含量占

比增加,亲水性的黏粒含量相对降低,膨胀潜势削弱;同时土体内部颗粒间接触面积增大,比表面积减小,摩擦力随之增大,在水平剪切力的作用下土体间相对运动减少,相应的塑性变形减小,而且较小粒径的膨胀土颗粒充斥在较大粒径的砂石之间,使得土体致密性增强,通过颗粒间的嵌挤摩擦作用抑制了改良土体的胀缩特性;在剪应力的作用下,砂石料改良膨胀土的破坏实质是土颗粒和砂石料逐渐滑移翻转的过程,其颗粒或团粒均在内部应力作用下发生定向性滑移或转动,在此过程中砂石料与土颗粒间出现撕裂、扰动,强度在砂石料出现平移滑动时降低[289]。破坏机理如图 7-12 所示。

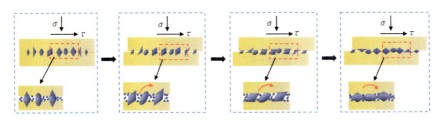

图 7-12 物理改良剪切破坏机理示意图

7.3 碱激发粉煤灰-钢渣粉改良膨胀土力学特性试验研究

7.3.1 碱激发粉煤灰-钢渣粉改良膨胀土力学特性试验

7.3.1.1 无侧限抗压强度试验

图 7-13、图 7-14 所示分别为不同掺量粉煤灰、钢渣粉以及碱性激发剂(NaOH)改良膨胀土养护 28 d 龄期的应力-应变关系曲线和无侧限抗压强度试验后的破坏形式。

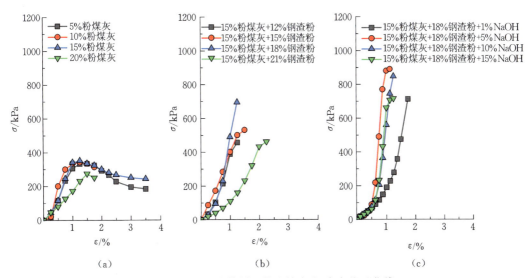

图 7-13 不同改性剂固化土的应力-应变关系曲线

由图 7-13(a)可知,随掺量的增加,粉煤灰改良膨胀土强度先增加后逐渐减小,在掺量为 15%时改良效果最佳,强度达到 351.81 kPa,试样在破坏后呈现出破坏韧性,仍然存在一

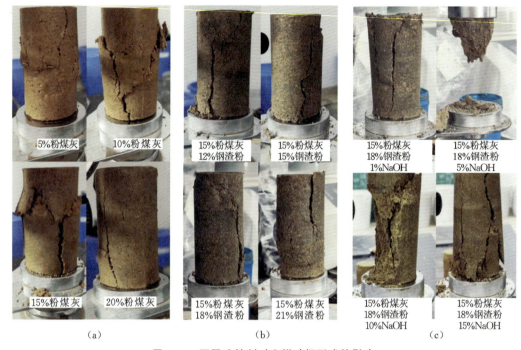

图 7-14　不同改性剂对土样破坏形式的影响

（a）粉煤灰固化土；（b）复合固化土；（c）碱性激发固化土

定的残余强度。由图 7-14(a)可知,试样承受轴向压力破坏后产生"Y"形裂缝,阻止强度骤减,当粉煤灰掺量大于 15% 时,强度反而降低。

由图 7-13(b)可知,在掺 15% 粉煤灰的基础上加入钢渣粉后改良土的无侧限抗压强度值上升得十分明显,破坏形式由应变软化的塑性破坏转变成完全的脆性破坏;如图 7-14(b)可知,试样产生从上贯穿到底部破坏的长细裂缝,强度损失明显,当钢渣粉掺量为 18% 时,强度增幅达到 97.61%,说明钢渣粉的加入能够促进钢渣粉和粉煤灰的相互作用,增强粉煤灰改良膨胀土的改良效果;当钢渣粉掺量超过 18% 时反而效果不佳,强度降低明显,过量的钢渣粉并不能增强土体强度。

由图 7-13(c)可知,复合改良土体在加入 NaOH 后无侧限抗压强度急剧上升,强度在达到最大值后骤然丧失,随 NaOH 掺量的持续增加,固化土抗压强度呈现出先增加后减小的趋势,低掺量下对粉煤灰与钢渣粉复合改良膨胀土的无侧限抗压强度的提高起到很好的促进作用;当 NaOH 掺量超过 5% 时反而效果不佳。由图 7-14(c)可知,经过碱激发作用的试样具有较好的板体性和刚性,呈现明显的脆性破坏特征,出现多条贯穿裂缝,裂缝发展较宽、较长,甚至出现掉块、崩解的现象。

7.3.1.2　抗剪强度试验

图 7-15、图 7-16 所示分别为不同掺量粉煤灰、钢渣粉以及碱性激发剂(NaOH)改良膨胀土养护 28 d 龄期的黏聚力与内摩擦角变化关系和抗剪强度变化关系。由图 7-15 可知,粉煤灰改良膨胀土抗剪强度指标 c、φ 值相比原膨胀土都有大幅度提升[201,289],随粉煤灰掺量的增加,抗剪强度指标 c、φ 值先增大后减小,当掺入比为 15% 时,c、φ 值均达到峰值,当掺量超过这一定值后试件的整体强度反而降低。由于粉煤灰粒径较小,且无黏性[290],存在

于土颗粒之间的粉煤灰颗粒经吸水后软化,在剪切时扯动球状微珠的滚动从而起到润滑作用,使得颗粒间的换位、翻滚和移动时所遇到的阻力减小,导致 c、φ 值降低。当加入钢渣粉后,在相同粉煤灰掺量下相比单掺粉煤灰固化土抗剪强度指标有大幅提升,在钢渣粉掺入量为 18% 时,土体的 c、φ 值达到峰值,相应的抗剪强度达到最大(图 7-16),说明粉煤灰钢渣粉复合改良能够有效改善膨胀土的 c、φ 值,提高膨胀土的抗剪强度;当钢渣粉掺入量超过 18% 时强度开始下降,主要由于钢渣粉掺入较多且分布比较集中,造成水化反应不完全,在土样中形成薄弱面,从而使强度出现下滑。随着 NaOH 的掺入,改良膨胀土的抗剪强度指标 c、φ 值同样增加明显,改良效果要优于同等掺量下粉煤灰改良土和粉煤灰与钢渣粉复合改良土,在 NaOH 掺量为 5% 时,抗剪强度达到最大;随 NaOH 掺量的继续增加,抗剪强度指标呈现降低的趋势。NaOH 过量加入会使碱度过高,使得解聚-聚合反应在玻璃体表面迅速进行,造成反应不完全,发生"钝化作用"现象,影响水化反应的速率及进行,溶解活性的 Si 和 Al 的量和速率降低,进而聚合反应所需要的硅酸盐及铝酸盐等单体减少,导致各剪切强度参数不断降低。

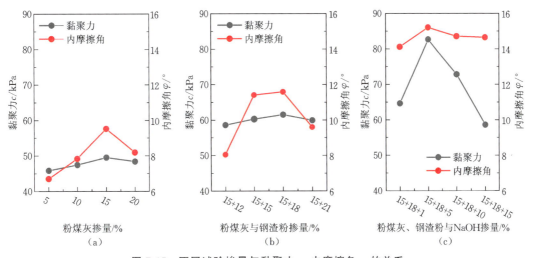

图 7-15　不同试验掺量与黏聚力 c、内摩擦角 φ 的关系

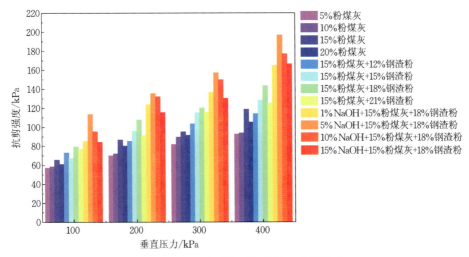

图 7-16　不同试验掺量与抗剪强度的关系

7.3.1.3 压缩特性试验

图 7-17 所示为不同掺量粉煤灰、钢渣粉以及碱性激发剂(NaOH)改良膨胀土养护 28 d 龄期的压缩特性变化关系曲线。由图 7-17(a)可知,随着掺入粉煤灰质量的不断增加,对改良膨胀土孔隙比影响并不大,有略微减小的趋势,随着上覆压力的不断增大,改良膨胀土孔隙逐渐压实并趋于稳定。由图 7-17(b)可知,在加入钢渣粉之后,相比单掺粉煤灰改良土,钢渣粉和粉煤灰混合使用的情况下改良膨胀土孔隙结构并没有明显改善,孔隙比反而有所增大,随钢渣粉掺量增多才有大幅度减小的趋势,当钢渣粉掺量超过 18%时孔隙比降幅减缓,由于钢渣粉颗粒直径大于粉煤灰颗粒直径,未水解的钢渣粉填充孔隙的效果不及粉煤灰的好,导致加入钢渣粉的复合改良土孔隙比大于粉煤灰改良土,但随钢渣粉掺量的增加,粉煤灰与钢渣粉颗粒里可溶性物质溶出量增多,使化学反应朝正向进行,水化产物增多,胶结填充能力增强,从而呈现改良膨胀土孔隙比大幅降低的趋势。由图 7-17(c)可知,在掺入 NaOH 后,粉煤灰与钢渣粉固化土孔隙比明显降低,相比前两者孔隙结构改善效果显著,说明 NaOH 溶液能够促进活性物质的激发,加快水化反应的速率,提高改良土体的胶凝体含量,促使改良土体孔隙被大量填充,从而改善土体的致密性和提高土体的强度。

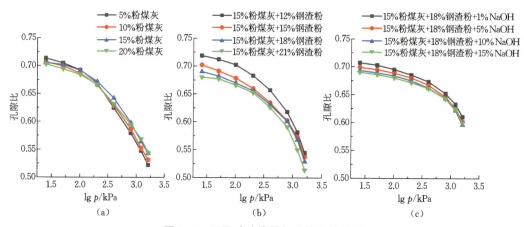

图 7-17 不同试验掺量与孔隙比的关系

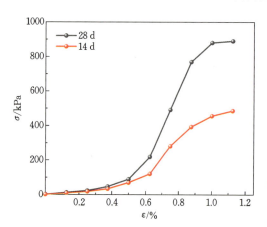

图 7-18 改良膨胀土养护龄期与
无侧限抗压强度的关系

7.3.1.4 龄期试验

根据以上试验结果可知,该碱激发粉煤灰-钢渣粉固化膨胀土的最佳配合比为 5% 的 NaOH 溶液加 15% 的粉煤灰与 18% 的钢渣粉。图 7-18 至图 7-20 所示分别为养护(14 d、28 d)龄期对碱激发粉煤灰与钢渣粉最佳配合比改良土试样无侧限抗压强度、抗剪强度及压缩特性的影响。由图 7-18 可知,改良膨胀土无侧限抗压强度随养护龄期的增长明显增加,增幅约达 83.89%;强度达到峰值后骤然消失,土体破坏。由图 7-19 可知,抗剪强度随养护龄期的增长均有显著增加的趋势,养护龄期从 14 d 延至 28 d 时,土体的抗剪强度增幅在10.79%~32.48%之间;由图 7-20 可知,孔隙比也随着养护龄期的增大,表现出孔隙量减少、胶凝填充作用增强、密实性提高、结构整体性能增强。从龄期试验可知,养护 14 d 后的改良土试样相较于未改良膨胀土的各项宏观力学指标都有明显的增强[287],养护龄期从 14 d 延至 28 d 后,在长时间的养护下,改良试剂中一部分未完全水化的活性物质被激发,促使水化产物有充足的时间逐渐长大并填充孔隙,将土颗粒紧紧黏结在一起,改善孔结构和界面结构,并形成致密的骨架,使改良土体强度提高。

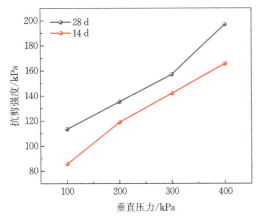

图 7-19　改良膨胀土养护龄期与抗剪强度的关系

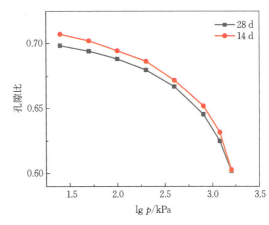

图 7-20　改良膨胀土养护龄期与孔隙比的关系

7.3.2　碱激发粉煤灰-钢渣粉改良膨胀土微观机理分析

7.3.2.1　化学成分检测

为探明碱激发粉煤灰与钢渣粉固化膨胀土水化产物组成,对养护 28 d 龄期的碱激发粉煤灰与钢渣粉固化膨胀土试样以及未改良膨胀土试样进行 X 射线衍射试验,XRD 图谱如图 7-21 所示。

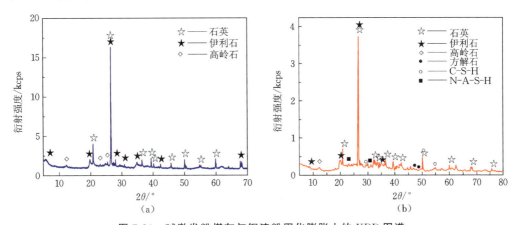

图 7-21　碱激发粉煤灰与钢渣粉固化膨胀土的 XRD 图谱
(a) 未改良膨胀土;(b) 碱激发粉煤灰-钢渣粉改良膨胀土

由图 7-21(a)可知,未改良膨胀土中主要存在石英、高岭石以及伊利石等晶体矿物相,衍射峰强度较高。由图 7-21(b)可知,改良后的膨胀土中依旧存在石英和伊利石等晶体矿物相,但较未改良膨胀土衍射峰强度明显降低,且图谱在衍射角 $2\theta < 45°$ 区域出现明显的衍

射弥散峰,出现的衍射弥散峰是无定形硅铝酸盐聚合物凝胶(N-A-S-H)的特征峰,同时结构中出现原有膨胀土体中未曾出现的方解石($CaCO_3$)晶须及水化硅酸钙凝胶(C-S-H)。结果表明,未改良膨胀土中的硅铝玻璃体被溶解,在水介质作用下碱激发剂能有效激发原材料中的潜在活性组分,致使玻璃体结构中 Si—O 键和 Al—O 键断裂,重新聚合生成水化硅酸系列凝胶产物,改良土中产生的凝胶物质能够显著提高其强度,降低孔隙率。

7.3.2.2　定性描述

选取养护 28 d 龄期的代表性土样,通过 SEM 试验进行微观结构对比分析,结果见图 7-22。

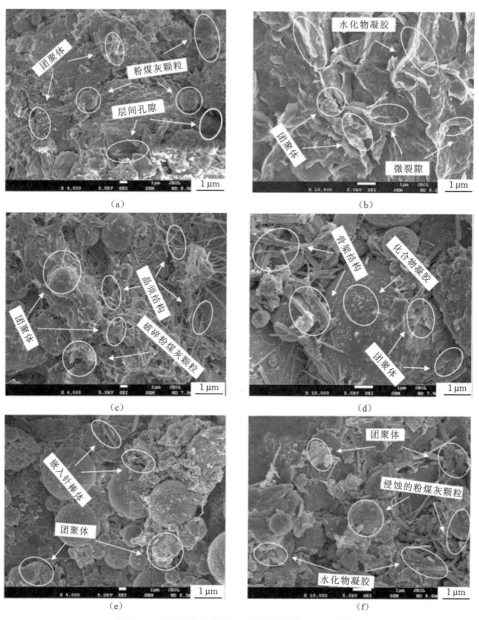

图 7-22　不同改良膨胀土的微观结构 SEM 图像

(a) 粉煤灰改良膨胀土(放大 4000 倍);(b) 粉煤灰改良膨胀土(放大 10000 倍);(c) 复合改良膨胀土(放大 4000 倍);
(d) 复合改良膨胀土(放大 10000 倍);(e) 碱激发改良膨胀土(放大 4000 倍);(f) 碱激发改良膨胀土(放大 10000 倍)

由图 7-22(a)、图 7-22(b)可知,相比未改良膨胀土试样,粉煤灰改良膨胀土里含有较多未参加反应的粉煤灰球体微珠,并附着在新生成的化合物凝胶上,颗粒体的排列状态呈现更明显的胶结性,大颗粒体上胶结着许多小颗粒,颗粒间依旧以面-面接触居多,并形成团聚体,团聚体之间依然存在着大量孔隙,但大孔隙的尺寸和数量均有减小。当放大倍数为 10000 倍时,层间纹理更清晰,可以明显发现有针棒状及卷曲薄片状的凝胶物生成,未发现内部有较大的孔隙结构及裂隙的分布,只有少量的微孔隙;同时可以发现,由于粉煤灰反应不完全,产生的水化产物较少,聚合体内部黏结较弱,表面分布着少量黏结物质,分布较为分散。

由图 7-22(c)、图 7-22(d)可知,有部分破碎的球状粉煤灰颗粒,粉煤灰颗粒周围有较多的无定形凝胶生成,凝胶物质逐渐将粉煤灰玻璃体包裹并填充孔隙,孔隙中也生成了大量的晶须和针棒状的水化产物,彼此交错,密集排列,交织组成纤细的织网状结构[291],提高了结构的整体性,使得其宏观力学性能提高;随着倍数的放大,可以发现生成的化合物凝胶和土体之间已经形成错综复杂的骨架结构,由于掺入钢渣粉,改良土体表面有新的化合物生成,相比粉煤灰改良膨胀土生成的水化产物含量也相对增多,土体颗粒之间的孔隙逐渐被胶结物填充,孔隙结构减小,土颗粒间连接成片,改良土的排列结构更加紧密,土体稳定性更好。

由图 7-22(e)、图 7-22(f)可知,在碱性剂的作用下促进了水化硅酸系列凝胶产物的生成,针棒状结构都已镶嵌在土体之中,增大了土体之间的结合力,而且团聚体增多,粉煤灰玻璃球被生成的凝胶产物紧紧包裹,说明固化土水化反应生成大量的水化物凝胶,通过胶结作用和孔隙填充作用使土体结构得到显著性改善,提高了试样微观结构的密实性和抗压、抗剪强度,这也是在碱性剂的加入下土体强度能够进一步提高的原因。随土体倍数的放大,可以明确观察到球状粉煤灰玻璃体表面已不再光滑,出现明显的侵蚀破坏溶解的现象,而且相比复合改良土,土体形成结晶体的织网状结构变得稀疏、粗壮,形成致密均匀的硬化体,团粒胶结程度更为紧密,与碱性激发改良土相比粉煤灰和复合改良土力学性能和耐久稳定性大幅提升的试验结果相吻合。

7.3.2.3　定量分析

根据 SEM 试验结果,选择放大 10000 倍的 SEM 图像进行定量分析。利用 Image-J 软件对图像进行微观信息处理,量化膨胀土改良前后土体颗粒形态变化,结果如表 7-4 所示。由表 7-4 可知,膨胀土多以细小的黏粒居多,粒径较小颗粒较细且较为分散,小颗粒总数愈多其分散程度也愈大,可压缩性越高,相应的剪切强度和无侧限抗压强度值愈小;对于不同类别改良土,由于水化凝胶物质的增多,土体之间的结合力显著增强,在胶结联结及孔隙填充作用下尺寸较小的颗粒凝结成团聚体,大团聚体增多,相应的小颗粒总数减少,团粒的尺寸、周长和总面积大幅增加,骨架结构增强,胶结紧密程度更为显著,形成致密均匀的硬化体,结构整体性得到显著提升,相较于未改良土体强度增加明显,同时随着改性材料的依次加入,其分形维数逐渐增大,表明改良土体土颗粒空间结构的复杂程度逐渐增大,微观内部颗粒粗糙程度明显,骨架结构性增强,颗粒之间的摩擦力越大,其微观结构颗粒形态的改善反映在宏观上为改良土体力学性能的提升,土体性能改善效果更明显。综上可知,微观结构的定性和量化分析与宏观力学特性试验结果相吻合。

表 7-4 土体微观颗粒参数

土体类型	颗粒总数	颗粒总面积/μm^2	颗粒平均尺寸/μm	颗粒面积占比/%	颗粒平均周长/μm	分形维数
粉煤灰改良土	884	42.125	0.042	37.293	0.559	1.7291
粉煤灰-钢渣粉改良土	1177	43.032	0.047	37.957	0.579	1.7341
碱激发粉煤灰-钢渣粉改良土	1718	46.395	0.052	42.841	0.626	1.7774

7.3.3 碱激发粉煤灰-钢渣粉协同固化膨胀土物理机制分析

结合以上宏观力学特性试验与微观机理分析,从 NaOH 对工业废渣活性物质的激发以及水化促进作用和改性剂与膨胀土颗粒间相互胶结作用两方面探讨 NaOH 激发粉煤灰-钢渣粉协同固化膨胀土的物理机制,机理模型如图 7-23 所示。

NaOH 的掺入,为原膨胀土以及改性材料潜在活性组织的激发营造了良好的碱性环境,高浓度的 OH^- 对原材料表面进行化学侵蚀,破坏硅氧、铝氧等三维网络结构,使玻璃体结构进一步解离,其玻璃体网络形成键(Si—O—Si 键、Si—O—Al 键和 Al—O—Al 键)更容易发生断裂,解聚生成 $[Al(OH)_4]^-$ 和 $[SiO(OH)_3]^-$ 等离子态单体,加快水化反应的进行,在强碱环境中生成的 $[SiO(OH)_3]^-$ 易转变为 $[SiO_2(OH)_2]^{2-}$,具体反应如下:

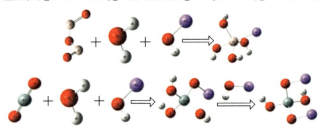

随后离子态单体之间通过羟基的彼此吸引连接形成中间体络合物,再经脱水缩合形成低聚态的铝硅酸盐溶胶(N-A-S-H),具体反应如下:

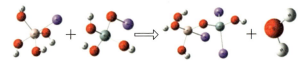

在碱性剂的激发下,钢渣粉释放出大量的 Ca^{2+} 与形成的硅铝质玻璃体溶胶进一步结合生成无定形状态的水化硅酸钙(C-S-H)及水化硅铝酸钙(C-A-S-H)等凝胶,具体反应式如下:

$$Ca^{2+} + [SiO_2(OH)_2]^{7-} + H_2O \longrightarrow CaO \cdot SiO_2 \cdot H_2O \qquad (7-6)$$

$$Ca^{2+} + [(OH)_3Al-O-SiO_2(OH)]^{8-} + H_2O \longrightarrow CaO \cdot Al_3O_2 \cdot SiO_2 \cdot H_2O \qquad (7-7)$$

同时富余的 Ca^{2+} 会与 OH^- 结合生成 $Ca(OH)_2$ 板状晶体,碱性环境中极易吸收空气中的 CO_2 发生碳化反应,生成 $CaCO_3$ 晶须;生成的系列聚合物使膨胀土颗粒紧密黏结形成致密的网络结构,从而显著提高改良膨胀土的板体性和刚性;未水化的粉煤灰与钢渣粉颗粒通过微集料效应起到填充作用,粗颗粒间的良好嵌挤作用增大了土体的内摩擦力,并改变孔隙结构和界面结构,也为各种理化反应提供了良好的空间环境。

同样在 OH⁻ 的作用下,膨胀土表面富含的 K^+、Na^+ 等溶出并与钢渣粉和粉煤灰水化释放出的 Ca^{2+} 发生交换、吸附作用,随着这些高价阳离子的加入,打破膨胀土颗粒表面吸附结合水的静电引力平衡,使吸附的弱结合水变成自由水,黏土颗粒的双电层厚度会变薄,引起土颗粒的絮凝,颗粒间靠得越紧密,相互间的结合力就越强,土体颗粒间的黏聚力也就越大,固化土的强度提高则越显著;在高 pH 值的环境中,碱激发下的水化产物同样会与膨胀土颗粒发生反应,结构中 Si—O—Si 等玻璃体也会被侵蚀溶解发生断裂,出现活性 Al 和 Si 的溶解现象,在改性剂的参与下转变成硅酸盐系列凝胶,将土颗粒黏结在一起形成强有力的骨架结构,为钢渣粉和粉煤灰的二次水化产物提供了稳定场所,并且二次水化生成的产物可填充初次水化的空隙,增加土体间的黏结强度,提高结构的密实性,继而土体之间的胶结力和静摩擦力得到显著增强。

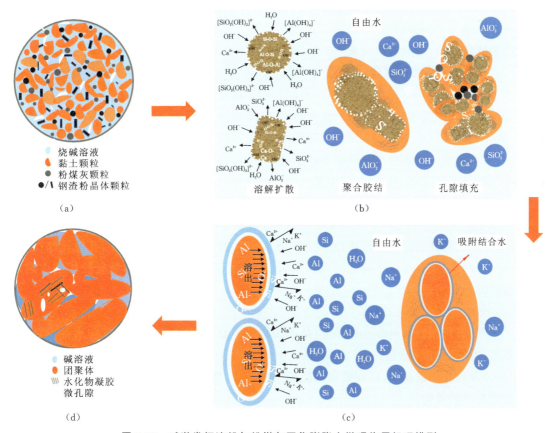

图 7-23 碱激发钢渣粉与粉煤灰固化膨胀土微观作用机理模型

(a)固化初期;(b)工业废渣水促进作用;(c)改性剂与膨胀土之间作用;(d)固化后期

7.4 本章小结

本章以石灰、水泥、砂石料、碱性激发剂、粉煤灰、钢渣粉和矿粉对北疆供水一期工程膨胀土进行固化改良,通过无侧限抗压强度试验、直剪试验、压缩试验、SEM 试验以及 X 射线衍射试验对其改良效果进行分析,得出以下结论:

（1）改良膨胀土力学特性试验

①水泥、石灰和砂石料改良膨胀土：水泥、石灰和砂石料均可有效提高膨胀土的无侧限抗压强度与抗剪强度，降低孔隙比，降低压缩性，水泥对膨胀土的加固效果要优于石灰，砂石料次之；当水泥掺量约为 7％、石灰掺量约为 6％、砂石料掺量约为 30％时，在达到合理的经济效益的同时改良效果相对较优，并能满足地区工程应用要求。

②碱激发工业废渣改良膨胀土：对于碱激发粉煤灰-钢渣粉/矿粉固化膨胀土，当粉煤灰掺入量约为 15％、钢渣粉/粉煤灰掺入量约为 18％、NaOH 掺量为 5％时，土体力学性能得到大幅度提升，粉煤灰与钢渣粉/粉煤灰的复合作用改善了单掺钢渣粉/矿粉或粉煤灰的工作性能，而 NaOH 的加入又促进固化材料解离与缩聚反应的进行。

③碱激发粉煤灰-钢渣粉/矿粉对比分析：最优掺比下碱激发粉煤灰-矿粉相较于碱激发粉煤灰-钢渣粉固化膨胀土抗剪强度提升 14.7％左右，说明矿粉相比钢渣粉具有更优良的性能和潜在活性，和粉煤灰相互作用下呈现出更高的强度，在 NaOH 溶液的激发下能破坏改良土的特殊结构，更利于粉煤灰和矿粉协同效应的发挥。

（2）改良膨胀土龄期试验

①水泥、石灰和砂石料改良膨胀土：在同一养护龄期下，随石灰、水泥掺量的增加，膨胀土产生的水化物凝胶体含量增多，凝结硬化增强，结构脆性破坏更明显；对于砂石料改良膨胀土，随砂石料掺量增加并未改变黏土矿物组成结构，依然呈现出塑性破坏；随养护龄期的增长，石灰和水泥改良膨胀土的性能不断提升，对砂石料改良膨胀土的影响甚微。

②碱激发粉煤灰-钢渣粉改良膨胀土：对于碱激发粉煤灰-钢渣粉固化膨胀土，5％ NaOH 激发 15％粉煤灰与 18％钢渣粉固化膨胀土最佳配合比试样随养护龄期的增长，无侧限抗压强度与抗剪强度均有大幅度的增长，增幅分别在 83.89％和 10.79％～32.48％之间，且土体结构脆性破坏特征明显；而龄期对孔隙结构的改善作用并不明显，孔隙比略微减小；说明碱激发粉煤灰与钢渣粉的相互激发，反应体系朝正向进行，多体量凝胶相的生成，需足够的养护时间做支撑。

（3）改良膨胀土微观试验

①水泥、石灰和砂石料改良膨胀土：从微观结构来看，膨胀土中加入石灰和水泥改良后生成较多的水化硅酸系列胶凝产物，增强了土颗粒之间的胶结联结作用，而团聚体含量的增加，孔隙含量的大量减少，结构整体性能的明显改善，是土体强度提高、膨胀性降低、宏观力学性质提升的关键。

②碱激发粉煤灰-钢渣粉改良膨胀土：对于碱激发粉煤灰-钢渣粉固化膨胀土，XRD 和 SEM 试验结果表明，改性剂与膨胀土在碱性激发剂的作用下发生解聚-缩聚反应，形成一些碳酸钙晶须、针棒状水化硅酸钙以及无定形的硅铝酸盐聚合物凝胶等产物。在依次加入钢渣粉、碱性剂后，改良土的微观结构得到改善，表现为裂缝和孔隙变少、变小，团聚体增加，结构密实性和骨架性增强，宏观力学行为上表现为改良土抗压、抗剪强度不断增加，孔隙比减小，可压缩性降低。

第8章　干湿-冻融循环条件下改良膨胀土的力学特性研究

北疆供水一期工程膨胀土输水明渠在干湿-冻融循环作用下发生渠坡滑动破坏现象,严重制约输水明渠的输水效率。本章在室内模拟明渠现场的干湿-冻融循环边界条件下,宏观上进行干湿-冻融循环条件下改良土的变形和强度试验研究,微观上进行改良膨胀土的定性和定量分析,揭示循环作用下改良土的强度损伤机理和微观结构特性。

8.1　碱激发粉煤灰-矿粉/钢渣粉改良膨胀土抗剪强度试验对比分析

图 8-1、图 8-2 所示分别为不同掺量粉煤灰、矿粉以及碱性激发剂改良膨胀土养护28 d龄期的黏聚力与内摩擦角变化关系和抗剪强度变化关系。由图 8-1 可知,粉煤灰掺量在15%时抗剪强度指标 c、φ 值达到最大;当粉煤灰掺量一定(15%)并加入矿粉后,相比单掺粉煤灰固化土抗剪强度指标有大幅提升,在矿粉掺量为18%时,土体的 c、φ 值达到峰值,相应的抗剪强度达到最大(图 8-2),说明粉煤灰-矿粉复合改良能够有效改善膨胀土的抗剪强度参数;在复合改良土的基础上掺入 NaOH,改良效果要优于同等掺量下粉煤灰改良土和粉煤灰与矿粉复合改良土,在 NaOH 掺量为 5% 时,其抗剪强度及抗剪强度指标均达到最大值。对比图 8-2 可知,碱激发粉煤灰-矿粉固化膨胀土抗剪强度指标 c、φ 值相比碱激发粉煤灰-钢渣粉固化膨胀土抗剪强度指标提高显著,以垂直压力 400 kPa 作用下的剪切试验为例,黏聚力提升 6.7% 左右,抗剪强度提升幅度约在 14.7%。试验结果表明,矿粉相比钢渣粉具有更优良的性能和更好的潜在活性,和粉煤灰相互作用下呈现出更高的强度,在

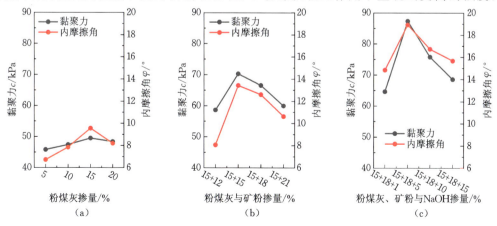

图 8-1　不同试验掺量与黏聚力 c、内摩擦角 φ 的变化关系

NaOH 溶液的激发下能破坏膨胀土的特殊结构,产生大量凝胶类物质来提高土体强度,更好地发挥粉煤灰和矿粉的协同效应。因此,根据室内直剪试验,碱激发粉煤灰-矿粉固化膨胀土相比碱激发粉煤灰-钢渣粉固化膨胀土剪切强度提高明显,稳定性更强,针对改良土后期的工程应用研究宜采取碱激发粉煤灰-矿粉改良土进行分析。

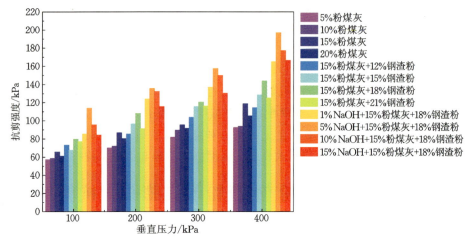

图 8-2　不同试验掺量与抗剪强度的变化关系

8.2　试样制备及循环试验方法

（1）试样的制备及养护

将现场取回的膨胀土晾晒至干燥状态后磨碎,筛分保留粒径小于 2 mm 的膨胀土。

① 对于未改良膨胀土,以 18.9％的含水率、1.60 g/cm³ 的干密度为制样标准,用喷壶向烘干土样中加水,拌和均匀后放入密封袋密封 48 h 后用土盒盛取土样,校核含水率。

② 对于改良膨胀土,根据碱性激发粉煤灰-矿粉固化膨胀土最优配合比确定,称好相应质量的膨胀土、粉煤灰和矿粉,烘干后干拌混合;再称取土料质量 20％的水与水质量 5％的 NaOH 混合配制 NaOH 溶液,以 1.60 g/cm³ 的干密度为制样标准,将制备好的 NaOH 溶液用喷壶均匀喷洒在混合土料中,用搅拌器搅拌均匀,闷料 48 h 后取出进行含水率校核。

③ 将浸润均匀的土样采用轻型击实法制样,将制备的改良土试样用塑料保鲜膜包裹后放入恒温恒湿的养护箱中养护 28 d,养护温度为(20±0.5)℃,相对湿度不小于 95％。

（2）试样干湿-冻融循环试验方案

试验主要利用恒温控制式烘箱和 DX-30 型高低温试验箱等来模拟北疆供水一期工程渠基土常年干湿-冻融的气候环境。首先试样湿润过程中采用抽气饱和法模拟通水期(抽气 2 h,浸泡 10 h),此时浅层渠基处于饱和或接近饱和状态;停水期渠基处于持续失水过程,故将试样置于烘箱(40 ℃)中脱水至含水率达到 14.0％左右(约为初始含水率的 70％)时停止,其间采用称质量法检测试样的含水率变化。待试样冷却后用保鲜膜包裹,放置于高低温控制箱进行浅层基土的冻融过程模拟,试验箱中分别控制温度为-20 ℃的环境中冻结 24 h,20 ℃的环境中融化 24 h,即为 1 次干湿-冻融循环(图 8-3),此过程持续进行至 9 次干湿-冻融循环后停止。

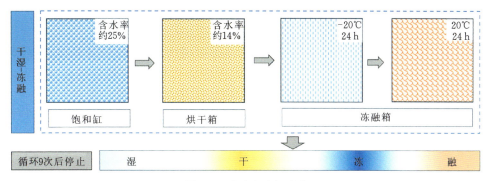

含水率约25%

含水率约14%

−20℃ 24 h

20℃ 24 h

饱和缸　　　　烘干箱　　　　　　冻融箱

干湿冻融

循环9次后停止　　湿　　　　　干　　　　　冻　　　　　融

图 8-3　试验方法与步骤

8.3　宏观与微观试验方法

8.3.1　宏观力学特性试验

（1）无侧限抗压强度试验：对循环处理后的三轴试样（80 mm×39 mm）以1.0 mm/min 的速率进行无侧限抗压强度试验，获取土体在干湿-冻融循环作用下的应力-应变曲线以及无侧限抗压强度曲线。

（2）直剪试验：对循环后的环刀试样（20 mm×61.8 mm）分别施加 100 kPa、200 kPa、300 kPa、400 kPa 的垂直压力并固结 24 h 后，以 0.08 mm/min 的速率进行直接剪切试验，获取土体在干湿-冻融循环作用下的抗剪强度曲线以及抗剪强度指标 c、φ 值变化规律曲线。

（3）侧限压缩试验：将循环后的环刀试样（20 mm×61.8 mm）采用逐级加压的方式（加压等级分别为 50 kPa、100kPa、200kPa、400kPa、800kPa、1600 kPa）加载，直至 1600 kPa 后卸载，每级荷载持续压缩 1 h，在各级压力下进行压缩试验，并获取土体在干湿-冻融循环作用下的孔隙比变化规律曲线以及各压缩参数。试验所用仪器如图 8-4 所示。

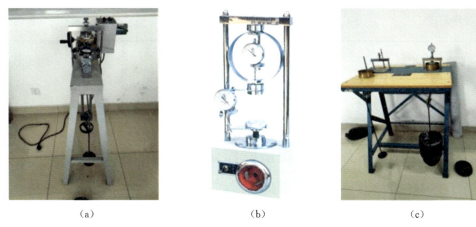

（a）　　　　　　　　　　（b）　　　　　　　　　　（c）

图 8-4　基本力学特性试验仪器

（a）ZJ50-1A 型应变控制式直剪仪；（b）应变控制式无侧限压力仪；（c）WG-3A 型单杠杆固结仪

8.3.2 微观电镜扫描试验

对循环前后的土样进行电镜扫描试验,选取试样内部碎块,将其烘干后打磨制成 2 mm×2 mm×1 mm 的块体(不抛光,保持新鲜断面不被碰撞)进行试验,根据已有研究[292],选取放大 1000 倍图像观察孔隙发育形态;利用 Image-J 软件对图像进行标尺设定、图像二值化、降噪处理、测量值设置、指标提取等一系列操作,提取相关微观参数进行定量分析,主要过程如图 8-5 所示。本小节主要选取孔隙总数、孔隙平均直径[110]、颗粒丰度与分形维数[293]进行孔隙及颗粒结构的分析,具体公式见表 8-1。

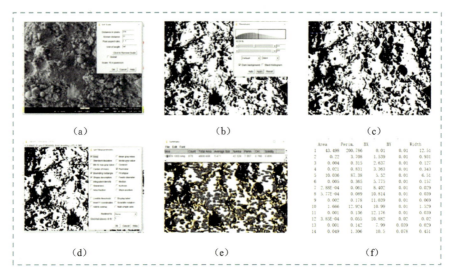

(a)　　　　　　　　　(b)　　　　　　　　　(c)

(d)　　　　　　　　　(e)　　　　　　　　　(f)

图 8-5 微观图像定量分析指标提取处理过程
(a) 标尺设定;(b) 图像二值化;(c) 降噪处理;(d)测量值设置;(e) 指标提取;(f) 数据处理

表 8-1 孔隙及颗粒结构微观参数的计算公式

微观参数	孔隙平均直径 d	颗粒丰度 C	分形维数 D
计算公式	$d=\sqrt{\dfrac{4S}{\pi}}\dfrac{x-\mu}{\sigma}$	$C=\dfrac{B}{L}$	$D=\ln P=\dfrac{1}{2}\ln S+a$

注:S 为面积;B、L 分别为短轴及长轴长度;P 为周长,a 为常数。

8.4 试验结果分析

8.4.1 碱激发粉煤灰-矿粉协同固化膨胀土的宏观力学特性分析

8.4.1.1 干湿-冻融循环作用下的无侧限抗压强度试验

图 8-6 所示为无侧限抗压强度随干湿-冻融循环次数变化关系曲线,图 8-7 所示为不同次数循环作用下土体的应力-应变关系曲线。由图 8-6 可知,在经历多次循环作用后,未改良膨胀土和碱激发粉煤灰-矿粉改良膨胀土无侧限抗压强度都有所下降。

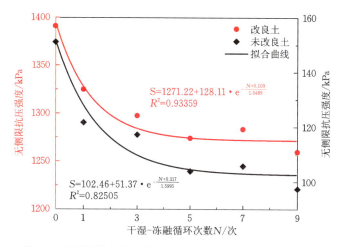

图 8-6 无侧限抗压强度随干湿-冻融循环次数变化关系曲线

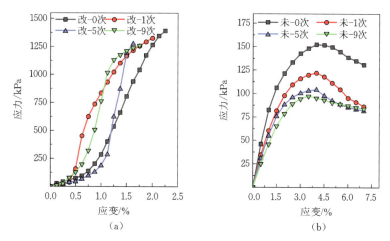

图 8-7 不同次数循环作用下土体的应力-应变关系曲线

(a) 改良膨胀土;(b) 未改良膨胀土

(1) 对于未改良膨胀土,在经历多次循环作用后,其无侧限抗压强度不断降低,但降幅远比第 1 次循环时的小,在经历 9 次循环作用后,未改良膨胀土抗压强度下降 51.80%;其无侧限应力-应变关系总体呈现为应变软化型,破坏后仍具有一定的残余强度(图 8-7);干湿-冻融循环次数 N 对膨胀土无侧限抗压强度 S 的影响整体呈现先逐渐递减后趋于稳定的趋势,可用指数函数表示(相关系数为 $R^2=0.82505$):

$$S=102.46+51.37 \cdot e^{-\frac{N+0.117}{1.5995}} \tag{8-1}$$

式中 S——无侧限抗压强度;

　　　N——干湿-冻融循环次数。

(2) 对于改良膨胀土,持续的循环作用同样会破坏碱激发粉煤灰-矿粉改良膨胀土胶凝产物的胶结和孔隙结构,导致改良膨胀土试样无侧限抗压强度出现一定劣化。其中,第 1 次循环后试样强度降低明显,9 次循环后试样的抗压强度只下降约 10.98%,受循环作用影响较弱,但整体呈现先降低后趋于稳定的趋势,通过线性拟合可用指数函数进行表示(相

关系数为 $R^2 = 0.93359$）：

$$S = 1271.22 + 128.11 \cdot e^{-\frac{N+0.103}{1.3489}} \qquad (8\text{-}2)$$

随循环作用的持续进行，改良土试样的刚度和脆性呈现出先增大后减小再增大的趋势（图 8-7）。

（3）与未改良膨胀土相比，改良土试样无侧限抗压强度均有大幅提升，提升幅度达到 8.0～12.0 倍；同时改良土试样的刚度和脆性显著增强，改良膨胀土应力-应变曲线由应变软化型转变为应变硬化型，呈现出更强的应变硬化特性，试样的破坏更类似超固结土（图 8-7）。

8.4.1.2 干湿-冻融循环作用下的直剪试验

图 8-8 和图 8-9 为抗剪强度指标 c、φ 及抗剪强度随干湿-冻融循环次数变化关系曲线。由图 8-8 可知，在干湿-冻融循环作用下，试样的 c、φ 值均随干湿-冻融循环次数的增加有所减小。

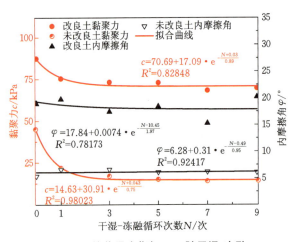

图 8-8　抗剪强度指标 c、φ 随干湿-冻融循环次数的变化规律

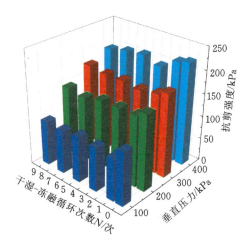

图 8-9　抗剪强度随干湿-冻融循环次数的变化规律

（1）对于未改良膨胀土，在循环作用下黏聚力经历急剧降低、降低幅度减缓、平稳变化三个阶段，首次循环后试样 c 值下降约 50.13%，说明干湿-冻融循环作用对土样的黏聚力有明显的破坏损伤，在循环 3 次后黏聚力趋于稳定；φ 值随循环次数的增加基本保持不变。干湿-冻融循环次数 N 对膨胀土抗剪强度指标 c、φ 值的影响可用指数函数来表示（相关系数分别为 $R^2 = 0.98023$ 与 $R^2 = 0.92417$）：

$$c = 14.63 + 30.91 \cdot e^{-\frac{N+0.043}{0.75}} \qquad (8\text{-}3)$$

$$\varphi = 6.28 + 0.31 \cdot e^{-\frac{N-0.49}{0.95}} \qquad (8\text{-}4)$$

式中　c——膨胀土黏聚力；

　　　φ——膨胀土内摩擦角；

　　　N——干湿-冻融循环次数。

（2）对于碱激发粉煤灰-矿粉改良土，黏聚力在首次循环后下降约 24.90%，随着循环次数的增加，c 值呈减小趋势，但变化幅度相当小，其抗剪强度在循环 1 次后趋于稳定（图 8-9），c 值在 9 次循环后只下降了 20.3%；而内摩擦角波动幅度在 6.72% 左右，基本保持不变。干湿-冻融循环次数 N 对膨胀土抗剪强度指标 c、φ 值的影响可用指数函数来表示（相关系数分别为 $R^2=0.82848$ 与 $R^2=0.78173$）：

$$c=70.69+17.09 \cdot e^{-\frac{N+0.03}{0.89}} \tag{8-5}$$

$$\varphi=17.84+0.0074 \cdot e^{-\frac{N-10.45}{1.97}} \tag{8-6}$$

（3）相比未改良膨胀土，碱激发粉煤灰-矿粉改良土在 9 次循环后抗剪强度指标 c、φ 值提升显著，分别增长约 71.20% 和 69.78%，由于抗剪强度与黏聚力呈正相关性，其抗剪强度随黏聚力的改善也明显提高，在经历数次循环后其抗剪强度变化幅度较小（图 8-9）。

8.4.1.3 干湿-冻融循环作用下的压缩试验

图 8-10 所示为碱激发粉煤灰-矿粉改良土和未改良膨胀土的孔隙比与垂直压力的关系曲线。由图 8-10 可知，不同次数循环作用下碱激发粉煤灰-矿粉改良土和未改良膨胀土的压缩曲线具有相似性，基本遵循同一规律，呈下降趋势。未改良膨胀土在固结前期，孔隙比减小明显，较小压力下即产生较大沉降变形，随上覆压力增加到 400 kPa，这种下降趋势逐渐增大，随循环次数的增加土体孔隙受上覆压力影响较明显，较高循环次数下最终所达到的稳定孔隙比要低于较低循环次数下的。改良膨胀土孔隙比受上覆压力影响较小，在经历第 1 次干湿-冻融循环后其孔隙比增长幅度最大，受循环影响最为明显，随循环次数的增加，孔隙比降低幅度减缓。相比未改良的膨胀土，改良后的土样孔隙比受循环作用影响较弱，孔隙比改善效果显著，在上覆压力作用下最终达到的稳定孔隙比要比未改良膨胀土高出 48.25%～62.82%，可压缩性显著降低。

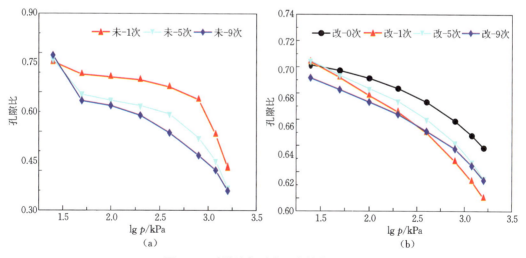

图 8-10 孔隙比与垂直压力的关系曲线

表 8-2 所列为土体在干湿-冻融循环下的各压缩性指标。由表 8-2 可知，未改良膨胀土试样的压缩指数在多次循环后介于 0.1～0.5，属于中压缩性土，随循环次数的增加，压缩系数呈上升趋势，土体所表现的压缩性也增大，孔隙比变化幅度增大，孔隙比变化引起压缩系

数与压缩指数逐渐上升,这说明未改良的膨胀土随着循环次数的增加,土样表现为较高的压缩性,循环后受压时沉降量显著增大。对于改良后的试样在循环前后压缩指数都低于0.1,属于低压缩性土,说明干湿-冻融循环并不能影响土体性质,随着循环次数的增加,压缩系数先上升后下降,且在循环 5 次后最终趋于稳定。随着循环次数的增加,相比于未改良膨胀土的压缩系数和压缩指数明显减小,改良土试样表现出更低的压缩性,且土体在循环后受压时沉降量有明显降低,说明碱激发粉煤灰-矿粉改良膨胀土能有效抑制循环作用对土体孔隙结构的损伤,提高土体整体结构和密实性。

表 8-2 土体干湿-冻融循环下的各压缩性指标

土体类型	循环次数 N	压缩系数 $a_{v(1-2)}$/MPa^{-1}	压缩模量 $E_{s(1-2)}$/MPa^{-1}	压缩指数 C_c
未改良膨胀土	1	0.27	6.39	0.089
	5	0.32	5.44	0.105
	9	0.66	2.56	0.221
碱激发粉煤灰-矿粉改良膨胀土	0	0.08	22.22	0.026
	1	0.12	13.79	0.041
	5	0.09	18.18	0.031
	9	0.09	18.14	0.031

8.4.2 碱激发粉煤灰-矿粉改良膨胀土的微观结构分析

8.4.2.1 SEM 试验结果的定性描述

为研究干湿-冻融循环作用对碱激发粉煤灰-矿粉改良膨胀土微观结构的损伤机理,对不同次数(0、1、5、9 次)循环作用下的试样开展 SEM 试验,得到放大 1000 倍的 SEM 图像,结果如图 8-11 所示。由图 8-11 可知:

(1)试样未经干湿-冻融循环时,未改良膨胀土结构中多以紧密堆积的面-面叠聚体为主,黏土基质中镶嵌着如蒙脱石等具有膨胀性的黏土颗粒,土体联结力相对较弱,整体结构密实且无明显裂隙;采用碱激发粉煤灰-矿粉改良后的膨胀土孔隙充填胶结程度提高,颗粒的胶结紧密程度显著增加,观察面骨架结构更加明显。

(2)经过干湿-冻融循环后,未改良膨胀土试样原有面-面接触的叠聚体结构逐渐被破坏,黏土矿物由定向结构转向无序结构,土体颗粒不断流失,裂隙发育,随着循环作用的不断进行,出现了贯穿整个断面的尺寸较大的孔洞与裂隙,且数量逐渐增多,破坏了土体的完整性,强度损伤明显;而改良土试样在经历初次循环作用后粒间胶结联结作用弱化明显,表现为部分小颗粒脱落,中小尺寸孔隙出现,随循环过程的进行,这些胶凝产物包裹的土颗粒逐渐被侵蚀,破坏了胶凝产物的黏结效能,部分黏土基质"复活",团聚体骨架结构逐渐疏松,9 次循环后原有部分团聚体颗粒发生破坏、裂解,颗粒流失严重,大孔隙增多,原有结构和排列遭到破坏,表观致密性降低。

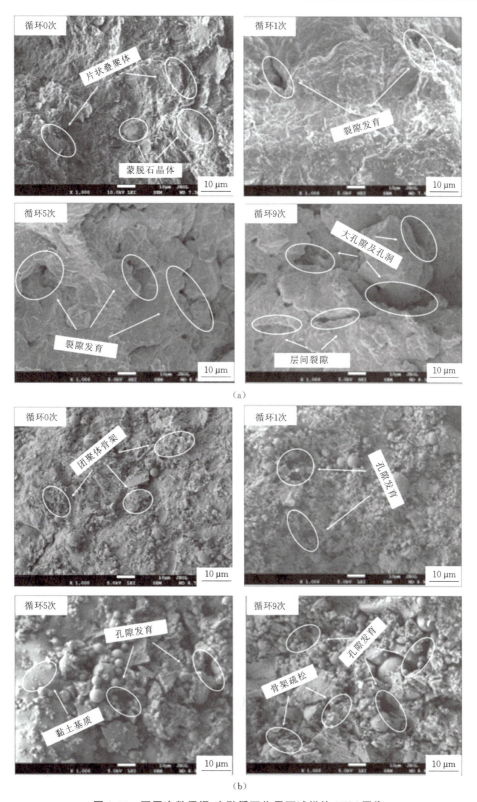

图 8-11　不同次数干湿-冻融循环作用下试样的 SEM 图像
(a) 未改良膨胀土；(b) 改良膨胀土

（3）相比未改良膨胀土，改良土样的整体性更好，无架空、联通的大孔隙，团粒胶结紧密程度更为显著，虽在反复的循环作用过程中改良土体微观部分表观颗粒被侵蚀脱落，在水化凝胶产物化学胶结和骨架构建的双重效应下，总体结构依旧保持着均匀致密状态，阻止了循环作用对土体微观结构的持续损伤。因此，在宏观上前期强度随循环作用的增加表现出劣化衰减的趋势，后期强度逐渐趋于稳定，但总体依旧保持较高的力学特性。

8.4.2.2　SEM 试验结果的定量分析

根据 SEM 试验结果，选取碱激发粉煤灰-矿粉改良膨胀土经干湿-冻融循环作用后放大 1000 倍的 SEM 图像进行定量分析。利用 Image-J 软件对图像进行微观信息处理，量化改良膨胀土循环前后土体颗粒形态变化。

（1）孔隙形态

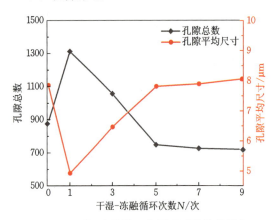

图 8-12　干湿-冻融循环作用下碱激发粉煤灰-矿粉改良膨胀土的孔隙参数变化曲线

图 8-12 所示为干湿-冻融循环作用下碱激发粉煤灰-矿粉改良膨胀土的孔隙参数变化曲线。由图 8-12 可知，碱激发粉煤灰-矿粉改良膨胀土在第 1 次干湿-冻融循环后土样孔隙总数增加，孔隙的平均尺寸明显减小，说明改良土在经历初次循环后内部小孔隙显著增多，在宏观上表现为循环作用对土体力学性质的劣化影响；随循环次数的不断增加，孔隙总体数量逐渐减少，孔隙平均尺寸增大，最终趋于稳定。由试样的 SEM 图像（图 8-11）可知，改良土产生的水化产物具有优异的胶结性能，在增强膨胀土结构完整性的同时不断填充孔隙，提升了改良土体密实度，在第 1 次循环后土体颗粒胶结能力弱化明显，导致小颗粒脱落，填充大中孔隙，使得小孔隙增多，但随循环的持续进行，水分不断冲刷和冻融侵蚀，骨架间的颗粒崩解、松动，使小孔隙连通程度提高，孔隙数量减少、尺寸再次增大，而循环前后孔隙结构变化不明显，说明循环作用对微观孔隙结构影响较小，碱激发粉煤灰-矿粉改良膨胀土的微观结构孔隙的定量分析和微观图像的定性研究具有良好相关性。

（2）土粒形态

图 8-13（a）所示为碱激发粉煤灰-矿粉改良膨胀土颗粒丰度随干湿-冻融循环变化的规律。由图 8-13（a）可知，土体颗粒丰度值主要集中在 0.6～0.8 范围，而在 0.1～0.3 范围的颗粒相对较少，因此认为土体颗粒更趋于椭圆状，随循环的持续进行，该范围内的颗粒含量无明显增加，可认为循环过程中改良土阻止了水分对迁移路径上较大颗粒的切割和抑制了分凝冰胀缩作用对土颗粒的损伤；另外，土颗粒丰度变化较为纯粹，说明改良土抑制了循环作用对颗粒的打磨，阻止了长条板状及棱柱状颗粒向扁圆和似圆类颗粒的转化，循环对改良土体微观层面上的颗粒形态的影响有限。图 8-13（b）所示为干湿-冻融循环作用下碱激发粉煤灰-矿粉改良膨胀土颗粒分形维数变化规律。由图 8-13（b）可知，随干湿-冻融循环的进行，改良土体分形维数整体呈指数形式递减，最终趋于稳定，循环 9 次后分形维数仅降低

2.79%,可用指数函数进行表示(相关系数 $R^2=0.9857$):

$$D=1.818+\frac{0.058}{1+e^{\frac{N-2.536}{1.232}}} \tag{8-7}$$

式中 D——改良膨胀土分形维数;

N——干湿-冻融循环次数。

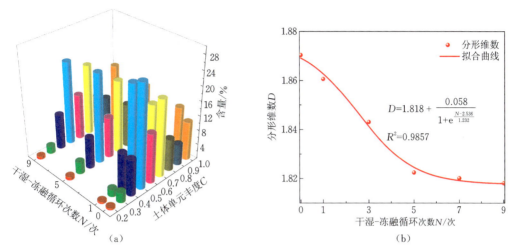

图 8-13 不同次数干湿-冻融循环作用下碱激发粉煤灰-矿粉改良膨胀土颗粒微观参数变化
(a) 干湿-冻融循环作用下土体颗粒丰度变化规律;(b) 干湿-冻融循环作用下土体颗粒分形维数变化情况

由以上微观定性分析可知,改良土内部颗粒粗糙程度依旧明显,骨架结构性强,在循环过程中水分不断迁移冲刷以及冻结融化作用下,土体内部颗粒形态变化相对较小,从而进一步证明了其抵抗干湿-冻融循环损伤劣化的能力更加显著。

8.4.3 宏观与微观机理分析

8.4.3.1 宏观与微观参数关系

通过微、细观分析可知,不同循环模式中水分子的迁移和变化是土体损伤行为产生的主要原因。土体在干燥过程中失水收缩,产生一定裂缝,在随后的冻融过程中,分凝冰穿刺等作用造成土体内部裂隙再次扩展,从而进一步降低土体的完整性。

为分析改良土体力学性能与孔隙损伤程度的相关性,建立孔隙总面积 A_P 与宏观力学强度参数(抗剪强度指标 c、φ 值和无侧限抗压强度 S)的直角坐标系,通过线性拟合分析两者之间的数学联系,其宏观力学强度参数与孔隙总面积的关系如图 8-14 所示。由图 8-14 可知,随孔隙总面积的增加,改良土体的黏聚力和无侧限抗压强度先逐渐降低后趋于定值,而内摩擦角受孔隙总面积影响较小,基本保持稳定趋势,通过对整体趋势的分析,可用指数函数对其进行表示(无侧限抗压强度、黏聚力以及内摩擦角与孔隙总面积的相关系数分别为 $R^2=0.93237$、$R^2=0.95231$ 和 $R^2=0.81321$):

$$S=68.17+18.5 \cdot e^{-\frac{A_P-5539.1}{257.31}} \tag{8-8}$$

$$c=1255.61+133.42 \cdot e^{-\frac{A_P-5535.82}{297.44}} \tag{8-9}$$

$$\varphi=17.97+0.77 \cdot e^{-\frac{A_P-5621.44}{247.48}} \tag{8-10}$$

式中 S——改良膨胀土无侧限抗压强度;

c——改良膨胀土黏聚力；

φ——改良膨胀土内摩擦角；

A_p——改良膨胀土孔隙总面积。

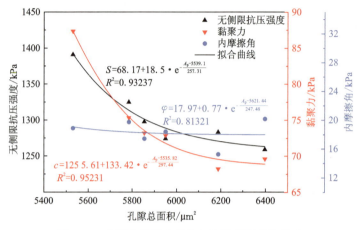

图 8-14 宏观力学强度参数与孔隙总面积的关系

孔隙总面积与力学强度参数(无侧限抗压强度、黏聚力)之间拟合公式的相关系数超过了 0.93,说明利用孔隙总面积可以较为准确地对强度指标进行预测,同时也印证了在干湿-冻融循环作用下改良土体黏聚力衰减、强度降低的原因。

8.4.3.2　物理机制阐述

图 8-15 所示为不同干湿-冻融循环作用下试样的表观特征。由图 8-15(a)可知,干湿-冻融循环对未改良膨胀土的影响较为明显,随循环次数的增加,其裂隙率和裂隙宽度增加,并伴随大量微小裂隙的产生和发展,5 次循环后可明显发现由第 1 次循环产生的表层裂隙逐渐汇聚并向试样内部拓展延伸,循环 9 次后主裂隙相互连接发育并贯穿试样,使得土体团粒结构间距增大,多条微裂隙汇集在主裂隙附近形成裂隙网络,分布更为密集复杂,细观表现为土体表面被裂隙分割成大小不一的土块[294]。由图 8-15(b)可知,碱激发粉煤灰-矿粉改良土显著改善了膨胀土对干湿-冻融循环作用的敏感性,抑制了膨胀土在干湿-冻融循环作用下产生的湿胀干缩以及冻融损伤,保持了改良土体表观的完整性,随循环次数的增加土体并没有明显的裂隙产生,只有表观土体颗粒的少量流失,有效阻止了循环作用对土体内部进一步的侵蚀和破坏;试样表观粗糙度增加,但内部保存完整,整体密实度依旧很高,这也是在多次循环作用下土体试样依然保持较高力学性能的内在原因。

图 8-15　不同干湿-冻融循环作用下试样的表观特征
(a)未改良膨胀土；(b)碱激发改良膨胀土

结合循环作用后土体力学特性和 SEM 试验结果可知:

（1）未改良膨胀土：未改良膨胀土粒状颗粒凝块发育，含有较多集粒与团聚体，颗粒间接触形式多以面-面接触为主；中、微小孔隙占据绝大多数；随着循环次数增加，试样在遭受水分反复迁移和体变后，这些集粒、团聚体等发生侵蚀和溶解，使其数量减少、体积减小，颗粒间接触形式也由面-面接触逐渐过渡为边-面接触，最终发展为边-边或点-面等不稳定接触形式，同时中、微小孔隙所占比例逐渐减小，大中架空孔隙数量逐渐增加［图 8-11（a）］，削弱了分子间的相互作用力，微观结构的变化又同时反映在宏观力学性能上。因此，未改良膨胀土的黏聚力及强度在经历循环后大幅度弱化，可压缩性下降明显，随循环次数的增加，黏聚力、无侧限抗压强度和压缩性方面分别表现出负相关、负相关及正相关的变化趋势。

（2）改良膨胀土：对于改良膨胀土，由碱激发粉煤灰-矿粉主导引发化学反应，其水化产物成为试样强度的主要影响因素，这些水化反应产生胶凝产物形成网络骨架包裹在土颗粒表面，并改良黏土基质形成整体密实结构，使其降低对水分的敏感性，抑制了饱和过程中黏土颗粒吸水而造成的膨胀损伤，同时改良土体内部颗粒外轮廓，使其尖锐凸出点增多，使得粒间嵌入咬合作用增强。随循环次数的增加，试样内部颗粒间这种接触形式在水化产物的胶结黏结作用下并未受到明显影响，有效阻止了未改良膨胀土体在干燥过程中因失水收缩而引起的裂隙产生、延伸、扩展、贯通以及粒间孔隙的增加等一系列变化，进而影响干湿循环过程中更多水分的通过以及在土体内部的迁移速率，减弱了水分迁移路径上水分对颗粒边缘的侵蚀，更削弱了冻融循环过程中冰透镜体的生长以及分凝冰穿刺等作用造成土体内部裂隙的扩展，再次证实了土体的稳定性和完整性得到提高。

（3）宏微观响应：微观定量分析表明，随循环作用的进行，土体颗粒凸出部位并未因循环次数的增加逐渐被磨平，表面依旧粗糙［图 8-11（b）］、棱角分明，土粒形态变化不明显（图 8-13），而微观结构的密实性和完整性也映射了宏观力学性能的稳定性；根据室内试验结果可知，改良土体黏聚力及强度在经历循环后并未发生大幅度变化，可压缩性无明显增加。综上所述，无论从微观还是宏观力学性能方面，均说明改良膨胀土能够有效抑制干湿-冻融循环作用对土体引起的湿胀干缩以及冻融损伤，抑制未改良膨胀土随循环作用发生的大幅度体变和反复胀缩，从而提高改良土体的稳定性和表观完整性，且在循环作用下三者有很好的相关性。干湿-冻融循环作用下碱激发改良土强度劣化机理如图 8-16 所示。

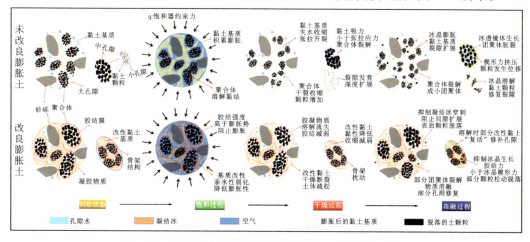

图 8-16　干湿-冻融循环作用下碱激发改良土强度劣化机理

8.5 本章小结

本章通过对干湿-冻融循环作用条件下碱激发粉煤灰-矿粉改良膨胀土力学特性试验和 SEM 研究,从宏观—细观—微观角度分析改良膨胀土力学特性衰减机理与微观机制,得出以下结论:

(1) 无侧限抗压强度试验:随循环次数的增加,未改良膨胀土与碱激发粉煤灰-矿粉改良膨胀土无侧限抗压强度均有所下降,9 次循环后强度分别下降 51.80% 和 10.98%;但改良土相较于未改良膨胀土强度增幅达 8~12 倍,应力-应变曲线由应变软化型转变为应变硬化型,呈现出更强的应变硬化特性,破坏形式由应变软化的塑性破坏转变成完全的脆性破坏。

(2) 直剪试验:随循环次数的增加,未改良土体与改良土黏聚力在循环后分别下降约 50.13% 与 24.90%,未改良膨胀土黏聚力在循环 3 次后趋于稳定,内摩擦角无明显变化规律;而随循环次数的变化,改良土黏聚力在水平趋势上呈现上下波动,变化幅度较小,剪切破坏相对更加稳定,9 次循环后内摩擦角波动幅度在 6.72% 左右,基本保持不变。

(3) 压缩试验:随循环次数的增加,未改良膨胀土孔隙受上覆压力影响较明显,产生较大沉降变形,压缩系数与压缩指数稳步上升,土样表现出较高的压缩性;而改良后土体试样循环前后压缩指数都低于 0.1,属于低压缩性土,压缩系数先上升后下降,在循环 5 次后趋于稳定,较未改良土体试样表现出较低的压缩性,说明改良土能有效遏制循环作用对土体孔隙结构的损伤。

(4) 微观试验:干湿-冻融循环作用使未改良膨胀土细-微观裂隙以及大孔隙增多,土颗粒间的密实度降低。而改良土限制了大孔隙的生成和裂隙的发展,抑制了循环作用对土体颗粒的切割与打磨,也减小了循环作用对土体孔隙的损伤和颗粒破坏的影响,进而提高了土体强度;表现为力学强度参数与孔隙总面积呈指数型相关关系,随微观孔隙的增加,土体强度先出现劣化损伤,最后趋于稳定,而微观结构的改善则映射了宏观力学性能的提升。

上述分析表明,在干湿-冻融循环作用下,碱激发粉煤灰-矿粉改良土相较于未改良膨胀土的力学性能更加稳定,可为改良土后续作为换填材料进行数值计算提供可靠的理论依据,因此有必要利用有限差分软件建立改良土换填膨胀性渠基土的数值模型,分析换填改造治理后明渠边坡稳定性的提升效果,为改良土在工程应用方面打下坚实的理论基础,而碱激发粉煤灰-矿粉改良膨胀土作为换填材料能有效解决膨胀土渠基沿线换填资源匮乏等问题。

第 9 章　碱激发粉煤灰-矿粉改良膨胀土的工程应用分析

针对北疆供水一期工程由于膨胀土渠基土力学性质劣化造成明渠渗漏严重、渠坡滑动频繁等问题,应用最优配合比的碱激发粉煤灰-矿粉改良膨胀土作为换填材料,对膨胀土渠坡进行换填治理以及形成灰土挤密桩等加固处理,通过数值模拟软件计算对膨胀土渠坡改造前后的稳定性进行对比分析。

9.1　膨胀土输水明渠的改造方案

9.1.1　膨胀土的治理措施

膨胀土渠坡换填之前,明渠上层为 2.0 m 厚白砂岩,下层则为 5.5 m 厚的膨胀土,总体高度为 7.5 m,典型断面如图 9-1(a)所示。由于运行前后渠水入渗导致膨胀土强度衰减,明渠滑坡时有发生,因此,需对渠坡进行改造治理,并通过有限元数值模拟软件分析渠坡加固后的稳定性。渠坡主要改造治理措施如下:

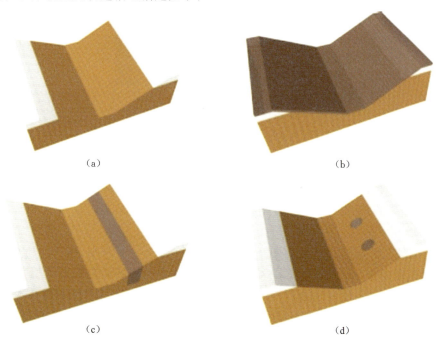

(a)　　　　　　　　　　　　　　　　　(b)

(c)　　　　　　　　　　　　　　　　　(d)

图 9-1　膨胀土输水明渠工程改造前后断面图

(a)明渠改造前;(b)明渠表层全部换填;(c)明渠局部梯形换填;(d)明渠灰土挤密桩加固

（1）全部换填：将膨胀土渠坡表层膨胀土破坏区域置换为不同厚度最优配合比的碱激发粉煤灰-矿粉改良土，如图 9-1(b)所示。

（2）局部换填：从全部换填过渡到纵向局部梯形换填，通过改变换填深度和换填宽度来阻止边坡滑动破坏，如图 9-1(c)所示。

（3）桩体加固：从局部梯形换填过渡到灰土挤密桩加固，探究改良土形成桩体后对膨胀土渠坡滑移的影响，如图 9-1(d)所示。

9.1.2　加固措施的计算方案

渠坡稳定性计算采用有限元强度折减法[268]，明渠断面有限元网格模型如图 9-2 所示。实测结果表明，北疆输水明渠冻深在 2 m 以内，加上明渠时常发生渗漏，改良土改造换填深度在 2 m 以内会经历冻融循环与干湿循环，因此，所采用的土体强度参数为干湿-冻融循环作用下的强度参数。

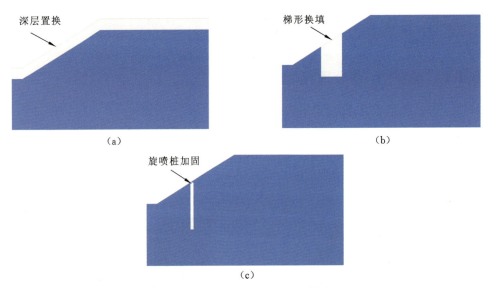

图 9-2　明渠断面有限元网格模型
(a) 表层全部换填；(b) 局部梯形换填；(c) 深层桩体加固

（1）膨胀土：以前期干密度为 1.60 g/cm³、最优含水率为 18.9％的膨胀土试样为例，开展干湿-冻融循环作用下的固结快剪试验[294]，并绘制膨胀土在干湿-冻融循环下 c、φ 值的衰减曲线（图 8-8），并得到抗剪强度指标 c、φ 值与干湿-冻融循环次数 N 的拟合关系式，见式(8-3)、式(8-4)。

（2）碱激发粉煤灰-矿粉改良膨胀土：由前期试验（图 8-8）可知，碱激发粉煤灰-矿粉改良膨胀土强度参数 c、φ 值在干湿-冻融循环 3 次后基本衰减到稳定状态[295]。其中干湿-冻融循环下的黏聚力 c 值由 87 kPa 衰减至 71 kPa 左右，循环作用下的 φ 值基本保持在 18°左右。对采取换填及灰土挤密桩加固措施的明渠进行稳定性计算时，改良膨胀土的强度参数 c、φ 值根据所处工程环境，按照式(8-5)与式(8-6)进行折减，改良土的内摩擦角较为稳定，基本保持在 18°左右，定为 $\varphi=18°$，试样干密度为 1.65 g/cm³、饱和密度为 1.81 g/cm³。

对于以上三种措施，按以下三种方案进行稳定性计算：

（1）措施一：针对膨胀土渠坡滑坡破坏的情况，采用区域性的表层全部换填处理，换填深度分别为 0.3 m、0.6 m、0.9 m、1.2 m，建立表层换填有限元网格模型，如图 9-2(a) 所示，并对不同换填工况下的渠坡稳定性进行分析。

（2）措施二：设置换填宽度分别为 1.0 m、2.0 m、3.0 m、4.0 m，换填深度（渠底为基）分别为 0.5 m、1.0 m、1.5 m、2.0 m，建立局部梯形换填有限元网格模型，如图 9-2(b) 所示，并对渠坡的稳定性进行分析。

（3）措施三：桩体入坡深度分别为 1.25 m、1.50 m、1.75 m、2.0 m 和桩间距离分别为 0.5 m、1.0 m、1.5 m、2.0 m，建立有限元网格模型，如图 9-2(c) 所示，并进行稳定性计算，获得渠坡桩体加固的最优解。

根据《建筑边坡工程技术规范》(GB 50330—2013)[269] 的规定，渠坡稳定性状态分为稳定、基本稳定、欠稳定和不稳定四种状态，详见表 2-1。

在计算过程中，水位骤降工况是膨胀土渠坡最危险的工况，假设明渠水位从最高 6 m 骤降至 0 m 时，则膜后水位的高度范围可能在 0～6 m 之间，渗漏区域的膜后水位并未消散。其中，膜后水位为 0 m 时，表示该渠段无渗漏，膜后无水；膜后水位为 6 m 时，表示该渠段渗漏严重，膜后水位与明渠水位相同。因此，渠坡稳定性计算选择的工况为渠水位为 0 m 时，膜后水位高度分别选取 0 m 与 6 m 两类情况，计算年份为 0～9 年，当膜后水位为 6 m 时，渠底至膜后水位的土体处于饱和状态，并按照饱和度进行土体重度分析，建立明渠断面孔隙水压力分布简化模型，如图 9-3 所示，分别计算改造前和改造后不同工况下的渠坡稳定性系数。

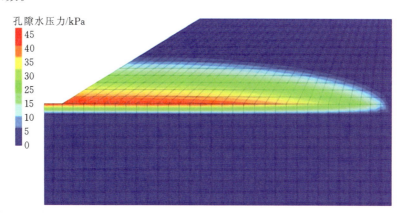

图 9-3　明渠断面孔隙水压力分布简化模型

9.2　渠坡稳定性分析

9.2.1　膨胀土渠坡表层全部换填稳定性计算

渠坡稳定性计算选择的工况为渠水位为 0 m，计算年份为 0～9 年，换填深度分别为 0.3 m、0.6 m、0.9 m、1.2 m。综合不同运行年数和不同换填深度，共产生 24 种典型工况，并分别计算改造前和改造后不同工况下的渠坡稳定性系数，如表 9-1 所示。

表 9-1　表层改造前后不同工况下的渠坡稳定性系数

循环次数 N/次	明渠边坡换填深度				
	0 m	0.3 m	0.6 m	0.9 m	1.2 m
0	1.487	1.848	2.268	2.770	2.874
1	1.254	1.652	1.754	1.867	1.945
3	1.128	1.270	1.383	1.523	1.621
5	1.005	1.230	1.355	1.496	1.602
7	0.904	1.228	1.352	1.493	1.600
9	0.902	1.228	1.352	1.493	1.600

从表 9-1 可知,随着运行年数(干湿-冻融循环次数)的增加,明渠边坡逐渐从稳定状态变为欠稳定状态和不稳定状态,稳定性呈逐年下降趋势。以表 9-1 中 $N=0$、膜后水位为 0 m 的工况为例,由强度折减法计算得到位移云图[图 9-4(a)],滑弧由渠底贯通至渠顶,选取明渠现场典型滑坡断面[图 9-4(b)],滑坡从渠底贯通到渠顶马道,滑坡范围与有限元计算结果相匹配。由此可见,本章采取的有限元计算方案是合理可行的,且经过碱激发粉煤灰-矿粉改良土换填后渠坡稳定性得到明显提升。

图 9-4　典型膨胀土输水明渠滑坡
(a) 有限元计算结果;(b) 明渠现场典型滑坡

根据表 9-1 中渠坡换填改造前后的计算结果,绘制稳定性系数 F_s 随循环次数和换填深度变化关系曲线,分别如图 9-5 和图 9-6 所示。由图 9-5、图 9-6 可知,干湿-冻融循环次数和改良土换填深度对渠坡稳定性变化有明显影响。由图 9-5 可知,无换填的渠坡随循环次数的增加稳定性系数不断降低,在 1 次干湿-冻融循环过后即低于 1.35,在经历 5 次循环作用后其稳定性系数已略低于 1.05,处于欠稳定状态;而经过改良土换填的明渠边坡稳定性系数显著提升,随干湿-冻融循环作用次数增加,不同换填深度的渠坡稳定性系数逐渐趋于稳定,换填深度为 0.6 m 的渠坡在运行 9 年后稳定性系数 F_s 依旧大于 1.35,处于稳定状态。由图 9-6 可知,在不同次数循环作用下,经换填处理后的渠坡随换填深度的增加,其安全稳定性逐渐提升,在换填深度为 0.6 m 及以上时,不同次数循环作用下渠坡稳定性系数 F_s 均大于1.35,渠坡处于稳定状态。结合换填明渠运行计算结果和所要达到的经济效益,换填深度在0.6 m的渠坡能够处于长期稳定状态,满足工程稳定运行要求。

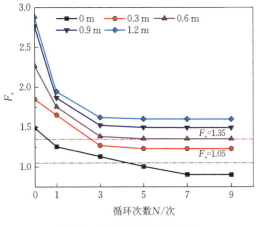

图 9-5　明渠边坡稳定性系数
随循环次数变化关系曲线

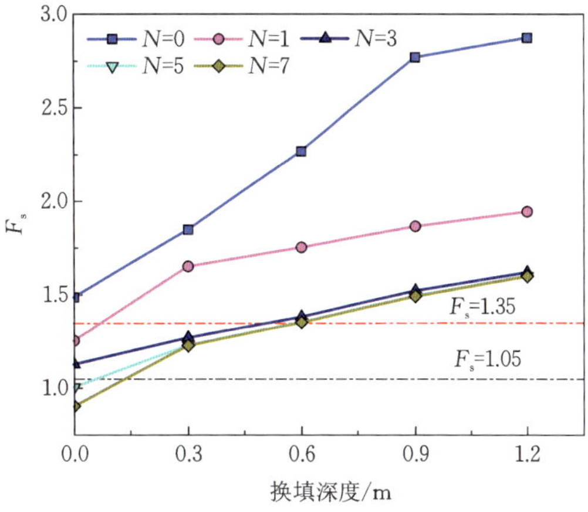

图 9-6　明渠边坡稳定性系数
随换填深度变化关系曲线

根据局部梯形换填位移云图分布来判定表层换填治理措施对渠坡的加固作用,下面以图 9-7 所示渠坡换填位移云图为例进行说明。

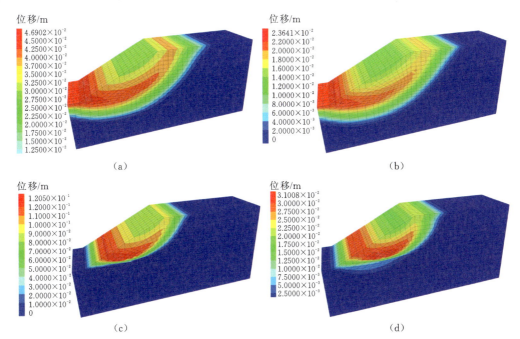

（a）　　　　　　　　　　　　　　　　　（b）

（c）　　　　　　　　　　　　　　　　　（d）

图 9-7　膨胀土渠坡换填位移云图

（a）换填深度 0 m,循环 0 次(膜后水位 0 m);(b)换填深度 0.3 m,循环 0 次(膜后水位 0 m);
（c）换填深度 0.3 m,循环 9 次(膜后水位 0 m);(d)换填深度 1.2 m,循环 9 次(膜后水位 0 m);
（e）换填深度 1.2 m,循环 9 次(膜后水位 6 m);(f)换填深度 0.3 m,循环 9 次(膜后水位 6 m);
（g）换填深度 0.3 m,循环 0 次(膜后水位 6 m);(h)换填深度 0 m,循环 9 次(膜后水位 6 m)

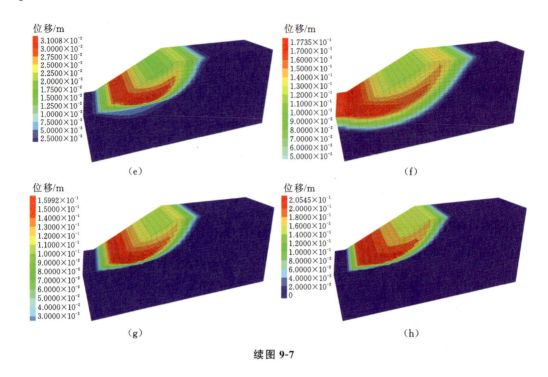

续图 9-7

(1)当膜后水位为 0 m 时,由图 9-7(a)、图 9-7(b)可知,未受循环影响的改良土渠坡相比膨胀土渠坡滑动位移减小,表层换填土对渠坡位移和潜在滑动面起到了一定的限制作用,使渠坡稳定性得到提升。由图 9-7(b)、图 9-7(c)可知,当换填深度不变时,随循环次数增加,土体强度折减明显,最大滑移距离增加,渠坡稳定性减弱。由图 9-7(c)、图 9-7(d)可知,随换填深度的增加,渠坡的潜在滑移面范围减小,滑动位移降低,滑坡区域减小,换填深度的增加对渠坡的安全稳定运行起到一定作用。

(2)当膜后水位为 6 m 时,由图 9-7(d)、图 9-7(e)可知,膜后水位的增加,使得渠坡的最大滑移距离增加,由于膜后水位无法及时排出,导致渠坡自重增加,土体的有效应力降低,因此渠坡位移量增大、稳定性降低。由图 9-7(e)至图 9-7(h)可知,同一膜后水位下,随循环次数的增加,渠坡的位移量增加,稳定性逐渐降低;随着换填深度的增加,渠坡的抗滑能力增强,稳定性增高。

9.2.2　膨胀土渠坡局部梯形换填稳定性计算

为了在达到工程安全要求的同时降低工程造价,可针对明渠局部梯形换填措施进行数值仿真计算,计算年份为 0～9 年,局部换填宽度分别为 1.0 m、2.0 m、3.0 m、4.0 m,之后以渠底为基改变换填深度(换填深度分别为 0.5 m、1.0 m、1.5 m、2.0 m),换填宽度不变,综合不同运行年数和不同换填宽度及换填深度,共产生 96 种典型工况,并分别计算局部纵向梯形改造前后不同工况下的渠坡稳定性系数,如表 9-2 所示。

表 9-2　局部梯形改造前后不同工况下的渠坡稳定性系数

| N/次 | 明渠边坡局部梯形换填宽度及深度/m | | | | | | | | | | | | | | | |
| | 0.5 | | | | 1.0 | | | | 1.5 | | | | 2.0 | | | |
	1.0	2.0	3.0	4.0	1.0	2.0	3.0	4.0	1.0	2.0	3.0	4.0	1.0	2.0	3.0	4.0
0	2.602	2.630	2.643	2.667	2.624	2.648	2.662	2.675	2.652	2.662	2.678	2.694	2.664	2.684	2.696	2.715
1	1.613	1.626	1.640	1.658	1.626	1.644	1.652	1.665	1.637	1.654	1.672	1.684	1.648	1.667	1.684	1.711
3	1.242	1.280	1.296	1.326	1.278	1.290	1.324	1.340	1.352	1.410	1.438	1.460	1.428	1.435	1.452	1.477
5	1.221	1.254	1.276	1.293	1.255	1.262	1.294	1.320	1.320	1.360	1.394	1.418	1.346	1.372	1.408	1.430
7	1.211	1.220	1.242	1.279	1.231	1.238	1.290	1.320	1.220	1.270	1.292	1.326	1.272	1.298	1.322	1.340
9	1.211	1.220	1.242	1.279	1.230	1.238	1.290	1.320	1.220	1.270	1.292	1.326	1.268	1.298	1.320	1.340

　　根据表 9-2 中渠坡换填改造前后的计算结果,以局部换填宽度 $L=2.0$ m,循环次数 N 为 0、1、3、5、7 和 9 为例,绘制 F_s 随不同换填深度的变化关系曲线,如图 9-8 所示;以局部换填深度 $H=1.5$ m,循环次数 $N=0$、1、3、5、7 和 9 为例,绘制 F_s 随不同换填宽度的变化关系曲线,如图 9-9 所示。

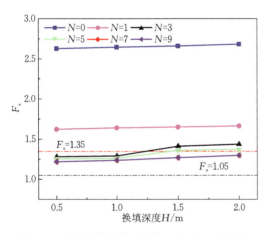

图 9-8　改良土局部梯形换填深度对 F_s 的影响

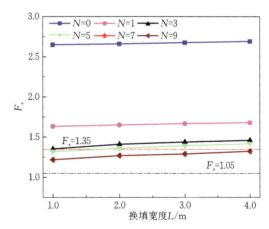

图 9-9　改良土局部梯形换填宽度对 F_s 的影响

　　由图 9-8、图 9-9 可知,局部梯形换填前后渠坡稳定性系数变化受到改良土换填深度及换填宽度的影响。由图 9-8 可知,不同循环次数随局部梯形换填深度的增加,F_s 都有一定的提升;不同换填深度的渠坡运行 1 年内的 F_s 均大于 1.35,处于稳定状态,在换填深度为 1.5 m 以后,渠坡运行 5 年内稳定性系数 F_s 均大于 1.35,处于稳定状态;同一换填深度随循环次数的增加,渠坡安全稳定性降低,在循环 7 次后趋于稳定。由图 9-9 可知,膨胀土渠坡局部梯形换填后,在不同次数循环作用下随换填宽度的增加,F_s 逐渐增大,渠坡稳定性提升;当换填宽度为 2.0 m 时,循环 5 次(历时 5 年)后,稳定性系数 F_s 大于 1.35,明渠能够稳定运行,经过多年运行以后,稳定性系数 F_s 会小于 1.35 且大于 1.05,渠坡处于基本稳定状态。通过对渠坡局部梯形换填改造模拟计算结果可知,在纵向梯形换填深度为 1.5 m、换填宽度为 2.0 m 时,稳定性系数 F_s 大于 1.35,明渠稳定性较高,能满足工程稳定运行要求。

根据局部梯形换填位移云图分布来判定换填治理措施对膨胀土渠坡的加固作用,下面以图 9-10 所示的渠坡局部梯形换填位移云图进行说明。由图 9-10 可知,局部梯形换填以上的土体位移相对较小,离换填区域以下的渠坡越远则位移越大;梯形换填土在渠坡内起到挡土墙的作用,对渠坡位移和潜在滑动面起到了一定的限制作用,使得换填区域以上的渠坡稳定性提升显著,换填区域以下部分潜在滑移面范围减小。

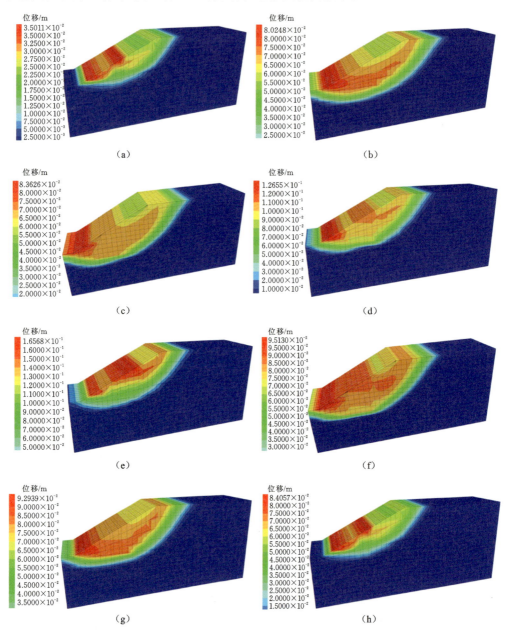

图 9-10　膨胀土渠坡局部梯形换填位移云图

(a) 宽度 4.0 m、深度 2.0 m,循环 1 次(膜后水位 0 m);(b) 宽度 4.0 m、深度 0.5 m,循环 1 次(膜后水位 0 m);
(c) 宽度 4.0 m、深度 0.5 m,循环 9 次(膜后水位 0 m);(d) 宽度 1.0 m、深度 0.5 m,循环 9 次(膜后水位 0 m);
(e) 宽度 1.0 m、深度 0.5 m,循环 9 次(膜后水位 6 m);(f) 宽度 4.0 m、深度 0.5 m,循环 9 次(膜后水位 6 m);
(g) 宽度 4.0 m、深度 0.5 m,循环 1 次(膜后水位 6 m);(h) 宽度 4.0 m、深度 2.0 m,循环 1 次(膜后水位 6 m)

（1）当膜后水位为 0 m，由图 9-10(a)、图 9-10(b)可知，当局部梯形换填宽度不变时，随着换填深度减小，滑移面范围扩大，滑坡区域增大，最大滑移距离增加，渠坡稳定性减弱。由图 9-10(b)、图 9-10(c)可知，当换填宽度和换填深度保持不变时，随输水明渠运行年数由 1 年增加到 9 年，渠坡的潜在滑移面范围扩大，随土体强度的不断折减劣化，渠坡的最大滑移距离增加，稳定性明显降低。由图 9-10(c)、图 9-10(d)可知，当局部梯形换填深度和渠坡运行年数保持不变时，渠坡换填宽度对渠坡稳定性有一定影响，随宽度由 4.0 m 减小为 1.0 m 时，渠坡的滑动位移增大，换填措施所起到的抗滑作用减弱。

（2）当膜后水位为 6.0 m 时，由图 9-10(d)、图 9-10(e)可知，随膜后水位的增加，渠坡的潜在滑移面范围扩大，最大滑移量增大，渠坡稳定性降低；由图 9-10(f)至图 9-10(h)可知，当膜后水位为 6.0 m 不变时，随换填深度和换填宽度的增加，明渠稳定性增强，相对滑移区域减小，最大滑移距离减小；随循环次数的增加，潜在滑移面范围扩大，稳定性降低。

9.2.3 膨胀土渠坡灰土挤密桩加固稳定性计算

在局部梯形换填的基础上，进一步减少材料运用，构建相应的灰土挤密桩加固数值模拟计算边坡模型。计算年份为 0～9 年，以半径为 1.0 m，桩体加固深度分别为 1.25 m、1.5 m、1.75 m、2.0 m，并改变不同桩体间距为 0.5m、1.0 m、1.5 m、2.0 m。综合分析不同运行年数、不同桩体加固深度和桩间距离，共产生 96 种典型工况，灰土挤密桩加固后不同工况下的渠坡稳定性系数如表 9-3 所示。

表 9-3 灰土挤密桩加固后不同工况下渠坡稳定性系数

| N/次 | 明渠边坡灰土挤密桩加固深度及桩间距离/m | | | | | | | | | | | | | | | |
| | 1.25 | | | | 1.5 | | | | 1.75 | | | | 2.0 | | | |
	0.5	1.0	1.5	2.0	0.5	1.0	1.5	2.0	0.5	1.0	1.5	2.0	0.5	1.0	1.5	2.0
0	2.535	2.510	2.485	2.470	2.612	2.603	2.585	2.560	2.625	2.614	2.596	2.572	2.640	2.626	2.610	2.595
1	1.535	1.522	1.506	1.480	1.570	1.558	1.549	1.533	1.575	1.562	1.555	1.538	1.585	1.572	1.560	1.544
3	1.356	1.350	1.340	1.335	1.400	1.382	1.368	1.354	1.510	1.442	1.423	1.405	1.535	1.508	1.460	1.436
5	1.334	1.312	1.306	1.289	1.345	1.340	1.328	1.310	1.362	1.352	1.346	1.322	1.374	1.368	1.355	1.350
7	1.220	1.216	1.212	1.200	1.240	1.224	1.220	1.210	1.260	1.237	1.230	1.217	1.278	1.255	1.240	1.228
9	1.220	1.214	1.210	1.208	1.238	1.224	1.220	1.210	1.260	1.236	1.230	1.217	1.276	1.255	1.240	1.228

根据表 9-3 中渠坡经桩体加固后各工况下渠坡稳定性系数计算结果，以循环次数 N 为 0、1、3、5、7 和 9，桩间距离 $L=1.0$ m 为例，绘制 F_s 随改良灰土挤密桩加固深度变化曲线，如图 9-11 所示；再以循环次数 N 为 0、1、3、5、7 和 9，桩深 $H=1.75$ m 为例，绘制 F_s 随桩体加固桩间距变化曲线，如图 9-12 所示。由图 9-11、图 9-12 可知，渠坡稳定性的变化受到桩体加固深度及桩间距离的影响。由图 9-11 可知，不同次数循环作用下桩体加固的膨胀土渠坡随桩体加固深度的增加，其稳定性均得到一定改善，不同桩体深度加固的渠

坡在运行 9 年内稳定性系数 F_s 均大于 1.05，处于基本稳定状态，在加固深度为 1.75 m 时，明渠运行 5 年内 F_s 均大于 1.35，处于稳定状态；随运行年数的增加，渠基土劣化，运行 7 年后 F_s 趋于稳定但依旧大于 1.05，处于基本稳定状态。由图 9-12 可知，不同循环次数随着桩间距的增加，渠坡稳定性逐渐降低，在桩间距为 1.0 m 时，明渠经过 5 年运行以后，渠坡稳定性系数 F_s 大于 1.35，处于稳定状态。上述数值模拟分析结果表明，在灰土挤密桩加固深度为 1.75 m、桩间距为 1.0 m 时，循环 5 次后，渠坡稳定性系数 F_s 大于 1.35，明渠历时多年后依旧能够基本稳定运行。

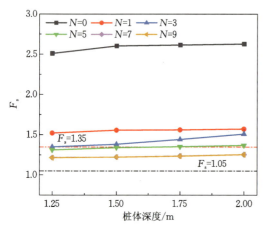 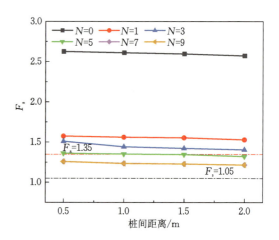

图 9-11　改良灰土挤密桩加固桩深对 F_s 的影响　　图 9-12　改良灰土挤密桩加固桩间距对 F_s 的影响

根据三维计算灰土挤密桩加固位移云图分布来判定桩体对渠坡的稳定作用，以图 9-13 所示灰土挤密桩加固渠坡位移云图进行说明。

由图 9-13 可知，在桩周附近的土体位移相对较小，离桩越远则位移越大；桩体对渠坡位移和潜在滑动面起到了一定的限制作用，桩体以上的渠坡在桩-土效应[277,296]作用下稳定性效用提升显著，桩体以下潜在滑移面范围减小，滑弧起点由原先的渠沿转移到渠坡中部。

当膜后水位为 0 m 时，由图 9-13（a）、图 9-13（b）可知，当桩间距和运行年数保持不变时，随桩深由 1.25 m 转变成 2.0 m 时，渠坡的滑移距离减小，灰土挤密桩入基深度增加，能够增强桩体的抗滑作用，阻止渠坡的滑动；由图 9-13（b）、图 9-13（c）可知，当桩深和桩间距保持不变时，随输水明渠运行年数由 1 年增加到 9 年，渠坡力学性质劣化明显，渠坡的稳定性降低；由图 9-13（c）、图 9-13（d）可知，当桩深和运行年数保持不变时，随着桩体间距由 0.5 m 增大到 2.0 m 时，滑移面范围扩大，滑坡区域增大，渠坡稳定性降低。

当膜后水位为 6.0 m 时，由图 9-13（d）、图 9-13（e）可知，由于膜后水位的增加，渠坡自重应力增加，在无静水压力作用下，渠坡位移量增大，稳定性降低；由图 9-13（e）、图 9-13（f）可知，桩体间距对渠坡稳定性有明显影响；由图 9-13（g）、图 9-13（h）可知，桩间距离和运行年数保持不变时，随桩体加固深度减小，滑动位移增大，稳定性降低。

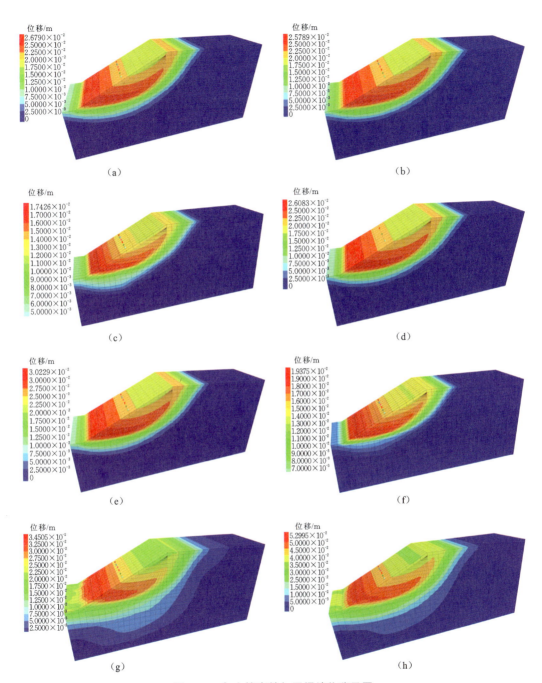

图 9-13　灰土挤密桩加固渠坡位移云图

(a) 桩深 1.25 m、间距 0.5 m,循环 9 次(膜后水位 0 m);(b) 桩深 2.0 m、间距 0.5 m,循环 9 次(膜后水位 0 m);

(c) 桩深 2.0 m、间距 0.5 m,循环 1 次(膜后水位 0 m);(d) 桩深 2.0 m、间距 2.0 m,循环 1 次(膜后水位 0 m);

(e) 桩深 2.0 m、间距 2.0 m,循环 1 次(膜后水位 6 m);(f) 桩深 2.0 m、间距 0.5 m,循环 1 次(膜后水位 6 m);

(g) 桩深 2.0 m、间距 0.5 m,循环 9 次(膜后水位 6 m);(h) 桩深 1.25 m、间距 0.5 m,循环 9 次(膜后水位 6 m)

9.3　本章小结

北疆供水一期工程由于膨胀土渠基土性质劣化造成明渠渗漏严重、渠坡滑动破坏现象频繁发生,为解决这一关键性难题,采用碱激发粉煤灰-矿粉改良膨胀土对不同破坏程度的渠坡进行土体换填和灰土挤密桩加固治理。通过室内试验和数值模拟计算,分析改造治理前后渠坡的稳定性,得到如下结论:

(1)表层全部换填:碱激发粉煤灰-矿粉改良膨胀土作为渠坡换填材料,随着换填深度的增加,渠坡稳定性得到一定提升,当膜后水位为 0 m 时,渠坡不同换填深度稳定性系数均大于 1.35;当膜后水位为 6.0 m 时,渠坡处于最易滑坡状态,不同换填深度渠坡稳定性系数均有小幅度降低;且稳定性系数随着循环次数的增加逐渐减小,渠坡土体强度衰减明显,换填深度为 0.6 m 时,渠坡在循环 9 次后依旧能够维持稳定运行,对渠坡稳定性改善效果明显。

(2)局部梯形换填:采用局部梯形换填措施,随换填深度的加深,渠坡稳定性得到改善,当膜后水位为 6.0 m、换填深度为 1.5 m、换填宽度为 2.0 m 时,渠坡在循环 5 次后依旧能处于稳定状态,但随循环次数的增加土体强度劣化明显,稳定性降低,但在运行 9 年后依旧能处于基本稳定状态。

(3)灰土挤密桩加固:随加固深度的增加和桩间距离的减小,渠坡稳定性系数稳步提升,在桩体直径为 2.0 m、桩间距离为 1.0 m、加固深度为 1.75 m 时,渠坡在运行 5 年后依旧能保持稳定状态,运行 9 年后桩体加固渠坡处于欠稳定状态。换填土体本身性质的改变对提高渠坡稳定性的作用有限,而针对不同工况采取合适的稳固措施对输水明渠的安全运行也起到至关重要的作用。

第 10 章　碱激发粉煤灰-矿粉改良膨胀土的施工关键技术方法

根据前文关于碱激发粉煤灰-矿粉改良膨胀土的工程特性和工程应用数值模拟研究，现对改良膨胀土作为膨胀土渠坡治理回填材料的施工处理措施进行简要介绍，主要内容包括改良土表层全部换填、局部纵向梯形换填，以及形成灰土挤密桩对膨胀土渠坡存在的滑动破坏区域进行加固处理技术，为后续的工程施工提供一定的参考依据。

10.1　施工关键技术相关规定

10.1.1　施工的基本要求

用于膨胀土挖方填筑的改良膨胀土抗剪强度应满足自身稳定及其与被保护体结合面的抗滑稳定要求；当用于建筑物膨胀土地基保护时，其承载能力应满足相应建筑物设计要求。

10.1.2　改良膨胀土的生产

（1）根据现场及施工要求，碱激发粉煤灰-矿粉改良膨胀土宜在性能稳定的中心站集中厂拌生产，或施工单位结合被改良土料源特点和施工位置选择合适的改良土生产设备在现场临时存储场进行拌制养护生产，其生产能力和质量要求应满足填筑强度要求。

（2）改良土改良材料掺量应根据被改良土的膨胀特性以及相应含水率试验确定，改良土生产工艺由生产试验确定，改良土填筑参数由现场碾压试验确定。各项试验应严格执行相关技术操作规程和技术标准，现场应派专人参与各项试验全过程，确保试验成果的科学、真实、合理、可信。

（3）碱激发粉煤灰-矿粉改良膨胀土相关生产性试验应针对具体料源、改良土生产和填筑碾压设备进行。上述条件一旦发生变化，应针对变化情况由相关试验重新核定相应的生产工艺和施工参数。

（4）施工过程中，应按要求抽样检查改良土成品材料的质量，发现改良土成品质量不满足本规定相关要求时，不得用于填筑；同时，应分析原因并及时处置，通过相关试验调整相应的生产工艺及施工参数。

10.1.3　膨胀土渠坡换填施工

（1）碱激发粉煤灰-矿粉改良土填筑应避开雨天施工，明渠开挖施工前，应对穿越工程场地的地表和地下水采取妥善的截排措施，保证作业面干地施工条件。

（2）采用改良土换填施工时，应加强施工组织、连续循环作业，保护层开挖应结合换填层施工进度分区进行,并及时对开挖面和填筑面采取妥善保护措施,防止雨淋冲刷或坡面土体因高温暴晒而失水。

(3)施工过程中,应对开挖边坡进行连续安全监测,并安排专人巡查,发现边坡出现变形、裂缝等坡体失稳迹象时,撤离附近及滑坡体下方机械和人员,并设置警示标志,及时报告监理人及主管部门,组织有关方面研究确定处理方案,并组织实施。

10.2 碱激发粉煤灰-矿粉改良膨胀土的材料

10.2.1 土料

(1)碱激发粉煤灰-矿粉改良膨胀土所用天然土料的自由膨胀率应不大于75%,自由膨胀率大于75%的天然土料生产的改良土用于本工程时需经专门论证。

(2)改良土生产施工前,施工单位应对分配的土料料源进行复勘,查明料源土层结构及其物理力学特性、膨胀性、含水率。根据料源具体条件开展施工组织设计,确定土料开采、运输、混合、养护、倒运等施工作业流程。

(3)对于开采的土料,应通过室内试验取得天然土料的物理力学参数,包括抗剪强度指标、天然含水率、黏粒含量、塑性指数、自由膨胀率、最优含水量、最大干密度等,并剔除不合格的泥岩、草根等杂质后运至附近临时堆土场。

(4)料场开采土料,在改良土生产前,应根据被改良土土料含水率情况采取妥善的堆存及保护措施。土料堆场周边应做好截水沟,土料堆场应结合土料含水率及改良土生产需要备有防雨或遮阳设施。

(5)对于开采后的土料,经反复摊铺、翻晒、风干后进行碎土生产,碎土成品料宜直接进入拌和设备生产改良土,需要堆存时应做好防雨或遮阳处理,由于堆存时间过长造成板结的碎土土料应重新破碎直至满足碎土质量要求。

(6)碎土后土块颗粒不满足拌和要求时,则应采取调整筛孔尺寸、筛分剔除、调整碎土生产工艺及控制参数等措施,直至满足粒径要求。

(7)本工程所用的改良材料根据前期研究选取 S95 级矿粉,二级低钙粉煤灰,化学试剂中 NaOH 含量大于96%。使用品级高的粉煤灰和矿粉材料,需要经过具体试验进行专门论证。

10.2.2 碱激发粉煤灰-矿粉改良膨胀土的制备

(1)碱激发粉煤灰-矿粉改良膨胀土生产前应针对被改良土进行生产性试验和相关测试,以选择改良土的材料掺量、破碎工艺、拌制工艺、合适的含水率。

(2)根据前期研究进行改良土制备,运至临时堆土场的土料经反复摊铺、翻晒、风干、粉碎达到改良土拌和制备质量要求后,对碎土进行含水率抽样试验,测得其含水率为 w_s,质量为 m 的被改良土在改良时掺入的改良材料质量分别为 m_p、m_k、m_j,按下式计算:

$$m_f = \frac{m}{1+w_s} \times 0.15 \tag{10-1}$$

$$m_k = \frac{m}{1+w_s} \times 0.20 \tag{10-2}$$

$$m_j = \left(\frac{m}{1+w_s} + m_f + m_k \right) \times 0.20 \times 0.5 \tag{10-3}$$

$$m_s = \left(\frac{m}{1+w_s} + m_f + m_k \right) \times 0.20 - m \frac{w_s}{1+w_s} \tag{10-4}$$

式中　m——被改良土质量；

　　　w_s——被改良土含水率；

　　　m_f——掺入粉煤灰质量；

　　　m_k——掺入矿粉质量；

　　　m_j——碱溶液中 NaOH 质量；

　　　m_s——改良土添加水质量。

根据前期试验将碎土同矿粉、粉煤灰以及碱溶液按相应比例进行拌和,通过搅拌机搅拌均匀后运至堆土场堆存,并用土工膜覆盖闷料后再进行土体的回填。

(3) 拌和称量系统根据确定的改良土质量掺量要求添加粉煤灰、矿粉、碱溶液,按生产性试验确定的机械运行控制参数充分拌和,并取样进行均匀性检测,不合格时应分析原因,必要时调整设备控制参数。

(4) 碱激发粉煤灰-矿粉改良土生产过程中应适当考虑改良土运输、摊铺等施工环节以及受施工环境的影响造成的部分水量损失,可对其进行适量洒水处理。

(5) 施工初期每拌和批次不大于 600 m³,改良土抽测不少于 6 次(每个样品质量不少于 300 g),施工中、后期可适当减少检测频次。

10.3　碱激发粉煤灰-矿粉改良膨胀土渠坡的填筑施工

10.3.1　改良土渠坡表层全部换填施工

(1) 依据工程要求,对相应膨胀土区域开挖段进行测量,钉桩标明开挖标高以及挖深、边坡坡度比控制参数等。

(2) 根据换填范围和深度,采用液压反铲自上而下分段分层进行开挖,分层开挖深度以不大于 1.0 m 为宜,开挖分段长度控制在 200～300 m,开挖一段处理一段膨胀土,待换填面验收合格后再将满足要求的改良土运至工作面进行填筑。

(3) 对开挖后未能及时回填的区域,利用低规格的土工膜进行覆盖保护。覆盖物沿纵向敷设,上层布压下层布,层与层之间搭接宽度不小于 0.6 m,覆盖物顶部及底部延伸 1~2 m 并用物体压牢。覆盖不留空白,尽量平整。

(4) 在边坡换填时,采用自卸汽车将改良处理后的土料通过"进占法"铺料,尽量减少运输车辆对工作面的碾压,填筑时铺土厚度为 30 cm 左右,采用振动碾碾压,为使处理层与边坡更好地结合,在铺料施工时将边坡面开挖成台阶状,高一层台阶与低一层台阶的高差为铺土压实后的厚度。

(5) 根据当天天气情况和工况,可用洒水车适当洒水湿润碾压层,控制层面含水率。对于机械不易碾压的边角、接头处以及漏压的地带,由人工采用蛙夯或冲击夯等小型设备进行夯密压实。夯实完成后,采用环刀法在碾压好的土层取样检测,压实度不小于 0.90,一层的检测项目全部合格后,方可进行下一层的施工回填。换填施工的两段结合处虚土应全部清除,并削成 1/3 斜坡,重新碾压密实。对已摊铺碾压密实的工作面要封面覆盖进行防雨处理。

(6) 换填碾压施工完成并且各项目检验合格后,进行换填坡面改良土料的修整处理,为衬砌施工做准备。首先利用机械将超填碾压部分削平,靠近设计坡面附近约 5.0 cm 处,改成人工找平修整削坡,以防止机械超挖破坏换填改良土料处理层。

10.3.2　改良土渠坡纵向梯形换填施工

(1) 依据工程要求,对相应膨胀土区域开挖段进行测量,钉桩标明开挖高程以及挖掘宽度、渠坡支护以及边坡坡度比控制参数等。

(2) 根据纵向梯形换填宽度和深度,采用液压反铲按放线标记自上而下分段分层进行开挖,分层开挖深度以不大于 50 cm 为宜,开挖分段长度控制在 400～500 m,开挖一段支护一段,防止开挖两侧土体由于土体扰动致使倾斜和坍塌的发生。

(3) 在渠坡填筑时,采用自卸汽车将改良处理后的土料运至换填区域后,通过手推车进行土体回填,尽量减少运输车辆对工作面附近区域的碾压和土体的扰动,填筑时铺土厚度为 50 cm 左右,采用蛙式打夯机进行夯实,应保持落距不低于 50 cm,要一夯压半夯,夯夯相接,防止漏夯,全面夯实,一般不少于三遍。夯实完成后,采用环刀法在夯压密实好的土层进行取样检测,压实度不小于 0.90。分层填筑时,层与层之间进行凿毛处理,待检测项目全部合格后,方可进行下一步土料回填施工,两段施工结合处之间的虚土全部清除,并削成 1/3 斜坡后进行拼接,夯压密实。

(4) 夯填施工完成并且各项目检验合格后,进行局部梯形换填改良土料的削坡处理,为衬砌结构的施工做准备。首先利用机械将超填夯压密实部分削平,靠近设计坡面附近约 5.0 cm 处改成人工削坡,将多余部分压实土料削平,与渠坡坡度比一致。完成削坡后,表面应拉线找平,并且换填要符合设计规定的标高和坡度比。

10.3.3　改良土灰土挤密桩加固渠坡施工

(1) 对渠坡灰土挤密桩加固区域进行放线定位,其放线定位标志应设置在不受桩基施工影响的位置,并注明控制施工的标高等。

(2) 桩基施工前,清除妨碍施工的地面碎石、杂物等,以确保施工的顺利进行,同时对场地进行必要的平整处理;成孔方式采用冲击钻机成孔,开挖到设计位置后,要结合具体工况设置抽排水装置,最大限度地加快基坑的排水速度,根据设计要求完成钻孔工作;对不能及时成桩的基坑用钢管或者木桩进行支护,同时采用彩条布或低规格的土工膜进行覆盖保护。

(3) 改良土填筑时通过自卸汽车将土料运至现场对基坑进行分层填筑,分层填筑高度不高于 80 cm,通过夯实机对填筑的土料进行分层夯实,每层之间需进行凿毛处理,避免施工质量不满足要求,与含水率、配合比等存在偏差,偏离设计要求,导致桩身无法达到设计标高。

(4) 对填筑完成后的桩体,利用超声波对其进行探测和检查,保证长度满足设计方案要求,并通过钻芯法对每层击实桩体的施工压实度进行评定,要求压实度不小于 0.9。

（5）灰土挤密桩施工完成并检验合格后，进行多余桩顶改良土料的削坡处理，为渠坡衬砌施工做准备。首先利用机械将超夯桩顶部分削平至与渠坡坡度一致，靠近设计坡面附近约 5.0 cm 处改成人工削坡，施工完成后进行坡面平整处理。

10.4 碱激发粉煤灰-矿粉改良膨胀土渠坡加固衬砌结构施工

10.4.1 衬砌结构的施工准备

（1）依据现行行业标准，按照设计要求配制水泥砂浆，拌合站设备配制及位置选择应满足质检及环保要求。

（2）施工前对削坡的明渠坡面进行平整、清理，使得衬砌的坡面精度达到一定值，在精细平整时应用细钢丝设置基准线，并人工依照基准线等作为参照从上至下精细削坡到设计坡面，之后用靠尺测量其平整度。

（3）施工作业前测试水泥砂浆的和易性、坍落度等质量指标，在此基础上，确定衬砌机、制缝机、表面成型机等一体化设备联合作业的行进距离、速率等施工参数，并确定施工组织形式和辅助人工配置数量以及施工操作细则。

（4）一体化设备安装前重点检查轨道轴线、高程，确保设备运行的稳定性，调试遵循"先分动、后联动；先空载、后负载；先慢速、后快速"的原则。

10.4.2 原材料及水泥砂浆的配合比

（1）水泥砂浆所用水泥应符合《水工混凝土施工规范》（SL 677—2014）的有关规定，由于明渠衬砌施工有抗冻要求，宜采用 32.5 级或 42.5 级普通硅酸盐水泥，考虑到不同厂家水泥的色泽不同，最好用一个厂家的水泥。

（2）所用的砂为中砂，以级配良好、质地坚硬、颗粒洁净的天然河砂为好；由硬质岩石轧碎的人工砂也可以，要求质地坚硬、颗粒洁净、耐久性好，且不得包含团块、盐碱、壤土、有机物和其他有害杂质。

（3）明渠衬砌施工均有抗冻、抗渗要求，宜加入外加剂来提高其抗冻和抗渗性能，拌制和养护用水应采用饮用水，不得使用工业污水和沼泽水，水泥砂浆的配合比应满足强度、抗冻、抗渗及和易性要求，最好采用机械拌和。

10.4.3 换填加固渠坡衬砌结构施工

（1）根据控制线支设模板，砂浆应从坡肩向坡脚摊铺，同时使用刮杠粗平后进行精平处理，保持砂浆表面平整无抹痕，抹面应及时覆盖养护，并做好养护记录。

（2）土工膜铺设时应与砂浆面紧密贴合，铺设时从坡肩自上而下滚铺至坡脚，四周应留有足够的搭接长度，便于后续铺设的土工膜的焊接。渠底土工膜间横向连接缝与坡面土工膜连接缝应相互错开 100 cm 以上。对已铺设完的土工膜及时进行混凝土板衬砌结构的施工，施工过程中严禁踩踏等，以免造成土工膜的穿刺破坏。对铺设未展开区段进行毛毡覆盖，铺设应避开中午高温时段，防止日晒老化。

（3）在衬砌施工时通过衬砌机对混凝土板进行分段、分块摊铺，衬砌施工前先对衬砌板进行饮水处理,确保板与水泥砂浆能更好地结合,衬砌板间施工缝要密实、平整、光洁。混凝土板衬砌施工时最好全断面同时进行,对衬砌板进行压光处理时,不允许蹬踏混凝土衬砌板。

(4)按照设计要求,衬砌板施工完成后启动制缝机进行纵缝施工,纵缝施工完成后进行横缝施工,纵缝、横缝呈十字交叉形布置。一道伸缩缝置缝工序完成后,操控置缝台车至下道伸缩缝位置,重复上述操作步骤,完成下一道伸缩缝施工。

(5)启动成型机对衬砌面进行提浆整形,根据现场衬砌面提浆整形情况可以重复多次进行直至达到最佳效果。表面成型机完成作业后,通过人工对衬砌面边角收光成型不足的部位进行补强,进一步提升渠坡表面收光成型质量,第一遍抹面应注意控制时间和质量,第二遍抹面时应视情况而定,在合适的时机进行。

(6)渠坡衬砌施工养护采用全封闭膜下喷灌养护技术,养护时间不少于 14 d,保证衬砌结构强度的正常增加,养护期间设专人负责,并做好记录,低温环境下可采用蒸汽养护法以提高其早期强度。

10.5 本章小结

膨胀土渠坡换填加固处理的工序质量和施工方法是影响工程长久运行的重要因素,因此本章通过对膨胀土渠坡换填及灰土挤密桩加固施工工艺进行探究,为碱激发粉煤灰-矿粉改良膨胀土作为回填材料的工程应用以及安全稳定施工提供参考依据。

(1)膨胀土渠坡换填:膨胀土渠坡换填施工应选择合理的施工机械、确定合理的施工参数,并按照合理的施工工序进行,包括施工准备、堤基处理、土料开采、土料改良、填筑方式、坡面修整等一系列工序,这是施工质量及施工进度、施工成本控制的关键。

(2)膨胀土渠坡灰土挤密桩加固:对于膨胀土渠坡灰土挤密桩体的施工加固处理,成孔方式宜采用冲击钻机成孔,开挖到设计位置后,分层回填改良土料,逐层夯实,接口处逐层凿毛,回填接近设计标高后进行人工夯实,并根据渠坡坡度对灰土桩进行削坡处理,保持桩顶与坡度一致,便于渠坡衬砌结构的铺设。

(3)改良土换填加固渠坡衬砌结构施工:衬砌结构施工时应注重做好施工中各工序质量控制要点的把控以及各工序之间的有序衔接,包括坡面整理、砂浆垫层施工、土工膜铺设、衬砌板施工、砂浆缝施工以及施工养护等质量控制,避免工程运行后出现边坡滑塌、衬砌结构变形等现象。

第 4 篇
排水抗滑管桩综合防控技术体系及其施工方法

第11章　考虑循环次数和含水率的蠕变本构模型

通过对膨胀土渠坡稳定性的影响因素进行定性与定量研究,渠坡滑动破坏状态表现出由浅层蠕变破坏逐渐向深层结构性破坏的变化过程,为了反映膨胀土渠坡的浅层蠕变破坏特征,探究明渠水位波动变化和干湿-冻融循环作用对浅层膨胀土渠坡蠕变力学行为的时效影响规律,建立考虑含水率和干湿-冻融循环作用的膨胀土蠕变损伤本构模型。

11.1　影响膨胀土蠕变特性的因素

对寒旱区膨胀土输水明渠而言,明渠所处地区年降雨量较低且地下水位埋置较深,渠后水位主要来源于明渠输水过程中不可避免的渗漏,土体含水率也会相应发生变化,同时明渠水位的周期性涨落以及环境地温变化会导致渠坡膨胀性土体经历长期的饱水—失水—冻结—融化循环过程。基于此,本章在研究膨胀土输水明渠的蠕变特性时,需将上述环境的影响抽象概括为土体含水率的变化与其所受干湿-冻融循环作用的影响。

（1）有关含水率变化的研究:肖宏彬等[297]、李珍玉等[298]发现土体的含水率增长使得土体在瞬时蠕变阶段的瞬时蠕变量增大,累计蠕变量随之增大;衰减变形阶段持续时间逐渐减少,衰减变形速率逐渐增大;稳定蠕变阶段蠕变时间提前,持续时间显著延长,变形速率增大。反映含水率变化的膨胀土应变-时间变化趋势如图 11-1(a)所示。

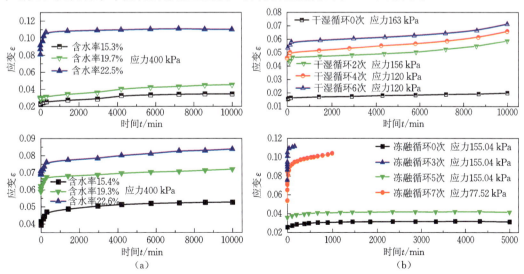

图 11-1　不同含水率与干湿-冻融循环作用次数膨胀土蠕变曲线

(a) 含水率[297-298]；(b) 干湿-冻融循环[299-300]

（2）有关干湿-冻融循环作用的研究：周海波[299]、聂众[300]发现随着干湿-冻融循环次数的增加，土体在衰减蠕变阶段的瞬时蠕变量与累积蠕变量增大，在多次循环后增幅显著；稳定蠕变阶段变形速率随循环次数的增加而增大，多次循环后增幅增大；随循环次数增加，土体进入加速蠕变阶段所需时间缩短，蠕变变形出现突变且破坏时刻提前。反映干湿-冻融循环变化的膨胀土应变-时间变化趋势如图11-1(b)所示。

11.2　膨胀土的蠕变特性及模型建立

上述膨胀土的蠕变特性研究表明，膨胀土蠕变变形呈现出弹性、黏性、黏弹性与黏塑性等多种变形特征。

在衰减蠕变阶段与稳定蠕变阶段，膨胀土的含水率变化与所受干湿-冻融循环作用次数对其蠕变特性的影响规律极为相似，土体变形速率随时间的增长呈现出先增大后减小的趋势，可以认为此阶段含水率变化和干湿-冻融循环作用所导致的土体蠕变变形是呈线性的，可使用传统线性元件模型来拟合膨胀土对应的蠕变阶段。在采用元件模型对含水率与干湿-冻融循环共同作用下的蠕变过程进行抽象概括时，也可选取近似结构的元件模型进行组合。

在土体加速蠕变阶段，不同含水率与干湿-冻融循环作用下的土体变形速率增长幅度较大，根本原因是土体内部存在损伤，需要引入损伤力学概念进行描述，同时合理假设膨胀土受水化与干湿-冻融循环共同作用导致其内部产生损伤，确定由含水率与干湿-冻融循环作用共同导致的损伤变量，再引入与损伤变量相关的变参数来代替传统意义上的常参数，建立非线性蠕变损伤本构模型。

为准确描述膨胀土整体蠕变变形过程，可认为其为线性蠕变变形与非线性蠕变变形叠加所形成，即膨胀土蠕变损伤模型可由传统线性元件模型与非线性蠕变损伤模型串联来进行表达。

为能够描述膨胀土自身衰减蠕变阶段和稳定蠕变阶段，引入广泛应用的经典伯格斯（Burgers）模型作为所建立的蠕变模型中的元件 A，如图 11-2 中 A 所示，其一维蠕变方程为[301]：

$$\varepsilon = \frac{\sigma}{E_1}(1 - e^{-\frac{E_1}{\eta_1}t}) + \frac{\sigma}{E_2} + \frac{\sigma}{\eta_2}t \tag{11-1}$$

式中　ε,σ——模型总应变和总应力；

E_1,E_2,η_1,η_2——Maxwell 和 Kelvin 模型的瞬时弹性模量和黏性系数。

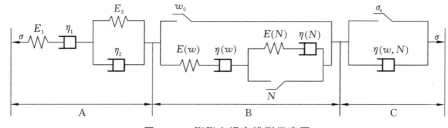

图 11-2　膨胀土蠕变模型示意图

为了描述膨胀土受含水率和历经干湿-冻融循环作用在衰减蠕变阶段和稳定蠕变阶段的变化,选用与含水率 w 和干湿-冻融循环次数 N 相关的 Maxwell 模型进行构建,如图 11-2 中 B 所示。当膨胀土含水率 w 高于自然含水率 w_0 时,含水开关开启,生成因蠕变特性增强的蠕变增量 $E(w)$ 和 $\eta(w)$;当膨胀土历经干湿-冻融循环作用后,干湿-冻融循环开关开启,生成因蠕变特性增强的蠕变增量 $E(N)$ 和 $\eta(N)$,从而确定模型元件 B 的蠕变方程为[为了保证分段蠕变方程及一阶导数连续,定义蠕变增量 $E(N)$ 和 $\eta(N)$ 在循环次数 N 趋近于 0 时其值趋于无穷大]:

$$\left.\begin{aligned} \varepsilon_B &= \frac{\sigma}{E(w)} + \frac{\sigma}{\eta(w)}t & (w \geqslant w_0 \text{ 且 } N=0) \\ \varepsilon_B &= \frac{\sigma}{E(w)} + \frac{\sigma}{E(N)} + \frac{\sigma}{\eta(w)}t + \frac{\sigma}{\eta(N)}t & (w \geqslant w_0 \text{ 且 } N>0) \end{aligned}\right\} \quad (11\text{-}2)$$

在土体进入加速蠕变阶段后,由于土体内部存在损伤且损伤随时间逐渐积累,导致土体蠕变变形加剧最终被破坏,需引入损伤变量来反映蠕变参数随时间的劣化现象[302]。根据损伤力学中有关损伤变量的定义,选用 Lemaitre 的应变等效假设方法,认为材料本身物理力学性质的劣化是导致材料损伤的主要原因,选用时效损伤密度函数 $D(t)$ 来进行表征,Weibull 连续型概率分布能够反映损伤产生的蠕变增量与时间 t 的关系,继而描述土体时效损伤的累积效应,同时损伤密度函数又表现为损伤率在时间上的量度,未经历干湿-冻融循环作用的试样无损伤,即 $t=0$ 时,$D(t)=0$,此时时效损伤函数为:

$$D(t) = \int_0^t \frac{\theta(w)}{\lambda(N)} \left[\frac{t}{\lambda(N)}\right]^{\theta(w)-1} \cdot e^{\left\{-\left[\frac{t}{\lambda(N)}\right]^{\theta(w)}\right\}} dt = 1 - e^{\left\{-\left[\frac{t}{\lambda(N)}\right]^{\theta(w)}\right\}} \quad (11\text{-}3)$$

式中　　$\theta(w)$—— 与含水率相关的变量参数;

　　　　$\lambda(N)$—— 与干湿-冻融循环相关的变量参数。

在损伤函数的基础上,构建膨胀土与含水率和干湿-冻融循环作用共同控制的损伤黏性体,由一个黏性牛顿体与应力损伤开关并联而成,如图 11-2 中 C 所示。当 t 时刻模型弹性模量 E_t 低于膨胀土未历经干湿-冻融循环作用与初始含水率的弹性模量 E_0 时,应力损伤开关开启,与弹性模量损伤开关并联的黏性体生成土体因损伤而产生的蠕变增量 $\eta(w,N)$,相关蠕变公式为:

$$\sigma = \eta(w,N)\dot{\varepsilon}_C \quad (11\text{-}4)$$

式中　　σ、$\dot{\varepsilon}_C$—— 元件 C 的轴向应力与轴向应变速率;

　　　　$\eta(w,N)$—— 与含水率 w 及干湿-冻融循环次数 N 相关的变量参数。

将损失阈值 σ_s 和时效损伤函数 $D(t)$ 代入元件 C 的蠕变模型中,可得到膨胀土损伤产生的蠕变增量的表达式 $\eta(w,N)=(1-D) \cdot \eta_3$,由此可得到元件 C 的本构方程为:

$$\sigma - \sigma_s = \eta_3 \cdot \dot{\varepsilon}_C \cdot e^{\left\{-\left[\frac{t}{\lambda(N)}\right]^{\theta(w)}\right\}} \quad (11\text{-}5)$$

式(11-5)经变换得到损伤黏塑性体元件 C 的蠕变方程为:

$$\varepsilon_C = \frac{\sigma - \sigma_s}{\eta_3} \cdot e^{\left[\frac{t}{\lambda(N)}\right]^{\theta(w)}} \quad (11\text{-}6)$$

将上述三个元件进行串联组合,求得明渠运行期不同含水率的膨胀土在干湿-冻融循环作用下的蠕变方程:

当 $N=0,w \leqslant w_0$ 时,有:

$$
\left.
\begin{array}{ll}
\varepsilon = \dfrac{\sigma}{E_1}(1-\mathrm{e}^{-\frac{E_1}{\eta_1}t}) + \dfrac{\sigma}{\eta_2}t + \dfrac{\sigma}{E_2} & (\sigma < \sigma_s) \\[3mm]
\varepsilon = \dfrac{\sigma}{E_1}(1-\mathrm{e}^{-\frac{E_1}{\eta_1}t}) + \dfrac{\sigma}{\eta_2}t + \dfrac{\sigma}{E_2} + \dfrac{\sigma-\sigma_s}{\eta_3} \cdot \mathrm{e}^{\left[\frac{t}{\lambda(N)}\right]^{\theta(w)}} & (\sigma \geqslant \sigma_s)
\end{array}
\right\}
\quad (11\text{-}7)
$$

当 $N=0,w > w_0$ 时,有:

$$
\left.
\begin{array}{ll}
\varepsilon = \dfrac{\sigma}{E_1}(1-\mathrm{e}^{-\frac{E_1}{\eta_1}t}) + \left[\dfrac{\sigma}{\eta_2} + \dfrac{\sigma}{\eta(w)}\right]t + \dfrac{\sigma}{E_2} + \dfrac{\sigma}{E(w)} & (\sigma < \sigma_s) \\[3mm]
\varepsilon = \dfrac{\sigma}{E_1}(1-\mathrm{e}^{-\frac{E_1}{\eta_1}t}) + \left[\dfrac{\sigma}{\eta_2} + \dfrac{\sigma}{\eta(w)}\right]t + \dfrac{\sigma}{E_2} + \dfrac{\sigma}{E(w)} + \dfrac{\sigma-\sigma_s}{\eta_3} \cdot \mathrm{e}^{\left[\frac{t}{\lambda(N)}\right]^{\theta(w)}} & (\sigma \geqslant \sigma_s)
\end{array}
\right\}
$$

$$(11\text{-}8)$$

当 $N>0,w > w_0$ 时,有:

$$
\left.
\begin{array}{ll}
\varepsilon = \dfrac{\sigma}{E_1}(1-\mathrm{e}^{-\frac{E_1}{\eta_1}t}) + \left[\dfrac{\sigma}{\eta_2} + \dfrac{\sigma}{\eta(w)} + \dfrac{\sigma}{\eta(N)}\right]t + \dfrac{\sigma}{E_2} + \dfrac{\sigma}{E(w)} + \dfrac{\sigma}{E(N)} & (\sigma < \sigma_s) \\[3mm]
\varepsilon = \dfrac{\sigma}{E_1}(1-\mathrm{e}^{-\frac{E_1}{\eta_1}t}) + \left[\dfrac{\sigma}{\eta_2} + \dfrac{\sigma}{\eta(w)} + \dfrac{\sigma}{\eta(N)}\right]t + \dfrac{\sigma}{E_2} + \dfrac{\sigma}{E(w)} + \dfrac{\sigma}{E(N)} + \dfrac{\sigma-\sigma_s}{\eta_3} \cdot \mathrm{e}^{\left[\frac{t}{\lambda(N)}\right]^{\theta(w)}} & (\sigma \geqslant \sigma_s)
\end{array}
\right\}
$$

$$(11\text{-}9)$$

11.3　蠕变模型的参数辨识及验证

据肖宏彬[297]、李珍玉[298]、周海波[299]、聂众[300]等人论文中有关膨胀土的蠕变试验数据,采用 1stOpt 数学分析软件进行自定义函数编写,利用其通用全局优化算法分别对四组数据进行分析,拟合反演出模型各蠕变参数值。同时,假设一组不同含水率的膨胀土受干湿-冻融循环作用后的蠕变试验数据以验证明渠运行期膨胀土蠕变模型的正确性。

根据文献[297-300]将 $w=15.4\%$ 的蠕变试验数据代入式(11-7)中,并假设含水率 $w=15.4\%$ 为模型含水率的阈值,即土体含水率 $w>15.4\%$ 时,含水率 w 开始对土体蠕变力学行为产生影响。据此反演出输水明渠运行期膨胀土蠕变模型中的 E_1、E_2、η_1、η_2、η_3 等参数在不同荷载状态下的变化规律及 $\theta(w)$、$\lambda(N)$ 的初始值,其具体数值见表 11-1,该部分参数随竖向应力的变化规律如图 11-3 所示。将所得参数再代入式(11-8)、式(11-9)中进行模型参数辨识,计算得出不同含水率状态下 $E(w)$、$\eta(w)$ 及 $\theta(w)$ 的变化规律(图 11-4),以及在不同次数干湿-冻融循环作用下 $E(N)$、$\eta(N)$ 及 $\lambda(N)$ 的变化规律(图 11-5)。具体数值见表 11-2。

表 11-1　不同轴向应力参数辨识结果

轴向应力/kPa	E_1/MPa	E_2/MPa	η_1/(MPa·min)	η_2/(MPa·min)	η_3/(MPa·min)	$\theta(w)$	$\lambda(N)$
12.5	1.975337	0.052649	59.12565	2211.46	—	—	—
25	1.512156	0.070885	58.13765	2121.46	—	—	—
50	1.252156	0.084531	57.14120	2021.46	—	—	—
100	1.052156	0.094127	53.14228	1901.46	—	—	—
200	0.907059	0.099301	38.14261	1643.82	—	—	—
400	0.858953	0.102579	14.14268	1450.33	5458.516	1.804	0.0218

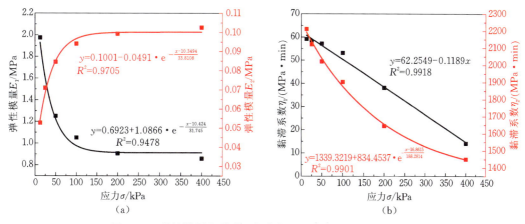

图 11-3　弹性模量和黏滞系数参数受不同荷载下的拟合曲线

(a) 弹性模量；(b) 黏滞系数

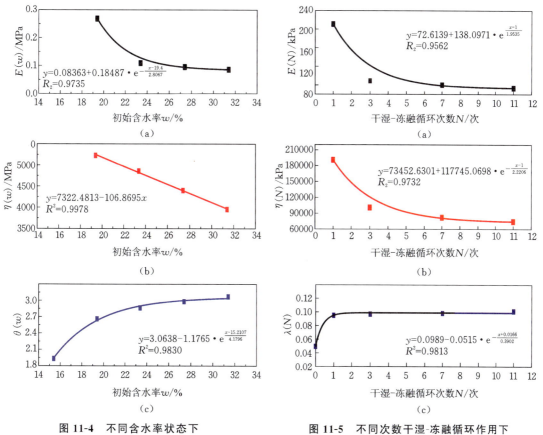

图 11-4　不同含水率状态下
$E(w)$、$\eta(w)$、$\theta(w)$ 的变化规律

图 11-5　不同次数干湿-冻融循环作用下
$E(N)$、$\eta(N)$、$\lambda(N)$ 的变化规律

表 11-2　不同含水率与干湿-冻融循环参数辨识结果

$w/\%$	$E(w)/\text{MPa}$	$\eta(w)/\text{MPa}$	$\theta(w)$	$N/$次	$E(N)/\text{kPa}$	$\eta(N)/\text{kPa}$	$\lambda(N)$
15.4	—	—	1.934	0	—	—	0.04960
19.4	0.2685	5224.9614	2.661	1	210.711	191197.7	0.09515
23.4	0.1094	4856.0882	2.862	3	89.06	101211.89	0.09713
27.4	0.0954	4398.3124	2.981	7	80.2	82451.08	0.09834
31.4	0.0862	3952.6274	3.071	11	73.44	74756.42	0.10124

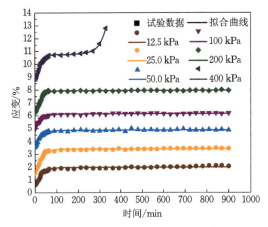

图 11-6　蠕变拟合曲线和试验数据对比图

为验证输水明渠运行时期蠕变模型在数学上的正确性,结合已有的理论研究与试验数据,假设一组土体在含水率为23.4%的条件下受 7 次干湿-冻融循环作用的蠕变曲线数据,这组数据的变形趋势理论上是符合客观变形规律的,假设这组参数标识按照表 11-1、表 11-2 进行对照选取,得到其蠕变拟合曲线和试验数据对比图(图 11-6)。由图 11-6 可知,蠕变拟合曲线的拟合误差较小,说明该模型本构方程能够较好地反映不同含水率状态下膨胀土历经不同次数干湿-冻融循环作用的蠕变过程。

11.4　蠕变模型在 FLAC 3D 中的二次开发

FLAC 3D 软件的基本原理是拉格朗日差分法,其数值计算方法是利用差分格式按时步积分求解的拉格朗日元法[303]。为将前文建立的输水明渠运行期膨胀土的蠕变模型嵌入 FLAC 3D 软件中,需推导模型一维应力条件下的本构关系为与时间相关的三维中心差分形式。由模型串联关系可知,构建模型的总偏应变速率是模型中三个元件 A、B、C 的偏应变速率之和,即:

$$\dot{e}_{ij} = \dot{e}_{ij}^{A} + \dot{e}_{ij}^{B} + \dot{e}_{ij}^{C} \tag{11-10}$$

为了便于模型参数的确定,假设所建立蠕变模型中仅元件 A 考虑体积变化(即球应变)影响,蠕变模型的球应变为:

$$\varepsilon_{m} = \varepsilon_{m}^{A} = \frac{\overline{\sigma}}{9K} \tag{11-11}$$

元件 A(经典 Burgers 模型)的偏应变关系表示为:

$$\dot{e}_{ij}^{A} = \dot{e}_{ij}^{K} + \dot{e}_{ij}^{M} \tag{11-12}$$

$$\dot{e}_{ij}^{K}=\frac{S_{ij}^{K}}{2G_1}(1-e^{-\frac{G_1}{\eta_1}t}) \quad \text{(Kelvin 体)} \tag{11-13}$$

$$\dot{e}_{ij}^{M}=\frac{\dot{S}_{ij}^{M}}{2G_2}+\frac{S_{ij}^{M}}{2\eta_2} \quad \text{(Maxwell 体)} \tag{11-14}$$

又由于元件 A 中的 Kelvin 体和 Maxwell 体为串联关系,考虑元件 A 受球应变影响,元件 A 在三维应力条件下的本构关系为:

$$\varepsilon_{ij}^{A}=\frac{\bar{\sigma}}{9K}+\frac{\dot{S}_{ij}^{M}}{2G_2}+\frac{S_{ij}^{K}}{2G_1}(1-e^{-\frac{G_1}{\eta_1}t})+\frac{S_{ij}^{M}}{2\eta_2}t \tag{11-15}$$

式中　S_{ij}^{K}、S_{ij}^{M}——Kelvin 体和 Maxwell 体所受偏应力;

　　G_1,η_1——Kelvin 体的剪切模量和黏滞系数;

　　G_2,η_2——Maxwell 体的剪切模量和黏滞系数;

　　K——体积模量。

同理,元件 B 串联的两个 Maxwell 体的偏应变速率为:

$$\dot{e}_{ij}^{B}=\dot{e}_{ij}^{B1}+\dot{e}_{ij}^{B2} \tag{11-16}$$

根据式(11-15)所示的 Maxwell 体偏应变公式,考虑含水率开关与干湿-冻融循环开关,得到元件 B 在三维应力状态下的偏应变速率为:

$$\dot{e}_{ij}^{B}=\frac{\dot{S}_{ij}}{2G(w)}+\frac{\dot{S}_{ij}}{2G(N)}+\frac{S_{ij}}{2\eta(w)}+\frac{S_{ij}}{2\eta(N)} \tag{11-17}$$

式中　$G(w)$、$\eta(w)$——随含水率 w 变化的非常定参数;

　　$G(N)$、$\eta(N)$——随干湿-冻融循环次数 N 变化的非常定参数。

元件 C 是加入应力开关的 Maxwell 体,其偏应变速率为:

$$\dot{e}_{ij}^{C}=\frac{S_{ij}-S_{ij,s}}{\eta_3} \cdot e^{\left[\frac{t}{\lambda(N)}\right]^{\theta(w)}} \tag{11-18}$$

前文所构建模型是由三个元件串联构成的,模型总偏应变速率为:

$$\dot{e}_{ij}=\dot{e}_{ij}^{A}+\dot{e}_{ij}^{B}+\dot{e}_{ij}^{C} \tag{11-19}$$

结合上述公式,构建的蠕变模型三维本构关系如下:

当 $N=0$,$w\leqslant w_0$ 时,有:

$$\left.\begin{array}{l}\varepsilon_{ij}=\dfrac{\bar{\sigma}}{9K}+\dfrac{S_{ij}^{K}}{2G_1}(1-e^{-\frac{G_1}{\eta_1}t})+\dfrac{\dot{S}_{ij}^{M}}{2G_2}+\dfrac{S_{ij}}{2\eta_2}t \hfill (\sigma<\sigma_s)\\[4mm]\varepsilon_{ij}=\dfrac{\bar{\sigma}}{9K}+\dfrac{S_{ij}^{K}}{2G_1}(1-e^{-\frac{G_1}{\eta_1}t})+\dfrac{\dot{S}_{ij}^{M}}{2G_2}+\left\{\dfrac{S_{ij}}{2\eta_2}+\dfrac{S_{ij}-S_{ij,s}}{\eta_3}\cdot e^{\left[\frac{t}{\lambda(N)}\right]^{\theta(w)}}\right\}t \quad (\sigma\geqslant\sigma_s)\end{array}\right\} \tag{11-20}$$

当 $N=0, w>w_0$ 时,有:

$$\varepsilon_{ij} = \frac{\bar{\sigma}}{9K} + \frac{S_{ij}^{\mathrm{K}}}{2G_1}(1-\mathrm{e}^{-\frac{G_1}{\eta_1}t}) + \frac{\dot{S}_{ij}^{\mathrm{M}}}{2G_2} + \frac{\dot{S}_{ij}}{2G(w)} + \left[\frac{S_{ij}}{2\eta_2} + \frac{S_{ij}}{2\eta(w)}\right]t \qquad (\sigma<\sigma_s)$$

$$\varepsilon_{ij} = \frac{\bar{\sigma}}{9K} + \frac{S_{ij}^{\mathrm{K}}}{2G_1}(1-\mathrm{e}^{-\frac{G_1}{\eta_1}t}) + \frac{\dot{S}_{ij}^{\mathrm{M}}}{2G_2} + \frac{\dot{S}_{ij}}{2G(w)} + \left\{\frac{S_{ij}}{2\eta_2} + \frac{S_{ij}}{2\eta(w)} + \frac{S_{ij}-S_{ij,s}}{\eta_3}\cdot\mathrm{e}^{\left[\frac{t}{\lambda(N)}\right]^{\theta(w)}}\right\}t \quad (\sigma\geqslant\sigma_s)$$

$$(11\text{-}21)$$

当 $N>0, w>w_0$ 时,有:

$$\varepsilon_{ij} = \frac{\bar{\sigma}}{9K} + \frac{S_{ij}^{\mathrm{K}}}{2G_1}(1-\mathrm{e}^{-\frac{G_1}{\eta_1}t}) + \frac{\dot{S}_{ij}^{\mathrm{M}}}{2G_2} + \frac{\dot{S}_{ij}}{2G(w)} + \frac{\dot{S}_{ij}}{2G(N)} + \left[\frac{S_{ij}}{2\eta_2} + \frac{S_{ij}}{2\eta(w)} + \frac{S_{ij}}{2\eta(N)}\right]t \quad (\sigma<\sigma_s)$$

$$\varepsilon_{ij} = \frac{\bar{\sigma}}{9K} + \frac{S_{ij}^{\mathrm{K}}}{2G_1}(1-\mathrm{e}^{-\frac{G_1}{\eta_1}t}) + \frac{\dot{S}_{ij}^{\mathrm{M}}}{2G_2} + \frac{\dot{S}_{ij}}{2G(w)} + \frac{\dot{S}_{ij}}{2G(N)}$$
$$+ \left\{\frac{S_{ij}}{2\eta_2} + \frac{S_{ij}}{2\eta(w)} + \frac{S_{ij}}{2\eta(N)} + \frac{S_{ij}-S_{ij,s}}{\eta_3}\cdot\mathrm{e}^{\left[\frac{t}{\lambda(N)}\right]^{\theta(w)}}\right\}t \qquad (\sigma\geqslant\sigma_s)$$

$$(11\text{-}22)$$

将蠕变模型本构关系式的三维差分形式改写为关于时间 t 的有限增量差分形式,分别为:

$$\Delta e_{ij} = \Delta e_{ij}^{\mathrm{A}} + \Delta e_{ij}^{\mathrm{B}} + \Delta e_{ij}^{\mathrm{C}} \qquad (11\text{-}23)$$

$$\overline{S}_{ij}\Delta t = 2\eta_1\Delta e_{ij}^{\mathrm{K}} + 2G_1\overline{e}_{ij}^{\mathrm{K}} \qquad (11\text{-}24)$$

$$\Delta e_{ij}^{\mathrm{M}} = \frac{\Delta S_{ij}}{2G_2} + \frac{\overline{S}_{ij}\Delta t}{2\eta_2} \qquad (11\text{-}25)$$

$$\Delta e_{ij}^{\mathrm{B}} = \frac{\Delta S_{ij}}{2G(w)} + \frac{\overline{S}_{ij}\Delta t}{2\eta(w)} + \frac{\Delta S_{ij}}{2G(N)} + \frac{\overline{S}_{ij}\Delta t}{2\eta(N)} \qquad (11\text{-}26)$$

$$\Delta e_{ij}^{\mathrm{C}} = \frac{\overline{S}_{ij}-S_{ij,s}}{\eta_3}\cdot\mathrm{e}^{\left[\frac{\Delta t}{\lambda(N)}\right]^{\theta(w)}} \qquad (11\text{-}27)$$

其中:

$$\left.\begin{array}{l}\Delta e_{ij}^{\mathrm{K}} = e_{ij}^{\mathrm{K,N}} - e_{ij}^{\mathrm{K,O}}\\[2mm]\overline{e}_{ij}^{\mathrm{K}} = \dfrac{e_{ij}^{\mathrm{K,N}} + e_{ij}^{\mathrm{K,O}}}{2}\end{array}\right\} \qquad (11\text{-}28)$$

$$\left.\begin{array}{l}\Delta S_{ij} = S_{ij}^{\mathrm{N}} - S_{ij}^{\mathrm{O}}\\[2mm]\overline{S}_{ij} = \dfrac{S_{ij}^{\mathrm{N}} + S_{ij}^{\mathrm{O}}}{2}\end{array}\right\} \qquad (11\text{-}29)$$

式中 $e_{ij}^{\mathrm{K,N}}$、$e_{ij}^{\mathrm{K,O}}$——开尔文体在一个时步内的新、老偏应变;

        S_{ij}^{N}、S_{ij}^{O}——本构模型在一个时步内的新、老偏应力。

将式(11-28)、式(11-29)代入式(11-24)中可求解出 Kelvin 体的偏应变:

$$e_{ij}^{\mathrm{K,N}} = \frac{1}{A}\left[\frac{\Delta t}{4\eta_1}(S_{ij}^{\mathrm{N}} + S_{ij}^{\mathrm{O}}) + Be_{ij}^{\mathrm{K,O}}\right] \qquad (11\text{-}30)$$

其中：

$$
\left.\begin{aligned}
A &= 1 + \frac{G_1 \Delta t}{2\eta_1} \\
B &= 1 - \frac{G_1 \Delta t}{2\eta_1}
\end{aligned}\right\}
\tag{11-31}
$$

由上述公式可知，式(11-23)可转换为：

$$
\Delta e_{ij} = e_{ij}^{K,N} - e_{ij}^{K,O} + \frac{\Delta S_{ij}}{2G_2} + \frac{\overline{S}_{ij}\Delta t}{2\eta_2} + \frac{\Delta S_{ij}}{2G(w)} + \frac{\overline{S}_{ij}\Delta t}{2\eta(w)} + \frac{\Delta S_{ij}}{2G(N)} + \frac{\overline{S}_{ij}\Delta t}{2\eta(N)} + \frac{\overline{S}_{ij} - S_{ij,s}}{\eta_3} \cdot \mathrm{e}^{\left[\frac{\Delta t}{\lambda(N)}\right]^{\theta(w)}}
\tag{11-32}
$$

上式化简得：

$$
\Delta e_{ij} = \left(\frac{B}{A} - 1\right) e_{ij}^{K,N} + a S_{ij}^{N} + b S_{ij}^{O} - \frac{S_{ij,s}}{\eta_3} \cdot \mathrm{e}^{\left[\frac{\Delta t}{\lambda(N)}\right]^{\theta(w)}}
\tag{11-33}
$$

由式(11-33)可得更新后的偏应力：

$$
S_{ij}^{N} = \frac{1}{a}\left[\Delta e_{ij} - \left(\frac{B}{A} - 1\right) e_{ij}^{K,O} - b S_{ij}^{O} - \frac{S_{ij,s}}{\eta_3} \cdot \mathrm{e}^{\left[\frac{\Delta t}{\lambda(N)}\right]^{\theta(w)}}\right]
\tag{11-34}
$$

其中：

$$
\left.\begin{aligned}
a &= \frac{1}{2G_2} + \frac{1}{2G(w)} + \frac{1}{2G(N)} + \frac{\Delta t}{4A\eta_1} + \frac{\Delta t}{4\eta_2} + \frac{\Delta t}{4\eta(w)} + \frac{\Delta t}{4\eta(N)} + \frac{\mathrm{e}^{\left[\frac{\Delta t}{\lambda(N)}\right]^{\theta(w)}}}{4\eta_3} \\
b &= \frac{\Delta t}{4A\eta_1} + \frac{\Delta t}{4\eta_2} + \frac{\Delta t}{4\eta(w)} + \frac{\Delta t}{4\eta(N)} + \frac{\mathrm{e}^{\left[\frac{\Delta t}{\lambda(N)}\right]^{\theta(w)}}}{4\eta_3} - \frac{1}{2G_2} + \frac{1}{2G(w)} + \frac{1}{2G(N)}
\end{aligned}\right\}
\tag{11-35}
$$

综上可知，式(11-34)即为编译程序时运用的考虑含水率与干湿-冻融循环作用的膨胀土蠕变损伤模型应力-应变关系式，根据其定义的蠕变模型中心差分形式，借助 C++语言修改 FLAC 3D 中自带的 CVISC 本构模型的头文件(h.文件)、源文件(.cpp 文件)，在头文件中定义模型的参数和迭代所需的中间变量，从而将式(11-23)至式(11-27)等核心公式程序化，在迭代计算 Run( )函数中通过 FISH 内置命令 ps→stn S 指针读取应力张量的各分量并对模型参数 E_1、E_2、η_1、η_2 设置循环函数，循环步距与蠕变的时间步距保持统一，模型每循环一步都对参数 E_1、E_2、η_1、η_2 进行计算并赋值，同时对损伤模型参数 $\theta(w)$、$\lambda(N)$ 进行损伤判断演化，以及对中间变量 a、b、Δe_{ij} 进行修改。最后在 VS 2015 开发环境中编译生成模型.dll 文件，通过 FLAC 3D 提供的自定义本构模型接口加载到软件中。数值仿真计算时，使用 FLAC 3D 自带的 Fish 函数定义图 11-4、图 11-5 中含水率 w 与干湿-冻融循环次数 N 相关模型参数 $E(w)$、$E(N)$、$\eta(w)$、$\eta(N)$ 的拟合公式，在软件中通过输入命令 "PORP name＝dVal"，输入初始含水率 w 值与干湿-冻融循环次数 N 值并利用定义的 Fish 函数对蠕变计算过程相关模型参数进行关联赋值。

为了验证干湿-冻融循环作用下膨胀土含水蠕变损伤模型反映不同含水率与干湿-冻融循环次数下膨胀土蠕变特性的准确性，对前文在含水率为 23.4％与干湿-冻融循环 7 次的蠕变变形进行数值模拟，土体力学参数采用文中引用的膨胀土研究成果，设置膨胀土密度 ρ 为 1.892 g/cm³，蠕变参数以 UGO 算法识别的参数(表 11-1、表 11-2)为基准，同时利用 FLAC 3D 本构模型库中内置的 Burgers 蠕变模型进行对比。数值计算试验模型尺寸为

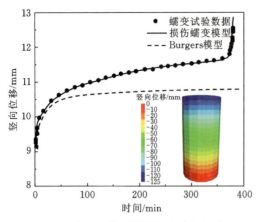

图 11-7　膨胀土模型曲线与试验数据对比

$\phi 50$ mm×100 mm,将试件共划分为 1968 个单元体、2042 个节点,设置试样模型围压为 200 kPa、轴向应力为 400 kPa,在端面上设置底部的 X、Y 和 Z 向位移被约束作为位移边界条件,试样侧向外围不施加位移约束条件,对模型施加轴向压力和径向围压,计算过程中记录轴向位移及位移时间曲线。

图 11-7 所示为膨胀土模型曲线与试验数据对比。由图 11-7 可知,经典 Burgers 蠕变模型不能反映出在屈服应力下膨胀土的加速蠕变阶段,而前文所述膨胀土蠕变损伤模型能较为完整地描述干湿-冻融循环作用下膨胀土在衰减、稳态及加速蠕变阶段的变形特征,且三轴蠕变试验数据与使用 FLAC 3D 二次开发的模型吻合良好,证明了 FLAC 3D 嵌入膨胀土损伤模型的适用性和正确性。

11.5　膨胀土输水明渠渠坡的蠕变分析的验证

11.5.1　膨胀土输水明渠变形监测资料

为监测渠坡滑动位移情况,明渠管理部门在典型明渠段渠坡底部、中部与顶部共设 3 个监测点,监测点具体分布位置如图 11-8(a)所示。明渠管理部门从 2001 年 9 月滑坡治理后开始监测,部分监测点监测数据如图 11-8(b)所示。由图 11-8(b)可知,渠坡监测点的监测位移曲线在总体上呈现出跳跃性,均发生在明渠每年停水期的水位波动阶段,并且位移随着运行年限的增大而成倍增长,而在运行周期其余时间大体上保持平稳。

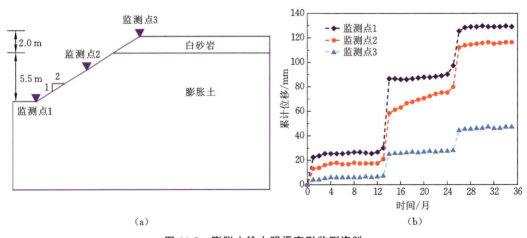

(a)　　　　　　　　　　　　　　　　　(b)

图 11-8　膨胀土输水明渠变形监测资料

(a) 典型明渠断面;(b) 渠坡位移监测数据

11.5.2　数值计算模型及参数

明渠数值计算模型有限元网格如图 11-9
所示,Z 方向为明渠高度,计算范围 22 m,土
层深度为 14.5 m;Y 方向为明渠纵向,计算范
围 50 m;X 方向为明渠横向,计算范围 38 m,
网格密度为 1 m。流固耦合计算中设置模型
底部和左侧边界分别为不透水边界与应力约
束边界,渠道基础面边界和坡面边界分别设
置为渗流透水边界与自由边界。根据现场勘
测报告可知明渠底部无地下水分布,因此渗
流计算仅在坡体中进行。在进行自重应力计
算与渗流计算过程中,渠坡采用理想弹塑性

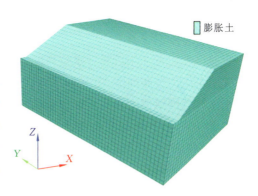

膨胀土

图 11-9　明渠数值计算模型有限元网格

本构模型,而后使用膨胀土蠕变损伤模型进行渠坡蠕变计算。土体在自重和渠内水压力作
用下会产生不同程度的压剪破坏和张拉破坏,为较好地判断土体的屈服破坏形式,计算过
程中选用 Mohr-Coulomb 屈服准则,计算所得膨胀土物理力学参数、渗流力学参数见
表 11-3。

表 11-3　膨胀土物理力学参数、渗流力学参数

弹性模量 E/MPa	泊松比 ν	黏聚力 c/kPa	内摩擦角 φ/°	密度 ρ/(g/cm³)	饱和密度 ρ_{sat}/(g/cm³)	孔隙率 n	渗透系数 k_w/(m²/s)
2.45	0.35	15.21	4.43	1.84	2.18	0.18	2.45×10^{-7}

11.5.3　算例计算

根据前文拟合数据对渠坡膨胀土部分进行蠕变参数赋值,由于渠坡膨胀土内部应力分
布不同,所对应的不同应力下蠕变参数也不同,利用 FLAC 3D 软件内置 FISH 语言编写赋
值程序。首先对模型进行自重计算与渗流计算,得到模型在进行蠕变计算之前的地应力
场;根据 FISH 编写的赋值程序选择模型中任意一实体单元,在已输出的地应力场中提取
该单元的应力数据,代入拟合公式计算得到相应的蠕变参数,并将该蠕变参数赋值给该单
元;再选择下一单元重复上述操作,直至赋值程序遍布模型全部单元。限于篇幅,本节将只
对渠坡运行 3 年、降水期膜后水位波动的蠕变变化进行算例计算,由图 11-8 所示明渠监测
数据可知每年停水期膜后水位波动历时约 60 d。

在渗流计算中,在渠水变化情况下渠坡渗流场数值模拟采用基于非饱和-非稳定渗流
理论的有限元方法,根据 Darcy 定律和水流连续方程[304-305],以水头 h 为控制方程因变量,
渗流微分方程为:

$$\frac{\partial}{\partial x_i}\left(k_{ij}\frac{\partial h}{\partial x_j}\right) + Q = m_w \gamma_w \frac{\partial h}{\partial t} \tag{11-36}$$

式中　k_{ij}——岩土材料饱和渗透系数;

h——总水头；

Q——边界流量；

m_w——比水容积；

γ_w——水的重度。

设置渠坡运行 3 年后膜后水位高度为图 2-5(a)监测值中的平均值 4.5 m，进行渗流计算后孔隙水压力分布如图 11-10(a)所示。根据图 11-10(a)中孔隙水压力分布将渠坡赋存膨胀土土体范围赋值为膨胀土饱和密度，通过对膨胀土进行饱和处理后测得膨胀土饱和含水率为 27.8%，将含水率 27.8% 导入前文所述拟合公式，求得对应的蠕变参数如表 11-4 所示。图 11-10(b)所示为渠坡对应整体位移云图，由图 11-10(b)可知，膨胀土蠕变损伤模型能够有效地反映渠坡浅层蠕变变形，渠底、渠坡中部和顶部位移量分别为 13.2 cm、10.8 cm 和 4.8 cm，与实际监测数据契合度分别为 94.6%、96.4% 和 91.6%。

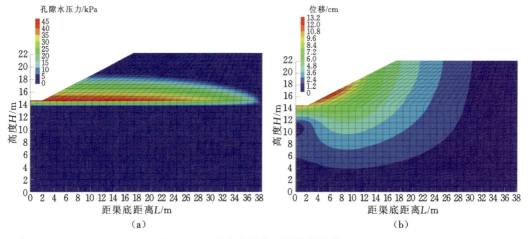

图 11-10　膨胀土输水明渠算例计算云图

(a) 孔隙水压力云图；(b) 整体位移云图

表 11-4　对应的蠕变参数

$w/\%$	$E(w)/\mathrm{MPa}$	$\eta(w)/\mathrm{MPa}$	$\theta(w)$	$N/\text{次}$	$E(N)/\mathrm{kPa}$	$\eta(N)/\mathrm{kPa}$	$\lambda(N)$
27.9	0.0954	4398.3124	2.981	3	89.06	101211.89	0.09713

因衰减变形早于蠕变过程，导致监测点无法监测该过程，以数值模拟计算中蠕变开始后的第 5 天末作为衰减蠕变阶段与稳定蠕变阶段的分隔时刻，对监测点 1、2、3 位移增量进行记录，并采用 Burgers 模型和膨胀土蠕变损伤模型计算得到的位移增量与实际监测位移增量进行对比，见图 11-11。由图 11-11 可知，相对于 Burgers 模型，膨胀土蠕变损伤模型计算得到的渠坡底部、中部、顶部的位移增量结果均更贴近于实际监测值。因此，可认为本章所建立的考虑含水率与干湿-冻融循环影响的膨胀土蠕变损伤模型在研究输水明渠膨胀土蠕变特性方面，相较于传统模型更为准确，能够有效运用于北疆供水一期工程膨胀土渠坡浅层流变变形计算分析中。

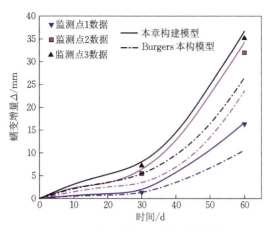

图 11-11　运行 3 年停水期蠕变位移增量图

11.6　本章小结

本章以寒旱区输水明渠膨胀土为研究对象,根据膨胀土蠕变力学特性随含水率与干湿-冻融循环作用次数的演化关系,建立考虑含水率和干湿-冻融循环作用影响的蠕变模型,并对室内蠕变试验和北疆供水一期工程膨胀土蠕变过程进行数值模拟计算,得出以下结论:

(1) 将含水率相关元件、干湿-冻融循环次数相关元件以及两者共同控制的损伤元件与经典 Burgers 模型元件进行串联组合,建立输水明渠考虑含水率和干湿-冻融循环作用影响的膨胀土蠕变本构模型,并对蠕变试验数据进行一维应力条件下的拟合,拟合度均高于0.96,表明该模型在描述寒旱区膨胀土的蠕变特性方面具有适用性。

(2) 以 FLAC 3D 自带的 CVISC 模型为蓝本,利用 C＋＋语言对其进行修改,实现了本章所建模型在 FLAC 3D 中的嵌入。利用该模型对膨胀土室内蠕变试验数值模拟计算结果进行验证,结果表明该模型能很好地描述出土体含水率与所受干湿-冻融循环作用次数对其蠕变特性的影响,且相较于 Burgers 模型能很好地描述土体的加速蠕变阶段。

(3) 利用 FLAC 3D 软件分别采用考虑含水率和干湿-冻融循环作用影响的膨胀土蠕变本构模型与 Burgers 本构模型对北疆供水一期工程渠坡的蠕变过程进行数值模拟,在相同计算工况下,该模型较 Burgers 模型更贴近实际监测点所记录的沉降量,表明该模型在研究北疆供水一期工程膨胀土区域输水明渠的蠕变特性方面具有良好的可靠性。

第12章 膨胀土输水明渠抗滑管桩桩-土时效变形规律分析

利用已建立的考虑含水率和干湿-冻融循环作用的膨胀土蠕变损伤本构模型,结合有限元强度折减法构建考虑土体流变特性的综合强度折减法,通过对水位波动期渠坡抗滑管桩的设计及治理前后的长周期稳定性进行评价,揭示渠水作用下的膨胀土渠坡加桩前后变形时效规律与膨胀土-抗滑管桩体系的失效机理。

12.1 渠水作用下膨胀土渠坡变形时效规律

12.1.1 水位波动特征和概化模型

北疆供水一期工程采取每年4—9月通水,其余时间停水的运行方式。影响渠坡渗流特征的主要因素为渠水位的变动规律和土体自身的渗流参数。根据北疆供水一期工程实际水位变动规律,可以将水位波动概化为四个阶段:缓慢蓄水阶段、高位运行阶段、快速降水阶段、停水阶段。输水明渠概化的气温及水位波动线如图12-1所示。

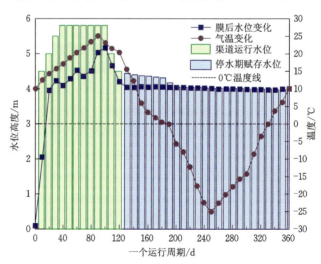

图12-1 输水明渠概化的气温及水位波动线

(1)缓慢蓄水阶段:渠内水位在每年的5月1日至5月中旬由枯水位0 m上升至第一个峰值水位,至5月中下旬上升至稳定运行水位6 m,该过程历时约30天,平均上升速率约为0.2 m/d。

(2)高位运行阶段:在每年的6月至8月中旬,该过程历时约75 d,渠内水位高度稳定在最高水位6 m。

（3）快速降水阶段：每年的 8 月中下旬，历时 15 d 左右，水位下降速率约为 0.4 m/d。

（4）停水阶段：即从每年的 9 月初至翌年 4 月底，历时 240 d，水位保持枯水位 0 m。

将上述阶段定义为水位高程 $H(t)$ 与时间 t 的概化模型：

$$H(t)=\begin{cases} 0+0.2t & t\in(0,30\ \mathrm{d}) \\ 6 & t\in(30\ \mathrm{d},105\ \mathrm{d}) \\ 6-0.4(t-105) & t\in(105\ \mathrm{d},120\ \mathrm{d}) \\ 0 & t\in(120\ \mathrm{d},360\ \mathrm{d}) \end{cases} \tag{12-1}$$

由前文对渠坡稳定性影响因素的分析可知，在水位波动期静水压力增长过程中，渠坡受干湿-冻融循环和膜后水位高度影响的相互作用强度减缓；相反，在明渠降水阶段静水压力降低过程中，其二者相互作用强度逐渐加强，使得膨胀土输水明渠历经循环往复的干湿-冻融作用，受膨胀土劣化及膜后水位耦合作用，在渠内水位高度骤降过程中渠坡常发生失稳破坏。为此下文在探究渠水作用下膨胀土渠坡变形时效规律时，将只对静水压力变化的水位波动期进行探究，即快速蓄水阶段与快速降水阶段，同时采用第 1 章建立的考虑含水率与干湿-冻融循环影响的膨胀土蠕变损伤模型进行渠坡变形时效模拟研究。

12.1.2　水位波动期渠坡渗流场计算模型

运用 FLAC 3D 软件构建改造后输水明渠膨胀土渠坡计算数值模型，如图 12-2 所示。由图 12-2 可知，渗流模型主要分为 3 层，由上至下分别为混凝土衬砌层、戈壁料层以及膨胀土层，明渠各结构层物理力学参数和渗流力学参数见表 12-1。渠底以下土层深度为 14.5 m；Y 轴方向为明渠纵向，计算范围为 10 m；X 轴方向为明渠横向，计算范围为 38 m，网格密度为 1 m。在渗流计算中，渠坡体内渗流场主要受土体渗透系数、渠水升降速率、含水层高度等因素影响[304]。当

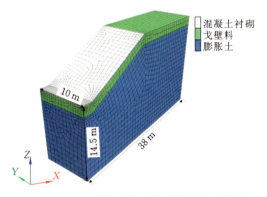

图 12-2　输水明渠膨胀土渠坡计算数值模型

渠水位和波动速率一定时，渗透系数是影响渠坡渗流场的主要因素。在饱和渗流和非饱和渗流的共同作用下，饱和区的介质渗透系数通常设置为常数。同时，土体在自重和渠内水压力作用下，会产生不同程度的压剪破坏和张拉破坏，为较好地判断土体的屈服破坏形式，计算土料相关参数时选用 Mohr-Coulomb 屈服准则，表层混凝土衬砌层采用 Elastic 弹性模型。

表 12-1　明渠各结构层基本属性参数

结构层	弹性模量 E/MPa	泊松比 ν	黏聚力 c/kPa	内摩擦角 φ/°	密度 ρ/(g/cm³)	饱和密度 ρ_{sat}/(g/cm³)	孔隙率 n	渗透系数 k_w/(m²/s)
衬砌	30000	0.2	—	—	2.40	—	—	—
戈壁料	12.5	0.2	23.80	38.6	2.16	—	0.30	1.5×10^{-4}
膨胀土	2.45	0.35	15.21	4.43	1.84	2.18	0.18	2.45×10^{-7}

12.1.3　水位波动期渠坡渗流场演化规律

根据不同的模拟工况,获得明渠水位上升和下降过程中不同时刻的渠坡渗流场。图 12-3、图 12-4 所示为明渠快速蓄水与快速降水阶段孔隙水压力云图。根据模拟结果,分析其孔隙水压力和地下水浸润线变化过程可知:

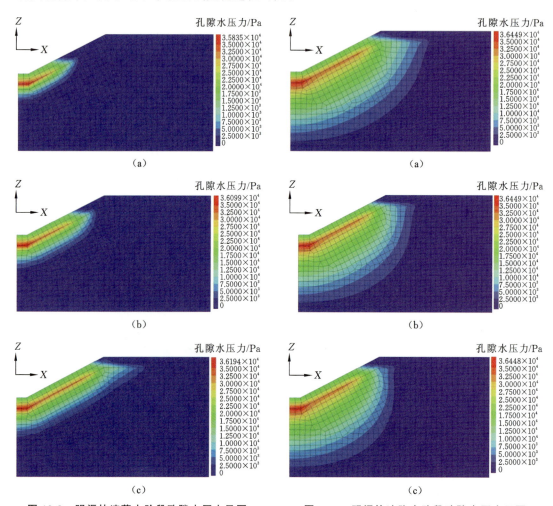

图 12-3　明渠快速蓄水阶段孔隙水压力云图
(a) 水位高度 2 m;(b) 水位高度 4 m;(c) 水位高度 6 m

图 12-4　明渠快速降水阶段孔隙水压力云图
(a) 水位高度 6 m;(b) 水位高度 3 m;(c) 水位高度 0 m

(1) 由于膨胀土的渗透系数明显小于戈壁料,随着明渠水位高度上升,孔隙水压力易集中在膨胀土与戈壁料交界处,同时渠坡体内浸润线的变化在上升阶段和下降阶段均滞后于渠内运行水位的变化。渠内运行水位蓄水过程中渗流场属于向内补给型,浸润线内凹倾向坡体内;渠内运行水位下降过程中渗流场属于向外排泄型,浸润线则外凸指向渠内。

(2) 蓄水期,浸润峰沿着膨胀土与戈壁料交界处发展,渠水对渠坡体的补给以深层水平向补给为主;随着水位高度继续上升,浸润峰逐渐接近渠内运行水位高度,渠水对渠坡体的补给以浅层水平向补给为主,渠坡内外的水力坡降不断增大,指向坡内的渗透压力也不断增大,这有利于提高渠坡稳定性。

（3）降水期,渠坡体对渠水的排泄基本以水平排泄为主,坡体内竖向浸润线在膨胀土渠底变化不大,水力坡降逐渐转为外泄,相应的内渗透作用消失,此时渠水的作用主要体现为对坡体的静水压力;随着渠内水位高度的不断降低,浸润峰水平持续高度仍保持在渠内运行水位高度,但坡内孔隙水与渠内水位的水位差也不断增大,使得坡体内的孔隙水向外渗流形成较大的渗透势,从而增加坡体的下滑力,不利于保证渠坡的稳定性。

根据渗透力的简化公式(12-2)可知,动水压力与水头差成正比,结合图 12-3、图 12-4 中渠水波动过程中的孔隙水压力和浸润线的变化规律,可以分析水位升降造成的动水压力的变化特征。

$$J = \frac{\Delta h}{L} \gamma_w LA = i \gamma_w LA \qquad (12-2)$$

式中　J——动水压力;

　　　Δh——水头差;

　　　L——渗流路径长度;

　　　i——水力梯度;

　　　A——过水断面面积。

由于北疆供水一期工程的输水调度,即渠水位变化呈现出"缓升骤降"的特点,即水位上升速率(0.2 m/d)小于水位下降速率(0.4 m/d),且高水位运行阶段的持续渗漏作用导致渠坡土体内孔隙水压力在渠水上升和下降过程中呈现出不同的变化特征:

（1）渠内水位上升和下降过程中,动水压力的影响范围呈现出较大差异。在水位缓慢上升过程中,坡体内渗流场的滞后性较弱,动水压力的影响范围随渠水高度变化增长显著,作用深度范围均保持在渠坡浅层范围 5 m 左右;在水位快速下降过程中,由于内外渗透性能差异与高水位运行阶段的持续渗流作用影响,坡体内渗流场的滞后性表现显著,但动水压力主要影响范围变化较小,在不同水位变化幅值下此范围内的水头差与总水头差基本保持统一。

（2）在相同的明渠水位变化幅度条件下,明渠水位上升过程中,开始时的地下水位差小于明渠水位下降时的地下水位差,如明渠水位变化幅度为 6 m,明渠水位上升时产生的最大地下水位差约为 4 m,而渠水下降过程中差值仅约 1 m;由于下降过程中的差异,可以发现明渠内水位上升时产生的总渗透力大于下降时产生的渗透力,但考虑到渗透路径长度的差异,根据式(12-2)计算所得渗透力基本上是体力,又可以得出明渠内水位上升时产生的附加应力值总是小于下降时产生的附加应力值。

12.1.4　水位波动期渠坡变形时效规律

渠水位升降造成渠坡孔隙水压力和动水压力变化,使得渠坡变形发展不仅受到外部动力因素的影响,同时也受到内部渠基土变形和强度的控制。渠坡变形主要的外界影响因素为明渠水位下降作用,因此分析渠坡受渠水变化影响的变形发展只针对渠水下降作用中的变形和受力。由于现场监测不能全面体现渠坡在渠水作用下的变形特征,而数值模拟方法能够克服此类困难,根据本章数值模拟中水位变化的假设条件与渠坡滑动破坏特征,本章将渠坡主要

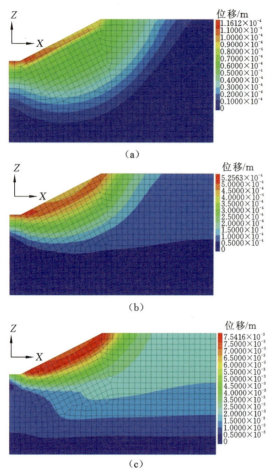

图 12-5　明渠快速降水过程中典型渠坡位移变化情况
(a) 渠水下降时间 0.001 d;
(b)渠水下降时间 2 d;(c) 渠水下降时间 15 d

变形时间范畴定义为快速降水阶段的渠坡短期变形阶段,即为 1 个水位降幅下(渠内水位高度由 6 m 下降至 0 m)的渠坡位移演化特征,也就是 15 d 内渠坡的变形演化过程。通过在 FLAC 3D 中二次开发的膨胀土蠕变损伤模型模拟渠水下降过程中渠坡位移变化情况,如图 12-5 所示。根据渠坡短期变形特征,可将明渠降水过程中的渠坡变形总结为三个典型阶段:

(1)卸荷变形阶段:此阶段渠坡变形主要为卸荷作用产生的短时变形。渠水下降初期,渠坡前部坡面产生卸荷作用,渠坡产生弹塑性变形。因卸荷变形阶段在降水阶段中所占比例极小,故将此阶段时长定为渠内水位下降时间 0.001 d。渠坡变形集中在渠坡前缘坡面底部且以浅层土的变形为主,变形量小,仅为 0.12 mm,如图 12-5(a)所示。

(2)应力调整阶段:此阶段渠坡变形主要为渠坡体的应力调整而产生的变形,但变形量较小。渠内水位下降后 2 d 内,由于渠坡体内渠水卸荷以及动水压力产生的附加应力,使得渠坡变形进一步发展,此阶段渠坡变形主要发生在地下水浸润线附近,渠坡位移依然以浅层土的变形为主,由于土体蠕变性能较弱,其变形量较

小,但较第一阶段有所增加,达到0.53 mm,如图 12-5(b)所示。此变形阶段为渠坡变形响应滞后于水位下降作用的主要阶段。

(3)应力稳增阶段:此阶段渠坡变形主要为土体蠕变产生的变形,渠坡整体应力状态趋于稳定,蠕变首先在潜在滑动带部位产生。渠水水位下降过程中,随着时间的推移(第 2~15 d)附加应力由渠坡上部传递至潜在滑动带,潜在滑动带开始发生蠕变变形,且变形逐渐由潜在滑动面向渠坡表面传递,此时渠坡变形主要受控于浅层滑动带且变形量明显增加,最大变形量为 7.54 mm,如图 12-5(c)所示。

图 12-6 所示为明渠水位由 6 m 降至 0 m 过程中渠坡表面位移-时间曲线,图中 3 个监测点(编号分别为 WZ1、WZ2、WZ3)分别布置在渠坡底部、中部与顶部。由图 12-6 可知,渠坡变形呈现出显著的空间差异性:

(1)渠坡变形呈现显著的牵引式渠坡变形特征。在上文阐述的 3 个变形阶段,变形由渠底向渠顶逐渐贯穿并牵引渠段中部位移发展,WZ1、WZ2、WZ3 监测点 15 d 内最终位移

分别为 7.54 mm、7.50 mm、6.98 mm。

（2）渠坡不同演化阶段，渠坡变形控制部位呈现出差异性。渠坡变形的第一个阶段，渠坡应力状态不断调整，渠坡变形主要由土体的瞬时变形产生；渠坡变形的后两个阶段，渠坡应力状态逐渐进入稳定状态，渠坡变形主要由浅层膨胀土的蠕变变形产生，并逐渐牵引渠坡深层结构层的变形发展。

（3）渠坡衰减蠕变开始时间和蠕变速率的差异性。由于渠坡位移表现出明显的牵引性变化特征，渠坡衰减蠕变阶段也呈现出先底部和顶部、后中部的发展变化趋势。WZ1、WZ2、WZ3 监测点进入蠕变阶段的时间分别为 0.75 d、2.25 d、0.8 d，如图 12-6 所示；由于渠坡剪应力在坡脚处较为集中，土体所受偏应力水平较高，因此越靠近坡脚，渠坡最终稳定蠕变速率越大，如图 12-7 所示，WZ1、WZ2、WZ3 监测点的稳定蠕变速率分别为 0.42 mm/d、0.24 mm/d、0.35 mm/d。

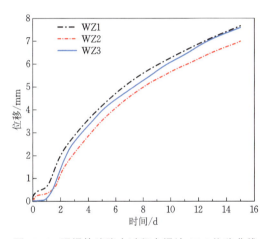
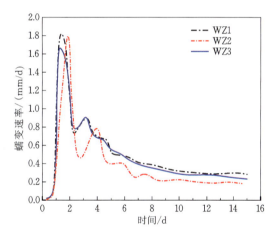

图 12-6　明渠快速降水过程中渠坡 15 d 位移曲线　　图 12-7　明渠快速降水过程中渠坡 15 d 蠕变速率曲线

12.2　渠水作用下抗滑管桩桩-土防控体系变形时效规律

抗滑管桩作为土质渠坡支护的重要形式，具有施工简便、速度快、工程量少等特点，在现今有关渠坡抗滑防治的研究中，抗滑管桩支护的设计与评价均是基于静力的弹塑性计算的结果，较少考虑工程土体的蠕变性质。为探究抗滑管桩对膨胀性输水渠坡的加固效果，有必要开展蠕变条件下膨胀土渠坡支护状态的时效性分析。本节通过建立抗滑管桩支护状态下的渠坡数值模型，通过膨胀土渠坡与支护体系蠕变分析，研究渠坡在支护后的位移、应力的变化特征，并分析抗滑管桩内力的时效性变化规律。

12.2.1　渠坡抗滑管桩优化设计

考虑到膨胀性渠坡地质具有易变性及复杂性等特点，从设计理论和计算方法来看，有必要对抗滑管桩进行更深入的研究。如今抗滑管桩的设计倾向于简化桩土相互作用的处理，通常使用不平衡推力传递系数法来计算滑坡推力，出于安全原因，设计师倾向于过度增加渠坡的安全系数,抗滑管桩不能发挥其最大的防滑作用,导致工程价格上涨。因此,有必要针对抗滑管桩的参数进行优化分析。本节使用 FLAC 3D 软件在各种不同影响参数下构建抗滑管桩模型,分析抗滑管桩的多个设计参数,包括桩间距、桩位置和桩长度,以便充分利用其支护性能,从而建立最安全、最合理和最经济的抗滑管桩渠坡加固系统。

根据前文的分析不难发现,渠坡在水位波动期的快速降水阶段容易发生滑动失稳破坏,因此本节模型的建立与抗滑管桩影响参数的设计分析均在此阶段进行,渠坡计算模型如图 12-2 所示,模型参数选用明渠运行 3 年后的膨胀土相应蠕变参数(表 11-4),结构层物理力学参数见表 12-1。为了使计算简便,抗滑管桩选用 FLAC 3D 中桩结构单元 pile,桩结构单元主要设定参数有:

(1)几何参数:横截面面积 $S(\mathrm{m}^2)$、周长 $L(\mathrm{m})$、惯性矩 $I_y(\mathrm{m}^4)$ 和 $I_z(\mathrm{m}^4)$、极惯性矩 $J(\mathrm{m}^4)$。

(2)材料属性参数:杨氏模量 $E(\mathrm{Pa})$、泊松比 ν。

(3)耦合弹簧参数:耦合剪切刚度 $k_s(\mathrm{N/m}^2)$、耦合剪切黏聚力 $c_s(\mathrm{N/m}^2)$、耦合剪切摩擦角 $\varphi_s(°)$、耦合法向刚度 $k_n(\mathrm{N/m}^2)$、耦合法向黏聚力 $c_n(\mathrm{N/m}^2)$、耦合法向摩擦角 $\varphi_n(°)$(抗滑管桩耦合弹簧参数设置为抗滑管桩材料属性参数的 80%)。

抗滑管桩具体参数设置如表 12-2 所示。

表 12-2 抗滑管桩具体参数设置

E/MPa	ν	$k_s/(\mathrm{N/m}^2)$	$c_s/(\mathrm{N/m}^2)$	$k_n/(\mathrm{N/m}^2)$	$c_n/(\mathrm{N/m}^2)$	$\varphi_s/°$	$\varphi_n/°$
3.0×10^4	0.2	2.0×10^9	30×10^4	2.0×10^9	30×10^4	20	20

12.2.1.1 抗滑管桩桩径的影响分析

根据前文明渠改造措施评价可知,排水井布置在明渠中段,抗滑影响作用范围最广、稳定性提升得最大,因此首先将抗滑管桩布置在渠坡中段。为探究不同管桩桩径对渠坡稳定性影响的变化规律,简化抗滑管桩的设计参数,同时基于《预应力混凝土管桩基础技术规程》(DGJ 32/TJ 109—2010)[306],控制抗滑管桩深入渠底 1 m(即桩长为 4.75 m),管桩径厚 0.13 m,开展不同管桩外径 0.4 m、0.6 m、0.8 m、1.0 m、1.2 m、1.4 m 下的渠坡稳定性变化分析。利用 FLAC 3D 分别计算抗滑管桩不同外径的渠坡位移云图和稳定性系数,通过分析对比确定抗滑管桩最佳布设桩径。

图 12-8 所示为桩径分别为 0.4 m、0.6 m、0.8 m、1.0 m、1.2 m、1.4 m 时的渠坡总位移云图和稳定性系数。由图 12-8 可知,渠坡的最大总位移分布区域和大小表现出显著的差异性和规律性,当桩径为 0.4 m 时渠坡的最大总位移为 7.85 cm,稳定性系数为 1.46;随着桩径增大至 0.6 m、0.8 m、1.0 m、1.2 m、1.4 m,渠坡的最大总位移分别为 6.61 cm、5.39 cm、4.29 cm、3.67 cm、3.29 cm,稳定性系数分别为 1.51、1.56、1.61、1.63、1.64。随着桩径的增大,渠坡总位移和稳定性系数都有不同程度改善,当桩径由 1.0 m 增大为 1.2 m 时渠坡的最大总位移和稳定性系数改善幅度最小,从渠坡最大总位移改变幅度的角度可以判断,当桩径为 1.0 m 时,抗滑管桩的支护效果最好。

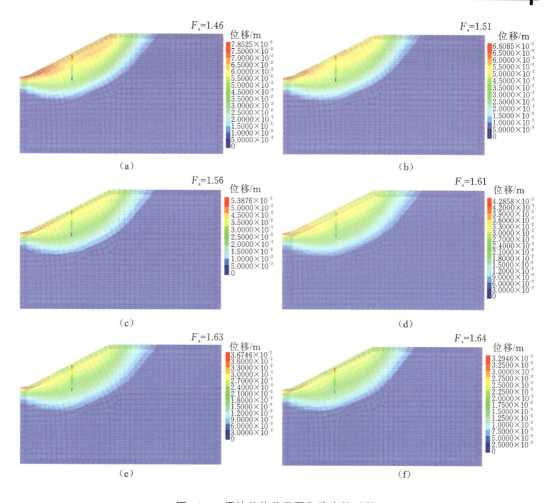

图 12-8　渠坡总位移云图和稳定性系数
(a) 桩径 0.4 m;(b) 桩径 0.6 m;(c) 桩径 0.8 m;(d) 桩径 1.0 m;(e) 桩径 1.2 m;(f) 桩径 1.4 m

　　图 12-9 所示为桩径分别为 0.4 m、0.6 m、0.8 m、1.0 m、1.2 m、1.4 m 时的渠坡水平位移云图。由图 12-9 可知,渠坡的最大水平位移分布区域和大小与渠坡整体位移表现出相同的变化规律,当桩径为 0.4 m 时渠坡的最大水平位移为 9.49 cm;随着桩径增大至 0.6 m、0.8 m、1.0 m、1.2 m、1.4 m 时渠坡的最大水平位移分别为 8.1 cm、6.75 cm、5.49 cm、4.88 cm、4.57 cm。随着桩径的增长,渠坡水平位移降低幅度在桩径为 0.8 m 时达到最大(较 0.6 m 降低约 16.7%),而桩径由 1.0 m 增大为 1.2 m 时渠坡的水平总位移减小幅度降低至11.0%,由 1.2 m 增大为 1.4 m 时水平总位移减小幅度降低至 6.3%。从渠坡最大水平位移改变幅度的角度可以判断,当桩径为 1.0 m 时,仍表明抗滑管桩限制渠坡水平位移发展效果最好。

　　图 12-10 所示为桩径分别为 0.4 m、0.6 m、0.8 m、1.0 m、1.2 m、1.4 m 时的渠坡竖向位移云图。由图 12-10 可知,渠坡最大竖向位移分布区域和大小随桩径的增长而逐渐减小,在桩径由 1.0 m 增大为 1.2 m 时较之前降低幅度显著。从渠坡最大竖向位移改变幅度的角度可以判断,当桩径为 1.0 m 时,抗滑管桩限制渠坡竖向位移效果最好。

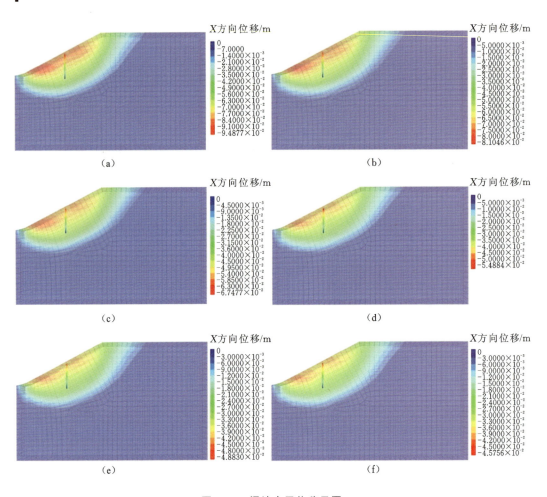

图 12-9　渠坡水平位移云图

（a）桩径 0.4 m；（b）桩径 0.6 m；（c）桩径 0.8 m；（d）桩径 1.0 m；（e）桩径 1.2 m；（f）桩径 1.4 m

　　为了更为直观地展示管桩的桩径变化对渠坡稳定性提升的影响规律,构建渠坡的稳定性系数、最大总位移、最大水平位移、最大竖向位移随桩径增大的变化曲线(图 12-11)以及增长幅度(表 12-3)。由图 12-11 及表 12-3 可知,与加固之前相比,渠坡的竖向位移、总位移、水平位移以及稳定性系数均得到一定程度的改善,随着桩径的增加,渠坡最大总位移、水平位移、竖向位移逐渐减小,渠坡稳定性系数逐渐增加;当桩径增加到 1.0 m 以后,渠坡最大总位移、水平位移、竖向位移以及稳定性系数曲线趋于平缓;桩径从 0.4 m 依次增加到1.4 m 时,渠坡最大总位移分别减少 1.24 cm、1.22 cm、1.10 cm、0.61 cm、0.38 cm,渠坡的最大水平位移分别减少 1.39 cm、1.36 cm、1.26 cm、0.60 cm、0.31 cm,渠坡的最大竖向位移分别减少0.900 cm、0.906 cm、0.909 cm、0.439 cm、0.150 cm,渠坡的稳定性系数分别增长0.06、0.05、0.05、0.02、0.01;当桩径从 1.0 m 增加至 1.2 m 时,渠坡的最大总位移、水平位移、竖向位移以及稳定性系数改善程度逐渐降低,由累积增长规律可知,管桩最佳桩径范围为 0.8～1.0 m。

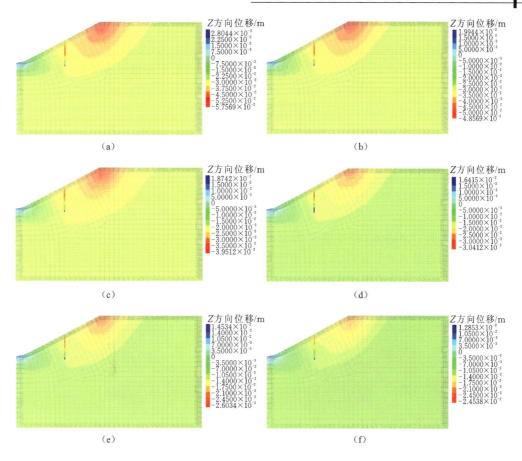

图 12-10　渠坡竖向位移云图

(a) 桩径 0.4 m；(b) 桩径 0.6 m；(c) 桩径 0.8 m；(d) 桩径 1.0 m；(e) 桩径 1.2 m；(f) 桩径 1.4 m

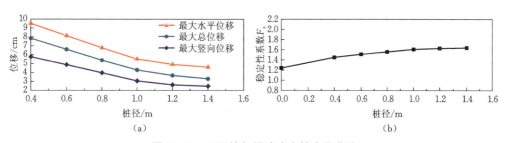

图 12-11　不同桩径渠坡稳定性变化曲线

表 12-3　管桩不同桩径渠坡稳定性增长幅度

评价指标	管桩桩径/m					
	0.4	0.6	0.8	1.0	1.2	1.4
总位移	—	15.8%	18.5%	20.4%	14.2%	10.3%
水平位移	—	14.7%	16.8%	18.7%	10.9%	6.3%
竖向位移	—	15.6%	18.7%	23.0%	14.4%	5.8%
稳定性系数 F_s	—	4.1%	3.3%	3.2%	1.2%	0.6%

12.2.1.2　抗滑管桩桩长的影响分析

由前文可知,管桩的最优桩径为 0.8～1.0 m,为计算简便,设置桩径为 1.0 m,同时为探究抗滑管桩桩长变化对渠坡稳定性的影响,在其他管桩参数不变的情况下,改变管桩桩长的取值(桩长分别取 4.6 m、4.8 m、5.0 m、5.2 m、5.4 m、5.6 m),利用 FLAC 3D 软件分别计算抗滑管桩不同桩长的渠坡位移云图和稳定性系数,通过分析对比确定抗滑管桩最佳布设桩长。

图 12-12 所示为桩长分别为 4.6 m、4.8 m、5.0 m、5.2 m、5.4 m、5.6 m 时的渠坡总位移云图和稳定性系数。由图 12-12 可知,渠坡的最大总位移分布区域和大小表现出显著的差异性和规律性,当桩长为 4.6 m 时渠坡的最大总位移为 6.65 cm,稳定性系数为 1.56;随着桩长增长至 4.8 m、5.0 m、5.2 m、5.4 m、5.6 m,渠坡的最大总位移分别为 6.05 cm、5.40 cm、4.94 cm、3.93 cm、3.64 cm,稳定性系数分别为 1.61、1.65、1.68、1.74、1.76。桩长增长至 5.4 m 时,渠坡总位移和稳定性系数改善程度最大,当桩长由 5.4 m 增长为 5.6m 时,渠坡的最大总位移和稳定性系数改善幅度减小明显。

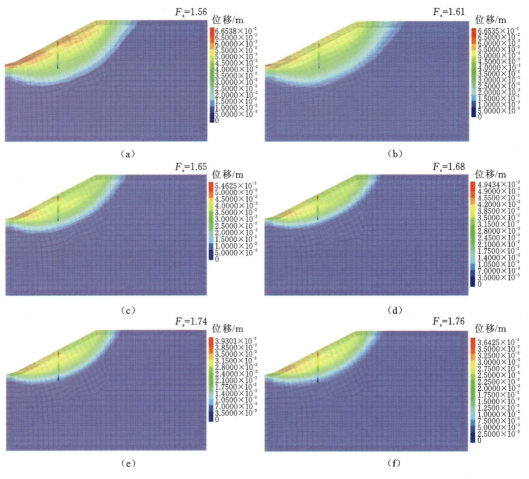

图 12-12　渠坡总位移云图和稳定性系数

(a) 桩长 4.6 m;(b) 桩长 4.8 m;(c) 桩长 5.0 m;(d) 桩长 5.2 m;(e) 桩长 5.4 m;(f) 桩长 5.6 m

图 12-13 所示为桩长分别为 4.6 m、4.8 m、5.0 m、5.2 m、5.4 m、5.6 m 时的渠坡水平位移云图。由图 12-13 可知,渠坡的最大水平位移分布区域和大小与渠坡整体位移表现出相同变化规律,当桩长为 4.6 m 时渠坡的最大水平位移为 8.44 cm;随着桩长增长至 4.8 m、5.0 m、5.2 m、5.4 m、5.6 m,渠坡的最大水平位移分别为 7.85 cm、7.30 cm、6.85 cm、5.76 cm、5.43 cm。随着桩长增长至 5.4 m,桩身深入渠坡滑弧,渠坡水平位移降低幅度达到最大,再增加桩长则渠坡水平位移降低幅度显著减小。

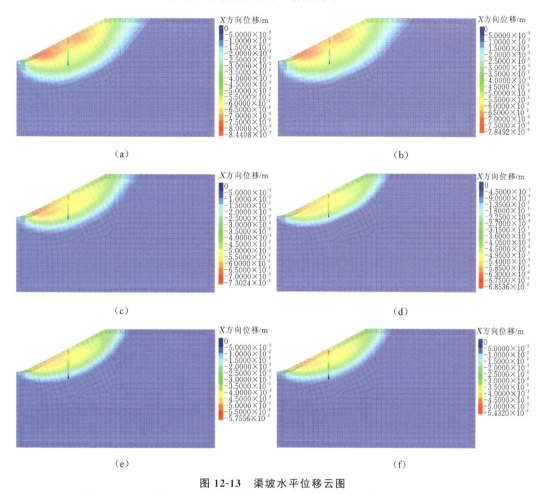

图 12-13　渠坡水平位移云图
(a) 桩长 4.6 m;(b) 桩长 4.8 m;(c) 桩长 5.0 m;(d) 桩长 5.2 m;(e) 桩长 5.4 m;(f) 桩长 5.6 m

图 12-14 所示为桩长分别为 4.6 m、4.8 m、5.0 m、5.2 m、5.4 m、5.6 m 时的渠坡竖向位移云图。由图 12-14 可知,渠坡最大竖向位移分布区域和大小随桩径的增大而逐渐降低,当桩长为 4.6 m 时渠坡的最大竖向位移为 5.07 cm;随着桩长增长至 4.8 m、5.0 m、5.2 m、5.4 m、5.6 m,渠坡的最大水平位移分别为 4.34 cm、3.82 cm、3.43 cm、2.49 cm、2.21 cm。随着桩长增加至 5.4 m,管桩深入渠坡滑弧,渠坡竖向位移降低幅度达到最大,再增加桩长,渠坡水平位移降低幅度显著减小。

为了更为直观地展示管桩的桩长变化对渠坡稳定性提升的影响规律,构建渠坡的稳定性系数、最大总位移、最大水平位移、最大竖向位移随桩长增长的变化曲线(图 12-15)以及增长幅度(表 12-4)。

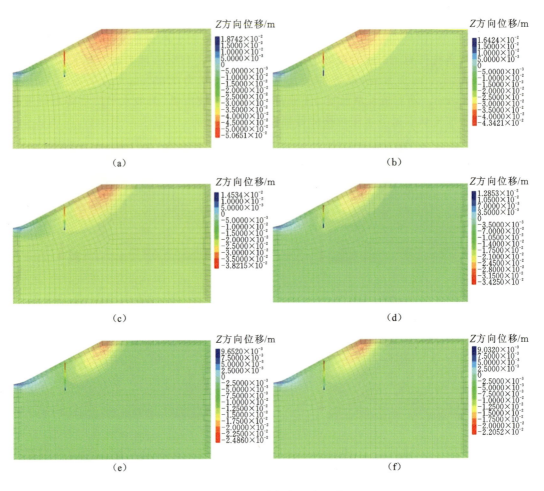

图 12-14　渠坡竖向位移云图

（a）桩长 4.6 m；（b）桩长 4.8 m；（c）桩长 5.0 m；（d）桩长 5.2 m；（e）桩长 5.4 m；（f）桩长 5.6 m

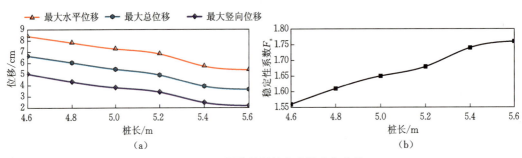

图 12-15　不同桩长渠坡稳定性变化曲线

　　由图 12-15 及表 12-4 可知，和加固之前相比，渠坡的竖向位移、最大总位移、水平位移以及稳定性系数均得到一定程度的改善，随着桩长的增加，渠坡最大总位移、最大水平位移、最大竖向位移逐渐减小，渠坡稳定性系数逐渐增加；当桩长增加到 5.2 m 以后，渠坡最大总位移、最大水平位移、最大竖向位移以及稳定性系数曲线趋于平缓；桩长从 4.6 m 依次增加到 5.6 m 时，渠坡最大总位移分别减少 0.60 cm、0.59 cm、0.52 cm、1.01 cm、0.29 cm，渠坡的最大水平位移分别减少 0.59 cm、0.55 cm、0.45 cm、1.10 cm、0.32 cm,渠坡的最大竖向位移分别减少 0.72 cm、0.52 cm、0.40 cm、0.94 cm、0.28 cm,渠坡的稳定性系数分别增长 0.05、0.04、0.03、0.06、0.02;当桩长从 5.2 m 增加至 5.4 m 时,渠坡的最大总位移、最大水平位移、最大竖向位移以及稳定性系数改善幅度最大,再增加桩长改善幅度显著降低,由累积增长规律可知,管桩最佳桩长范围为 5.2~5.4 m。

表 12-4   管桩不同桩长渠坡稳定性增长幅度

评价指标	管桩桩长/m					
	4.6	4.8	5.0	5.2	5.4	5.6
总体位移	—	9.0%	9.7%	9.5%	20.4%	7.4%
水平位移	—	7.0%	7.0%	6.2%	16.1%	5.6%
竖向位移	—	14.2%	12.0%	10.5%	27.4%	11.3%
稳定性系数 F_s	—	3.2%	2.5%	1.8%	3.6%	1.1%

12.2.1.3   抗滑管桩桩间距的影响分析

由前文可知,管桩的最优桩径为 0.8~1.0 m,桩长为 5.2~5.4 m,为计算简便,设置桩径为 1.0 m,桩长为 5.4 m,为探究抗滑管桩桩间距变化对渠坡稳定性的影响,在其他管桩参数不变化的情况下改变管桩桩间距的取值,分别取 4.0 m、5.0 m、6.0 m、7.0 m、8.0 m、9.0 m,同时为了充分分析桩间距影响作用,更改渠坡模型计算宽度至 20 m,利用 FLAC 3D分别计算抗滑管桩不同桩间距的渠坡位移云图和稳定性系数,通过分析对比确定抗滑管桩最佳布设桩间距。

图 12-16 所示为桩间距分别为 4.0 m、5.0 m、6.0 m、7.0 m、8.0 m、9.0 m 时的渠坡总位移云图和稳定性系数。由图 12-16 可知,渠坡的最大总位移分布区域和大小表现出与桩径、桩长不同的变化规律,呈现出先减小后增大的趋势;当桩间距为 4.0 m 时渠坡的最大总位移为2.69 cm,稳定性系数为 1.81;随着桩间距增长至 5.0 m、6.0 m、7.0 m、8.0 m、9.0 m,渠坡的最大总位移分别为 2.93 cm、4.04 cm、5.03 cm、5.83 cm、6.59 cm,稳定性系数分别为1.79、1.74、1.69、1.65、1.61;随着桩间距的增长,渠坡总位移和稳定性系数改善效果都有不同程度降低,降低幅度随桩间距增长而逐渐增大,当桩间距由 4.0 m 增长为 5.0 m 时,渠坡的最大总位移和稳定性系数降低幅度最小。

图 12-17 所示为桩间距分别为 4.0 m、5.0 m、6.0 m、7.0 m、8.0 m、9.0 m 时的渠坡水平位移云图。由图 12-17 可知,渠坡的最大水平位移分布区域和大小呈现出逐渐减小的变化趋势,当桩间距为 4.0 m 时渠坡的最大水平位移为 3.15 cm,相较单桩其水平位移发展得到限制;随着桩间距逐渐增长至 5.0 m、6.0 m、7.0 m、8.0 m、9.0 m,渠坡的最大水平位移分别为3.46 cm、4.34 cm、5.16 cm、5.85 cm、6.59 cm;随着桩间距的增长,渠坡水平位移增长幅度逐渐增长,但桩间距在 5.0 m 时,最大水平位移增幅最小,较桩间距为 4.0 m 时增大0.31 cm。

图 12-18 所示为桩间距分别为 4.0 m、5.0 m、6.0 m、7.0 m、8.0 m、9.0 m 时的渠坡竖向位移云图。由图 12-18 可知,渠坡最大竖向位移分布区域和大小变化规律与渠坡水平位移变化保持一致,当桩间距为 4.0 m 时渠坡的最大竖向位移为 2.80 cm;随着桩间距增长至5.0 m、6.0 m、7.0 m、8.0 m、9.0 m,渠坡的最大水平位移分别为 3.06 cm、3.60 cm、4.23 cm、

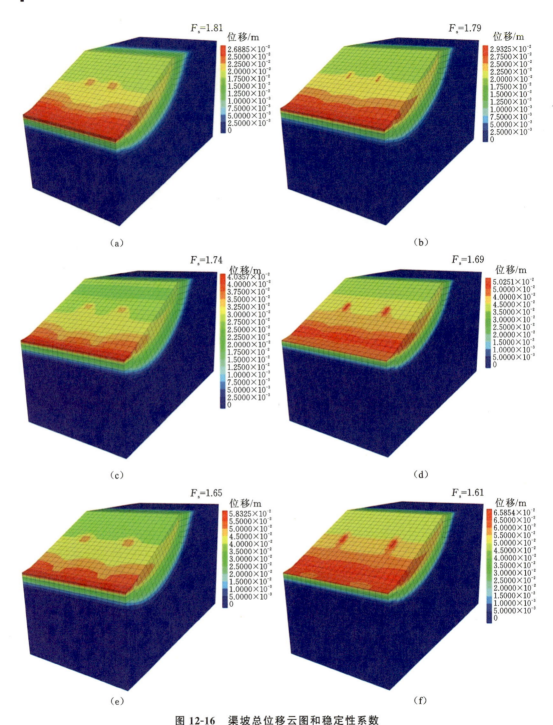

图 12-16 渠坡总位移云图和稳定性系数

(a) 桩间距 4.0 m;(b) 桩间距 5.0 m;(c) 桩间距 6.0 m;(d) 桩间距 7.0 m;(e) 桩间距 8.0 m;(f) 桩间距 9.0 m

4.67 cm、5.03 cm。随着桩间距增加,渠坡竖向位移增长幅度逐渐增大,在桩间距为 5.0 m 时,最大竖向位移增长最小,较桩间距为 4.0 m 时增大 0.23 cm。

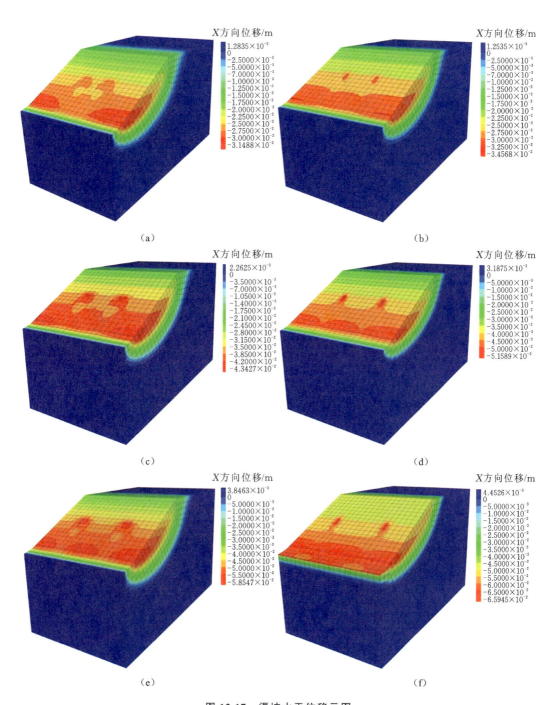

图 12-17 渠坡水平位移云图

（a）桩间距 4.0 m；（b）桩间距 5.0 m；（c）桩间距 6.0 m；（d）桩间距 7.0 m；（e）桩间距 8.0 m；（f）桩间距 9.0 m

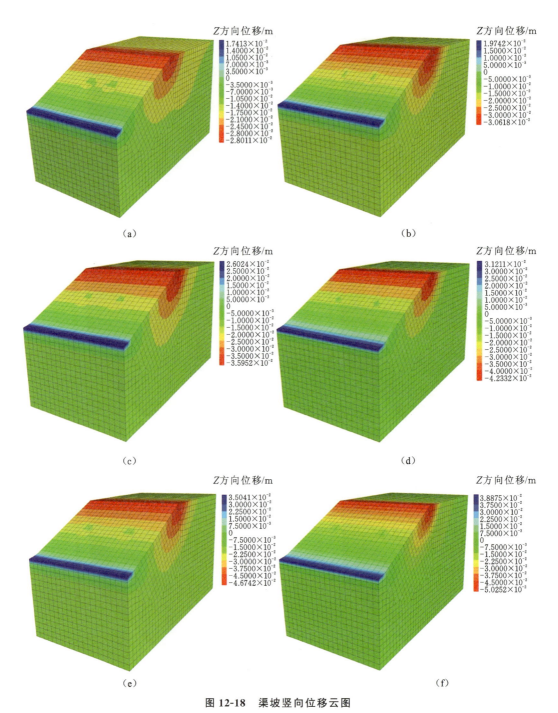

图 12-18 渠坡竖向位移云图

（a）桩间距 4.0 m；（b）桩间距 5.0 m；（c）桩间距 6.0 m；（d）桩间距 7.0 m；（e）桩间距 8.0 m；（f）桩间距 9.0 m

为了更为直观地展示管桩的桩间距变化对渠坡稳定性提升的影响规律,构建渠坡的稳定性系数、最大总体位移、最大水平位移、最大竖向位移随桩间距增长的变化曲线(图 12-19)以及增长幅度(表 12-5)。由图 12-19 及表 12-5 可知,与加固之前相比,渠坡的竖向位移、总位移、水平位移以及稳定性系数均得到一定程度的改善,但桩间距过大后改善效果会出现负效应;在桩间距为 4.0~9.0 m 时,随着桩间距增加,渠坡最大总位移、水平位移、竖向位移逐渐减小,渠坡稳定性系数逐渐增加;当桩间距增加至 5.0 m 后,渠坡最大总位移、水平位移、竖向位移以及稳定性系数曲线出现拐点,改善效果大大降低;桩间距从 4.0 m 依次增长至 9.0 m 时,渠坡最大总位移分别增加 0.24 cm、1.10 cm、0.99 cm、0.81 cm、0.75 cm,渠坡最大水平位移分别增大 0.31 cm、0.89 cm、0.82 cm、0.70 cm、0.74 cm,渠坡最大竖向位移分别增加 0.26 cm、0.53 cm、0.64 cm、0.44 cm、0.35 cm,渠坡的稳定性系数分别降低 0.02、0.05、0.05、0.04、0.04;桩间距从 4.0 m 增长至 5.0 m 时,渠坡稳定性系数、渠坡总位移、水平位移、竖向位移变化幅度均为最小,分别为 -0.02 cm、0.24 cm、0.31 cm、0.26 cm,由此可知管桩最佳桩间距布置范围为 4.0~5.0 m。

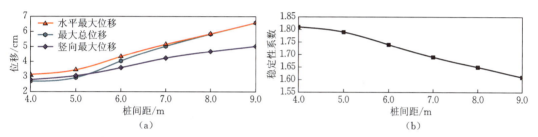

图 12-19　不同桩间距渠坡稳定性变化曲线

表 12-5　管桩不同桩间距渠坡稳定性增长幅度

评价指标	桩间距/m					
	4.0	5.0	6.0	7.0	8.0	9.0
总体位移	—	−8.9%	−37.5%	−24.5%	−16.1%	−12.9%
水平位移	—	−9.8%	−25.7%	−18.9%	−13.6%	−12.6%
竖向位移	—	−9.3%	−17.3%	−17.8%	−10.4%	−7.5%
稳定性系数 F_s	—	−1.1%	−2.8%	−2.9%	−2.4%	−2.4%

12.2.1.4　抗滑管桩布置位置的影响分析

为了提升渠坡稳定性的同时方便抗滑管桩施工作业,在渠坡中段布置抗滑管桩的基础上增加在渠坡 1/3 处和 2/3 处的布桩设计方案,并结合前文抗滑管桩桩径、桩长、桩间距分析结果,设置桩径为 1.0 m、桩长为 5.4 m、桩间距为 5.0 m,分别对两种布桩设计方案进行数值模拟分析,利用 FLAC 3D 分别计算抗滑管桩在渠坡 1/3 处和 2/3 处的位移云图和稳定性系数,探究抗滑管桩布置位置对渠坡稳定性的影响情况。不同抗滑管桩布置位置的渠坡整体位移、水平位移、竖向位移云图如 12-20 至图 12-22 所示。

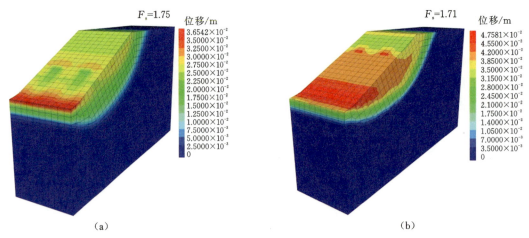

图 12-20　渠坡整体位移云图和稳定性系数

（a）渠坡 1/3 处；（b）渠坡 2/3 处

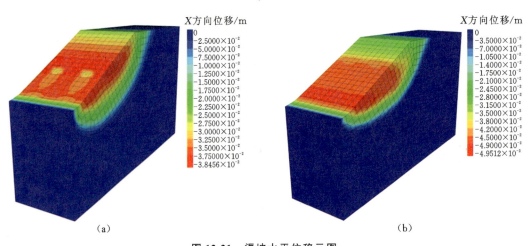

图 12-21　渠坡水平位移云图

（a）渠坡 1/3 处；（b）渠坡 2/3 处

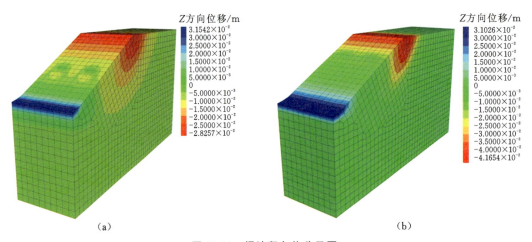

图 12-22　渠坡竖向位移云图

（a）渠坡 1/3 处；（b）渠坡 2/3 处

由图 12-20 可知,更改渠坡抗滑管桩布置位置导致渠坡整体位移发展出现了明显差异,当抗滑管桩布置在渠坡 1/3 处,渠坡位移主要集中在渠坡底部和桩后位置,渠底最大位移为 3.65 cm,桩后位置最大位移为 2.75 cm,渠坡整体稳定性系数为 1.75;当抗滑管桩布置在渠坡 2/3 处时,渠坡位移主要集中在渠底和渠坡中段桩前端,渠底最大位移为 4.76 cm,桩前端最大位移为 3.85 cm,渠坡整体稳定性系数为 1.71。同时,由二者位移对比可知,渠坡位移发展主要从渠底开始,抗滑管桩的设置能够有效降低渠底发展的渠坡浅层位移,但抗滑管桩布置在渠坡 1/3 处时,由于布置位置较低,在渠坡中段处桩后端仍发展了积聚位移。

由图 12-21 可知,更改渠坡抗滑管桩布置位置,渠坡水平位移发展表现出与渠坡整体位移发展一致的特征,当抗滑管桩布置在渠坡 1/3 处时,渠坡最大水平位移主要集中在渠坡中段桩后端,最大位移为 3.85 cm,表明渠坡中段水平位移发展受抗滑管桩的遮拦作用而产生了汇聚作用;当抗滑管桩布置在渠坡 2/3 处时,渠坡水平位移发展仍主要在渠坡底端和桩前端,最大水平位移为 4.95 cm,因为桩位置在渠坡较高位置,对渠坡由底部向上发展的位移遮拦作用有限,位移发展范围与位移值均表现较大,对渠坡稳定性改善效果有所降低。

由图 12-22 可知,抗滑管桩的遮拦作用使得渠坡顶处的土体挤压作用显著,当抗滑管桩布置在渠坡 1/3 处时,由于距坡顶距离较远,坡顶挤压位移量小于渠底竖向位移量,渠底最大竖向位移为 3.15 cm,渠顶最大竖向挤压位移为 2.83 cm;当抗滑管桩布置在渠坡 2/3 处时因更接近于坡顶,坡顶竖向挤压位移量大于渠底竖向位移量,渠底最大竖向位移为 3.1 cm,渠顶最大竖向挤压位移为 4.17 cm,说明抗滑管桩布设位置越接近坡顶,抗滑管桩对于土体的挤压作用越显著。

综合上述分析,同时结合抗滑管桩布设在明渠中段的分析结果可知,抗滑管桩布设位置对渠坡稳定性的影响呈现出由渠顶向渠底发育渐变变化过程,当抗滑管桩布置在渠坡中段时渠坡稳定性系数、渠坡位移发展均优于布置在渠坡 1/3 和 2/3 处,抗滑管桩不同布设位置渠坡稳定性变化幅度见表 12-6。由表 12-6 可知,抗滑管桩布置在 1/3 处相较于布置在渠坡中段渠坡稳定性衰减幅度显著小于抗滑管桩布置在 2/3 处,最大衰减幅度为 1/5,结合施工工程中的技术要求,在满足工程施工设计要求时可以将抗滑管桩布设在利于施工作业的坡面距渠坡顶部 1/3 处。

表 12-6　抗滑管桩不同布设位置渠坡稳定性变化幅度

评价指标	布设位置		
	渠坡 1/3 处	渠坡中段	渠坡 2/3 处
总位移	24.5%	2.93 cm	62.3%
水平位移	11.2%	3.46 cm	43.2%
竖向位移	-7.7%	3.06 cm	36.0%
稳定性系数 F_s	-2.2%	1.79	-4.5%

12.2.1.5　抗滑管桩管径再优化分析

由上述分析可知,桩间距为 4.0~5.0 m 时桩土作用效果较好,在降低造价的同时能够很好地利用土拱效应提高渠坡稳定性。在管桩设计中,管径大小和桩间距通常决定着抗滑管桩的抗滑能力,为充分发挥桩间土体的作用,设计管桩的桩间距为 5.0 m,同时分析桩径的大小对其渠坡稳定性改善情况,为明渠工程渠坡滑动处置提供设计参考范围。具体设计方案为控制桩间距为 5.0 m、桩长为 5.4 m,分析桩径分别为 0.8 m、0.9 m、1.1 m、1.2 m 时渠坡稳定性变化情况。

图 12-23 至图 12-25 所示为不同桩径渠坡整体、水平、竖向位移云图。由图 12-23 至图 12-25可知,缩小桩径大小后抗滑管桩对渠坡稳定性改善效果呈现一定程度的降低,在稳定性系数方面,桩径为 0.8 m 和 0.9 m 时分别降低了 0.05 与 0.02,降低幅度分别为 2.7％与 1.1％,降低幅度均较小;桩径为 1.1 m 和 1.2 m 时则增加了 0.02 与 0.01,增幅也较小。在渠坡整体位移发展方面,桩径为 0.8 m 和 0.9 m 时较 1.0 m 时分别增长了 0.47 cm、0.10 cm,桩径为 1.1 m 和 1.2 m 时则分别降低了 0.07 cm 和 0.12 cm,变化幅度分别为 12.3％、2.6％、−0.8％、−3.3％;在水平位移方面分别增长了 0.54 cm、0.22 cm 和降低了 0.13 cm、0.29 cm,变化幅度分别为 16.8％、6.8％、−3.9％、−8.8％;竖向位移分别变化了 0.97 cm、0.39 cm、−0.15 cm、0.23 cm,变化幅度分别为 77.6％、31.2％、−12.2％、−18.7％。同时还可以观察到,当桩径增加至 1.2 m 时渠坡的稳定性作用较 1.1 m 时改善幅度降低,即桩径增加到一定幅度后,如仍保持着桩间距不变时将削弱抗滑管桩对膨胀土渠坡的稳定性改善作用。这是因为桩径增加一定幅度后,保持同一桩间距时会降低桩间土体作用力范围,从而削弱桩间土拱作用效果。

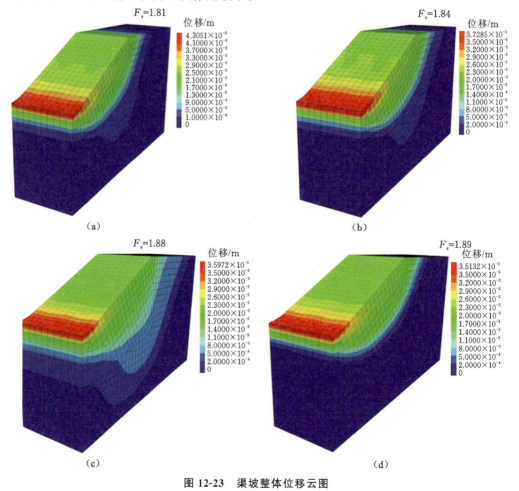

图 12-23 渠坡整体位移云图
(a) 桩径 0.8 m;(b) 桩径 0.9 m;(c) 桩径 1.1 m;(d) 桩径 1.2 m

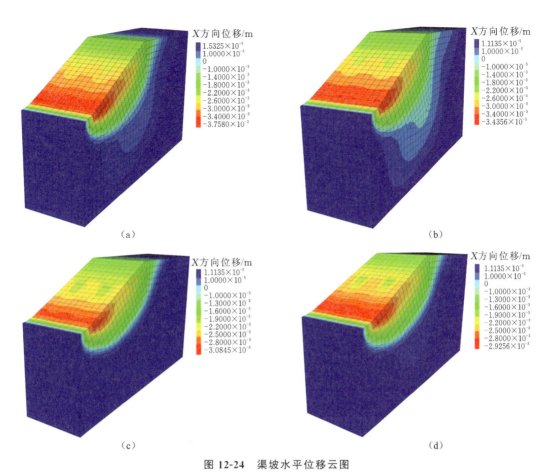

图 12-24 渠坡水平位移云图

(a) 桩径 0.8 m；(b) 桩径 0.9 m；(c) 桩径 1.1 m；(d) 桩径 1.2 m

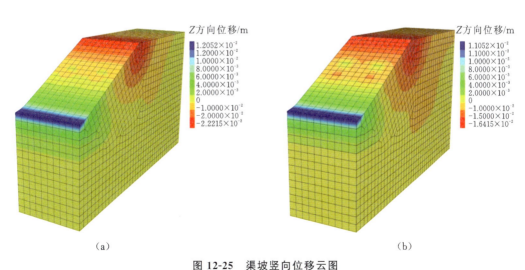

图 12-25 渠坡竖向位移云图

(a) 桩径 0.8 m；(b) 桩径 0.9 m；(c) 桩径 1.1 m；(d) 桩径 1.2 m

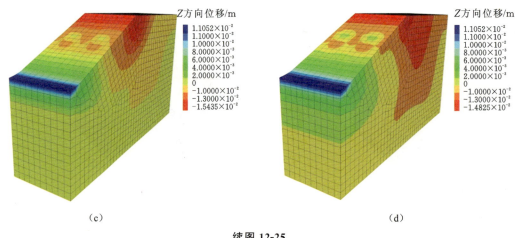

(c)　　　　　　　　　　　　　　　(d)
续图 12-25

　　综上所述,将桩径更改为 0.8 m、0.9 m、1.1 m、1.2 m 后,渠坡稳定性系数变化幅度均小于 5%,对于稳定性影响不大,渠坡位移发展除竖向位移变化幅度均小于 20% 外,位移变化发展仍能保持渠坡在渠坡稳定性变化范围内。若保持桩间距为 5.0 m 时,桩径增加至 1.2 m 后会稍微降低桩-土作用效果但变化幅度不大,管桩仍能发挥较好的抗滑作用,因此根据施工技术要求将桩径设计控制在 0.8~1.2 m 区间均能满足抗滑管桩对于渠坡的稳定性改善效果。为计算简便,后续渠坡稳定性分析中将统一管桩设计参数,设置桩径为 1.0 m、桩间距为 5.0 m、桩长为 5.4 m。

12.2.2　桩侧土附加应力分布时效性变化

　　为了充分反映桩-土作用特性,再运用 FLAC 3D 软件中的实体单元构建输水明渠渠坡抗滑管桩加固计算数值模型,如图 12-26 所示,渠底以下土层深度为 14.5 m;Y 轴方向为明渠纵向,计算范围为 10 m;X 轴方向为明渠横向,计算范围为 38 m,网格密度为 1 m。抗滑管桩设置桩外径 $D=1$ m(管桩径厚 0.13 m、桩内径为 0.87 m),桩长 $l=5.4$ m,桩间距 $s=5.0$ m,为使研究结果更具有普适性,将抗滑管桩布置在渠坡中段,桩圆心距渠底 7.5 m 处,并对抗滑管桩附近网格进行局部加密处理。假定桩体单元为弹性材料模型,桩-土间接触面采用 Goodman 接触面单元模拟界面效应,屈服条件符合 Mohr-Coulomb 准则,根据 Potyondy[307]、王涛[308] 等研究成果,接触面黏聚力和摩擦能力较好,黏聚力和内摩擦角近似为相邻土体的 80%,桩-土间基本没有黏结能力,设置其抗拉强度为零,抗滑管桩与接触面材料参数见表 12-7。

表 12-7　抗滑管桩与接触面材料参数

材料类型	密度 $\rho/(g/cm^3)$	弹性模量 E/MPa	泊松比 ν	法向刚度 $/(kPa/m)$	切向刚度 $/(kPa/m)$	黏聚力 c/kPa	内摩擦角 $\varphi/°$	抗拉强度 $/kPa$
抗滑管桩	7.85	3.0×10^4	0.2	5.5×10^8	5.5×10^{11}	—	—	2.15×10^3
接触面	—	—	—	1.45×10^7	1.45×10^7	35.08	4.3	0

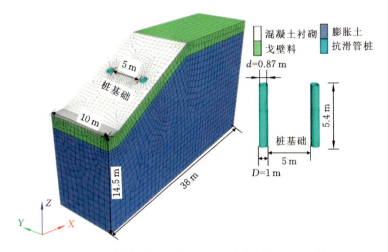

图 12-26　输水明渠渠坡抗滑管桩加固计算数值模型

　　降水期,渠坡土体受渠水静水压力的弱化影响极易发生失衡,为探究此时期桩-土流变时效性作用,首先需要揭示降水期桩身应力响应随时间变化的力学机理。选取单桩在降水期桩前侧(面对渠顶)和桩背侧(背离渠顶)的法向土压力云图(图 12-27)进行分析,可知随着渠水下降时间延长,桩身两侧的土压力也逐渐增加,相比卸荷变形阶段,渠坡进入应力稳增阶段的桩前侧最大法向土压力增加了约 1.77 倍,桩背侧增加了约 1.54 倍,增长幅度大,充分反映了在降水过程中,由于渠内静水压力的减弱,土压力随之不断增强的明渠运行情况。值得注意的是,随着降水过程的进行,作用在桩前侧的附加应力沿桩深的分布范围基本保持统一,均作用在膨胀土层,且土压力最大值始终发生在桩身底部至中部,这与渠坡现场极易在膨胀土浅层范围内发生蠕变破坏现象一致。

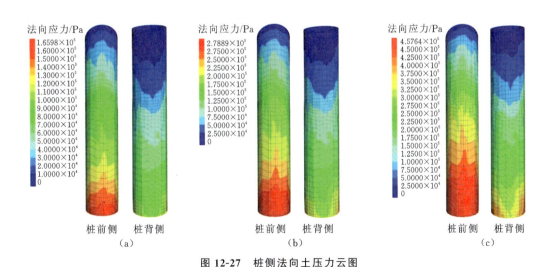

图 12-27　桩侧法向土压力云图

(a) 卸荷变形阶段;(b) 应力调整阶段;(c) 应力稳增阶段

同时,桩前侧土压力随时间增大也会促进桩身的位移与桩身弯矩的增大,从而削弱桩-土作用效果。图 12-28、图 12-29 所示分别为桩侧水平位移和竖向位移云图。由图 12-28、图 12-29 可知,对于桩前侧,随着降水阶段的变化,附加压力显著增加并集中在桩身中部,该深度范围桩段表现为被动桩,桩身水平位移受土体附加应力作用,位移最大值集中在桩身中部,并有逐渐延伸扩大的趋势,在渠坡土体进入蠕变阶段后影响桩段全身。在渠坡土体未进入蠕变阶段之前,桩身水平位移范围变化趋势不大,作用位置从桩顶端逐渐转移至桩身附加应力集中区,水平位移量总体保持同一水平,增长量为 10.6%;当渠坡变形进入应力稳增阶段后,桩身位移范围增至桩段全身,在附加应力集中区位移量增长达 2.54 倍。桩前侧竖向位移与水平位移保持相同的变化规律,渠坡变形的卸荷变形阶段、应力调整阶段桩身影响作用分布范围和竖向位移变化量分别增长 16.5% 和 11.7%,应力稳增阶段附加应力集中区位移量增长达 3.14 倍。

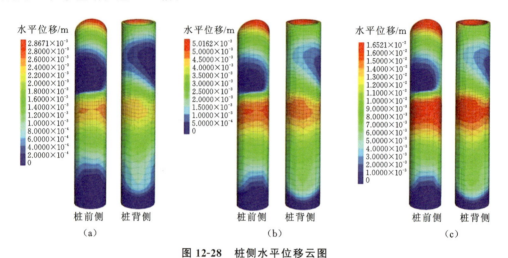

图 12-28 桩侧水平位移云图

(a)卸荷变形阶段;(b)应力调整阶段;(c)应力稳增阶段

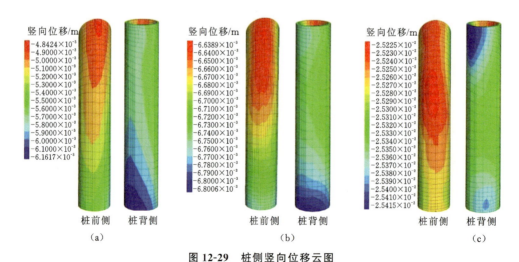

图 12-29 桩侧竖向位移云图

(a)卸荷变形阶段;(b)应力调整阶段;(c)应力稳增阶段

对于桩背侧,渠坡位移进入应力稳增阶段后,受桩前侧水平变形与竖向变形影响,桩段在膨胀土层中受土体的挤压作用,导致桩背侧附加应力增加显著(图 12-27),桩段在膨胀土层中表现为主动桩,没有出现附加应力集中和位移集中现象。在膨胀土层中的桩段水平位移和竖向位移增长幅度较桩前侧减缓,分别为 48.6% 和 64.3%。结合桩前侧和桩背侧应力和位移变化规律,随着降水期渠坡变形阶段的变化,桩体主动段和被动段的附加应力、位移量逐渐增大,在土体进入蠕变阶段时则呈数倍变化,说明降水期渠坡应力稳增阶段是渠坡桩-土变形发展的重要节点。

12.2.3 周期性抗滑管桩桩-土时效变形作用机理

随着明渠运行年限的增加,周期性渠水渗透作用使得渠内赋存孔隙水压力长期处于较高的状态,特别是膨胀土与混凝土戈壁料交界处,加剧了膨胀土蠕变过程,降水期桩-土流变时效性作用将会更加显著,因此探究降水期桩身应力响应随时间变化的力学机理,还需考虑多运行周期下桩-土间附加应力变化情况。虽然强度折减法计算的稳定性系数仅与土体的强度准则直接相关,但运用强度折减法过程中土体的应力-应变关系会影响滑动破坏临界点的判断,为探究桩-土间时效变形在多周期运行下的作用机理,在运用强度折减法的过程中还应当考虑土体的流变特性,即采用综合强度折减法。通过第 2 章建立的北疆供水明渠典型膨胀土强度衰减模型对多周期下渠坡变形发展进行宏观表述,即对膨胀土的抗剪强度指标 c、φ 值进行衰减处理,同时根据表 12-1、表 12-2 进行膨胀土蠕变参数设置。然后对膨胀土渠坡在多周期下抗滑管桩桩-土时效变形发展进行探究,在计算中设置多周期下渠坡孔隙水压力情况为图 12-4(a) 中的较高状态,探究多周期情况下抗滑管桩桩侧土附加应力变化情况,如图 12-30 所示。由图 12-30 可知,随着明渠运行年限的增长,桩前侧与桩背侧土压力均呈增长趋势。图 12-31 所示为明渠运行 7 年抗滑管桩桩侧法向土压力云图。由图 12-31 可知,桩侧土压力分布情况依旧作用在膨胀土层,桩侧土压力只受膨胀土的蠕变作用影响。

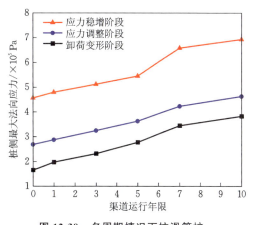

图 12-30 多周期情况下抗滑管桩
桩侧土附加应力变化情况

对比多周期桩与单周期桩侧法向土压力变化,可得出以下发展规律:

(1)降水期桩侧土附加应力分布时效性随着渠水运行水位的降低在渠坡各应力变化阶段逐级增长,单周期与多周期变化趋势基本保持一致,作用在桩前侧的附加应力沿桩深的分布范围依旧保持在膨胀土层中下部,蠕变作用影响保持不变。

(2)桩前侧法向土压力集中效应更加显著,压力值峰值与作用范围逐渐增大,桩背侧土压力由之前的无应力集中效应转变为局部应力集中分布,应力集中分布从卸荷变形阶段的桩底部逐渐扩散至应力稳增阶段的桩段中部,应力分布与应力大小变化间接反映出桩体在历经多周期运行后将出现刚性疲劳。

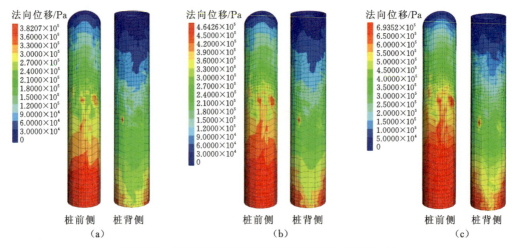

图 12-31　明渠运行 7 年抗滑管桩桩侧法向土压力云图
（a）卸荷变形阶段；（b）应力调整阶段；（c）应力稳增阶段

（3）桩前侧与桩背侧历经 7 年运行后，应力将出现明显增量变化，且后续增长逐渐趋于平稳，表明桩-土相互作用在历经 7 年运行后受膨胀土的蠕变影响将逐渐减弱，因此运行 7 年为桩-土流变时效性相互作用关键节点。

12.2.4　周期性抗滑管桩桩-土防控体系土拱效应演化规律

土拱效应体现在渠坡与抗滑管桩的荷载传递过程中，因此土拱作用机制和变化过程势必与渠坡的变形阶段密切相关。同时 Liang 和 Zeng[309] 指出，土体蠕变以及土体的性质劣变会对桩间土拱作用产生弱化影响，因此本节在结合上文渠水下降过程中桩侧附加应力时效变化的情况下，考虑膨胀土力学蠕变性能变化规律，从渠坡滑动方向的土拱效应的变化特征出发，探究膨胀土时效性变形对桩间土拱作用的弱化机制。

为了说明降水期渠坡不同运行时期被动桩间土拱的发展过程，选取降水阶段重要节点，即应力稳增阶段进行研究。图 12-32 分别给出了渠坡在分别运行 1 年、3 年、7 年渠坡土拱效应演化特征。由图 12-32 可知，渠坡桩间土体的受力发展形成了显著的土拱效应，但随着膨胀土蠕变变化和渠坡位移的发展，桩-土相互作用逐渐降低，桩的遮拦作用减弱明显。渠坡土拱主要作用于桩前和桩间，桩间变形量值随运行年限增长而逐渐增大，桩后承受的土压力也随之增大。在渠坡运行初期，渠坡整体土体位移分布主要集中在渠底，由于渠坡孔隙水压力主要集中在混凝土戈壁料和膨胀土的交界处，滑移面移动范围也主要集中在这一区域。随着明渠运行年限增长，渠顶位移也逐渐开始发展，作用范围缓慢增大，渠顶桩后和渠底桩间土体应力增加，土体位移发展开始加剧。当明渠运行至时效性关键节点时，膨胀土蠕变影响达到峰值，桩-土作用效果开始减弱，桩体出现刚性疲劳，桩间土拱效应开始弱化，渠坡位移发展范围逐渐扩大，膨胀土蠕变效应开始显著，桩前、桩后土应力增加，渠顶潜在滑动面发展逐渐深入，发展规律同渠底逐渐一致，桩-土作用弱化效应显著。

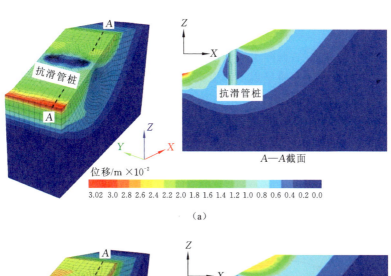

（a）

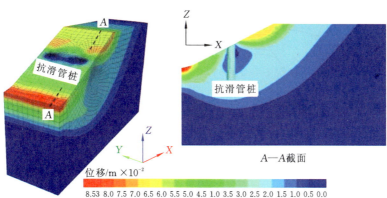

（b）

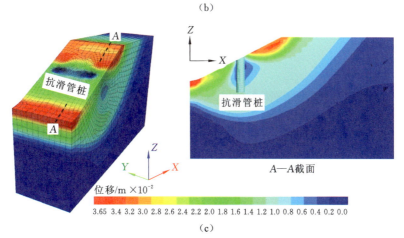

（c）

图 12-32 周期性抗滑管桩桩-土体系土拱效应演化特征

（a）运行 1 年；（b）运行 3 年；（c）运行 7 年

12.2.5　抗滑管桩桩-土防控体系失效机理

由于明渠采用周期性供水方式,且第 12.2.4 节分析得出在明渠降水期,膨胀土的时效变形对桩-土作用产生消极影响,弱化了桩间土拱效应,当渠坡运行年限超过 7 年后,桩-土应力拱会进入局部塑流阶段,桩间土拱作用将会弱化直至消失。根据水位波动期中渠坡变形时效规律可知,渠坡位移发展呈现出牵引式变形特点,且变形始于渠坡前缘,渠坡变形控制部位的差异性表明越靠近渠坡前缘的坡体稳定性将会越差,在多周期运行情况下膨胀土-抗滑管桩体系前缘将会失效,从而危害渠坡整个体系的稳定性。

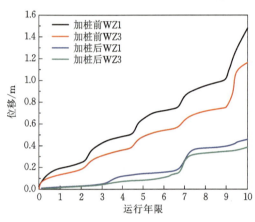

图 12-33　运行 10 年后渠坡变形演化特征

为了探究膨胀土-抗滑管桩体系失效特征,对其体系进行有效性验证,图 12-33 所示为明渠运行 10 年后桩前和桩后监测点的位移曲线。由图 12-33 可知,由于抗滑管桩的植入,桩前缘、后缘坡体的变形和稳定性出现分化,桩前缘坡体的位移量值较未加桩前降低约 72.4%,但位移发展规律呈现出高度相似性,当变形发展至第 9 年时,加桩与未加桩渠坡前缘都出现特别显著的位移突变,加桩后渠坡后缘未再出现位移突变,布置抗滑管桩后仅能有效控制渠坡中后部变形,渠坡前缘仍表现出较为明显的不稳定变化。图 12-34 所示为明渠运行 10 年后抗滑管桩植入前后渠坡位移云图。由图 12-34 可知,桩后滑体的变形量和稳定性均发生显著变化,桩后滑体位移明显降低,显著位移作用范围较未加桩前约降低 80%,但渠底桩前缘渠坡位移发展显著,表现出向渠底深处发展的趋势,进一步反映了渠坡前缘的不稳定变化。

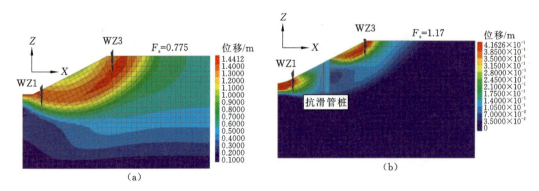

图 12-34　运行 10 年后渠坡位移云图和稳定性系数
(a)加桩前;(b)加桩后

由图 12-33、图 12-34 可知,加设抗滑管桩前后滑坡失稳变形阶段的变形特征有较大差异,主要表现为桩后坡体失稳的急剧性特点,又可知水位波动下渠坡失稳变形阶段可分为缓慢加速、快速加速、急剧加速三个阶段,主要表现为位移速率的增长趋势不同;而设置抗滑管桩后,桩后坡体稳定性虽然增加,但坡体前缘失稳时变形仍表现出急剧性,即前缘坡体变形并未经历快速加速阶段,而直接进入了急剧加速阶段,使得加桩后渠坡前缘失稳变形更具突发性。其变化原因是加桩后抗滑管桩构件的不透水性使得渠坡前缘极易积聚渗水,孔隙水压力的增加与长期的土体劣化过程使得渠坡即使在加桩后仍会表现出突发性与较强的危害性,因此,为了降低坡体前缘积聚的明渠渗水,还需设置排水管桩来降低其产生的不利影响。

12.3 本章小结

利用考虑土体流变特性的综合强度折减法对水位波动期渠坡抗滑管桩治理前后的长周期稳定性进行评价,探究了渠水作用下膨胀土渠坡加桩前后变形时效规律与膨胀土-抗滑管桩体系的失效机理,相关结论如下:

(1)渗流场的演化特征表明,孔隙水压力易集中在膨胀土与混凝土戈壁料交界处,蓄水过程中渗流场属于向内补给型,水位下降过程中渗流场属于向外排泄型,降水过程形成的向外渗透势极易导致渠坡发生滑动破坏;降水期膨胀土流变变形出现阶段性与规律性特征,膨胀土蠕变影响随渠水水位高度下降而逐渐增强,位移量逐渐增大并在渠坡浅层形成贯通区;单周期降水过程中渠坡短期变形可分为卸荷变形阶段、应力调整阶段、应力稳增阶段。

(2)为满足渠坡稳定性与经济性要求,设计比选出抗滑管桩的桩径建议范围为 0.8～1.0 m,桩长建议范围为 5.2～5.4 m,桩间距建议布置范围为 4.0～5.0 m。若保持桩间距为 5.0 m 时,桩径增加至 1.2 m 后会稍微降低桩-土作用效果,但变化幅度不大,抗滑管桩仍能发挥较好的抗滑作用,因此根据施工技术要求将桩径设计控制在 0.8～1.2 m 区间中均能满足抗滑管桩对渠坡的稳定性改善效果。

(3)加入抗滑管桩后的渠坡受蠕变特性影响,桩侧附加应力主要分布在膨胀土浅层范围,桩前侧桩身中部易形成应力集中现象;单周期降水过程中,渠坡应力稳增阶段桩前侧、背侧附加应力与位移量增大显著,其变化阶段是桩-土变形发展的重要节点;随着运行周期增加,被动桩间浅层膨胀土的塑性区持续增大,桩间拱高持续减小,土拱效应减弱且在运行 7 年后桩体出现刚性疲劳,原因在于桩周土体受蠕变特性的影响剪切强度降低,产生塑性变形,在桩间形成连通性塑性区,导致桩间处于局部塑流阶段。

(4)加设抗滑管桩前后滑坡失稳变形阶段的变形特征有较大差异,主要表现为桩后坡体失稳的急剧性特点,其变化原因是加桩后抗滑管桩构件的不透水性使得渠坡前缘极易积聚渗水,孔隙水压力的增加与长期的土体劣化过程使得渠坡即使在加桩后仍会表现出突发性与较强的危害性,因此为了降低坡体前缘积聚的明渠渗水,还需设置排水管桩来降低其产生的不利影响。

第13章 膨胀土输水明渠排水抗滑管桩防治效果分析

为了降低明渠坡体前缘积聚的渗水引起的桩后弱化现象,本章在抗滑管桩的研究基础上,从排水管桩的渗流特性与强度特性两方面出发,结合国内外学者研究结果对排水管桩桩身结构进行优化,设计满足桩身渗透性能和承载力性能的排水管桩,并从沉桩过程和长期稳定性两个方面探究膨胀土-排水抗滑管桩体系的稳定性变化规律,结合寒旱区膨胀土输水明渠结构运行特征与抗滑管桩进行对比分析,对排水抗滑管桩设计进行优化分析。

13.1 排水抗滑管桩设计参数优化研究

13.1.1 排水抗滑管桩开孔率影响分析

排水抗滑管桩的渗透性能主要依赖管桩的开孔设计,国内外学者针对排水抗滑管桩开展了一系列研究,通过模型试验[310-312]和有限元模拟试验[313-314]证实了管桩开孔布置能加速土体内部孔隙水压力消散,提升土体固结能力。但是开孔不可避免地会破坏桩体的连续性,降低管桩原有的抗压、抗拉、抗弯等物理力学性能;同时根据圣维南原理[315],桩体开孔会使截面处产生小范围的高应力,形成应力集中现象,容易造成管桩构件的潜在破坏。为了优化排水抗滑管桩的开孔参数,戴郑新[316]通过室内轴向压缩试验和弯曲试验,探讨开孔对桩身强度的影响,定义开孔率 p 为总开孔面积 A_0 与管桩内壁面积 A_a 之比:

$$p = \frac{A_0}{A_a} \times 100\% \tag{13-1}$$

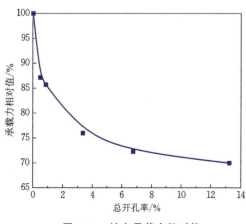

图 13-1 桩身承载力相对值随桩身总开孔率变化[316]

图 13-1 所示为戴郑新[316]试验所得开孔率变化下的排水抗滑管桩的竖向承载力相对于同规格普通管桩的相对值变化情况。由图 13-1 可知,在开孔率逐渐增大的情况下,排水抗滑管桩竖向承载力下降幅度呈现出由急剧下降逐渐趋于稳定的过程;当开孔率达到 3% 时,开孔排水抗滑管桩的抗压强度折减约 25%;结合相关现场试验可知,控制开孔率在 3% 以内时,开孔排水抗滑管桩竖向承载力仍比管桩竖向承载力设计值大一个数量级,此时开孔排水抗滑管桩不会发生压缩破坏,能满足工程对管桩桩身承载力的要求。

13.1.2 排水抗滑管桩开孔方式影响分析

控制排水抗滑管桩的开孔率在 3% 以内后,管桩的开孔数量、开孔层数、开孔形状等因素是排水抗滑管桩设计的进一步优化方向。戴郑新[316] 开展了排水抗滑管桩桩身抗压性能试验,分别研究了孔径 d 相同的情况下孔数 n 对排水抗滑管桩承载性能的影响以及孔径 d 与孔数 n 固定的情况下开孔层数 L 对排水抗滑管桩承载性能的影响。乐腾胜[317] 在膨胀土地基中开展了无孔管桩与不同开孔形状的排水抗滑管桩单桩静载试验,探究了不同布孔方式下排水抗滑管桩的 Q-s 曲线、桩身轴力及桩侧摩阻力分布规律。

(1) 在控制孔径 d 固定,研究开孔数量 n 对排水抗滑管桩承载性能的影响方面,戴郑新[316] 分别记录了 C50 试件控制孔径为 6 mm 与 C80 试件控制孔径为 8 mm,在不同开孔数量 n 下管桩极限承载力情况,具体较未开孔排水管桩的极限承载力情况如表 13-1、表 13-2 所示。由表 13-1 可知,随着开孔数量的增多,相同孔径下管桩的承载性能明显降低,这是由于开孔数量的增多,构件中的薄弱面必然增加,开孔处出现应力集中现象,从而降低了桩身极限承载力。

表 13-1 C50 试件 $d=6$ mm 时不同孔数 n 下管桩的极限承载力[316]

孔数 n	0	8	12	16
极限承载应力 σ/Pa	3.34×10^7	2.91×10^7	2.84×10^7	2.72×10^7
与 $n=0$ 对比	100%	87.1%	85.1%	81.5%

表 13-2 C80 试件 $d=8$ mm 时不同孔数 n 下管桩的极限承载力[316]

孔数 n	0	9	16
极限承载应力 σ/Pa	5.96×10^7	5.54×10^7	4.79×10^7
与 $n=0$ 对比	100%	93.0%	80.3%

(2) 在控制孔径 d 与孔数 n 固定,研究开孔层数 L 对排水抗滑管桩承载性能的影响方面,戴郑新[316] 分别记录了 C50 试件在 $n=8$,$d=6$ mm 与 C80 试件 $n=9$,$d=8$ mm 时不同开孔层数 L 下管桩极限承载力情况,具体较未开孔排水管桩的极限承载力情况如表 13-3、表 13-4 所示。由表 13-3 与表 13-4 可知,在开孔层数增多的情况下(即每层孔数对应减小),排水管桩极限承载力将得到提升。试验结果表明,控制孔径 d 和孔数 n 的条件下,将开孔分布于 3 层较开 1 层孔的桩身极限承载力可提升约 10%,这是由于开孔分布较为分散时,可以降低开孔附近出现的应力集中相互叠加效应,进而提升排水管桩的承载性能。

表 13-3 C50 试件在 $n=8$,$d=6$ mm 时不同开孔层数 L 下管桩的极限承载力[316]

开孔层数 L	1	2
极限承载应力 σ/Pa	2.91×10^7	3.10×10^7
较 $L=1$ 增幅	—	6.8%

表 13-4 C80 试件在 $n=9, d=8$ mm 时不同开孔层数 L 下管桩的极限承载力[316]

开孔层数 L	1	3
极限承载应力 σ/Pa	5.26×10^7	5.82×10^7
较 $L=1$ 增幅	—	9.6%

（3）在研究不同开孔形状对排水抗滑管桩承载性能的影响方面，乐腾胜[317]采用室内模型试验探究了无孔管桩、圆形开孔排水抗滑管桩、星状开孔排水抗滑管桩的单桩荷载-位移（Q-s）曲线、桩身轴力和桩侧摩阻力情况。试验选用的 4 种管桩类型，如图 13-2 所示。按各种桩型布孔方式，桩身沿桩长方向每间隔 200 mm 开孔，即从桩端开始，沿桩长 200 mm、400 mm、600 mm 的位置布置 3 层桩孔。静压沉桩时，每根桩沉入土体的深度为 800 mm。

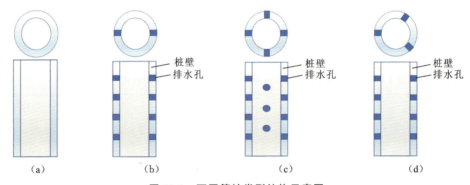

图 13-2 不同管桩类型结构示意图

（a）无孔；（b）单向对穿开孔；（c）双向对穿开孔；（d）星状开孔

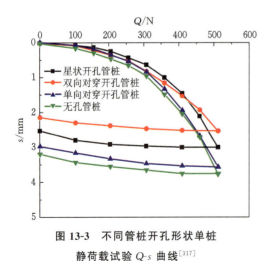

图 13-3 不同管桩开孔形状单桩
静荷载试验 Q-s 曲线[317]

图 13-3 所示为不同管桩开孔形状单桩静荷载试验沉降曲线。由图 13-3 可知，加载过程中无孔管桩沉降量最大，双向对穿排水管桩沉降量最小；卸载过程中无孔管桩桩顶沉降回弹率最大，双向对穿排水管桩桩顶沉降回弹率最小。可以认为，桩壁开孔的数量对桩顶沉降量有一定影响，发生此现象的原因是桩身开孔能有效减少土体中的含水率，提升土体抗剪强度的同时增大桩侧摩阻力。

表 13-5 所列为 4 种管桩桩身不同深度处轴力汇总结果。由表 13-5 可知，同一深度处的桩身轴力最大值随无孔管桩、星状开孔管桩、单向对穿开孔管桩、双向对穿开孔管桩等桩型改变，在数值上逐渐减小。因此，从管桩桩身轴力分布角度分析可得，星状开孔设计布孔方式对管桩桩身轴力削弱的影响最小。

表 13-5　4 种管桩桩身不同深度处桩身轴力最大值[317]　　　　单位：N

桩型	不同深度处			
	300 mm	500 mm	700 mm	900 mm
无孔管桩	501.647	442.081	257.405	203.434
单向对穿开孔管桩	423.816	359.033	173.196	117.386
双向对穿开孔管桩	411.331	343.520	154.108	95.605
星状开孔管桩	472.199	404.514	217.120	160.245

表 13-6 所列为 4 种管桩桩身不同深度处桩侧摩阻力汇总结果。由表 13-6 可知，双向对穿开孔管桩桩侧摩阻力最大，无孔管桩桩侧摩阻力最小，星状开孔管桩和单向对穿开孔管桩的桩侧摩阻力居中，且前者大于后者，可能与桩壁开孔的数量有一定的关联。开孔的数量影响着桩周土体中孔隙水的排出效果，决定着桩周土体的密实度，与桩侧摩阻力的作用效果有紧密联系。

表 13-6　4 种管桩桩身不同深度处桩侧摩阻力最大值[317]　　　　单位：Pa

桩型	不同深度处		
	300～500 mm	500～700 mm	700～900 mm
无孔管桩	1504.79	4665.40	1363.46
单向对穿开孔管桩	1641.81	4709.68	1414.40
双向对穿开孔管桩	1724.02	4815.64	1487.37
星状开孔管桩	1718.10	4756.72	1443.71

13.1.3　排水抗滑管桩透水域分布影响分析

桩身透水孔分布对排水管桩透水性能有较大影响。为探明实现透水性能最大化的管桩开孔方式，Ni[259] 分别考虑了 4 种工况对桩周土体固结效率的影响：①a 段透水，b、c、d 段不透水；②b 段透水，a、c、d 段不透水；③c 段透水，a、b、d 段不透水；④d 段透水，a、b、c 段不透水，如图 13-4 所示。

定义透水域比例参数 L_t 为管桩桩身透水域距桩底的距离 L_1 与管桩入土深度 L_0 的比值，即：

$$L_t = \frac{L_1}{L_0} \times 100\% \qquad (13-2)$$

研究表明：①透水孔最佳分布区域为桩端位置，此段区域处设置透水孔，其桩周土体固结效率最高。由图 13-5 所示不同工况土层固结效率对比可以看出，在同样的时间内，a 段透水工况下土体所达到的固结状态最差，即固结度最低，b 段、c 段透水工况下较高，d 段透

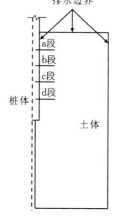

图 13-4　透水域分布区域示意图

水工况下固结度最高。②L_t＝50％时为所需最佳透水域比例,这可由图 13-6 所示固结效率提升率随透水域比例分布规律看出。

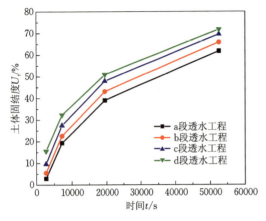
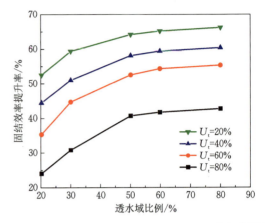

图 13-5　不同工况下土层固结效率[259]　　　图 13-6　固结效率提升率随透水域比例分布规律[259]

13.1.4　排水抗滑管桩参数设置

基于上述章节关于抗滑管桩的设计研究内容,确定管桩外径 D＝1.0 m,管径壁厚r＝0.13 m,长边桩长 L_1＝5.4 m,短边桩长 L_2＝4.9 m,抗滑管桩示意图如图 13-7(a)所示。同时综合上述分析结果,控制本章排水抗滑管桩开孔率 p＝3％;为增大开孔面积以减少开孔数量,设置开孔孔径 d 为经验较大值,即管桩外径的 1/10(0.1 m);为增加开孔层数,设置孔径间隔 l 为 3d(0.3 m);为降低开孔对桩身轴力削弱的影响,开孔形式设置为星状孔形式,控制星状孔面积为 d＝0.1 m 的圆孔面积。利用式(13-1)计算可得,管桩内壁总面积

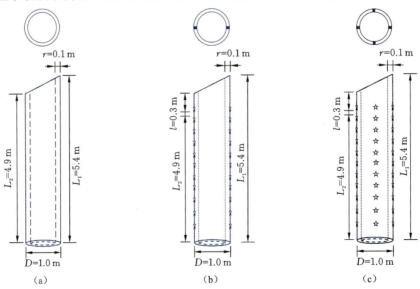

图 13-7　抗滑管桩及排水管桩开孔示意图
(a)抗滑管柱;(b)单向对穿排水管桩;(c)双向对穿排水管桩

$A_a = 14.07$ m²,最大总开孔面积 $A_0 = 0.422$ m²,开孔数量 n 求解可得最大为 53 个,开孔层数 L 根据管桩短边长 L_2 求解可得 $L = 11$ 层,每层间距 l 为 $3d(0.3$ m$)$,设计排水管桩开孔方式为单向对穿开孔和双向对穿开孔,布置形式如图 13-7(b)、图 13-7(c)所示。

本章排水抗滑管桩基于以下假设:

① 桩土和桩周土体遵循等应变假设,为简便计算过程,竖向渗流分析采用土体某一深度的平均超静孔压,而非某一深度的超孔隙水压力;

② 土体渗流符合达西定律;

③ 沉桩过程中桩身开孔处受透水材料的保护(如土工布或透水石),忽略淤堵对排水造成的影响;

④ 桩身压缩时,忽略孔径和孔型变化。

13.2 沉桩过程中排水抗滑管桩的性能研究

13.2.1 排水抗滑管桩沉桩过程建模

13.2.1.1 建模边界条件

桩身透水孔作为桩周土体中的孔隙水流入管桩内腔的通道,将孔与土接触的界面视为完全透水,而桩身未开孔处与土的接触面为不透水边界,故可将桩土的整个接触界面等效为介于透水与不透水的半透水边界。对于水平边界条件,当排水管桩轴距有效半径大于影响区范围时,土体的超静孔压大小可忽略不计;对于竖向边界条件,土体表面为完全排水界面,土体底面为不排水界面。

13.2.1.2 沉桩过程建模

在渗流分析方面,为反映渠坡沉桩过程中实际渗流场分布情况,选用 Geo-Studio 软件对渠坡沉桩过程进行稳定渗流模拟,明渠结构层渗流属性参数如表 13-7 所示。同时为了简化沉桩过程,将沉桩过程分解为沉桩前期、沉桩中期、沉桩结束三个部分,输水明渠沉桩过程示意图如图 13-8 所示。

表 13-7 明渠结构层渗流属性参数

结构层	饱和密度 $\rho_{sat}/(g/cm^3)$	孔隙率 n	渗透系数 $k_w/(m^2/s)$
戈壁料	—	0.30	1.5×10^{-4}
膨胀土	2.18	0.18	2.45×10^{-7}

在受力分析方面,为合理模拟桩体贯入土体的过程,Henke 等[318]和肖勇杰等[319]采用 zipper-type 建模技术在有限元软件 ABAQUS 中实现了开口管桩的连续振动沉桩数值模拟。本节在有限差分软件 FLAC 3D 中使用该技术,即在土体中预先设置直径 1 mm 的辅助管(图 13-9),沉桩时辅助管固定不动,管桩桩壁沿着辅助管贯入土体,且同时生成相应的桩土接触条件,沉桩过程同渗流分析过程保持一致。

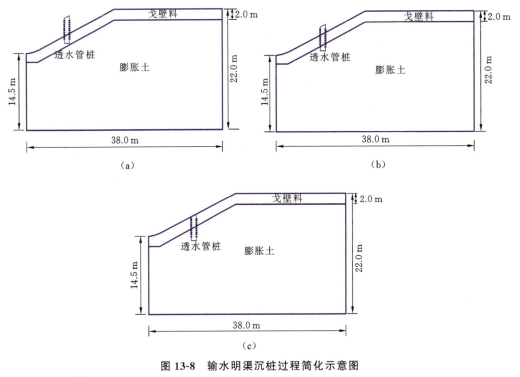

图 13-8　输水明渠沉桩过程简化示意图

（a）沉桩前期；（b）沉桩中期；（c）沉桩结束

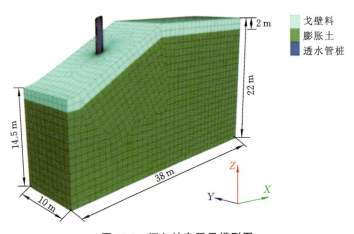

图 13-9　沉入桩有限元模型图

13.2.1.3　沉桩力学参数设置

根据寒旱区输水明渠现场所在场地土层的特点，采用不排水分析法导入渗流分析中饱和渠坡均质数值模型，所有单元均为实体，土体本构模型选用 Mohr-Coulomb 弹塑性模型，模型桩和辅助管则采用线弹性模型，参数见表 13-8。关于接触面参数的选取，法向刚度 K_n 和切向刚度 K_s 通过试算获得；Henke 等[318]和肖勇杰等[319]分别将桩土接触的摩擦角 δ 设为 10°和 14°，为提高沉桩效率，本小节选用较小值 10°，而辅助管与土体接触的摩擦角则根据 zipper-type 建模技术的特点设为 0°，参数见表 13-9。

表 13-8　模型实体单元参数

材料	$\rho/(\mathrm{g/cm^3})$	E/MPa	ν	c/kPa	$\varphi/°$
戈壁料	2160	12.5	0.2	23.80	38.6
膨胀土	1840	2.45	0.35	41.93	5.09
模型桩	7850	$3.0×10^4$	0.2	—	—
辅助管	7850	$3.0×10^4$	0.2	—	—

表 13-9　模型接触单元参数

类型	$K_n/(\mathrm{kPa/m})$	$K_s/(\mathrm{kPa/m})$	$\delta/°$
模型桩与土	$5.5×10^8$	$5.5×10^{11}$	10
辅助管与土	$8.0×10^8$	$8.0×10^{11}$	0

13.2.2　排水抗滑管桩沉桩过程的排水消散规律

利用 Geo-Studio 软件中的 Seep/W 模块,模拟出膨胀土渠坡停水期渠坡体积含水量情况,如图 13-10 所示。由图 13-10 可知,明渠停水期坡体中渗流水积聚在膨胀土与戈壁料交界处,这与第 12 章探究的膨胀土水位波动期渗流场演化规律保持一致,膨胀土与戈壁料二者的渗透系数存在差异是其主要原因。

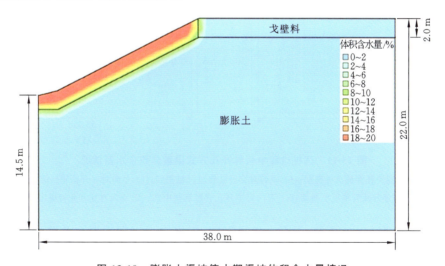

图 13-10　膨胀土渠坡停水期渠坡体积含水量情况

为了探究单向对穿开孔排水抗滑管桩与双向对穿开孔排水抗滑管桩在沉桩过程中对于渠坡体积含水量的改善情况,分别对两者在沉桩前期、沉桩中期以及沉桩结束三个时期进行计算分析。由于 Geo-studio 软件为二维模拟有限元软件,为了区别单向对穿开孔以及双向对穿开孔布置方式,分别简化单向对穿开孔渗流模型为管桩单侧透水孔设置,双向对穿开孔渗流模型为管桩双侧透水孔设置,沉桩过程中两种开孔方式渠坡体积含水量情况如图 13-11 所示。

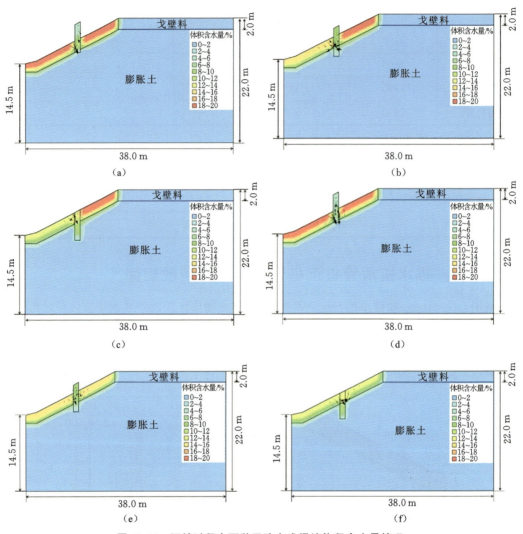

图13-11 沉桩过程中两种开孔方式渠坡体积含水量情况

(a) 单向对穿开孔管桩沉桩初期; (b) 单向对穿开孔管桩沉桩中期; (c) 单向对穿开孔管桩沉桩结束;
(d) 双向对穿开孔管桩沉桩初期; (e) 双向对穿开孔管桩沉桩中期; (f) 双向对穿开孔管桩沉桩结束

由图13-10、图13-11可知,受渠水渗漏影响,渠内渗透水常积聚在戈壁料与膨胀土交界处,体积含水量达到20%,采用开孔排水管桩在沉桩过程中能有效降低渠坡体积含水量,渠坡体积含水量由沉桩初期的18%逐渐降低至沉桩中期的15%,最后降至沉桩结束的12%。在沉桩结束时,戈壁料与膨胀土交界处体积含水量逐渐与排水管桩顶端保持一致,充分说明排水管桩能有效降低渠坡土体内赋存渗透水。同时由单向对穿开孔和双向对穿开孔对比可知,单向对穿开孔排水管桩在沉桩过程中对桩后土体积聚渗透水量没有改善作用,而双向对穿开孔排水管桩则在桩前、桩后保持一致,表明双向对穿开孔排水管桩具有更优的透水性能。

13.2.3 排水抗滑管桩沉桩过程的挤土效应分析

在沉桩过程中由于挤土效应的存在,桩端周围的土体会发生明显的应力集中现象[253,320],且排水管桩的开孔方式又是影响桩周土体应力集中现象的重要因素。为了探究排水管桩单向对穿开孔与双向对穿开孔方式在沉桩过程中挤土效应的变化规律,利用FLAC 3D 软件模拟排水管桩在沉桩过程中的渠坡水平应力云图、竖向应力云图以及剪切应力云图变化情况。

图 13-12 所示为两种开孔方式排水管桩沉桩过程渠坡水平应力云图。

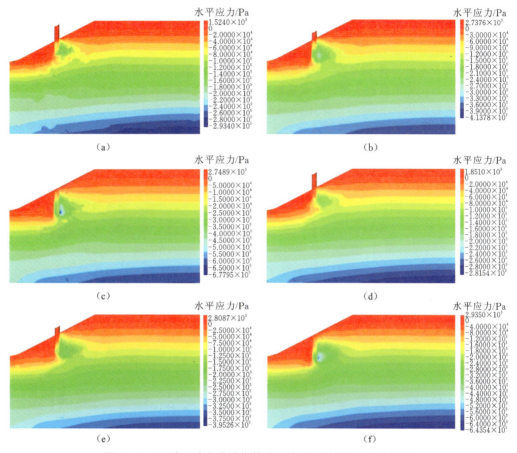

图 13-12　两种开孔方式排水管桩沉桩过程渠坡水平应力云图
　(a) 单向对穿开孔管桩沉桩初期;(b) 单向对穿开孔管桩沉桩中期;(c) 单向对穿开孔管桩沉桩结束;
　(d) 双向对穿开孔管桩沉桩初期;(e) 双向对穿开孔管桩沉桩中期;(f) 双向对穿开孔管桩沉桩结束

由图 13-12 可知,随着沉桩过程的进行,单向对穿开孔排水管桩桩周土体水平应力呈现出应力逐渐增加的规律,桩周土体水平应力从沉桩初期的 120 kPa 逐步增加至沉桩中期的 210 kPa,在沉桩结束时达到最大值 350 kPa;同时在沉桩过程中逐渐在单向对穿开孔排水管桩端部出现应力集中现象,沉桩中期管桩端部桩周土体局部达到 270 kPa,沉桩结束后管桩端部桩周土体局部应力高达 600 kPa,表明单向对穿开孔排水管桩的应力集中现象显著。双向对穿开孔排水管桩桩周土体水平应力变化表现出与单向对穿开孔排水管桩相同的变化规律,但桩周土体应力水平较单向对穿开孔排水管桩降低明显,沉桩初期、中期以及沉桩结束时桩周土体水平应力分别为 100 kPa、175 kPa、280 kPa，较单向对穿开孔排水管桩水平应力分别降低 16.7%、16.7%、17.1%。双向对穿开孔排水管桩应力集中现象在沉桩过程中只发生在沉桩结束阶段，桩周土体局部应力为 480 kPa，较单向对穿开孔排水管桩下降幅度达 20%，且应力集中面积下降约一半，表明单向对穿开孔排水管桩应力集中现象较双向对穿开孔排水管桩更为显著。

图 13-13 所示为两种开孔方式排水管桩沉桩过程渠坡竖向应力云图。由图 13-13 可知，两种开孔方式排水管桩在沉桩过程中，桩周土体竖向应力随沉桩过程逐步增加，桩周竖向应力值分布区随着桩体的下沉而下移，但桩周土体竖向应力作用范围较水平应力作用范围有所降低，降低幅度约为 50%，且未在排水管桩端部出现应力集中现象。单向对穿开孔排水管桩在沉桩初期、中期以及沉桩结束时竖向应力值分别为 60 kPa、150 kPa、300 kPa，双向对穿开孔排水管桩竖向应力值分别为 45 kPa、125 kPa、240 kPa，两种开孔方式排水管桩桩周土体竖向应力值在沉桩过程中均小于桩周土体水平应力值，同时双向对穿开孔排水管桩在沉桩过程中应力水平仍较单孔排水管桩有所降低，降低幅度分别为 25%、16.7%、20%。

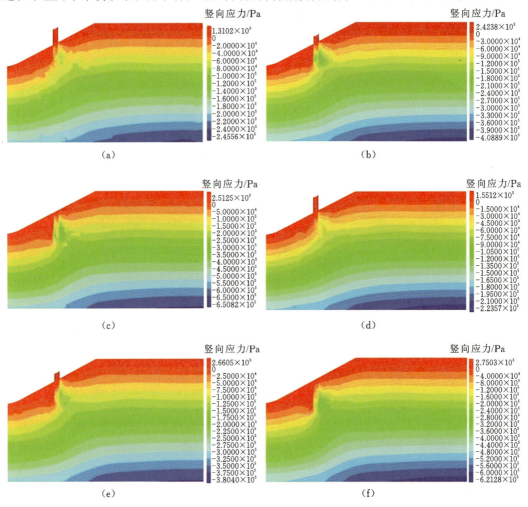

图 13-13　两种开孔方式排水管桩沉桩过程渠坡竖向应力云图

(a) 单向对穿开孔管桩沉桩初期；(b) 单向对穿开孔管桩沉桩中期；(c) 单向对穿开孔管桩沉桩结束；
(d) 双向对穿开孔管桩沉桩初期；(e) 双向对穿开孔管桩沉桩中期；(f) 双向对穿开孔管桩沉桩结束

图 13-14 所示为两种开孔方式排水管桩沉桩过程渠坡剪切应力云图。由图 13-14 可知，沉桩过程中两种开孔方式排水管桩桩周土体剪切应力随沉桩过程逐步增加，桩周剪切应力值分布区随着桩体的下沉而逐渐向下发展，并在沉桩过程中桩周土体出现应力集中现象。单向对穿开孔排水管桩在沉桩初期、中期以及沉桩结束时剪切应力值分别为 27.5 kPa、36 kPa 以及 45 kPa，应力集中现象发生在沉桩中期与沉桩结束阶段的桩端，局部剪切应力分别为 39 kPa 与 55 kPa；双向对穿开孔排水管桩剪切应力值分别为 25 kPa、33 kPa 以及 38.5 kPa，应力集中现象只发生在沉桩结束阶段，局部剪切应力值为 42 kPa，双向对穿开孔排水管桩在沉桩过程中应力水平与应力集中现象仍较单孔排水管桩有所降低，应力水平降低幅度分别为 9.1%、8.3% 以及 14.4%，应力集中局部剪切应力下降幅度为 23.6%，且应力集中面积下降约一半。

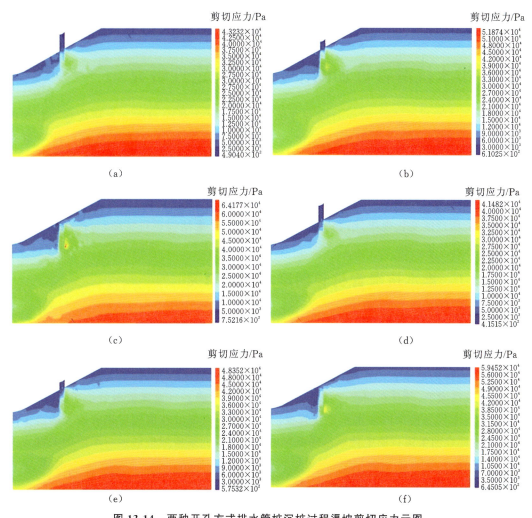

图 13-14　两种开孔方式排水管桩沉桩过程渠坡剪切应力云图
（a）单向对穿开孔管桩沉桩初期；（b）单向对穿开孔管桩沉桩中期；（c）单向对穿开孔管桩沉桩结束；
（d）双向对穿开孔管桩沉桩初期；（e）双向对穿开孔管桩沉桩中期；（f）双向对穿开孔管桩沉桩结束

通过两种开孔方式排水管桩在沉桩过程中渠坡各自的水平应力云图、竖向应力云图以及剪切应力云图(图 13-12 至图 13-14)可以分析总结得出以下规律：

（1）两种开孔方式排水管桩桩周土体剪切应力值在沉桩过程中均小于桩周土体水平应力值与竖向应力值，这表明在沉桩过程中由于土体发生了剪切破坏使得桩体下沉加剧，桩周土体各应力分量最大值集中区随之下移，同时桩周土体各应力峰值也不断增长。

（2）双向对穿开孔排水管桩在沉桩过程中表现出较低的应力水平，同时能够降低应力集中现象，相对于单向对穿开孔排水管桩结构稳定性较高，桩身开孔截面受力分布更加均匀，这是由于对称的开孔分布方式使得各承载受力部位受力更加均匀，整体稳定性提高。

根据上述分析可知，双向对穿开孔排水管桩优于单向对穿开孔排水管桩；同时根据渠坡沉桩过程中各应力结果(图 13-12 至图 13-14)可以看出，双向对穿开孔排水管桩应力分布规律更加符合无孔抗滑管桩变形规律，即应力分布主要集中在桩体外底部，并往上逐渐减小。由此可以说明，双向对穿开孔桩型更加符合桩体受力规律，布孔方案更合理。

13.3　排水抗滑管桩加固渠坡长期稳定性研究

由第 13.2 节分析可知，双向对穿开孔排水管桩相较于单向对穿开孔排水管桩具有更优的透水性能，且更加符合桩体受力规律，布孔方案更加合理，因此后续将选用双向对穿开孔桩型开展研究。为探究双向对穿开孔排水管桩多周期运行情况下降低坡体前缘积聚渗水能力，以及对膨胀土渠坡长期稳定性防治效果，本节从排水管桩的长期渗流特性与强度特性两个方面，通过对膨胀土-排水抗滑管桩体系进行长期蠕变分析，研究膨胀土-排水抗滑管桩体系长期性能变化规律，结合寒旱区膨胀土输水明渠结构运行特征，对排水抗滑管桩设计进行优化分析。

13.3.1　排水抗滑管桩长期透水性能研究

由前文水位波动期渠坡渗流场演化规律可知，降水期渠坡对渠水的排泄基本以水平排泄为主，坡体内竖向的浸润线在渠底的变化趋势不大，渠坡浸润峰水平持续高度仍保持渠内运行高水位高度，而后北疆地区低温降低至 0 ℃以下时，渠坡内赋存水由于地温的降低而产生冻结，坡体内渠水在停水期外的排泄作用基本可以忽略不计，导致渠坡内赋存水的水位常处于较高水平，并且在明渠多周期运行中将持续发展。当设置抗滑管桩后，抗滑管桩构件的不透水性常使渠内渗水积聚在管桩前、后缘，导致渠坡在加桩后仍有较大的潜在滑动风险，因此在明渠运行期中持续地降低渠内渗水是降低渠坡加桩后运行风险的关键。为探究双向对穿开孔排水管桩多周期运行情况下降低坡体前缘积聚渗水能力，利用 Geo-Studio 软件中的 Seep/W 模块，模拟分析膨胀土渠坡设置抗滑管桩与排水抗滑管桩，在明渠多周期中的渠坡孔隙水压力分布情况，如图 13-15 所示。

由图 13-15(a)可知，渠坡戈壁料层水平浸润峰保持明渠运行高水位状态，膨胀土层内浸润线保持较高水平；渠坡内最大孔隙水压力达到 140 kPa，戈壁料层孔隙水压力水平达到 60 kPa，抗滑管桩前缘与后缘积聚孔隙水压力最高，仍达到 40 kPa，孔隙水压力作用持续降低抗滑管桩的承载性能的同时，仍使得渠坡浅层具有较大的向下牵引力，导致渠坡在抗滑

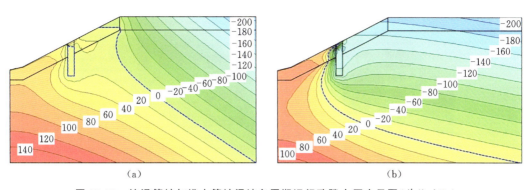

图 13-15　抗滑管桩与排水管桩渠坡多周期运行孔隙水压力云图（单位：kPa）

(a) 抗滑管桩；(b) 排水管桩

管桩前、后缘仍会发生失稳滑动破坏。

由图 13-15(b)可知，渠坡戈壁料层与膨胀土层浸润峰由于排水管桩的排水作用均降低至排水管桩前，有效降低了渠坡桩后孔隙水压力赋存情况；渠坡内最大孔隙水压力相较于抗滑管桩的 140 kPa 降低至 100 kPa，戈壁料层孔隙水压力虽仍有 60 kPa，但作用范围降低约三分之一，且排水管桩桩周前、后缘孔隙水压力均降低至负压，能有效避免孔隙水压力对于排水管桩的承载力削减。从有效应力的角度，渠坡孔隙水压力的降低能够避免排水管桩前、后缘土体抗剪强度的降低，提高渠坡整体稳定性。

13.3.2　排水抗滑管桩长期稳定性评价

为探究排水抗滑管桩长期稳定性变化规律，需要从排水管桩桩-土间时效变形角度出发，使用多周期综合强度折减方法对多周期排水管桩桩-土时效变形发展进行探究，选取渠坡降水阶段重要节点（应力稳增阶段）进行计算分析。在计算中将 Geo-Studio 模拟的多周期渠坡孔隙水压力情况［图 13-15(b)］导入 FLAC 3D 中，进行渠坡排水管桩桩-土作用分析，根据排水管桩渠坡孔隙水压力分布云图，设置多周期膨胀土抗剪强度指标 c、φ 值衰减只发生在桩前侧浸润线以下，在数值模拟中使用 FLAC 3D 中的 position 命令进行定义。图 13-16 分别给出了在运行 1 年、3 年、7 年渠坡及 $A—A$ 截面的土拱效应特征发展。由图 13-16 可知，渠坡桩间土体的受力发展形成了显著的土拱效应，随着膨胀土蠕变变化和渠坡位移的发展，桩-土直接的相互作用有所降低，但抗滑透水桩的遮拦作用依旧显著，桩后渠坡位移发展较小。渠坡土拱主要出现在桩前和桩间，桩间变形量随运行年限变化基本保持不变，桩后承受土压力将保持统一。在渠坡运行初期，渠坡整体土体位移分布主要集中在渠底，由于渠坡孔隙水压力主要集中在桩后侧戈壁料层与膨胀土层，滑移面移动范围也主要集中在这一区域。随着明渠运行年限增长，渠顶位移也逐渐开始发展，作用范围开始缓慢增大，渠顶桩后和渠底桩间土体应力有所增加，但土体位移发展程度有限。即使当渠坡发展至第 7 年时效变形的关键节点，膨胀土蠕变影响范围增长幅度也较小，桩-土作用效果仍保持较高水平，排水管桩对于渠坡的遮拦作用维持良好，可以认为降低渠坡土体内赋存孔隙水压力，减少渠坡受孔隙水压力影响产生的牵引力，同时缓解膨胀土受干湿-冻融循环作用的影响，长期保证季节性输水明渠的安全稳定。

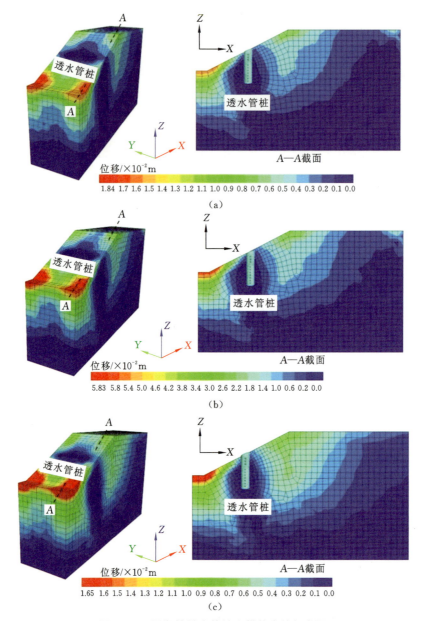

图 13-16　周期性排水管桩土拱效应特征发展

(a) 运行 1 年；(b) 运行 3 年；(c) 运行 7 年

　　为了能更加直观地反映排水管桩对于渠坡长期稳定性的改善效果，通过有限元软件模拟对排水管桩支护渠坡运行 10 年在水位波动期的快速降水阶段的稳定性系数进行计算分析，如图 13-17 所示。由图 13-17 可知，快速降水阶段排水管桩支护渠坡的稳定性系数变化趋势呈现出先衰减后逐渐平缓的变化特征，且当输水明渠运行 10 年后稳定性系数仍高达 1.61，对明渠一级安全等级要求仍有 19.3％的安全储备，同时这是在停水期没有静水压力作用下的渠坡稳定状态，进一步证实了排水管桩支护渠坡对季节性输水明渠的长期稳定性具有良好的改善效果。

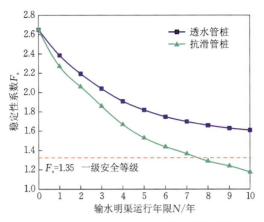

图 13-17　停水期排水管桩渠坡安全稳定性系数随明渠运行年限变化

由上述分析可知,排水管桩支护渠坡即使历经多年运行,桩间土体的受力发展仍能保持显著的土拱效应,排水桩的遮拦作用长期有效,其限制桩后渠坡位移发展的效果较抗滑管桩提升显著。排水管桩支护在减少渠坡受孔隙水压力影响产生的牵引力的同时缓解了膨胀土受干湿-冻融循环影响,保证了季节性输水明渠的长期稳定性。同时,通过稳定性分析,输水明渠运行 10 年后渠坡仍具有较高的安全稳定性,且对明渠一级安全等级要求还有一定的安全储备。因此,为了物尽其用,提升排水管桩支护渠坡的经济性,可以进一步优化排水管桩的设计参数,对降低输水明渠改造工程费用以及减少施工周期具有良好的工程意义。

13.3.3　排水抗滑管桩设计优化分析

在管桩设计中,管径大小和桩间距通常决定着抗滑管桩的抗滑能力,充分利用桩间土拱作用既能提升渠坡稳定性又能降低工程造价。又由第 12 章"12.2.1　渠坡抗滑管桩优化设计"可知,将桩径控制在 $0.8\sim1.0$ m 间均能满足对渠坡的稳定性改善效果,同时在排水管桩开孔研究中开孔率与排水管桩直径有直接联系,为了控制排水管桩的最佳开孔率以达到排水管桩最优受力性能,控制排水管桩直径为 1 m 不变,在满足渠坡长期稳定性安全运行的前提下,优化排水管桩桩间距以达到排水管桩最佳布设设计。

基于第 12 章已有抗滑管桩对于桩间距的研究,当桩间距逐渐扩大时抗滑管桩对于渠坡改善效果将降低,降低幅度随桩间距增大而逐渐增长。为优化排水管桩桩间距设计,在输水明渠运行 10 年后的快速降水阶段,利用 FLAC 3D 分别计算抗滑管桩在桩间距为 6 m、8 m、10 m、12 m、14 m、16 m 时的渠坡位移云图和稳定性系数(图 13-18),通过分析对比确定排水管桩最佳布设桩间距。由图 13-18 可知,随着桩间距的增大,桩间土拱作用范围逐渐减小,当桩间距增大至 14 m 时,桩间土拱作用效果逐渐消失;桩后土体滑动位移也随土拱作用范围的减小而逐级发展,随桩间距的增长,位移由桩间距 6 m 时的 23.93 cm 增长至桩间距 10 m 时的 34.55 cm,增长幅度为 44.4%;稳定性系数由桩间距 6 m 时的 1.54 降低至桩间距10 m 时的 1.36,降低幅度为 11.7%,此时渠坡稳定性系数接近渠坡一级安全等级。

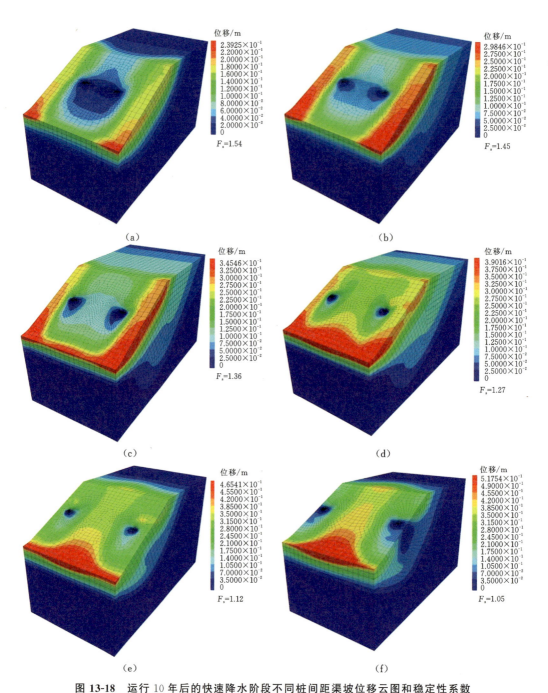

图 13-18   运行 10 年后的快速降水阶段不同桩间距渠坡位移云图和稳定性系数

(a) 桩间距 6 m；(b) 桩间距 8 m；(c) 桩间距 10 m；(d) 桩间距 12 m；(e) 桩间距 14 m；(f) 桩间距 16 m

    将不同桩间距拱后位移与稳定性系数变化情况绘制于图 13-19 中。由图 13-19 可知，当桩间距逐渐增长至 12 m 时，渠坡稳定性系数与位移发展曲线均表现出线性变化趋势；而桩间距增大至 14 m 以上时，排水管桩支护效果会呈现较为急剧的线性负效应，但即使桩间距扩大至 16 m,渠坡稳定性系数仍为 1.05 的极限平衡状态,渠坡仍能保持一定的平衡。同时由图 13-19 可知,当桩间距扩大至 14 m、16 m 时,土拱强作用效果逐渐减弱,桩间位移开始逐渐发展,但未能形成完全贯通状态,同时相较于 12 m 桩间位移分别增长了 7.53 cm、12.74 cm,位移增长量仍较小,渠坡整体位移发展处于可控范围内。因此,控制桩间距变化在 14~16 m(14~16 倍桩径)区间时,渠坡稳定性系数和位移发展仍能使渠坡保持一定的平衡稳定状态,在提升排水管桩经济性的同时,排水管桩仍能保持渠坡基本不发生滑动破坏。

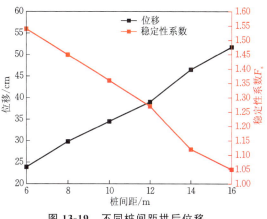

图 13-19　不同桩间距拱后位移
与稳定性系数变化情况

13.3.4　排水抗滑管桩布置位置与桩间距再优化分析

由上述分析可知,控制桩间距在 14~16 倍桩径区间时,渠坡稳定性系数和位移发展仍能使渠坡保持一定的平衡稳定状态(在极限平衡稳定性系数 $F_s = 1.05$ 之上),通过许多国内渠坡工程现场实际运行监测分析发现,当渠坡计算稳定性系数低于 1.05 时并不意味着渠坡一定会发生滑动破坏现象。实际上因为强度折减法的保守计算,当渠坡稳定性系数为 1.05 时,渠坡稳定性仍具有一定稳定余量。

为了提升渠坡稳定性的同时方便抗滑管桩施工作业,在渠坡中段布置抗滑管桩的基础上增加在渠坡 1/3 处和 2/3 处的布桩设计方案,并增加桩间距设计方案 18 m、20 m 进行数值模拟分析。扩大渠坡模型计算宽度至 25 m,利用 FLAC 3D 分别计算抗滑管桩在渠坡 1/3 处和 2/3 处(桩间距 18 m、20 m)的位移云图和稳定性系数(图 13-20 至图 13-22),探究抗滑管桩布置位置对渠坡稳定性影响情况。

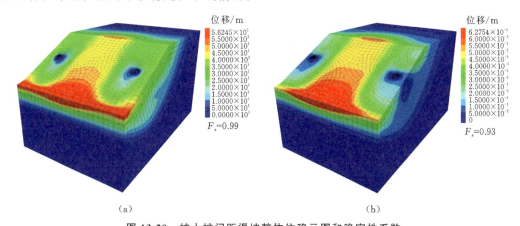

(a)　　　　　　　　　　　　　　　　　　(b)

图 13-20　扩大桩间距渠坡整体位移云图和稳定性系数
(a)桩间距 18 m;(b)桩间距 20 m

由图 13-20 可知,增大渠坡排水抗滑管桩桩间距,渠坡桩间位移发展继续出现扩大趋势,当桩间距增大至 18 m、20 m 时,渠坡稳定性系数 F_s 分别降低至 0.99、0.93,桩间位移发

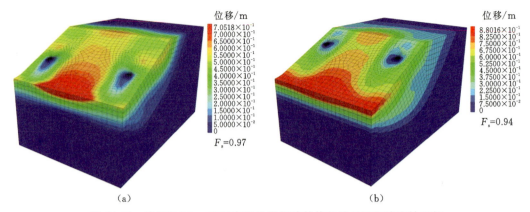

图 13-21 桩间距 18 m 不同布置位置渠坡整体位移云图和稳定性系数
(a) 渠坡 1/3 处；(b) 渠坡 2/3 处

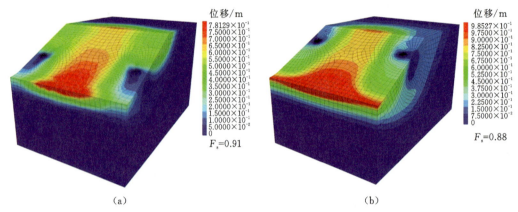

图 13-22 桩间距 20 m 不同布置位置渠坡整体位移云图和稳定性系数
(a) 渠坡 1/3 处；(b) 渠坡 2/3 处

育面积基本保持一致,而较图 13-18 中桩间距为 16 m 时扩大约 1/5,表明桩间位移随桩间距增大至 18 m 时达到最大并逐渐趋于稳定,桩间最大位移分别为 45 cm、50 cm,并且桩间距 20 m 的最大位移分布区域更大,桩间最大位移由渠底向渠顶发展。同时需要注意的是,随着桩间距的增大,桩顶区域位移发展显著,并且与桩间最大位移保持极强的关联性,桩顶易出现软弱结构面,造成渠坡塑性区贯通。

由图 13-21 可知,更改渠坡排水抗滑管桩布置位置,渠坡整体位移发展仍出现了较大差异。当管桩布置在渠坡 1/3 处,渠坡位移主要集中在渠坡底部、桩间和桩后位置,渠底最大位移为 70.50 cm,桩间最大位移为 60 cm,桩后最大位移为 50 cm,渠坡整体稳定性系数为 0.97；当管桩布置在渠坡 2/3 处时,渠坡位移主要集中在渠底和桩间,渠底最大位移为 88.02 cm,桩间最大位移为 75 cm,渠坡整体稳定性系数为 0.94。同时由二者位移对比可知,渠坡位移主要从渠底逐渐向渠顶发展,布置排水抗滑管桩在渠坡 1/3 处能限制渠底位移横向发展,但由于布置位置较低,在渠坡中段处桩后端仍发展了积聚位移；布置排水抗滑管桩在渠坡 2/3 处时,渠底位移发展范围更广泛,且在渠顶处出现积聚拱形位移。

由图 13-22 可知,渠坡整体位移发展随着桩间距的增长出现了与桩间距为 18 m 时一致的特征。当管桩布置在渠坡 1/3 处,渠坡位移主要集中在渠坡底部、桩间和桩后位置,渠底最大位移为 78.13 cm,桩间最大位移为 65 cm,桩后最大位移为 50 cm,渠坡整体稳定性系数为 0.91;当管桩布置在渠坡 2/3 处时,渠坡位移主要集中在渠底和桩间,渠底最大位移为 98.53 cm,桩间最大位移为 82.5 cm,渠坡整体稳定性系数为 0.88。增大桩间距进一步使得渠坡桩间的位移增长,渠顶的位移量和位移面积增大,但管桩布置在渠坡 1/3 处时,渠坡桩后位移同桩间距为 18 m 时保持一致,表明桩后位移受桩间距影响较小。结合不同桩间距渠坡整体位移对比分析可知,桩间距变化对渠坡桩间和渠顶位移发展影响显著,在增大桩间距、降低工程造价的同时需要考虑桩间和渠顶的浅层、深层结构性位移滑动。

结合上述分析可知,桩间距为 18 m、20 m 的排水抗滑管桩布置在渠坡 1/3 和 2/3 处相较于渠坡 1/2 处,渠坡稳定性变化与前文抗滑管桩呈现出相同的变化特征,排水抗滑管桩布置在 1/3 处时相较于布置在渠坡中段,渠坡稳定性衰减幅度显著小于排水抗滑管桩布置在 2/3 处,在满足工程施工设计要求时可以将排水抗滑管桩布设在利于施工作业的渠坡 1/3 处。但还需注意的是,随着桩间距增长至 18～20 m,渠坡计算稳定性系数低于 1,渠坡的稳定性还处于不确定状态,在施工过程中需要具体分析渠坡实际所处工况,以满足明渠数十年的安全稳定运行,保障沿线供水需求。

13.4　本章小结

本章通过结合国内外学者研究结果对排水管桩桩身结构进行优化研究,设计出满足桩身渗透性能和承载力性能的排水管桩方案,并从沉桩过程和长期稳定性两个方面对排水抗滑管桩支护渠坡进行了稳定性评价。结合寒旱区膨胀土输水明渠结构运行特征与第 12 章抗滑管桩进行对比分析,对排水抗滑管桩设计进行优化分析,相关结论如下:

(1)采用开孔排水管桩在沉桩过程中能有效降低渠坡体积含水量,由沉桩初期的 18% 逐渐降低至经沉桩中期的 15%,最后降至沉桩结束的 12%。在沉桩结束时,戈壁料层与膨胀土层交界处体积含水量逐渐与排水管桩顶端保持一致,充分说明排水管桩能有效降低渠坡土体内赋存水。

(2)在沉桩过程中,单向对穿开孔排水管桩对桩后没有改善作用,而双向对穿开水管桩的桩前、桩后土体积聚体积含水量保持一致,表明双向对穿开孔排水管桩具有更优的透水性能。同时双向对穿开孔排水管桩应力分布规律更加符合无孔抗滑管桩变形规律,布孔方案更为合理。

(3)排水管桩长期排水性能研究中,排水管桩桩周前、后缘孔隙水压力均降低至负压,能有效避免孔隙水压力对于排水管桩承载力的削减作用。从有效应力的角度,渠坡孔隙水压力的降低能够避免排水管桩前、后缘土体抗剪强度的降低,提高渠坡整体稳定性。

(4)排水管桩长期稳定性研究中,排水管桩支护渠坡即使历经多年运行,桩间土体的受力发展仍能保持显著的土拱效应,排水管桩的遮拦作用长期有效,其限制桩后渠坡位移发展的效果较抗滑管桩提升显著。排水管桩在减少渠坡受孔隙水压力影响产生的牵引力的同时缓解了膨胀土受干湿-冻融循环作用的影响,保证了季节性输水明渠长期稳定性。

(5)为降低输水明渠改造工程费用以及减少施工周期,提升排水管桩支护渠坡的经济性,并降低随桩间距增长桩-土作用的衰减,控制桩间距在 14～16 倍桩径区间时,渠坡稳定性系数和位移发展仍能使渠坡保持一定的平衡稳定状态;为有利于施工作业,可将排水抗滑管桩布置在渠坡 1/3 处,其稳定性衰减幅度较小;当继续增大桩间距至 18～20 倍桩径,渠坡计算稳定性系数低于 1,工程应用需要具体分析渠坡实际所处工况。

第14章 排水抗滑管桩综合防控体系的施工技术方法

本章基于前文对于排水抗滑管桩的设计应用研究,从定义的管桩尺寸和开孔布置参数,结合传统排水固结的机理与施工方法,探究排水抗滑管桩固结技术增强桩周土体抗剪强度的机理与特征,并详细阐述排水抗滑管桩排水固结技术及施工方法;最后,基于该技术在排水和抗滑两方面的基本原理和技术优势分析其适用工况。

14.1 排水抗滑管桩桩体结构

基于前文对排水管桩的设计应用研究,排水抗滑管桩桩体结构在施工应用阶段主要有两大特征:其一是在桩身开设小孔增大桩体透水性;其二是在桩身小孔处固定透水滤膜,实现土水分离。本节将从这两方面详细阐述预制排水管桩的桩体结构。

(1) 为使桩体具有高透水性,在预制混凝土管桩的桩体中设置较小的均匀孔[图 14-1(a)]。为避免打入桩时桩外周土渗透的固结效应,并影响桩外周土渗透的固结效果,使用桩塞密封桩底部,在桩下沉后密封桩顶部,在桩土挤压作用下的孔隙水通过管道进入桩内腔,桩的小孔可以传递桩身摩阻力至桩周土体中,从而增加有效土壤应力和抗剪强度,形成具有桩体透水性的排水管桩,并为桩周围土壤的固结提供排水通道。为定量描述桩体结构,在桩体三维剖面图[图 14-1(b)]中定义桩长 L、外径 D_1、内径 D_2 三个桩体几何参数,开孔布置对管桩排水性能影响较大,定义孔径 d、环向开孔数 n、层间距 s 三个开孔控制参数。

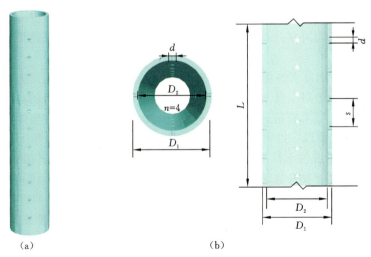

图 14-1 排水管桩预制桩体结构示意图

(a) 排水管桩三维示意图;(b) 排水管桩三维剖面图

（2）桩体上的小孔可作为孔隙水渗透的通道，但黏性小直径土颗粒容易在小孔中淤积，降低孔隙水从桩周土壤的排出率。为了保证排水系统的长期稳定运行，桩内固定的透水滤膜由土工布制成，仅允许孔隙水通过，阻挡桩内腔中的土颗粒，可有效实现水与土的分离，防止淤积。但在实际工程中，桩在沉降过程中的横向摩擦阻力对滤膜有破坏性，这会使其损坏无效，因此有必要改进滤膜的固定方法。可考虑预制排水管桩，在桩体小孔位置附近留出 20 cm 宽、3 cm 深的环形槽，将透水滤膜固定在桩体槽内，外侧用钢丝网覆盖滤膜，最后使用高强度不锈钢箍筋固定钢丝网，该方法可有效防止滤膜因沉桩而损坏，进而防止土壤淤积在桩的小孔中。

14.2　排水抗滑管桩排水机理与特征

北疆供水一期工程特殊的运行方式，促使排水抗滑管桩在沉桩过程中排泄赋存膜后水的同时还需兼顾排出明渠在通水期中渠内源源不断的渗水。但传统的排水管桩主要应用于含水率较高的软土地基中，排水管桩主要的功能为在沉桩过程及沉桩后一段时间的地基排水固结，无法兼顾输水明渠长期的渗水排水作用，因此输水明渠排水抗滑管桩排水机理与特征将有别于传统排水管桩。

传统静载排水管桩施工方法主要包括两个步骤（图 14-2）：一是沉桩固结，利用静载承压板施加荷载沉桩，将桩-土相互作用力施加到土体中，并保持桩-土间挤压作用力，形成土体孔隙水渗流与孔隙水压力差，见图 14-2(a)；二是静置渗流，沉桩固结处理土体完成后，静置等待排水管桩内孔隙水的汇集，并对管桩内渗水进行抽排处理，进一步增强土体承载力，见图 14-2(b)。

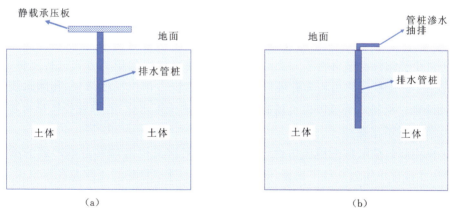

图 14-2　传统静载排水管桩施工方法

（a）沉桩排水固结；（b）静置渗流抽排

同时由于膨胀土的低渗透性，在静载作用下桩周土孔隙水排出速率有限且存在长期渗流情况，为加快管桩排水速率、提升管桩长期排水能力，排水抗滑管桩锤击沉桩-长期排水技术应运而生。即使用旋挖钻机成孔开放排水通道，锤击沉桩增大桩-土挤压作用以加快土体孔隙水压力消散，最后增加自流排水管道提高管桩长期排水能力，基本原理如图 14-3

所示。桩身开设均匀小孔的管桩作为膨胀土地基中竖向排水体,小孔处覆盖透水滤膜以实现土水分离。首先,利用旋挖钻机成孔开放土体排水通道,通过锤击沉桩产生的土体挤压作用在桩周形成超孔隙水压力,然后超孔隙水压力经桩身小孔和透水滤膜传递至管桩内部。随着沉桩结束,超孔隙水压力消散作用仍将持续,孔隙水压力向桩周远端和近端持续传递扩散,孔隙水在桩周远端和近端形成的压力差作用下向桩壁方向渗流,透过滤膜后经桩身开孔进入管桩内腔,待消散作用减弱,利用水泵进行渗水抽排,利用水泵负压进一步降低桩周土体孔隙水压力,相应地增强了土体有效应力。在明渠长期运行过程中,利用土体自重渗流作用将渠内渗水收集至集水管中,达到排水抗滑管桩的长期排水作用。此锤击沉桩-长期排水技术可加速沉桩过程桩周土排水作用,增强土体抗剪强度,使桩周土形成致密层,增强桩-土界面摩阻力,从而提高桩基承载力,排水完成后利用管桩长期排水能力,降低土体孔隙水压力,提高土体长期有效应力,排水抗滑管桩作为嵌固桩加固土体。

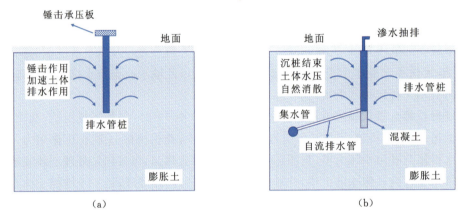

图 14-3　排水管桩锤击沉桩排水基本原理示意图

锤击沉桩排水的机理决定了利用排水管桩完成桩周土固结具有以下特征:

(1) 对于静载排水桩土施工方法,沉桩过程中使用静载加压的方式进行沉桩,沉桩过程较为缓慢,桩-土挤压作用较为有限,桩周超孔隙水压力作用程度减弱,孔隙水压力传递消散作用降低。而排水管桩锤击沉桩能直接增强桩周土排水作用,兼顾长期排水功能的同时承担土体结构所受荷载。

(2) 采用静载排水桩土施工方法,在沉桩结束后因桩周远端和近端形成的压力差较弱,使用渗水抽排作用效果将不显著,而锤击作用能加速沉桩桩周土体超孔隙水压力排泄,孔隙水压力消散效果更佳。

(3) 桩周土壤上有效应力的增加取决于孔压力的降低,孔压力为球形应力,桩周土壤固结时有效应力增加的值在所有方向上都是一致的。桩排水过程完成后,有效土壤应力恢复到初始水平,桩排水加速处理后的桩周土壤处于超固结状态。

(4) 在施加锤击作用以加速桩沉降后,孔隙水通过透水滤膜和桩体的小孔逐渐排出,桩的周边挤压作用影响土壤在径向上的收缩,特别是细颗粒向桩壁迁移,被滤膜阻挡,细颗粒残留在桩壁附近,导致排水桩近端土壤密度远高于远端,起到扩大桩直径、改善桩土界面摩擦的作用。

14.3 排水抗滑管桩锤击沉桩-长期排水技术施工方法

14.3.1 施工流程

针对输水明渠膨胀土渠坡,可采用排水抗滑管桩锤击沉桩-长期排水技术进行渠坡加固处理,施工流程(图 14-4)如下:

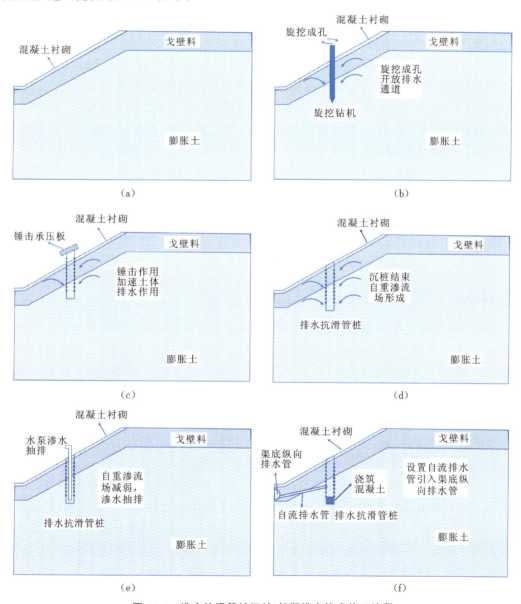

图 14-4 排水抗滑管桩沉桩-长期排水技术施工流程

(a)平整坡面;(b)旋挖钻孔;(c)锤击沉桩;(d)自重作用持续排水;(e)渗水抽排;(f)长期渠坡自流排水

（1）在排水抗滑管桩施工前需平整坡面，如图 14-4（a）所示。锤击排水处理前的渠坡地基强度应满足运输车辆进场要求、旋挖钻孔机械和锤击打桩机械的操作要求，否则无法使用机械设备正常施工。如不满足要求，需在天然渠坡地基上填筑厚度为 0.5 m 的砂土层，以提高天然地基承载力，满足施工机械进场和操作的强度要求。

（2）在工厂预制排水桩时，在桩体小孔位置附近留出一个 20 cm 宽、3 cm 深的环形槽，将透水滤膜固定在桩体槽内，外侧用钢丝网覆盖滤膜，使用高强度不锈钢箍筋固定钢丝网，并用刚性桩塞密封桩的底部，以防止土壤进入桩的内腔。使用大型运输车辆将管桩运输至施工现场，使用旋挖钻孔机钻孔至设计深度，开放排水通道，如图 14-4（b）所示；通过锤击打桩机械对排水管桩进行锤击沉桩，受沉桩产生的挤土效应和自重作用影响，桩周土孔隙水经透水滤膜由预制管桩侧面分布的小孔渗透进入桩体内腔，如图 14-4（c）所示。

（3）待锤击沉桩施工完成后，超孔隙水压力消散作用仍将持续，孔隙水压力向桩周远端、近端持续传递扩散，孔隙水在桩周远端和近端形成的压力差作用下向桩壁方向渗流形成渗流场，如图 14-4（d）所示，经透水滤膜和桩身小孔逐渐排出，浸润线逐渐下降，有效应力增加，桩周土的抗剪强度提高。

（4）自重渗流排水作用逐渐减弱后，利用水泵进行渗水抽排处理，如图 14-4（e）所示，桩周土的抗剪强度随渗水抽排后显著增强，桩基承载力大幅提高。拆除渗水抽排设备后，在管桩内腔回填混凝土至渠坡渠底标高，然后横向钻孔设置自流排水管，在增强管桩桩身承载能力的同时，将明渠运行渗水依靠自重作用自流至渠底原有纵向渗水收集管中，长期降低渠坡膜后水位，提高渠坡稳定性，如图 14-4（f）所示。

14.3.2　技术优势与适用工况

排水管桩锤击沉桩-长期排水技术的基本原理是将桩身开设均匀小孔的管桩作为竖向排水体，孔隙水在桩-土挤压作用下透过滤膜进入管桩内腔，桩周土固结后，排水管桩作为工程桩使用，并且在后续工程运行中能持续进行自渗排水。该技术的优势体现在两个方面：一是排水管桩强度虽有折减，但仍满足摩擦桩承载力要求，排水管桩具有透水性，可加快桩周土超孔隙水压力和长期运行中孔隙水压力消散；二是排水管桩可在斜坡上使用锤击法进行沉桩，传统静载沉桩法施工面在渠坡，限制较多、施工难度大。

排水管桩锤击沉桩-长期排水技术可适用于以下工况：

（1）高排水与抗滑要求的深厚膨胀土地基处理。对于膨胀土地区具有排水与抗滑要求的上部结构的地基处理，在采用传统静载沉桩排水固结法处理膨胀土渠基后，膨胀土低渗透性的特征导致土体孔隙水压力消散作用较弱，且此工法施工周期较长。若采用排水管桩锤击沉桩加速排水技术，可做到膨胀土渠基排水和渗水抽排一体化施工，简化施工步骤，缩短施工周期，且膨胀土地基排水后可形成超固结土，桩周土体强度增强。

（2）长期输水的膨胀土输水明渠。对于膨胀土地区的输水明渠，长期输水过程不可避免地会引起明渠渗水，排水管桩长期排水技术设置横向自流管能够在明渠运行过程中形成长期排水作用，排水管桩在长期降低土体孔隙水压力的同时还可作为工程桩承担土体结构所受荷载。

14.4 本章小结

本章介绍了排水抗滑管桩桩体结构、排水机制和排水抗滑管桩排水技术所涉及的施工方法,基于该技术的基本原理和技术优势分析了适用的工作条件,主要结论如下:

(1) 使用三维建模和三维剖面图详细描述了排水管桩的桩体结构,并用桩长 L、外径 D_1、内径 D_2 定量描述管桩几何形状,用孔径 d、环向开孔数 n、层间距 s 定量描述开孔布置形式。

(2) 排水抗滑管桩锤击沉桩-长期排水技术提高桩基承载力的基本机理是:锤击应力作用在桩周形成超孔隙水压力,加速沉桩过程桩周土排水作用,增强土体抗剪强度,使桩周土形成致密层,增强桩-土界面摩阻力,从而提高桩基承载力;排水完成后利用管桩长期排水能力,降低土体孔隙水压力,提高土体长期有效应力,排水抗滑管桩作为嵌固桩加固土体。

(3) 排水抗滑管桩锤击沉桩-长期排水技术加固膨胀土渠坡的施工流程主要可分为四个步骤,包括平整坡面,旋挖成孔并锤击沉桩至渠坡设计标高,安装水泵装置后开始从桩内渗水抽排,桩内浇筑混凝土并设置横向自流排水设施。

(4) 基于排水抗滑管桩锤击沉桩-长期排水技术的基本原理和工法优势可知,该技术可适用于高排水与抗滑要求的膨胀土地基处理和长期输水的膨胀土输水明渠。该技术具有简化施工步骤,缩短施工周期,提高桩周土体强度承载力,长期降低土体孔隙水压力,承担土体结构所受荷载等优点。

第 5 篇
寒旱区膨胀土输水明渠工程的发展趋势

第 15 章　寒旱区膨胀土输水明渠工程的阶段性进展

本书以北疆供水一期工程为背景,针对膨胀土输水明渠工程的灾变物理机制和防治关键技术展开研究。通过室内试验与数值模拟相结合的方式,首先,探究了膨胀土常温条件下与不同循环模式下的力学性能演化规律,从宏观—细观—微观多尺度分析了膨胀土劣化机理,并基于邓肯-张 E-B 模型和修正剑桥模型,建立了模型参数与干湿-冻融循环次数之间的函数关系,对其本构模型进行修正改进;其次,根据膨胀土劣化机理分析了不同工况下渠坡稳定性变化规律及影响因素,从宏观角度揭示了膨胀土渠坡滑动破坏灾变物理机理;再次,为从源头解决膨胀土劣化导致的渠坡失稳破坏现象,开展了常规和干湿-冻融循环条件下的改良膨胀土宏观力学特性、细观裂隙性及微观机理的试验研究,从宏观—细观—微观多尺度分析改良膨胀土的固化机理,同时对改良土换填及灰土桩加固在膨胀土渠坡的应用进行数值仿真计算,分析改造治理前后渠坡的安全稳定性;最后,利用考虑土体流变特性的综合强度折减法进行抗滑管桩设计及渠坡长周期稳定性评价,探究渠水作用下渠坡桩-土体系变形时效规律及失效机理,提出符合寒旱区膨胀土输水明渠运行特征的排水抗滑管桩加固技术,取得的主要研究成果如下:

15.1　北疆供水一期工程安全评价及稳定性预测

(1)膨胀土输水明渠在运行时期,明渠运行水位是影响渠坡渗漏情况的重要影响因素,受膨胀土冻胀作用影响,渠坡不协调变形出现在融化阶段,干湿-冻融循环次数和膜后水位高度是不协调变形发展的主要因素。

(2)渠坡的滑动破坏现象常发生在停水期而罕见于通水期,是由于作用在渠坡结构面上的渠内静水压力提高了渠坡抗滑移稳定性,膨胀土力学性能衰减、白砂岩遇水软化以及膜后水位引起孔隙水压力变化三者的共同作用,是停水期渠坡滑动破坏的主要原因。

(3)通过浅层土体置换、受力结构优化和降低膜后水位能有效缓解渠坡土体受多重耦合作用的不利影响,提升渠坡稳定性,但渠坡改造后排水井现有位置抗滑作用较弱,且缺乏渠坡中部渗水处置作用,因此还需开展兼顾抗滑与排水作用的渠坡抗滑措施研究。

(4)通水期、停水期、水位波动期干湿-冻融循环作用对渠坡稳定性影响最为敏感,停水期渠坡稳定性受干湿-冻融循环与膜后水位相互作用影响强度最大,静水压力增长能缓解二者相互作用强度。水位骤降初期,渠坡稳定性受膜后水位影响更为敏感和显著,建议在水位骤降初期采取抽排作业降低其不利影响。

15.2　膨胀土的力学特性及其本构模型研究

（1）常温条件下膨胀土的力学特性试验

①直剪试验：黏聚力与含水率呈线性负相关性，随着含水率的增加而降低；内摩擦角随含水率的增加呈先增大后减小的趋势，在最优含水率时达到峰值；黏聚力与干密度呈线性正相关性，随着干密度的增加而增加；内摩擦角随着干密度的增大呈逐步增大的趋势。

②压缩试验：随着含水率的增加，稳定孔隙比呈下降趋势，表明土体的压缩性增强；随着干密度的增加，初始孔隙比减少，稳定孔隙比趋于定值。电镜扫描结果表明，土体颗粒多为片状颗粒叠聚体，结构类型以絮凝结构和絮流结构为主，低压力下压缩性主要受孔隙数量与孔径的影响；膨胀土压缩性较高，随着固结压力增加，土体的结构类型由絮凝结构逐渐向絮流和层流状结构演化，颗粒聚集效应明显，致使膨胀土的压缩性降低。

③渗透试验：随着固结压力的增加，膨胀土的渗透系数呈下降趋势，在低固结压力下膨胀土的渗透性较大，在较高压力下（200～1600 kPa）膨胀土的渗透性较小，量级为 10^{-8}～10^{-6}，渗透系数与孔隙比成正比，可用幂函数形式进行描述。电镜扫描结果表明，在较低固结压力作用下，膨胀土的颗粒间距较大，孔隙形成渗流通道，渗透系数较大；随着固结压力的增加，膨胀土的松散堆积结构转变为紧密结合的层流状结构，孔隙面积减少，渗透系数显著降低。

（2）不同循环模式条件下膨胀土的力学特性试验

①裂隙性试验：膨胀土经过干湿循环及干湿-冻融循环作用后，裂隙率、裂隙条数及裂隙总长度等评价指标呈急剧上升的趋势，而后上升速率变缓，最后趋于稳定。因现有指标存在量度单一等问题，在已有裂隙性指标基础上，通过相交点数和裂隙条数提出一种新的裂隙评价指标 Q，可全面评价裂隙发育程度。Q 随着循环次数的增加而增加，然后变缓，最后趋于稳定。

②直剪试验：不同循环模式作用下，膨胀土的黏聚力均随循环次数的增加呈逐渐减小的趋势，其中干湿-冻融循环作用下减小幅度最大，干湿循环次之，冻融循环最小；内摩擦角变化幅度不大，基本上处于稳定值。膨胀土经过循环后，裂隙条数的增多使颗粒间的联结被破坏，降低了颗粒间的胶结作用，致使抗剪强度降低；黏聚力与裂隙参数 Q 关系曲线呈线性变化，黏聚力随 Q 的增加而减小；通过微观电镜扫描发现，土体微观结构受干湿-冻融循环影响显著，土体微观结构逐渐破碎，颗粒总面积减小，孔隙体积增加，微小孔隙不断连接，逐渐形成新的裂隙；裂隙参数 Q 与各微观参数的灰色关联度均大于 0.67，其中颗粒总数及颗粒总面积为主要影响因素；裂隙的产生使土颗粒之间的相互作用力逐渐减小，导致黏聚力减小。

③压缩试验：随着循环次数的增加，稳定孔隙比呈下降趋势，表明土体的压缩性增强，同条件下干湿-冻融循环作用下压缩性指标变化幅度最大，冻融循环变化最小；不同循环模式条件下，干湿循环作用致使颗粒破损严重，土颗粒间胶结力下降，导致土颗粒骨架发生变化且无法恢复，膨胀土压缩性增大，冻融循环过程中土颗粒被冰晶挤压形成新的骨架结构，孔隙比减小但整体变化不大，其中微观孔隙率及颗粒定向频率是影响压缩性指标的主要因素。压缩系数随微观孔隙率的增大呈逐渐增大的趋势。

④渗透试验:渗透系数在循环过程中的变化分为缓慢增加、迅速增加、稳定增加三个阶段,冻融循环作用下变化幅度最小,干湿-冻融循环作用下变化幅度最大;不同循环模式条件下,在干湿循环过程中,水分在土骨架之间不断迁徙,与土集粒等发生溶解作用,形成新的渗流通道;冻融循环条件下的冻胀作用,造成土体骨架变形、孔隙结构破坏等损伤,为渗流提供通道,其中微观孔隙率是影响渗透系数的主要因素。渗透系数随微观孔隙率的增大呈逐渐增大的趋势。

(3)不同循环模式条件下膨胀土的胀缩特性试验

①无荷膨胀率试验:膨胀土的膨胀变形与时间的关系曲线呈非线性变化,可分为快速膨胀、匀速膨胀及稳定膨胀三个阶段;不同循环模式作用下的膨胀土的无荷膨胀率随循环次数增加均呈逐渐减小的趋势,其中干湿-冻融循环作用下减小幅度最大,干湿循环作用下次之,冻融循环作用下最小。

②有荷膨胀率试验:膨胀土的上覆压力越大,有荷膨胀率越低;试验初期,有荷膨胀率随时间的增长而增大,最终趋于稳定;随着循环次数的增加,膨胀土有荷膨胀率逐渐减小,第 5 次循环后有荷膨胀率逐渐趋向于稳定值,其中干湿-冻融循环作用下有荷膨胀率衰减幅度最大。

③收缩试验:膨胀土线缩率在第 1 次循环后变化最为显著,在第 5 次循环后逐渐趋于稳定;荷载越大,线缩率越小,其中冻融循环变化幅度最小,干湿-冻融循环变化幅度最大。

④微观电镜扫描试验:土体微观结构受循环作用影响显著,其中干湿-冻融循环条件下微观参数变化幅度最大,冻融循环变化幅度最小;膨胀土的胀缩特性是由内部黏土颗粒及外部水分共同决定的,宏观上表现为膨胀土试样膨胀-收缩能力的变化,其中干湿-冻融循环条件下胀缩特性变化幅度最大。

(4)膨胀土的三轴试验及其本构模型的改进

①常温条件下的三轴试验:干湿-冻融循环条件下膨胀土的应力-应变曲线均呈硬化性曲线,应力、应变、体变、破坏强度、黏聚力及内摩擦角均在循环初期迅速降低,随后趋于稳定。

②干湿-冻融循环条件下的三轴试验:干湿-冻融循环作用对膨胀土的结构有较大的损伤,结构损伤作用主要发生在第 1 次循环过程中。干湿-冻融循环作用下膨胀土的裂隙发育由循环作用更为剧烈的三轴试样两端逐渐向中间发展,发育到一定深度会产生汇聚偏转,最终形成贯穿试样的纵向贯穿破坏面。试样的整体破坏面由循环初期的"Y"形或"X"形破坏面的张拉破坏,发育为循环后期的"爪"形破坏面的剪切破坏。

③细-微观试验:膨胀土未经循环作用时,结构层理性较强,颗粒间有较强的胶结作用,粒间孔隙较小,颗粒间贴合紧密,不易发生相对错动;经循环作用后,团聚体结构重组为松散的絮凝结构,各向异性发生改变,土颗粒破碎卷曲,胶结作用减弱,粒间孔隙增大,更易滋生裂隙。循环作用导致的胶结作用减弱是试样黏聚力下降的主要原因,在轴向荷载作用下,破坏模式由张拉破坏逐渐转变为剪切破坏。

④邓肯-张 E-B 模型的改进:邓肯-张 E-B 模型参数在循环初期呈波动趋势,在循环后期各参数与干湿-冻融循环次数间有较好的相关性,通过建立各模型参数与循环次数的关系,发现邓肯-张 E-B 模型可较好地反映干湿-冻融循环条件下膨胀土的应力-应变关系,但对于体变关系的预测有所不足。

⑤弹塑性损伤模型:基于已有的修正剑桥模型,引入有效黏结应力参数,发现根据三轴试验数据绘制的应力-应变曲线与预测曲线较为贴合,体变曲线的拟合度较差;通过设定损伤变量的发展规律,发现模型参数与干湿-冻融循环次数呈指数函数关系,改进后的修正剑桥模型可较好地反映干湿-冻融循环条件下膨胀土的应力-应变关系,但对于体变关系的预测还有待进一步研究。

15.3 膨胀土的改良方法及其施工关键技术

(1) 不同材料改良膨胀土的力学特性

① 石灰、水泥和砂石料改良膨胀土力学特性试验:

a. 水泥、石灰和砂石料均可有效提高膨胀土的无侧限抗压强度与剪切强度,改善孔隙比,降低压缩性;当水泥掺量约为7%、石灰掺量约为6%、砂石料掺量约为30%时,在达到合理的经济效益的同时改良效果相对较优,并能满足地区工程应用要求,而水泥对膨胀土的加固效果要优于石灰,砂石料次之。

b. 在同一养护龄期下,膨胀土会随石灰、水泥掺量的增加,产生的水化物凝胶体含量增多,凝结硬化增强,结构脆性破坏更明显;对于砂石料改良土,随砂石料掺量增加并未改变黏土矿物组成结构,依然呈现出塑性破坏特征;随养护龄期的增长,石灰和水泥改良土的性能不断提升,而砂石料改良土则不太明显。

c. 从微观结构来看,膨胀土中加入石灰和水泥改性后生成较多的水化硅酸系列胶凝产物,增强了土颗粒之间的胶结联结作用,团聚体含量增加、孔隙含量大量减少、结构整体性能明显改善,土体强度提高、膨胀性降低、宏观力学性质提升。

② 碱激发粉煤灰-钢渣粉/矿粉改良膨胀土力学特性试验:

a. 粉煤灰掺入量约为15%、钢渣粉加入量约为18%时,改良膨胀土抗压、抗剪强度达到最大值,孔隙比略微减小;而在NaOH的作用下,钢渣粉与粉煤灰的活性被激发,能加速水化产物的生成,提升固化土早期强度,当NaOH掺量为5%时,土体力学性能得到大幅度提升。而相同掺比下的碱激发粉煤灰-矿粉固化膨胀土抗剪强度相较于碱激发粉煤灰-钢渣粉固化膨胀土抗剪强度显著提升,改性材料的复合性能改善了单掺材料的工作性能,而NaOH的加入又促进固化材料解离与缩聚反应的进行。

b. 改良膨胀土最佳配合比(5%氢氧化钠激发15%粉煤灰与18%钢渣粉)试样随养护时间的增长,无侧限抗压强度与抗剪强度均有大幅度的提升,且土体结构脆性破坏特征明显;而养护龄期对孔隙结构的改善并不明显,随着养护龄期延长,孔隙比略微减小,说明碱激发粉煤灰与钢渣粉的相互激发作用、反应体系的正向进行、多体量凝胶相的生成,都需足够的养护时间作支撑。

c. XRD和SEM试验结果表明,改性剂与膨胀土在碱激发剂的作用下发生解聚-缩聚过程,主要形成一些碳酸钙晶须、针棒状水化硅酸钙以及无定形的硅铝酸盐聚合物凝胶等产物。随钢渣粉、碱性剂的依次加入,其微观结构不断得到改善,表现为裂缝和孔隙变少、变小,团聚体增加,结构密实性和骨架性增强,宏观力学行为上表现为改良土抗压、抗剪强度不断增加、孔隙比逐渐减少、可压缩性降低。

d. 碱性剂激发了改性材料和膨胀土潜在的活性组织,在碱性环境中玻璃体结构解离、聚合持续进行,不断生成的系列聚合物凝胶将膨胀土颗粒紧密黏结形成致密的网络结构,结构整体性得到明显改善,相互间的结合力增强,土体颗粒间的黏聚力提高,固化土的强度提升显著。

(2) 干湿-冻融循环条件下改良膨胀土的力学特性试验

① 无侧限抗压强度试验分析:随循环次数的增加,未改良膨胀土和碱激发粉煤灰及矿粉改良膨胀土无侧限抗压强度均有所下降,9 次循环后强度分别下降 51.80% 和 10.98%;但改良土相较于未改良膨胀土强度增加 8~12 倍,应力-应变曲线由应变软化型转变为应变硬化型,呈现出更强的应变硬化特性,破坏形式由应变软化的塑性破坏转变成完全的脆性破坏。

② 直剪试验分析:随循环次数的增加,未改良土体与改良土首次循环后试样黏聚力分别下降约 50.13% 与 24.90%,未改良膨胀土黏聚力在循环 3 次后趋于稳定,内摩擦角无明显变化规律;而改良土黏聚力随循环作用的进行变化幅度较小,剪切破坏相对更加稳定,内摩擦角在 9 次循环后波动幅度在 6.72% 左右,基本保持不变。

③ 侧限压缩试验分析:随循环次数的增加,未改良膨胀土孔隙受上覆压力影响较明显,产生较大沉降变形,压缩系数与压缩指数稳步上升,土样表现出较高的压缩性;而改良后试样循环前后压缩指数都低于 0.1,属于低压缩性土,随循环次数增加,压缩系数先上升后下降,循环 5 次后趋于稳定,较未改良土体试样表现出较低的压缩性,改良土能有效抵制循环作用对土体孔隙结构的损伤。

④ 微观试验分析:干湿-冻融循环作用使未改良膨胀土微观孔隙含量以及大孔隙增多,密实度降低;而改良土限制了大孔的生成和裂隙的发展,减少了循环作用对土体孔隙损伤和颗粒破坏的影响,进而增强了土体强度。综上分析可知,在干湿-冻融循环作用下,碱激发粉煤灰与矿粉改良土相较于膨胀土的力学性能更加稳定,采用改良土换填膨胀性渠基土有利于提升明渠边坡的稳定性。

(3) 改良膨胀土在输水明渠工程中的应用及施工技术方法

① 渠坡表层全部换填分析:碱激发粉煤灰-矿粉固化膨胀土作为渠坡换填材料,随着换填深度的增加,渠坡稳定性不断提升,当膜后水位为 0 m 时,不同换填深度稳定性系数均大于 1.35;当膜后水位为 6.0 m 时,处于最易滑坡状态,随着运行年数的增加不同换填深度稳定性系数均有小幅度降低;换填深度为 0.6 m 时,渠坡在循环 9 次后依旧能处于稳定状态,对渠坡稳定性改善效果明显。

② 渠坡梯形换填分析:当减少换填材料,采取纵向梯形换填方式时,在膜后水位为 0 m 时,随换填深度和换填宽度的增加,渠坡稳定性得到一定改善;当膜后水位为 6 m 时,随运行年数的增加不同换填宽度和换填深度的渠坡稳定性系数均有一定程度降低,最终趋于稳定;换填深度为 1.5 m、换填宽度为 2.0 m 时在循环 5 次后渠坡依旧能处于稳定状态。

③ 渠坡灰土挤密桩加固分析:进一步减少换填材料,运用灰土挤密桩换填加固时,当膜后水位为 0 m 时,随加固深度和桩间距离的增加,渠坡稳定性稳步提升;在膜后水位为 6 m 时,不同桩间距和桩深加固渠坡随运行年数的增加,稳定性降低,在运行 7 年后趋于稳定;在桩体直径为 2.0 m、桩间距为 1.0 m、加固深度为 1.75 m 时,渠坡在运行 5 年后能保持稳定状态,运行多年后渠坡依旧能处于基本稳定状态。

④ 施工技术方法：

a. 膨胀土渠坡换填：对于膨胀土渠坡换填施工，应选择合理的施工机械，确定合理的施工参数，并按照合理的施工工序，包括施工准备、堤基处理、土料开采、土料改性、填筑方式、坡面修整等一系列工序安排，这是施工质量及施工进度、施工成本控制的关键。

b. 膨胀土渠坡灰土挤密桩加固：对于膨胀土渠坡灰土桩体施工加固处理，成孔方式宜采用冲击钻机成孔，开挖到设计位置后，再进行分层回填改良土料，逐层夯实，接口处逐层凿毛，回填接近设计标高后进行人工夯实，并根据渠坡坡度对灰土桩进行削坡处理，保持桩顶与坡度一致，便于渠坡衬砌结构的铺设。

c. 改良土换填加固渠坡衬砌结构施工：衬砌结构施工时应注重做好各工序质量控制要点的把控及各工序之间的有序衔接，避免工程运行后出现边坡滑塌、衬砌结构变形现象。

15.4　排水抗滑管桩综合防控技术体系及施工技术方法

（1）抗滑管桩时效变形规律分析

降水期膨胀土流变变形出现阶段性与规律性特征，膨胀土蠕变影响随渠水下降而逐渐增强，单周期降水过程中，渠坡短期变形可分为卸荷变形阶段、应力调整阶段以及应力稳增阶段。为满足渠坡稳定性与经济性要求，设计选出抗滑管桩的桩径建议范围为 0.8～1.0 m，桩长为 5.2～5.4 m，桩间距为 4.0～5.0 m。加入抗滑管桩后的渠坡受蠕变影响，桩侧附加应力主要分布在膨胀土浅层范围，桩前侧中部易形成应力集中现象，随着运行周期增加，桩间土拱效应减弱并出现刚性疲劳。抗滑管桩治理后滑坡失稳变形阶段的变形特征与治理前有较大差异，其变化原因是抗滑管桩构件的不透水性使渠坡前缘积聚渗水，导致桩后坡体易发生急剧性失稳。

（2）排水抗滑管桩及锤击沉桩-排水技术施工方法

将排水管桩的透水域分布在管桩顶部、中部、底部，能满足膨胀土渠坡沉桩过程与长期运行两阶段降水疏水作用，提升桩-土体系长期稳定性。双向对穿开孔排水管桩能有效疏解渠坡浅层赋存孔隙水压力，降低膨胀土受干湿-冻融循环作用的影响，提高土体有效应力。设计排水管桩为双向对穿开孔方式能有效降低管桩应力集中现象，且符合管桩受力特征，是有孔管桩最优布孔方式。为提升排水管桩支护渠坡的经济性，优化排水抗滑管桩布置桩间距为 14～20 倍桩径，14～16 倍桩径能使渠坡保持一定的平衡稳定状态，18～20 倍桩径使渠坡稳定性系数较低，但仍可结合工况进行综合考虑，还可将排水抗滑管桩布置在渠坡 1/3 处，以便于施工作业。锤击应力作用在桩周形成超孔隙水压力，加速沉桩过程桩周土排水作用，增强土体抗剪强度，排水完成后利用排水管桩长期排水能力，降低土体孔隙水压力，提高土体长期有效应力，排水管桩作为嵌固桩加固土体。排水抗滑管桩锤击沉桩-长期排水技术加固膨胀土渠坡的施工流程主要可分为四个步骤，包括平整坡面，旋挖成孔并锤击沉桩至渠坡设计标高，安装水泵装置进行桩内渗水抽排，桩内浇筑混凝土并设置横向自流排水设施。该技术可适用于高排水与抗滑要求的膨胀土地基处理和长期输水的膨胀土输水明渠，具有简化施工步骤、缩短施工周期、提高桩周土体强度承载力、长期降低土体孔隙水压力、承担土体结构所受荷载等优点。

第 16 章　寒旱区膨胀土输水明渠工程的未来发展趋势

北疆供水一期工程处于寒冷干旱的极端自然环境中,随着运行年限的增加,该输水明渠工程面临许多重大工程问题,其中,如何保障工程安全运行是当前面临的重要问题。现结合寒旱区的施工难题,提出寒旱区装配式明渠工程施工技术、寒旱区装配式箱涵输水关键技术和寒旱区有压/无压输水管道控制技术三种解决方案,以解决该工程面临的问题。

16.1　寒旱区装配式明渠工程施工技术

排水抗滑管桩及装配式明渠快速施工技术研究,主要包括以下三个方面:

(1)排水抗滑管桩优化技术研究。在提出的排水抗滑管桩技术基础上,对排水抗滑管桩进行优化设计,以桩间距、布设位置、锚固深度以及截面面积等为主,利用 FLAC 3D 软件构建排水抗滑管桩在不同影响参数变化下的模型,对包括桩间距、桩位以及桩长等在内的多个设计参数进行分析,让其支护性能得到充分发挥,据此确立出排水抗滑管桩加固渠坡最安全、最合理同时也最经济的方案。

(2)渠坡排水-抗滑变形协调一致的综合防控技术体系。基于明渠的结构特点,综合边坡的防治措施,针对寒旱区的自然环境条件,提出采用"竖向排水抗滑管桩＋横纵排水系统"的综合支护处理措施,采用集渗流—变形—稳定于一体的综合有限元数值仿真模拟方法进行数值仿真计算,并进行多方案对比分析,进一步优化渠坡防控技术体系。

(3)装配式明渠快速施工技术研究。北疆供水一期工程维修机械利用率低,材料周转搬运困难,大部分施工工序只能依靠人工进行。为了提高施工效率、降低人工劳动强度,采用装配式渠板进行明渠工程的维修治理,达到方便、省时、省力的目的。

16.2　寒旱区装配式箱涵输水关键技术

装配式箱涵构件的连接受力机理及设计方法研究,主要包括以下三个方面:

(1)装配式箱涵构件及其连接受力性能与破坏机理研究。针对预制箱涵构件间连接问题,确定干式螺栓连接形式,提出小型涵墩和底板、翼墙和底板,以及翼墙和加劲板间的盒式螺栓连接形式与构造;对于较大型的涵墩等构件,确定节段后张预应力拼装形式与构造,开展预制箱涵干式螺栓连接在极限不平衡土压力作用下的受力性能试验,带加劲墙的翼墙和底板盒式螺栓连接在水压力作用下的受力性能试验,研究闸墩节段后张预应力拼接连接在水压力和闸门推力共同作用下的受力性能,确定上述连接破坏模式、变形和承载特征。

（2）装配式涵闸构件及其连接性能与关键参数影响规律研究。开展装配式涵闸构件及其连接性能数值模拟研究,提出适用于中小型箱涵结构不同连接形式的实体精细化数值模型,利用试验数据校准确定不同连接形式的数值模型参数;对不同连接形式的关键参数（如预制箱涵干式螺栓连接的螺栓直径及其间距、带加劲墙的翼墙和底板盒式螺栓连接的螺栓数量、闸墩节段后张预应力拼接连接的预应力筋大小和节段数量等）进行参数化分析,确定关键参数变化规律,并提出合理的设计范围。

（3）装配式箱涵构件及其连接设计方法研究。开展装配式箱涵构件及其连接理论分析,确定构件及其连接刚度和承载力理论计算方法,利用试验数据验证理论计算方法的正确性,最终提出预制箱涵及其干式螺栓连接、带加劲墙的翼墙和底板及其盒式螺栓连接、闸墩节段后张预应力拼接连接的刚度和承载力设计方法。

16.3 寒旱区有压/无压输水管道控制技术

有压输水、无压输水、有压无压过渡输水方式下水力学特性及安全性分析研究,主要包括以下三个方面:

（1）长距离跨流域有压输水管道水锤计算与安全防护关键技术。开展多过程联动条件下（关阀、停泵、开阀）寒旱区长距离跨流域调水工程的水力过渡过程计算方法研究,建立长距离高压复杂地形条件下非恒定流水动力模型,揭示各主要影响因素对有压管道水力过渡过程的影响机制。对空气阀、空气罐、止回阀等不同种类的水锤防护设备的防护性能进行现场监测及试验研究,建立和改进考虑复杂水-气瞬变过程的防护设备修正模型,得到各类设备的动态防护特性,对水锤防护方案进行综合性评价,提出输水管网综合效益最优的防护方案。

（2）明渠输水工程水力控制影响机制研究。研究输水明渠不同输水工况下渠道糙率和流量特性,以及渠道的不规则度、弯度、断面变化、障碍物等变化对输水渠道糙率系数的影响,得到不同条件下渠道糙率影响的修正方法。对输水明渠沿线各类闸门、阀门、泵站、溢流堰、分水口门、调压井等控制设施的水力参数和水力特性进行观测研究,对比不同渠道系统控制方法的安全性及经济性,分析不同方法下渠道系统控制水位、流量等性能指标,得到适用于寒旱区明渠输水自动化最优控制模式。

（3）有压无压过渡输水方式水力特征研究。研究寒旱区输水工程在复杂输水系统中的无压有压流衔接问题,得到流态转变特性（缓流到急流的过渡）,对明满流水力瞬变过程及水气相互作用机理进行研究,利用物理模型试验及原型观测方法探明明满流瞬态过程中水气交界面动态特性,得到有压无压过渡输水系统运行过程中滞气的主要方式及滞留气团形成后的水气相互作用机理,从而减少和避免输水管道运行过程中出现过大压力振荡、滞留气团以及喷水事故,在此基础上建立复杂边界条件下明满流水气交界面数学模型,提出有效安全的有压无压过渡输水方式。

参 考 文 献

[1] 邓铭江.三层级多目标水循环调控理论与工程技术体系[J].干旱区地理,2019,42(5):961-975.

[2] SKEMPTON A W.Long-term stability of clay slopes[J].Géotechnique,1964,14(2):77-102.

[3] DONG Y,WANG B T.Test study on mechanical properties of the lime stabilized expansive soil under wet and dry cycle[J].Applied Mechanics and Materials,2012,174-177(3):166-170.

[4] 李新明,孔令伟,郭爱国.原状膨胀土剪切力学特性的卸荷速率效应试验研究[J].岩土力学,2019,40(10):3758-3766.

[5] TABARI M K,CHOOBBASTI A J,TAGHAVIGHALESARI A.Large-scale experimental investigation of strength properties of composite clay[J].Geotechnical and Geological Engineering,2019,37(6):5061-5075.

[6] 柯尊敬,张鉴诚.膨胀土填土抗剪强度试验方法的初步探讨[J].勘察科学技术,1986,4(6):11-15.

[7] 周葆春,孔令伟,马全国,等.压实膨胀土非饱和抗剪强度的湿度与密度效应[J].岩土力学,2017,38(S1):240-246.

[8] KELLER T,LAMANDE M,SCHJONNING P,et al.Analysis of soil compression curves from uniaxial confined compression tests[J].Geoderma,2011,163(1):13-23.

[9] BAG R,RABBANI A.Effect of temperature on swelling pressure and compressibility characteristics of soil[J].Applied Clay Science,2017,136:1-7.

[10] BURLAND J B.On the compressibility and shear strength of natural clays[J].Géotechnique,1990,40(3):329-378.

[11] BUCHAN S,SMITH D T.Deep-sea sediment compression curves:some controlling factors,spurious overconsolidation, predictions, and geophysical reproduction [J]. Marine Georesources and Geotechnology,1999,17(1):65-81.

[12] BUTTERFIELD R.A natural compression law for soils[J].Géotechnique,1979,29(4):469-480.

[13] DRUMRIGHT E E,NELSON J D.The shear strength of unsaturated tailings sand[C]//International Conference on Unsaturated Soils.Paris,1995:45-50.

[14] ROHM S A,VILAR O M.Shear strength of an unsaturated sandy soil[C]//International Conference on Unsaturated Soils.Paris,1995:189-193.

[15] VANAPALLI S K,FREDLUND D G,PUFAHL D E,et al.Model for the prediction of shear strength with respect to soil suction[J].Canadian Geotechnical Journal,1996,33(3):379-392.

[16] KHOURY C N,MILLER G A.Influence of hydraulic hysteresis on the shear strength of unsaturated soils and interfaces[J].Geotechnical Testing Journal,2012,35(1):135-149.

[17] RINALDI V A,ZEBALLOS M E.Stress-strain behavior of a desaturated loessian lightly cemented soil under triaxial compression test[J].Electronic Journal of Geotechnical Engineering,2015,20(591):6745-6760.

[18] LYU H B,GU J X,LI W J,et al.Analysis of compressibility and mechanical behavior of red clay considering structural strength[J].Arabian Journal of Geosciences,2020,13(15):499-516.

[19] 苗鹏,肖宏彬.不同初始条件对膨胀土剪切特性的影响研究[J].湖南工业大学学报,2007,(6):19-22.

[20] 张金存,程谦恭,李星,等.膨胀力表征非饱和膨胀土强度特性的试验研究[J].铁道科学与工程学报,2016,13(9):1702-1710.

[21] HU S J,ZHU H,CHEN Y B,et al.One-dimensional horizontal infiltration experiment for determining

permeability coefficient of loamy sand[J].Journal of Arid Land,2017,9(1):27-37.

[22] WU A X,YAO G H,HUANG M Q.Influence factors of permeability during heap leaching of complex copper oxide ore[J].Advanced Materials Research,2012,347-353:1037-1043.

[23] BHANDARI A R, FLEMINGS P B, SEBASTIAN R R, et al. Gas and liquid permeability measurements in Wolfcamp samples[J].Fuel,2019,236(15):1026-1036.

[24] 叶为民,钱丽鑫,陈宝,等.侧限状态下高压实高庙子膨润土非饱和渗透性的试验研究[J].岩土工程学报,2009,31(1):105-108.

[25] 王亮,刘松玉,蔡光华,等.活性 MgO 碳化固化土的渗透特性研究[J].岩土工程学报,2018,40(5):953-959.

[26] 李凯,章定文,曹智国.碳化作用对水泥固化/稳定化铅污染土渗透特性的影响[J].岩土工程学报,2019,41(S2):117-120.

[27] 戴张俊,陈善雄,罗红明.非饱和膨胀土/岩持水与渗透特性试验研究[J].岩土力学,2013,34(S1):134-141.

[28] 黄增奎.恒湿、干湿交替和风干对砂粉土速效钾的影响[J].土壤通报,1981,25(3):9-11.

[29] 冷挺,唐朝生,施斌,等.干湿循环条件下重塑膨胀土的裂隙发育特征及量化研究[J].工程地质学报,2016,24(5):856-862.

[30] 张家俊,龚壁卫,胡波,等.干湿循环作用下膨胀土裂隙演化规律试验研究[J].岩土力学,2011,32(9):2729-2734.

[31] 李焱,汤红英,邹晨阳,等.多次干湿循环对红土裂隙性和力学特性影响[J].南昌大学学报,2018,40(3):253-256.

[32] 曾铃,罗锦涛,侯鹏,等.干湿循环作用下预崩解炭质泥岩裂隙发育规律及强度特性[J].中国公路学报,2020,33(9):1-11.

[33] 叶万军,吴云涛,杨更社,等.干湿循环作用下古土壤细微观结构及宏观力学性能变化规律研究[J].岩石力学与工程学报,2019,38(10):2126-2137.

[34] 杨和平,张锐,郑健龙.有荷条件下膨胀土的干湿循环胀缩变形及强度变化规律[J].岩土工程学报,2006,28(11):1936-1941.

[35] 王飞,李国玉,穆彦虎,等.干湿循环条件下压实黄土变形特性试验研究[J].岩土力学,2016,37(8):2306-2312.

[36] 魏星,王刚.干湿循环作用下击实膨胀土胀缩变形模拟[J].岩土工程学报,2014,36(8):1423-1431.

[37] BOYNTJON P,GARNIER P.Relationship between clay content,clay type,and shrinkage properties of soil samples[J].Soil Science Society of America Journal,2004,68(4):1145-1153.

[38] YOSHIDA M.Study of strength and deformation of cylindrical hole damaged expansive soil by CT-2 triaxial test[J].Rock and Soil Mechanics,2013,34(10):2764-2809.

[39] DEXTER A R,KROESBERGEN B,KUIPERS H.Some mechanical properties of aggregates of top soils from the ljsselmeer polders. Remoulded soil aggregates and the effects of wetting and drying cycles[J].Netherlands Journal Agricultural Science,1984,32(2):215-227.

[40] ALBRECHT B A,BENSON C H.Effect of desiccation on compacted natural clays[J].ASCE,Journal of Geotechnical and Geoenvironmental Engineering,2001,128(1):67-75.

[41] RAYHANIA M H T,YANFULB E K,FAKHERF A.Physical modeling of desiccation cracking in plastic soils[J].Engineering Geology,2008,97(1-2):25-31.

[42] 邴慧,何平.冻融循环对含盐土物理力学性质影响的试验研究[J].岩土工程学报,2009,31(12):1958-1962.

[43] EDWIN J C,ANTHONY J G.Effect of freezing and thawing on the permeability and structure of soils[J].Engineering Geology,1979,13(1):73-92.

[44] WANG D,MA W,NIU Y,et al.Effect of cyclic freezing and thawing on mechanical properties of

Qinghai-Tibet clay[J].Cold Regions Science and Technology,2007,48(1):34-43.

[45] ANCA H,MARWEN B,ABDULRAHMAN A,et al.Effect of freeze-thaw cycling on the mechanical properties of lime-stabilized expansive clays[J].Cold Regions Science and Technology,2015,119(11):151-157.

[46] TANG L,CONG S,GENG L,et al.The effect of freeze-thaw cycling on the mechanical properties of expansive soils[J].Cold Regions Science and Technology,2018,145(1):197-207.

[47] 董晓宏,张爱军,连江波,等.长期冻融循环引起黄土强度劣化的试验研究[J].工程地质学报,2010,18(6):887-893.

[48] 许雷,刘斯宏,鲁洋,等.冻融循环下膨胀土物理力学特性研究[J].岩土工程学报,2016,37(S2):167-174.

[49] 裴向军,蒙明辉,袁进科.干燥及饱水状态下裂隙岩石冻融特征研究[J].岩土力学,2017,38(7):1999-2006.

[50] 张逯见.不同冻融循环次数对膨胀土三轴剪切强度的影响[J].山东农业大学学报(自然科学版),2020,51(2):360-364.

[51] TSYTOVICH N A,SWINZOW E,TSCHEBOTARIOFF G.The mechanics of frozen ground[M].Washington:Scripta Book Co.,1975.

[52] HOTINEANU A,BOUASKER M,ALDAOOD A,et al.Effect of freeze-thaw cycling on the mechanical properties of lime-stabilized expansive clays[J].Cold Regions Science and Technology,2015,119(8):151-157.

[53] 张琦,杨忠年,时伟,等.冻融循环下初始含水率对非饱和膨胀土剪切特性试验[J].吉林大学学报(地球科学版),2021,51(5):1544-1550.

[54] LU Y,LIU S,ALONSO E L,et al.Volume changes and mechanical degradation of a compacted expansive soil under Freeze-thaw cycles[J].Cold Regions Science and Technology,2019,157(1):206-214.

[55] EIGENBORD K D.Effects of cyclic freezing and thawing on volume changes and permeabilities of soft fine-gained soils[J].Canadian Geotechnical Journal,1996,33(4):529-537.

[56] VIKLANDER P.Permeability and volume changes in till due to cyclic freeze/thaw[J].Canadian Geotechnical Journal,1998,35(3):471-477.

[57] 朱洵,蔡正银,黄英豪,等.湿干冻融耦合循环及干密度对膨胀土力学特性影响的试验研究[J].水利学报,2020,51(3):286-294.

[58] 朱洵,蔡正银,黄英豪,等.湿干冻融耦合循环作用下膨胀土力学特性及损伤演化规律研究[J].岩石力学与工程学报,2019,38(6):1233-1241.

[59] 蔡正银,朱锐,黄英豪,等.冻融过程对膨胀土渠道边坡劣化模式的影响[J].水利学报,2020,51(8):915-923.

[60] 张晨,朱洵,黄英豪,等.湿干冻融耦合作用下膨胀土裂隙发育方向性研究[J].岩土工程学报,2020,42(S1):234-238.

[61] 高小云,刘家国,赵贵涛,等.低应力状态下干湿-冻融循环对季冻区膨胀土强度的影响[J].水利与建筑工程学报,2019,17(2):24-28.

[62] 肖泽岸,赖远明.冻融和干湿循环下盐渍土水盐迁移规律研究[J].岩石力学与工程学报,2018,37(S1):3738-3764.

[63] ALDAOOD A,BOUASKER M,Al-MUKHTAR M.Impact of wetting-drying cycles on the microstructure and mechanical properties of lime-stabilized gypseous soils[J].Engineering Geology,2014,174:11-21.

[64] 李燕,王斯海,朱锐.复杂边界条件下膨胀土的体变特性与抗压强度研究[J].水利水运工程学报,2022,43(4):106-113.

［65］杨庆,张慧珍,栾茂田.非饱和膨胀土抗剪强度的试验研究［J］.岩石力学与工程学报,2004,23(3)：420-425.

［66］刘静德,李青云,龚壁卫.南水北调中线膨胀岩膨胀特性研究［J］.岩土工程学报,2011,33(5)：826-830.

［67］CHERTKOV V Y.Physical modeling of the soil swelling curve vs.the shrinkage curve［J］.Advances in Water Resources,2012,44：66-84.

［68］尹鑫,王迎超,高杰,等.基于直觉模糊集的膨胀土胀缩性评价［J］.土木工程学报,2018,51(5)：103-111.

［69］查甫生,杜延军,刘松玉,等.自由膨胀比指标评价改良膨胀土的膨胀性［J］.岩土工程学报,2008,30(10)：1502-1509.

［70］PRAKASH K,SRIDHARAN A.Free swell ratio and clay mineralogy of fine-grained soils［J］.Geotechnical Testing Journal,2004,27(2)：220-225.

［71］SRIDHARAN A,PRAKASH K.Mechanisms controlling the undrained shear strength behavior of clays［J］.Canadian Geotechnical Journal,1999,36(6)：1030-1038.

［72］BASMA A A,Al-HOMOUD A S,MALKAWL A I H.Swelling-shrinkage behavior of natural expansive clays［J］.Applied Clay Science,1996,11：211-227.

［73］HOLTZ W G,GIBBS H J.Engineering properties of expansive clays［J］.Transactions of the American Society of Civil Engineers,1956,121(1)：641-663.

［74］张爱军,哈岸英,骆亚生.压实膨胀土的膨胀变形规律与计算模式［J］.岩石力学与工程学报,2005,24(7)：1236-1241.

［75］BASMA A A,Al-HHOMOUD A S,HUSEIN A.Laboratory assessment of swelling pressure of expansive soils［J］.Applied Clay Science,1995,9(5)：355-368.

［76］Al-RAWAS A A,CUBA I,MCGOWN A.Geological and engineering characteristic of expansive soil and rocks in northern Oman［J］.Engineering Geology,1998,50(3)：267-281.

［77］KOMINE H,OGATA N.Prediction for swelling characteristic of compacted bentonite［J］.Canadian Geotechnical Journal,1996,33(1)：11-22.

［78］胡瑾,王保田,张文慧,等.无荷和有荷条件下膨胀土变形规律研究［J］.岩土工程学报,2011,33(S1)：342-345.

［79］李振,邢义川,李鹏.压力对膨胀土遇水膨胀的抑制作用［J］.水力发电学报,2006,25(2)：21-26.

［80］柴肇云,张鹏,郭俊庆,等.泥质岩膨胀各向异性与循环胀缩特征［J］.岩土力学,2014,35(2)：346-350,440.

［81］谈云志,胡莫珍,周玮韬,等.荷载-干湿循环共同作用下泥岩的压缩特性［J］.岩土力学,2016,37(8)：2165-2171.

［82］唐朝生,施斌.干湿循环过程中膨胀土的胀缩变形特征［J］.岩土工程学报,2011,33(9)：1376-1384.

［83］章李坚,郭永春,代聪,等.含水率对膨胀土胀缩性能影响的试验研究［C］//第九届全国工程地质大会论文集.2012：122-126.

［84］丁玲.膨胀土胀缩变形性能的试验研究［J］.工程建设与设计,2016,64(4)：50-52.

［85］KOVLER K,ZHUTOVSKY S.Overview and future trends of shrinkage research［J］.Materia Is and Structures,2006,39(9)：827-827.

［86］HENSEN E J M,SMIT B.Why Clay Swell［J］.The Journal of Physical Chemistry B,2002,106(49)：12664-12667.

［87］GENS A,ALONSO E E.A framework for the behaviour of unsaturated expansive clays［J］.Canadian Geotechnical Journal,1992,29(6)：1013-1032.

［88］STARKLOFF T,LARSBO M,STOLTE J,et al.Quantifying the impact of a succession of freezing-thawing cycles on the pore network of a silty clay loam and a loamy sand topsoil using X-ray tomography［J］.Catena,2017,156：365-374.

［89］TAKAHASHI H,TACHI Y.3D-microstructure analysis of compacted Na- and Cs-montmorillonites with nanofocus X-ray computed tomography and correlation with macroscopic transport properties [J].Applied Clay Science,2019,168(2):211-222.

[90] 时伟,张亮,杨忠年,等.冻融循环条件下膨胀土力学特性试验研究[J].西安建筑科技大学学报(自然科学版),2019,51(4):480-485.

[91] 柯睿,汪洪星,谈云志,等.冻融循环对固化淤泥土力学性质的影响[J].长江科学院院报,2019,36(8):136-139,145.

[92] 杨忠平,李登华,邓仁峰,等.冻融循环对固化铅污染土强度与孔隙特征影响的试验研究[J].工程地质学报,2019,27(3):539-549.

[93] GAO Z N,ZHONG X M,WANG Q,et al.The Influence of freeze-thaw cycles on unconfined compressive strength of lignin fiber-reinforced loess[J].Journal of Renewable Materials,2022,10(4):1063-80.

[94] 吴珺华,袁俊平,杨松,等.干湿循环下膨胀土胀缩性能试验[J].水利水电科技进展,2013,33(1):62-65,73.

[95] 黎伟,刘观仕,汪为巍,等.湿干循环下压实膨胀土裂隙扩展规律研究[J].岩土工程学报,2014,36(07):1302-1308.

[96] 黎伟,刘观仕,姚婷.膨胀土裂隙图像处理及特征提取方法的改进[J].岩土力学,2014,35(12):3619-3626.

[97] 李雄威,王爱军,王勇,等.持续蒸发作用下膨胀土裂隙和湿热特性室内模型试验[J].岩土力学,2014,35(S1):141-148.

[98] 孙德安,黄丁俊.干湿循环下南阳膨胀土的土水和变形特性[J].岩土力学,2015,36(S1):115-119.

[99] CHU C F,ZHAN M H,FENG Q,et al.Effect of drying-wetting cycles on engineering properties of expansive soils modified by industrial wastes[J].Advances in Materials Science and Engineering,2020,(12):1-9.

[100] SOLTANI A,DENG A,TAHERI A,et al.Swell-Shrink behavior of rubberized expansive clays during alternate wetting and drying[J].Minerals,2019,9(4):224-242.

[101] 唐朝生,施斌,崔玉军.土体干缩裂隙的形成发育过程及机理[J].岩土工程学报,2018,40(8):1415-1423.

[102] CHANG J,XIAO J,JIANG J Q,et al.Study on hygroscopic swelling and dehumidi-fication cracking characteristics of expansive soil under acid rain and cyclic drying-wetting[J].Advances in Civil Engineering,2021,(1):1-10.

[103] ZHU H X,ZHANG Y,LI Z H,et al.Study on crack development and micro-pore mechanism of expansive soil improved by coal gangue under drying-wetting cycles[J].Materials,2021,14(21):6546-6565.

[104] ZENG Z X,KONG L W,WANG M,et al.Effects of remoulding and wetting-drying-freezing-thawing cycles on the pore structures of Yanji mudstones[J].Cold Regions Science and Technology,2020,174(6):1-16.

[105] 蔡正银,朱洵,黄英豪,等.湿干冻融耦合循环作用下膨胀土裂隙演化规律[J].岩土工程学报,2019,41(8):1381-1389.

[106] ZHU R,HUANG Y H,SONG Z,et al.Volume changes and mechanical properties of expansive mudstone below canals under wet-dry/wet-dry-freeze-thaw cycles[J].Advances in Civil Engineering,2021,(10):1-11.

[107] 顾欣,徐洪钟.干湿循环作用下纤维加筋膨胀土的裂隙及强度特性研究[J].南京工业大学学报(自然科学版),2016,38(03):81-86.

[108] 黄文彪,林京松.干湿循环效应对膨胀土胀缩及裂隙性的影响研究[J].公路交通科技(应用技术版),2017,13(11):11-12.

[109] 骆赵刚,汪时机,杨振北.膨胀土湿干胀缩裂隙演化及其定量分析[J].岩土力学,2020,41(7):

2313-2323.

[110] 张先伟,孔令伟,郭爱国,等.基于 SEM 和 MIP 试验结构性黏土压缩过程中微观孔隙的变化规律[J].岩石力学与工程学报,2012,31(2):406-412.

[111] 胡东旭,李贤,周超云,等.膨胀土干湿循环胀缩裂隙的定量分析[J].岩土力学,2018,39(S1):318-324.

[112] 高可可,侯超群,孙志彬,等.浸水作用下膨胀土微观结构演化过程研究[J].合肥工业大学学报(自然科学版),2018,41(11):1537-1543.

[113] 刘观仕,陈永贵,曾宪云,等.环境湿度与温度对压实膨胀土裂隙发育影响试验研究[J].岩土工程学报,2020,42(2):260-268.

[114] 杜泽丽.干湿循环条件下膨胀土的力学性质与开裂行为[J].水电能源科学,2020,38(11):141-144.

[115] 袁俊平,殷宗泽.膨胀土裂隙的量化指标与强度性质研究[J].水利学报,2004,20(6):108-112.

[116] 李彦龙,汪自力,焦天艺.湿干循环作用下膨胀土胀缩裂隙演化特征[J].人民黄河,2020,42(2):72-76.

[117] 田晖,李丽,张坤,等.基于 SEM 方法分析干湿和冻融循环对黄土微观结构的影响[J].兰州理工大学学报,2020,46(4):122-127.

[118] 唐朝生,王得银,施斌,等.土体干缩裂隙网络定量分析[J].岩土工程学报,2013,35(12):2298-2305.

[119] TANG C S,SHI B,LIU C,et al.Influencing factors of geometrical structure of surface shrinkage cracks in clayey soils[J].Engineering Geology,2008,101(3/4):204-217.

[120] VELDE B.Structure of surface cracks in soil and muds [J].Geothermal,1999,93(1-2):101-124.

[121] TOLLERNAAR R N,PAASSEN L A,JOMMI C,et al.Observations on the desiccation and cracking of clay layers [J].Engineering Geology,2017,230:23-31.

[122] KONDNER R L.Hyperbolic stress-strain response:cohesive soils[J].Journal of the Soil Mechanics and Foundations Division,1963,89(1):115-144.

[123] DUNCAN J M,CHANG C Y.Non-linear analysis of stresses and strain in soils[J].ASCE Soil Mechanics and Foundation Division Journal,1970,96(5):1629-1653.

[124] JIA P J,KHOSHGHALB A,CHEN C,et al.Modified Duncan-Chang constitutive model for modeling supported excavations in granular soils[J].International Journal of Geomechanics,2020,20(11):1-13.

[125] 张云,薛禹群,吴吉春,等.上海第四纪土层邓肯-张模型的参数研究[J].水文地质工程地质,2008,219(1):19-22.

[126] 张新婷,邢鲜丽,李同录,等.黄土非线性弹性本构模型[J].合肥工业大学学报(自然科学版),2017,40(12):1670-1674.

[127] ROSCOE K H,SCHOFIELD A N,WROTH C P.On the yielding of soils[J].Géotechnique,1958,8(1):22-53.

[128] BURLAND J B.The yielding and dilatio of clay[J].Géotechinique,1965,15(2):211-214.

[129] ROSCOE K H,BURLAND J B.On the generalised stress-strain behaviour of "wet" clay[J].Engineering Plasticity,1968(1):535-609.

[130] HORPIBULSUK S,LIU M D,LIYANAPATHIRANA D S,et al.Behaviour of cemented clay simulated via the theoretical framework of the Structured Cam Clay model[J].Computers and Geotechnics,2010,37(1):1-9.

[131] 沈珠江.结构性粘土的弹塑性损伤模型[J].岩土工程学报,1993(3):21-28.

[132] 申林方,何仕娟,王志良,等.单轴压缩固化泥炭土的弹塑性损伤模型试验研究[J].硅酸盐通报,2022,41(1):174-181.

[133] 金旭,赵成刚,刘艳,等.非饱和原状土的弹塑性损伤本构模型[J].北京交通大学学报,2010,34(1):78-82,88.

[134] 夏旺民,郭新明,郭增玉,等.黄土弹塑性损伤本构模型[J].岩石力学与工程学报,2009,28(S1):

3239-3243.

[135] LAI Y,JIN L,CHANG X. Yield criterion and elasto-plastic damage constitutive model for frozen sandy soil[J].International Journal of Plasticity,2009,25(6):1177-1205.

[136] LADE P V.Elasto-plastic stress-strain theory for cohesionless soil with curved yield surfaces[J]. International Journal of Solids and Structures,1977,13(11):1019-1035.

[137] LADE P V,NELSON R B.Incrementalization procedure for elasto-plastic constitutive model with multiple,intersecting yield surfaces[J].International Journal of Rock Mechanics and Mining Sciences & Geomechanics,1984,8:311-323.

[138] DESAI C S,GALLAGHER R H.Mechanics of engineering materials[M].London:J Wiley and Sons,1984.

[139] DESAI C S,FARUQUE M O.Constitutive model for geological materials[J].Journal of Engineering Mechanics,1984,110(9):1391-1408.

[140] 黄文熙.土的工程性质[M].北京:水利电力出版社,1983.

[141] 李广信.土的清华弹塑性模型及其发展[J].岩土工程学报,2006,28(1):1-10.

[142] 沈珠江.南水双屈服面模型及其应用[C]//中国土木工程学会,海峡两岸土力学及基础工程地工技术学术研讨会论文集.1994:152-159.

[143] 殷宗泽.一个土体的双屈服面应力-应变模型[J].岩土工程学报,1988,10(4):64-71.

[144] 殷宗泽,卢海华,朱俊高.土体的椭圆-抛物双屈服面模型及其柔度矩阵[J].水利学报,1996,(12):23-28.

[145] 李天龙.掺纤维改良膨胀土的实验研究[J].工程与建设,2012,26(2):217-219.

[146] 杨俊,黎新春,张国栋.不同掺量风化砂对宜昌市某公路膨胀土特性的影响研究[J].中国工程科学,2012,14(11):57-62.

[147] 杨俊,黎新春,张国栋,等.风化砂改良膨胀土击实特性研究[J].河南大学学报,2013,43(6):716-720.

[148] 杨俊,黎新春,张国栋,等.风化细沙改良膨胀土膨胀特性室内试验研究[J].河南理工大学学报,2012,31(6):734-739.

[149] 杨俊,黎新春,张国栋,等.风化砂改良膨胀土机理及边坡稳定性分析[J].江苏大学学报,2014,35(5):600-604.

[150] 董柏林,黄华慧,裴沛雯,等.碎石改良膨胀土膨胀特性实验研究[J].地下空间与工程学报,2018,14(5):1213-1217.

[151] 黄飞龙,董柏林,许英姿.砂石粒径对改良膨胀土的影响研究[J].地下空间与工程学报,2019,15(6):1709-1713,1718.

[152] 许英姿,黄政棋,颜日葵,等.碎石改良膨胀土模型试验研究[J].科学技术与工程,2021,21(19):8145-8151.

[153] 徐晗,汪明元,黄斌,等.土工格栅加筋膨胀土渠坡数值模拟研究[J].岩土力学,2007,28(S1):599-604.

[154] 王协群,郭敏,胡波.土工格栅加筋膨胀土的三轴试验研究[J].岩土力学,2011,32(6):1649-1654.

[155] 蔡剑韬.土工格栅加筋膨胀土拉拔试验研究[J].岩土力学,2015,36(S1):204-208.

[156] 罗雄章,杨梅.石灰改良膨胀土胀缩性质和强度性质的研究[J].广西土木建筑,1998,23(4):149-154.

[157] 俞缙,王海,郑春婷,等.掺灰膨胀土表面吸附试验及吸水性验证[J].岩土力学,2012,33(1):73-77.

[158] RAO S M,REDDY B V V,MUTTHARAM M.Effect of cyclic wetting and drying on the index properties of a lime-stabilised expansive soil[J].Proceedings of the Institution of Civil Engineers Ground Improvement,2001,5(3):107-110.

[159] OSULA D.A comparative evaluation of cement and lime modification of laterite[J].Engineering Geology,1996,42(1):71-81.

[160] 张小平,施斌,陆现彩.石灰改良膨胀土微孔结构试验研究[J].岩土工程学报,2003,25(6):761-763.

[161] 张小平,施斌.石灰膨胀土团聚体微结构的扫描电镜分析[J].工程地质学报,2007,15(5):67-70.

[162] LOCAT J,TREMBALY H,LEROUEIL S.Mechanical and hydraulic behaviour of a soft inorganic clay treated with lime[J].Canadian Geotechnical Journal,1996,33(4):654-669.

[163] ELKADY T Y,SHAKER A A.Role of cementation and suction in the swelling behavior of lime-treated expansive soils[J].Journal Of Materials In Civil Engineering,2018,30(5):1-9.

[164] 吴新明,巫锡勇.水泥改良膨胀土试验研究[J].路基工程,2007,(2):94-95.

[165] WANG M W,LI J,GE S,et al.Moisture migration tests on unsaturated expansive clays in Hefei, China[J].Applied Clay Science,2013,79(1):30-35.

[166] 李永彪,丁三宝,沈慧,等.水泥掺量对改良膨胀土抗剪强度的影响[J].佳木斯大学学报,2018,36 (4):504-507.

[167] 韩晶,王乐华,马莉,等.水泥及石灰掺量对改良膨胀土抗剪强度的影响[J].人民黄河,2015,37(4): 137-139,144.

[168] 张齐齐,王家鼎,刘博榕,等.水泥改良土微观结构定量研究[J].水文地质工程地质,2015,42(3): 92-96.

[169] 王佩,宋新江,徐海波,等.水泥改性膨胀土基本特性试验[J].水利水电科技进展,2021,41(3):56-60.

[170] 王绍波,孙大江.二灰改良膨胀土的试验研究[J].岩土工程,2007,10(9):29-30.

[171] AKBULUT S,ARASAN S.The variations of cation exchange capacity,pH,and Zeta potential in expansive soils treated by additives[J].International Journal of Civil and Structural Engineering, 2010,1(2):139-154.

[172] 贾红卫.石灰、水泥改良膨胀土性能试验研究[J].城市道桥与防洪,2019,36(9):189-191,196,21.

[173] 林友军,薛丽皎,陈丽红.石灰-粉煤灰改良汉中膨胀土试验研究[J].陕西理工学院学报,2010,26 (1):40-43.

[174] WANG D X,XIAO J,GAO X Y.Strength gain and microstructure of carbonated reactive MgO-fly ash solidified sludge from East Lake,China[J].Engineering Geology,2019,251:37-47.

[175] 刘清秉,项伟,张伟锋.离子土壤固化剂改良膨胀土的试验研究[J].岩土力学,2009,30(8): 2286-2290.

[176] 李志清,胡瑞林.阳离子改性剂改良膨胀土试验研究[J].岩土工程学报,2009,31(7):1094-1098.

[177] 尚云东,耿丙彦.HTAB 改良膨胀土性能试验研究[J].土木工程学报,2010,43(9):138-143.

[178] 代学灵,赵辉.NCS 固化剂改善膨胀土填筑路基施工技术[J].徐州工程学院学报,2006,21(6): 41-43.

[179] 贺立军,唐雪云.HEC 固化剂加固膨胀土试验研究[J].人民黄河,2010,32(9):148-151.

[180] 薛庆鹏.粉煤灰、碱渣改良膨胀土的路用性能试验研究[M].西安:西北工业大学出版社,2017.

[181] 彭金忠,杨运娥.生态改性治理膨胀土方法[J].公路,2005,50(5):153-157.

[182] 虞海珍,李小青,姚建东.膨胀土化学改良试验研究分析[J].岩土力学,2006,27(11):1941-1944.

[183] 王保田,任骜,张福海,等.使用 CTMAB 改良剂改良天然膨胀土的试验研究[J].岩土力学,2009,30 (2):39-42.

[184] 王艳萍,胡瑞林,李志清,等.膨胀土路堤的化学改性试验研究[J].工程地质学报,2008,16(1): 124-129.

[185] 韦晨.NaCl 溶液对改性陕西膨胀土强度变形特性研究[D].西安:西安工业大学,2020.

[186] PUTRA P,PARAMISWARI D A,ILHAM A,et al.Expansive soil improvement of Glagahagung village,Purwoharjo sub-district,Banyuwangi district,which is chemically stabilized[J].Matec Web of Conferences,2018,195.

[187] 周东,欧孝夺,杜静,等.生物技术改良膨胀土的探讨[J].广西大学学报,2004,29(3):197-201.

[188] 许金丽.改良膨胀土菌种筛选及条件选择的研究[D].南宁:广西大学,2007.

[189] 杜静,周东.微生物改良膨胀土的试验研究[J].水利水电技术,2012,43(7):102-106.

[190] 陈永青,文畅平,方炫强.生物酶改良膨胀土的修正殷宗泽模型[J].岩土力学,2019,40(9): 3515-3523.

［191］黄涛,方祥位,张伟,等.活性氧化镁-微生物固化黄土试验研究[J].岩土力学,2020,41(10): 3300-3308.

［192］欧孝夺,莫鹏,江杰,等.生石灰与微生物共同固化过湿性铝尾黏土试验研究[J].岩土工程学报, 2020,42(4):624-632.

［193］JAMES R,KAMRUZZAMAN A,HAQUE A,et al.Behaviour of lime-slag-treated clay[J]. Proceedings of the Institution of Civil Engineers Ground Improvement,2015,161(4):207-216.

［194］JEGANDAN S,LISKA M,OSMAN A M,et al.Sustainable binders for soil stabilisation[J]. Proceedings of the Institution of Civil Engineers Ground Improvement,2010,163(1):53-61.

［195］YI Y,LISKA M,Al-TABBAA A.Initial Investigation into the Use of GGBS-MgO in Soil Stabilisation[D].In:Proceedings of the Fourth International Conference on Grouting and Deep Mixing.2012.

［196］张鑫,孙树林,魏永耀,等.掺绿砂改良膨胀土室内试验研究[J].岩土力学,2012,33(2):209-213.

［197］ABICHOU T,BENSON C H,EDIL T B,et al.Using waste foundry sand for hydraulic barriers[C]// Recycled Materials in Geotechnical Applications,1998.

［198］ABICHOU T,EDIL T B,BENSON C H,et al.Hydraulic conductivity of foundry sands and their use as hydraulic barriers[C]//Recycled Materials in Geotechnics.Proceeding of Sessions of the ASCE Civil Engineering Conference and Exposition Maryland,2005:186-200.

［199］查甫生,郝爱玲,赵林,等.电石渣改良膨胀土试验研究[J].工业建筑,2014,44(5):65-69.

［200］檀奥龙,魏连雨,王清州.碱渣改良风化泥岩的物理力学试验研究[J].硅酸盐通报,2018,37(8): 2610-2615.

［201］孙树林,郑青海.碱渣改良膨胀土室内试验研究[J].岩土力学,2012,33(6):1608-1612.

［202］SUN S L,TANG J,ZHENG Q H,et al.Experimental study of expansive soil improved with granulated blast furnace slag (GBFS)[J].Rock and Soil Mechanics,2012,33(7):1940-1944.

［203］张雁,殷潇潇,刘通.煤矸石改良膨胀土特性及其最佳掺量条件下的孔隙结构表征[J].农业工程学 报,2018,34(22):267-274.

［204］李妥德,赵中秀.用矿碴复合料改良膨胀土的工程性质[J].岩土工程学报,1993,15(5):11-23.

［205］赵辉,储诚富,郭坤龙,等.铁尾矿砂改良膨胀土基本工程性质试验研究[J].土木建筑与环境工程, 2017,6(6):98-104.

［206］张德恒.废弃秸秆灰渣改良膨胀土的体积变化特征研究[J].南京工程学院学报,2014,12(2):39-44.

［207］张德恒,孙树林,徐奋强.秸秆灰渣改良膨胀土三维膨胀特性试验研究[J].长江科学院学报,2014,31 (10):128-133.

［208］魏永耀,孙树林,郑华章.膨胀土-胶粉强度特性室内研究试验[J].工程地质学报,2010,18(4): 543-547.

［209］赵敏.利用废弃轮胎胶粉改良膨胀土的方法[J].轮胎工业,2010,30(3):167-169.

［210］YADAV J S,TIWARI S K.Effect of waste rubber fibres on the geotechnical properties of clay stabilized with cement[J].Applied Clay Science,2017,149(12):97-110.

［211］刘松玉,曹菁菁,蔡光华.活性氧化镁碳化固化粉质黏土微观机制[J].岩土力学,2018,39(5): 1543-1554.

［212］蔡光华,刘松玉,曹菁菁.活性氧化镁碳化加固粉土微观机理研究[J].土木工程学报,2017,50(5): 105-116.

［213］王东星,何福金,朱加业.CO_2碳化矿渣-CaO-MgO加固土效能与机理探索[J].岩土工程学报,2019, 41(12):2197-2208.

［214］王东星,何福金.CO_2碳化-矿渣/粉煤灰协同固化土效果与机制研究[J].岩石力学与工程学报, 2020,39(7):1493-1504.

［215］黎连文,谢支钢,杨明秀.粉煤灰改良膨胀土抗剪强度室内试验研究[J].重庆科技学报,2013,15(6): 108-111.

[216] 冯美果,陈善雄,余颂,等.粉煤灰改性膨胀土水稳定性试验研究[J].岩土力学,2007,28(9):1889-1893.

[217] 杨晶磊.粉煤灰改良膨胀土力学特性试验[J].粉煤灰综合利用,2018,32(1):44-46.

[218] 秦彩虹,宋剑.粉煤灰改良膨胀土无侧限抗压强度试验[J].重庆科技学院学报(自然科学版),2013,15(5):113-115,134.

[219] 袁明月,张福海,王远航.钢渣改良膨胀土试验效果与机理分析[J].河北工程大学学报,2018,35(2):67-70.

[220] 孙朋,郭占成.钢渣的胶凝活性及其激发的研究进展.硅酸盐通报[J],2014,33(9):2230-2235.

[221] 吴燕开,史可健,胡晓士,等.海水侵蚀下钢渣粉+水泥固化土强度劣化试验研究.岩土工程学报,2019,41(6):1014-1022.

[222] 吴燕开,胡晓士,胡锐,等.烧碱激发钢渣粉在淤泥质土中的试验研究[J].岩土工程学报,2017,39(12):2187-2194.

[223] 吴燕开,胡锐,赵位莹,等.钢渣粉掺合料改良膨胀土特性试验研究[J].河南理工大学学报,2017,36(1):136-143.

[224] SAJEDI F,RAZAK H A.The effect of chemical activators on early strength of ordinary Portland cement-slag mortars[J].Construction & Building Materials,2010,24(10):1944-1951.

[225] SHI C J,KRIVENKO P V,ROY D.Alkali-activated cements and concretes[M].New York:Taylor and Francis,2006:6-125.

[226] 王亚超.碱激发粉煤灰基地质聚合物强化增韧及耐久性能研究[D].西安:西安建筑科技大学,2014.

[227] 王东星,王宏伟,邹维列,等.碱激发粉煤灰固化淤泥微观机制研究[J].岩石力学与工程学报,2019,38(S1):3197-3205.

[228] NIDZAM R M,KINUTHIA J M.Sustainable soil stabilization with blastfurnace slag-a review[J].Construction Materials,2010,163(3):157-165.

[229] 董景铨.碱激发粉煤灰改良膨胀土强度特性试验研究[D].合肥:合肥工业大学,2019.

[230] 蒋勇,贾陆军,文梦媛,等.碱激发粉煤灰/钢渣胶凝材料的制备[J].硅酸盐通报,2019,38(7):2152-2161.

[231] 曹娃,伊元荣,马佐,等.碱激发粉煤灰-钢渣地质聚合物的抗压强度实验研究[J].环境科学与技术,2014,37(12):205-208.

[232] ZHAO B,WANG Y S,WANG Y,et al.Retaining mechanism and structural characteristics of h type anti-slide pile (hTP pile) and experience with its engineering application[J].Engineering Geology,2017,222:29-37.

[233] 钱同辉,陈芳,程周炳,等.框架式双排抗滑桩结构性能研究[J].长江科学院院报,2011,(11):2-7.

[234] 肖世国.边(滑)坡治理中H型组合抗滑桩的分析方法及工程应用[J].岩土力学,2010,(7):1-8.

[235] LIU X R ,KOU M M,FENG H,et al.Experimental and numerical studies on the deformation response and retaining mechanism of h-type anti-sliding piles in clay landslide[J].Environmental earth sciences,2018,77(5):1-14.

[236] WU H,PAI L.Shaking table test for reinforcement of soil slope with multiple sliding surfaces by reinforced double-row anti-slide piles[J].Journal of Mountain Science,2022,19(5):1419-1436.

[237] 刘鸿,周德培,张益峰.微型桩组合结构模型抗滑机制实验研究[J].岩土力学,2013,(12):1-5.

[238] 雷佩云.膨胀土边坡双排抗滑桩-锚杆框架结构受力及变形特性研究[D].长沙:中南大学,2012:43-99.

[239] 向远华.锚杆框架梁-双排抗滑桩支护膨胀土边坡工作特性分析[J].铁道科学与工程学报,2013,(3):1-7.

[240] 祝建国,周俊峰.膨胀土边坡抗滑桩治理效果有限元分析[J].黑龙江科技信息,2013,15(23):1-8.

[241] 邹文龙.微型桩在膨胀土边坡中的应用研究[D].成都:西南交通大学,2013:23-65.

[242] 徐骏,李安洪,赵晓彦.大型滑坡桩排推力分担比离心模型试验研究[J].路基工程,2010,28(3):

57-59.

[243] 杨波,郑颖人,赵尚毅,等.双排抗滑桩在三种典型滑坡的计算与受力规律分析[J].岩土力学,2010,31(S1):237-243.

[244] 潘家铮.建筑物的抗滑稳定和滑坡分析[M].北京:水利出版社,1980.

[245] 王士川,陈立新.抗滑桩间距的下限解[J].工业建筑,1997,27(10):32-36.

[246] 王乾坤.抗滑桩的桩间土拱和临界间距的探讨[J].武汉理工大学学报,2005,27(8):64-67.

[247] TAN S,YONG R,ZHONG Z.Interaction mechanism of the anti-slide pile and sliding mass based on the soil arching effect[C]//IOP Conference Series:Earth and Environmental Science. IOP Publishing,2021,861(6):062043.

[248] ZHANG H,CHEN J,XU M.The determination of rational spacing of anti-slide piles and soil pressure on pile sheet based on soil arching effect[J].Geotechnical and Geological Engineering,2022,40(5):2857-2866.

[249] 吴坤明,王建国,谭晓慧,等.边坡工程中抗滑桩合理桩间距的确定方法[J].合肥工业大学学报(自然科学版),2000,(5):12-15.

[250] 雷金波,陈超群,章学俊.一种用于深厚软基处理的 PTC 型带孔管桩[P].江西:CN201620410U,2010-11-03.

[251] 梅国雄,梅岭,张乾,等.自适应减压排水管桩及其制备工艺[P].江苏:CN102261066A,2011-11-30.

[252] 唐晓武,俞悦,周力沛,等.一种能排水并增大摩阻力的预制管桩及其施工方法[P].浙江:CN104846809A,2015-08-19.

[253] 陈科林,雷金波.有孔管桩开孔应力集中系数试验研究[J].岩土力学,2015,36(4):1078-1084.

[254] 乐腾胜,雷金波,周星,等.有孔管桩单桩承载性状试验及分析[J].岩土力学,2016 37(S2):415-420.

[255] 黄勇,王军,梅国雄.透水管桩加速超静孔压消散的单桩模型试验研究[J].岩土力学,2016,37(10):2893-2898,2908.

[256] NI P,MANGALATHU S,MEI G,et al.Compressive and flexural behaviour of reinforced concrete permeable piles[J].Engineering Structures,2017,147:316-327.

[257] 周小鹏,梅国雄.透水桩技术及桩周土体固结效率有限元分析[J].南京工业大学学报(自然科学版),2014,36(3):101-105.

[258] DAI Z,ZHANG A,MEI G.Finite Element Analysis of the Experiment of PC Pipe Pile with Holes Carrying Capacity[C]//Applied Mechanics and Materials.Trans Tech Publications Ltd.,2014,578:53-59.

[259] NI P,MANGALATHU S,MEI G,et al.Permeable piles:An alternative to improve the performance of driven piles[J].Computers and Geotechnics,2017,84:78-87.

[260] 牛顺,肖涛,冯健雪,等.考虑扰动效应的透水管桩地基土固结效果有限元分析[J].长江科学院院报,2021,38(12):130-136,145.

[261] 于海鸣,李江.新疆北疆一期供水工程关键技术与设计实践[C]//调水工程应用技术交流大会,沈阳,2009,8.

[262] 李江,阿不都克里木.严寒、干旱地区长距离调水工程施工组织设计研究[C]//调水工程应用技术研究与实践,沈阳,2009,8.

[263] 刘特洪.工程建设中的膨胀土问题[M].北京:中国建筑工业出版社,1997.

[264] 李青云,程展林,龚壁卫,等.南水北调中线膨胀土(岩)地段明渠破坏机理和处理技术研究[J].长江科学院院报,2009,26(11):1-9.

[265] 蔡耀军,赵旻,阳云华.南阳盆地膨胀土工程特性研究[J].南水北调与水利科技,2008,6(1):163-166.

[266] 蔡正银,何建村.高寒区供水渠道监测预警[M].北京:科学出版社,2022.

[267] 王正中,江浩源,王羿,等.旱寒区输水明渠防渗抗冻胀研究进展与前沿[J].农业工程学报,2020,36(22):120-132.

[268] 郑颖人,赵尚毅.有限元强度折减法在土坡与岩坡中的应用[J].岩石力学与工程学报,2004,23(19):

3381-3388.

[269] 中华人民共和国住房和城乡建设部.建筑边坡工程技术规范:GB 50330—2013[S].中国建筑工业出版社,2013.

[270] 邓铭江,蔡正银,郭万里,等.北疆白砂岩特殊物理力学性质试验研究[J].岩土工程学报,2020,42(S1):1-5.

[271] 王飞,李鲲.戈壁地区高速铁路路基工程技术研究[J].中国铁路,2009,(12):37-40.

[272] 李甲林,王正中.明渠衬砌冻胀破坏力学模型及防冻胀结构[M].北京:中国水利水电出版社,2013.

[273] TAYLOR G S,LUTHIN J N.A model for coupled heat and moisture transfer during soil freezing [J].Canadian Geotechnical Journal,1978,15(4):548-555.

[274] 郑艳娜,朱永英,袁丽蓉,等.水力学[M].南京:东南大学出版社,2017.

[275] 朱锐,黄英豪,张晨,等.季节性供水渠道边坡稳定性研究[J].水利水运工程学报,2021,43(1):124-132.

[276] 江杰,王顺苇,欧孝夺,等.膨胀土地基中单桩受扭非线性分析[J].工程力学,2020,37(11):219-227.

[277] 江杰,付臣志,王顺苇,等.考虑实际分布形式的水平受荷桩桩周土抗力分析方法[J].工程力学,2021,38(11):199-211.

[278] ZHU B,PEI H F,YANG Q.Probability analysis of submarine landslides based on the Response Surface Method:a case study from the South China Sea[J].Applied Ocean Research,2018,78:167-179.

[279] 蒋水华,魏博文,黄劲松.考虑参数空间变异性的失稳边坡参数概率反分析[J].岩土工程学报,2017,39(3):475-485.

[280] 刘振学,黄仁和,田爱民.实验设计与数据处理[M].北京:化学工业出版社,2005.

[281] 黄琨,万军伟,陈刚,等.非饱和土的抗剪强度与含水率关系的试验研究[J].岩土力学,2012,33(9):2600-2604.

[282] 吕海波,董均贵,吴畏.不同成样方式下含水率与非饱和膨胀土抗剪强度的关系[J].河南理工大学学报(自然科学版),2018,37(4):123-129.

[283] 江强强,刘路路,焦玉勇,等.干湿循环下滑带土强度特性与微观结构试验研究[J].岩土力学,2019,40(3):1005-1012,1022.

[284] LI X S,DAFALIAS Y F.Dilatancy for Cohesionless Soils[J].Géotechnique,2000,50(4):449-460.

[285] 唐云伟,童磊,张国栋,等.水泥改良膨胀土无侧限抗压强度试验研究[J].淮阴工学院学报,2013,22(3):26-30.

[286] DU Y,LI S,HAYASHI S.Swelling-shrinkage properties and soil improvement of compacted expansive soil,Ning-Liang Highway,China[J].Engineering Geology,1999,53(3-4):351-358.

[287] 崔子晏,张凌凯.北疆某工程膨胀土的力学特性及微观机制试验研究[J].水利水运工程学报,2022(6):103-112.

[288] 高国瑞.膨胀土的微结构和膨胀势[J].岩土工程学报,1984,6(2):40-48.

[289] RICHARDSON J M,BIERNACKI J,STUTZMAN P E,et al.Stoichiometry of slag hydration with calcium hydroxide[J].Journal of the American Ceramic Society,2002,85(4):947-953.

[290] YANG K,CHO A,SONG J,et al.Hydration products and strength development of calcium hydroxide-based alkali-activated slag mortars[J].Construction and Building Materials,2012,29:410-419.

[291] 时松,刘长武,吴海宽,等.粉煤灰-电石渣双掺改性高水充填材料物理力学性能研究[J].材料导报,2021,35(7):7026-7032.

[292] 杨俊,李元丰,刘世定.冻融循环对风化砂改良膨胀土回弹模量影响研究[J].合肥工业大学学报,2017,40(5):685-690.

[293] 刘禹阳,安驰,来弘鹏,等.不同干湿循环路径下 Q_2 原状黄土强度与微观结构演化试验研究[J/OL].中国公路学报,2022,35(12):1-15.

[294] 张浩,张凌凯.干湿-冻融循环条件下膨胀土剪切特性的劣化机制研究[J/OL].工程力学,2022,39：1-12.http://kns.cnki.net/kcms/detail/11.2595.O3.20221024.1703.406.html.

[295] 柴石玉,张凌凯.干湿-冻融循环对碱激发粉煤灰-矿粉改性膨胀土力学特性的损伤机理研究[J/OL].工程力学,2023,40：1-12.http://kns.cnki.net/kcms/detail/11.2595.o3.20230223.1508.006.html.

[296] HUANG X,LI Z G,NING J G,et al.Principle and method of optimization design for soft soil stabilizer[J].Journal of Wuhan University of Technology:Material Science,2009,24(1):154-160.

[297] 肖宏彬,范志强,张春顺,等.非饱和膨胀土非线性流变特性试验研究[J].公路工程,2009,34(2):1-5,26.

[298] 李珍玉,肖宏彬,金文婷,等.南宁膨胀土非线性流变模型研究[J].岩土力学,2012,33(8):2297-2302.

[299] 周海波.干湿循环作用下膨胀土剪切蠕变特性及长期强度研究[D].长沙:长沙理工大学,2015.

[300] 聂众.冻融循环作用下膨胀土长期性能试验研究[D].哈尔滨:哈尔滨工业大学,2018.

[301] 潘君拯.流变学与水田土壤[J].自然杂志,1983(11):817-822,880.

[302] 蒋仓兰,党进谦,杨雪辉.损伤理论在岩土工程中的应用[J].华北水利水电学院学报,2007(4):81-84.

[303] 陈育民,徐鼎平.FLAC/FLAC 3D 基础与工程实例［M].2 版.北京:中国水利水电出版社,2013.

[304] 毛昶熙.渗流计算分析与控制[M].北京:中国水利水电出版社,2003.

[305] 沈振中,岑威均,徐力群,等.工程渗流分析与控制[M].北京:科学出版社,2020.

[306] 预应力混凝土管桩基础技术规范:DGJ 32/TJ 109—2010 [S].南京:江苏科学技术出版社,2010.

[307] POTYONDY J G.Skin friction between various soils and construction materials[J].Geotechnique,1961,11(4):339-353.

[308] 王涛.FLAC3D 数值模拟方法及工程应用[M].北京:中国建筑工业出版社,2019.

[309] LIANG R,ZENG S.Numerical study of soil arching mechanism in drilled shafts for slope stabilization[J].Soils and foundations,2002,42(2):83-92.

[310] 段晓沛,曹新文,司文明.CFG 单桩复合地基室内模型试验研究[J].路基工程,2011(2):90-92,95.

[311] 宋修广,于一凡,张宏博,等.透水性混凝土桩施工中超孔隙水压力变化特性试验[J].建筑科学与工程学报,2016,33(1):90-98.

[312] 廖幼孙,雷金波,杨康,等.有孔管桩群桩沉桩引起的超孔隙水压力模型试验分析[J].公路交通科技,2017,34(3):45-51.

[313] BORGES J L.Three-dimensional analysis of embankments on soft soils incorporating verticaldrains by finite element method[J].Computers and Geotechnics,2004,31(8):665-676.

[314] 易飞,雷金波,何利军,等.有孔管桩超孔隙水压力的数值模拟分析[J].南昌航空大学学报(自然科学版),2015,29(1):72-76.

[315] TOUPIN R A.Saint-Venant's principle[J].Archive for Rational Mechanics and Analysis,1965,18:83-96.

[316] 戴郑新.透水管桩承载性能研究[D].南京:南京工业大学,2015.

[317] 乐腾胜.竖向荷载下有孔管桩承载性状试验研究[D].南昌:南昌航空大学,2016.

[318] HENKE S,GRABE J.Numerical studies of soil plugging in profiles with open cross-section with respect to the installation method[J].Bautechnik,2008,85(8):521-529.

[319] 肖勇杰,陈福全,林良庆.灌注桩套管高频振动贯入过程中挤土效应研究[J].岩土力学,2015,36(11):3268-3274.

[320] 杨晓秋.多功能开孔管桩工程特性研究[D].杭州:浙江大学,2018.